Gerhard Konzelmann:
Die islamische Herausforderung



Deutscher
Taschenbuch
Verlag

dtv

Von Gerhard Konzelmann
sind im Deutschen Taschenbuch Verlag erschienen:
Der Nil (10432)
Jerusalem (10738)
Der unheilige Krieg (10846)
Allahs Schwert (11351)

Vom Autor erweiterte und aktualisierte Ausgabe
März 1988
5. Auflage April 1991
Deutscher Taschenbuch Verlag GmbH & Co. KG, München

ISBN 3-455-08828-7
Umschlaggestaltung: Celestino Piatti
Umschlagfoto: dpa, Frankfurt am Main
Gesamtherstellung: C. H. Beck'sche Buchdruckerei, Nördlingen
Printed in Germany · ISBN 3-423-10873-8

## Das Buch

Seit der Vertreibung des Schahs von Persien durch den Ayatollah Khomeini und der Ermordung des ägyptischen Präsidenten Anwar As Sadat durch radikale Moslems wird es für die westliche Welt immer deutlicher, daß es sich bei diesen beiden Ereignissen nicht um »Betriebsunfälle der Geschichte« handelte, sondern um die Herausforderung des Islam an die nicht-islamische Welt. Beide Staatsmänner hatten versucht, nach dem Vorbild von Kemal Atatürk, Glauben und Politik in ihren Staaten voneinander zu trennen, ein Prinzip, das in westlichen Industriestaaten längst als selbstverständlich gilt. Beide sind gescheitert an dem Wiedererstarken der islamischen Tradition und deren Forderung, die Einheit von Religion und Politik, wie der Koran sie vorschreibt, wiederherzustellen. Seit die industrialisierte Welt von Krisen bedrängt und der Fortschritt zunehmend zur Bedrohung der Menschheit wird, gewinnt der Islam zunehmend an Kraft. Der Ruf »Allahu akhbar! – Allah ist über allem!« hat eine ungeheure Aufbruchstimmung in allen Völkern des Islam bewirkt, die die Rettung der Welt zum Ziel hat. Der allumfassende Anspruch und die Kompromißlosigkeit dieser Religion geben der neuen islamischen Bewegung ihre missionarische Kraft, unterstützt und vorangetrieben durch so charismatische Führergestalten wie den Ayatollah Khomeini oder auch den Oberst Kathafi. Gerhard Konzelmann, ein Experte für die Fragen des Islam, verhilft mit seinem Buch dazu, Ursprung und Ziel dieser religiösen Bewegung zu verstehen, mit der das Abendland sich die nächsten Jahrzehnte wird auseinandersetzen müssen.

## Der Autor

Gerhard Konzelmann, 1932 in Stuttgart geboren, studierte an den Universitäten Tübingen und Besançon. 1956 begann er mit der Arbeit für den Hörfunk, 1957 für das Fernsehen. Von 1968 bis 1985 war er Arabien-Korrespondent der ARD und ständiger Kommentator für Nahostfragen. Seidem ist er Chefkorrespondent des Südfunk-Fernsehens. Bekannt wurde er durch seine Reportagen und Kommentare sowie durch viele Bücher, darunter: ›Mohammed, Allahs Prophet und Feldherr‹ (1980), ›Der Nil‹ (1982), ›Jerusalem‹ (1984), ›Der unheilige Krieg‹ (1985) ›Allahs neues Weltreich‹ (1986), ›Der Diwan des Harun Al Rashid‹ (1987), ›Die großen Kalifen‹ (1988), ›Der Jordan‹ (1990), ›Die Hebräer‹ (1990), ›Das Schwert des Saladin‹ (1990).

# Inhalt

# Vorwort

»Wer beten will, soll in die Moschee gehen; wer Politik machen will, soll in die Partei gehen.« Das war einer der Leitsätze von Anwar As Sadat, der stets bemüht war, Emotionen zu dämpfen und seinen Landsleuten ein Mindestmaß an Toleranz abzuverlangen. Es war der dritte spektakuläre Versuch in diesem Jahrhundert, Glauben und Politik in einem islamischen Staat zu trennen: Kemal Atatürk war das Vorbild. Er konnte sich mit Hilfe der Armee durchsetzen, seinen Nachfolgern aber überließ er ein Land, das von Unruhen geplagt wird, weil die Bewohner das den Menschen der Industrienationen so selbstverständliche Prinzip der Trennung von Glauben und Politik nicht leicht zu übernehmen vermögen. Dem Vorbild Kemal Atatürk folgte Mohammed Reza Pahlawi, der Schah von Iran. Sein Versuch, einen weltlichen Staat zu schaffen, scheiterte. Nur schwer überwindet Iran die Zerstörung der Einheit von Politik und Religion – die Islamische Revolution bildet den radikalen Gegenpol zum Pahlawi-Regime. An Härte der Durchsetzung ihrer Ziele stehen die Männer um Khomeini dem Schah-Clan nicht nach.

Anwar As Sadat, selbst ein tiefgläubiger Moslem, hat seinen Kampf gegen den Totalitätsanspruch des Islam, wie ihn die Moslembruderschaft vertritt, und gegen religiösen Fanatismus, der auch bei den Kopten immer mehr um sich greift, unter Kontrolle zu bringen, mit dem Leben bezahlt: Er fiel am 6. Oktober 1981 den Schüssen einer Gruppe radikaler Moslems zum Opfer.

An diesem Tag mag so manchem Bürger der westlichen Welt erst bewußt geworden sein, daß Postulate, wie man sie von Khomeini oder Al Kathafi seit Jahren zu hören bekommt, kein Zufall und daß charismatische Führer dieser Art kein Betriebsunfall der Geschichte sind. Sie sind Teil einer wiedererstarkenden Tradition, deren Wurzeln bis ins 7. Jahrhundert zurückreichen und mit der sich nicht nur Europa jahrhundertelang auseinanderzusetzen hatte. Die Industrialisierung schien über sie hinweggerollt zu sein. Aber seit die ehemals christliche Welt von Krisen erschüttert wird und der Fortschritt zunehmend zur Bedrohung der Menschheit überhaupt geworden ist, gewinnt der Islam wieder an Kraft und Raum.

Es hat eine Rückbesinnung stattgefunden, die eine ungeheure Aufbruchstimmung bewirkt hat. Der Moslem ist sich seiner Sendung bewußt geworden, die sich nicht weniger als die Rettung der Welt zum Ziel gesetzt hat. Daher der allumfassende Anspruch und die Kompromißlosigkeit, daher die missionarische Kraft, die den Islam bald zur anhängerstärksten Religion der Welt machen dürfte.

Dieses Buch will einen Beitrag zum besseren Verständnis dieser Entwicklung leisten. Wir werden es mit dem Islam in den kommenden Jahrzehnten unter den verschiedensten Aspekten und Erscheinungsformen zu tun haben. Denn die Herausforderung der nicht-islamischen Welt ist vielen Moslems inzwischen zur geistigen Pflicht und zur politischen Aufgabe geworden. Die islamische Herausforderung hat gerade erst begonnen.

Cairo, im Sommer 1982 Gerhard Konzelmann

»Allahu akhbar!«
Allah ist über allem!

# »Der atheistischen und der christlichen Welt trotzen!« Das Ringen um islamische Solidarität

Die Hitze staut sich vor den Margallahügeln, deren sanfte Hänge nicht verraten, daß sie zu den westlichen Ausläufern des Himalajamassivs gehören; in nur zweihundert Kilometer Entfernung ragt der Nanga Parbat auf. Vom Gebirge her weht ein träger Wind, der die Temperatur von 40° C nicht zu mildern vermag. »Sie halten sich hier in der Hölle auf«, sagt mein Begleiter aus dem Stab des pakistanischen Informationsministers. Er setzt dazu: »Und Sie dienen damit dem wahren Glauben.«

Wie das Gerippe eines riesigen, verendeten Lebewesens liegt die Baustruktur der Faisalmoschee im versteppten Land nördlich der Stadt Islamabad. Stahlrohrgerüste markieren die Wölbung der Kuppel; vier Betonstümpfe bilden die Basis der künftigen Minarette. Die Faisalmoschee soll zum größten islamischen Bethaus werden. Für das Jahr 1984 ist ihre Vollendung vorgesehen. Der türkische Architekt hat die Dimensionen des Innenraums so angelegt, daß zehntausend Menschen darin Platz finden werden. Im marmorbelegten Hof werden hunderttausend Gläubige beten können.

Die Kosten des Bauwerks kennt niemand; sie interessieren auch keinen. Das Wort des verstorbenen Königs Faisal bürgt für die problemlose Finanzierung der Bauarbeiten – schließlich trägt die Moschee seinen Namen. Faisals Nachfolger auf dem Thron des Königreichs Saudi Arabien fördert die Pläne der pakistanischen Regierung, Islamabad in ein Zentrum der islamischen Welt zu verwandeln.

An diesem Freitag im Mai des Jahres 1980 schallt über das Gelände der noch lange nicht vollendeten Faisalmoschee zum erstenmal der Gebetsruf des Muezzin: »Allahu akhbar!« – Allah ist über allem! Das Freitagsgebet eröffnet den Ablauf der Konferenz islamischer Staaten. Mit der Anrufung Allahs, mit der Verbeugung vor seiner Allmacht beginnt eine Serie von Verhandlungen, durch die eine gemeinsame islamische Politik geschmiedet werden soll. Dreihundert Delegierte – Minister, hohe Beamte, Armeeoffiziere und Theologen des Islam – werfen sich in Richtung Mekka nieder. Sie drücken die Stirn in Teppiche, die über den noch rohen Betonboden im unfertigen Gebäudekomplex gebreitet sind. Sie zeigen, daß ihr Weltbild geprägt ist durch die unverbrüchliche Einheit von Religion und Politik, die der Prophet Mohammed einst gelehrt und vorbildlich praktiziert hat. Sie bekennen sich dazu, daß der Islam die Ideologie der von ihnen verwalteten Staatswesen ist.

Sie haben das Gelöbnis der Solidarität gesprochen: »In Übereinstimmung mit den Grundsätzen unseres Glaubens werden wir, als Mitglieder einer Familie, als Angehörige einer Religion, zusammenstehen, um einen Körper zu bilden, dessen Glieder nicht abgetrennt werden können. Damit erfüllen wir die Lehren unserer Religion. Der Prophet Mohammed – Allahs Segen sei mit ihm – hat gesagt: Die Gemeinschaft der Gläubigen verwandelt sich in einen Körper. Wenn ein Glied dieses Körpers leidet, dann empfindet der ganze Körper Schmerzen.«

Dieser Körper der Gemeinschaft der Moslems existiert in einer eigenen Welt. Als breiter Gürtel umspannen die islamischen Staaten den Weltball. Dieser Gürtel reicht von der Atlantikküste Afrikas über die Landmassen zwischen östlichem Mittelmeer und der Arabischen See bis zu den Inseln Indonesiens im Pazifischen Ozean. Er wird allerdings unterbrochen von Indien; nur zwölf Prozent der Bevölkerung Indiens bekennen sich zum Islam. Die islamischen Chronisten verweisen jedoch mit Recht darauf, daß tausend Jahre lang auch die Menschen Indiens dem Gesetz des Islam gefolgt sind und daß die Herrschaft der Moslems über den indischen Subkontinent erst am Beginn des Jahres 1877 durch die Ausrufung der englischen Königin Victoria zur Kaiserin von Indien beendet worden ist.

Die Zerstörung des islamischen Staates zwischen dem Verlauf des Indus und dem Gangesdelta markiert für die Moslems den Höhepunkt einer finsteren Zeit in ihrer Geschichte. Während des 19. Jahrhunderts wurde ein islamischer Staat nach dem anderen durch die europäischen Mächte unterworfen und kolonisiert. Mit der Vernichtung des Osmanischen Reiches am Ende des Ersten Weltkrieges war dieser Prozeß abgeschlossen: Die politische Macht der christlichen Staaten aber hatte ihren Zenith erreicht. Die Welt des Islam war fortan für Jahrzehnte dem intellektuellen Zugriff des Abendlandes ausgesetzt, das seine Überlegenheit ausspielte. Die westliche Technologie bewies eine starke Strahlkraft; von faszinierender Attraktion waren die westliche Philosophie und Psychologie für die intellektuellen Moslems. Die islamische Intelligenzschicht zeigte nur geringe Stärke in der Abwehr des fremden Einflusses auf ihr Denken. Sie war aufgeschlossen für Liberalismus und skeptische Geisteshaltung; sie ahmte den verächtlichen Blick der europäischen Intelligenz auf die Religionen nach. Wer sich in der islamischen Welt fortschrittlich geben wollte, der benahm sich wie die Europäer, wie die US-Amerikaner. Wer sich arrangiert hatte mit den Kolonialmächten, der schickte seine Söhne zu den Bildungsinstituten des Abendlandes. Die heimischen Koranschulen verloren bald jeglichen Einfluß auf die damals heranwachsende Generation der Moslems, selbst die Al-Ashar-Moschee in Cairo, die Zuchtschule der geistigen Elite des Islam, klagte über Mangel an Studenten.

Dem europäisch-amerikanischen Einfluß auf das Denken der Moslems erwuchs jedoch Konkurrenz, als die revolutionären Kräfte Rußlands den Sowjetstaat aufzubauen begannen. Sie predigten Gerechtigkeit, beschworen den Anbruch einer Zeit, in der sich die krassen Unterschiede zwischen Arm und Reich auflösen würden. Der Kommunismus traf auf verwandte soziale Vorstellungen in der islamischen Denkwelt: Auch der Islam ist eine Ideologie, die Gerechtigkeit fordert, die auf Bereinigung der Klassenunterschiede besteht, auf Hilfe für die Armen. In der Begeisterung, auf eine Gerechtigkeitsideologie gestoßen zu sein, übersahen die jungen Intellektuellen der islamischen Kulturbereiche zunächst bereitwillig, daß der Kommunismus keinen Platz bot für Gott, für Allah, für einen Weltenlenker.

Der materialistisch orientierte Kapitalismus ist in seinen Denkstrukturen vom Christentum geprägt – der Kommunismus aber hat sich die Verneinung der Existenz Gottes zur Aufgabe gestellt. Weist der Kapitalismus die Religion der Privatsphäre des einzelnen zu, so verlangt der Kommunismus vom einzelnen die Loslösung von religösen Bindungen. Die Religion wird zum Aberglauben erklärt.

Im Kommunismus trat dem Islam eine atheistische Ideologie entgegen. Sie erwies sich als gefährlich, da sie die Existenzbasis der Religion, und damit des Islam, attackierte. Die Anhänger des atheistischen Systems warben um die jungen Menschen mit der Parole, die Religion sei ein Hindernis auf dem Weg der Menschheit zur gerechten Ordnung. Die wahrhaft moralische und ethisch orientierte Gesellschaft, so argumentierten sie, könne erst entstehen, wenn sich der Mensch befreit habe vom Joch des Glaubens an einen Gott, der ihn beherrsche, der ihm seinen Willen aufzwinge. Am Ende des Zweiten Weltkriegs, der die islamischen Staaten nicht unberührt gelassen hatte, brach die Konfrontation der Ideologien offen aus. Da verkündeten kluge Köpfe, die Schuld am Elend der islamischen Staaten trage die Religion; der Islam sei verantwortlich zu machen für Armut, politischen Verfall und Unterlegenheit gegenüber den Kolonialmächten. Den führenden Männern des Islam wurde der Vorwurf gemacht, ihr Beharren in der Tradition habe den von ihnen ideologisch beherrschten Teil der Menschheit dem Expansionswillen der Europäer ausgeliefert. Gefordert wurde nun nicht die Stärkung der eigenen Besonderheiten von Charakter und Geist, sondern die Intensivierung der strikten Nachahmung der so offensichtlich erfolgreichen Denkweise der Menschen in den Industriestaaten. Je nach Neigung verlangten die Propagandisten dieser geistigen Selbstaufgabe das Bekenntnis zu Kapitalismus oder Kommunismus.

Von der Kopie der fremden Ideologie versprachen sich viele Angehörige der intellektuellen Schicht Rettung aus den Fesseln der Unterdrükkung durch die Kolonialmächte. So sollte das Rüstzeug geschaffen werden für den Kampf um die Befreiung vom Joch der fremden Herren.

Wären sich die Kolonialmächte einig gewesen, hätten sie stabile interne Strukturen besessen, dann wäre die Befreiung mit diesem Rüstzeug allein kaum möglich gewesen. Die Kraft des Widerstands gegen Befreiungsbewegungen aber zerbrach an Auseinandersetzungen, die sich in Europa selbst ereigneten. Da war kaum Kampf nötig, um die Engländer zum Abzug aus Ägypten und aus dem Irak zu veranlassen; kein einziger Schuß beunruhigte die Briten, ehe sie den Emiraten am Persisch-Arabischen Golf die Unabhängigkeit zusprachen.

So leicht der Erfolg auch fiel, er hatte zur Folge, daß den Ideologen der Nachahmung des Westens das Selbstbewußtsein gestärkt wurde. Solange das Streben nach Freiheit noch Priorität hatte, blieben die Gegensätze zwischen kapitalistischer und kommunistischer Orientierung übertüncht – trotz des wachsenden Respekts der antikolonialistischen Kräfte vor sich selbst. Als die Unabhängigkeit schließlich errungen war, da mußten die Menschen der islamischen Welt erkennen, daß sie zwischen zwei Pole geraten waren: Kommunismus und Kapitalismus erhoben Anspruch auf Anerkennung als für alle Menschen gültige Ordnungsprinzipien. Ihre Anhänger stritten um die Macht, wollten die Gesellschaft nach ihrem Willen ordnen. So bekamen die Staaten der islamischen Region Führungseliten unterschiedlicher Ausprägung.

Diese Polarisierung ist bis heute geblieben: Saudi Arabien wird von Männern regiert, deren Denken vom Harvard-Ideal geprägt ist – im Nachbarland Südjemen bestimmen Absolventen der Moskauer Lumumba-Universität über das Schicksal des Staates und der Menschen.

Im Programm beider Bildungsinstitute fehlen Kurse, die sich mit der Einwirkung Allahs auf das irdische Geschehen befassen – die vom Propheten Mohammed verkündete Ideologie der untrennbaren Einheit von Politik und Religion wird nicht gelehrt. Die Absolventen von Harvard und Moskau sind vertraut mit den Staatstheorien der jeweiligen Gesellschaftsordnung, die das Institut trägt. Den Idealen des Islam entsprechen beide Staatstheorien nicht.

Den Menschen in den Städten und Dörfern der islamischen Welt – den Händlern, Bauern, den Handwerkern, Tagelöhnern, den Beamten und vielfach auch den Intellektuellen – blieb die Denkweise ihrer im Westen oder im Osten ausgebildeten Politiker fremd. Sie hielten fest an der engen Verbindung von Politik und Religion – und ließen sich dabei vom Gefühl lenken. Getreu der ihnen verkündeten Lehre des Propheten suchten sie auch in weltlichen Vorgängen den religiösen Aspekt. Die Vernachlässigung dieses religiösen Aspekts durch die politische Führung wurde von ihnen als schmerzlich empfunden.

In der Bewältigung der Probleme erfuhren die Menschen, die an der Lehre des Propheten Mohammed festhalten wollten, in den vergangenen Jahren nur wenig Hilfe von der islamischen Geistlichkeit. Die Mullahs und Imame bewahrten den Glauben in der Interpretation der bedeutenden Theologen des zweiten und dritten Jahrhunderts islamischer

Zeitrechnung, die damals in einer Welt gelebt hatten, die noch vollständig in die Beduinentradition eingebunden war. Die Geistlichen hatten nur selten zur Kenntnis genommen, daß die meisten islamischen Staaten inzwischen die Phase der Agrargesellschaft durchlaufen hatten und am Beginn des Industriezeitalters standen. Die Männer aber, die in der Praxis mit den Lebensumständen in einer sich verändernden Welt zu ringen hatten, konnten kein Vertrauen haben in die Repräsentanten des islamischen Glaubens. Die Geistlichen predigten Beharrung in den Traditionen – die Arbeiter, Handwerker und Bauern sahen darin kein Rezept für die Existenz in der Gegenwart.

Während der siebziger Jahre, in allerjüngster Zeit also, vollzog sich ein Wandel. Männer der Intelligenzschicht, die im Westen ausgebildet worden waren, besannen sich auf die Werte der Religion. So klein ihre Zahl zunächst auch war, so bewirkten sie viel durch die Intensität ihrer Studien und durch die Klugheit ihrer Neuinterpretationen des Islam. Sie entdeckten den Islam als Ideologie, die durchaus die Kraft hat, an die Stelle von Kapitalismus und Kommunismus zu treten.

Die Meinung, der Islam sei eine Religion, die nicht in unsere Zeit passe, erwies sich – so sagen islamische Denker – bei intensiver Überprüfung als falsch. Durchweg sei die Lehre des Propheten, so erklären sie, auch in unserer Zeit anwendbar. Bewundert wird der ethische, soziale und ökonomische Wert der Offenbarung des Koran.

Die Bemühung kluger Köpfe um den Islam, die daraus resultierende Kombination von Intelligenz und Gläubigkeit, gab dieser Religion insgesamt Glaubwürdigkeit auch bei den politisch aktiven Männern in der islamisch orientierten Welt, die für die Befreiung ihrer Völker aus den Fesseln von Armut und Unwissenheit kämpfen wollten. Hatten sie zuvor noch in der Religion nur ein Hemmnis gesehen auf dem Weg in eine bessere Zukunft, so ließen sie sich jetzt überzeugen, daß der Islam durchaus den Marsch der Menschen auf diesem Weg erleichtern kann.

»Allahu akhbar!« – Allah ist über allem! Dieser Ruf ist kein Lippenbekenntnis der Delegierten auf der Islamischen Konferenz, die sich um die heiße Mittagszeit auf der Baustelle der Faisalmoschee in Islamabad zum Gebet niederwerfen. Sie gehören jener Generation der Mächtigen an, die den Entwicklungsprozeß des Denkens von der Stufe der Ablehnung religiöser Werte über die Phase der Bewährung in der Konkurrenz mit der marxistischen Lehre bis zur Renaissance des Islam bewußt mitgemacht und häufig genug in der Entfaltung der eigenen Persönlichkeit erlebt hat. In der Faisalmoschee werfen sich Absolventen der Harvard- und der Lumumba-Universität nieder; da beten Offiziere amerikanischer und sowjetischer Schulung miteinander. Die einen waren kommunistischem, die anderen kapitalistischem Einfluß ausgesetzt gewesen, hatten in der atheistischen und in der christlich orientierten Welt gelebt. Sie demonstrieren jetzt, daß sie beiden Einflüssen nicht erlegen sind. Sie bekennen sich zum Islam und proklamieren die Abgrenzung der islamischen Welt gegenüber den kapitalistischen und den kommunistischen Sphären.

Die säuberliche Trennung der eigenen Ideologie von Kommunismus und Kapitalismus ist jedoch nur Vorstufe zum eigentlichen Ziel, zur Propagierung des Islam in den Bereichen, die sich ihm bisher widersetzt haben. »Es besteht die dringende Notwendigkeit, den Islam in der Welt weiterzuverbreiten.« Das ist der Kernsatz im Arbeitsprogramm der Islamischen Konferenz. Diese Forderung wird aufgestellt: »Alle Menschen müssen mit den unvergänglichen Lehren des Propheten Mohammed vertraut gemacht werden.«

Den Spaltpilz zu eliminieren, der in der neueren Geschichte jeden Ansatz der Gemeinsamkeit der Moslems schon in jeweils frühem Stadium zerstört hat, sehen die Delegierten der Islamischen Konferenz als ihre wichtigste Aufgabe an. Dem Siegeszug des Islam, darin sind sie sich einig, stehen die Versuche von Ost und West entgegen, die islamische Welt unter sich in Einflußsphären aufzuteilen. Zu diesem Zweck werde der Spaltpilz ausgesät, von Diplomaten, Militärs und Wirtschaftlern aus Ost und West – auch davon sind die Delegierten überzeugt. Ihr politisches Weltbild sieht so aus: »Die christlichen und die kommunistischen Staaten wollen verhindern, daß der Islam Geltung als beherrschende Religion erlangt. Die Allianz von Atheisten und Christen arbeitet durch militärische, wirtschaftliche und propagandistische Mittel an der Niederhaltung des Islam. Es ist die Pflicht der Moslems, für die Weltgeltung dieser alleingültigen Religion zu kämpfen.«

Dutzende von Schriftbändern in französischer und englischer Sprache, über die wichtigen Straßen gespannt, machen jedem Beobachter der Islamischen Konferenz von Islamabad deutlich, was als Ziel abgesteckt wird. Sie wiederholen alle diese Parole: »Der Islam ist die einzig gültige Religion. Der Islam wird herrschen!«

# »Der Islam muß den dominierenden Platz einnehmen.« Die Islamische Konferenz bemüht sich um eine islamische Strategie

Ein Optimist, zunächst nicht ernst genommen, stand am Anfang. Sheikh Hassan Mohammed Al-Tuhamy verbarg nicht, daß er überzeugt war, das wichtigste Amt auf der Erde zu verwalten. Der Ägypter war zum Generalsekretär der »Motamar Islami« gewählt worden, der Islamischen Konferenz. Er durfte sich sogar »Generalsekretär des Islam« nennen – Generalsekretär einer Religion, der, nach seiner Überzeugung, die Zukunft gehörte.

Das Gremium, das ihm dieses hohe Amt übertragen hat, ist die Konferenz der Außenminister islamischer Staaten. Die Delegierten dieser Konferenz repräsentieren mehr als eine halbe Milliarde Moslems.

Sheikh Hassan Mohammed Al-Tuhamy, ein gelehrter Mann von lebhaftem Geist, begriff sein Amt nicht als passive Schriftführerfunktion. Er sah sich als die Klammer, die alle islamischen Staaten zusammenzuhalten versucht; Anstöße sollten von ihm ausgehen. Seine ersten Äußerungen nach der Wahl wollte er durchaus als Regierungserklärung verstanden wissen: »Es ist das unbedingte Ziel des Islam, wieder den dominierenden Platz in der Welt einzunehmen, der ihm von der Geschichte her zukommt. Der Islam muß erneut die Bedeutung erringen, die er in der Vergangenheit besessen hat. Der erste Schritt in diese Richtung ist mit der Einigung der islamischen Staaten auf den Text der Islam-Charta geschehen.«

Mit der Islam-Charta war die Basis für eine Koordinierungsinstanz zur Gründung einer Zentralbehörde für die Völkergemeinschaft der Moslems geschaffen worden. Die »Motamar Islami« bekam in der Charta Aufgaben zugewiesen, die bis in die zwanziger Jahre unseres Jahrhunderts hinein dem Kalifen, als dem Herrscher über die Gläubigen, zustanden. Die Signaturstaaten erklärten sich bereit, einen Teil ihrer souveränen Rechte an die »Motamar Islami« abzutreten. Die Hohe Behörde der Moslems erhielt ein Mitspracherecht bei politischen und wirtschaftlichen Entscheidungen, die bedeutungsvoll sind für die Gesamtheit der islamischen Gläubigen. Gebildet wird diese Hohe Behörde von der »Konferenz der Könige, Oberhäupter und Regierungschefs der islamischen Staaten«. Dieser Konferenz insgesamt, als dem obersten Organ der »Motamar Islami«, sind souveräne Rechte der Einzelstaaten übertragen.

Selbstbewußt nannte der Generalsekretär die Ziele der von ihm geleiteten Organisation: »Wir sorgen dafür, daß Islamzentren in allen Ländern der Welt entstehen, in denen eine islamische Minderheit lebt. Wir unterstützen den Bau theologischer Institute in diesen Ländern. Wir wollen Männer in großer Zahl ausbilden, die über die Fähigkeiten verfügen, unseren Glauben weiterzuverbreiten. Diese Männer müssen in die Welt hinausgeschickt werden. Gleichzeitig bemühen wir uns, jede Form der Missionierung zu unterbinden, die gegen den Islam gerichtet ist, da wir der Meinung sind, daß diese Missionierung meist im Dienste des Imperialismus geschieht.«

Sheikh Hassan Mohammed Al-Tuhamy ließ keinen Zweifel aufkommen, wie die Bemerkungen zur Missionstätigkeit verstanden werden sollen: Er will die, wie er sagt, imperialistisch ausgerichtete Arbeit der christlichen Kirchen in Afrika unterbinden; dafür soll die islamische Missionierung verstärkt werden. Unverhüllt ist in der Erklärung des Generalsekretärs die These zu hören: »Afrika ist ein islamischer Kontinent.«

Auf verschiedenen Islamkonferenzen ist der Gedanke mit aller Schärfe ausgesprochen worden, daß die Arbeit christlicher Missionare in der islamischen Welt – also auch in Afrika – ein Relikt des antiislamischen Kolonialismus sei. Die Missionare seien im Auftrag des Imperialismus verpflichtet, die geistige und religiöse Eigenständigkeit der Menschen in den betroffenen Gebieten zu zerstören.

Die Fünfte Islamische Konferenz, die im Juni 1974 in Kuala Lumpur tagte, stellte fest: »Zwischen der Islamischen Konferenz und der Organisation für Afrikanische Einheit muß ein enges Band der Kooperation und der Solidarität entstehen, das stärker ist als alle Verschwörungen der Imperialisten, die nur darauf aus sind, unter den sich entwickelnden Staaten das Gift der Uneinigkeit auszusäen.«

Drei Phasen zeichnen sich ab in der Strategie: Zuerst wird in den Moslemstaaten selbst die Einsicht von der Bedeutung des Islam gefestigt. Dann werden die islamischen Minderheiten gestärkt, die in der Welt verstreut leben. Für die dritte Phase aber ist besagte drängende Expansion vorgesehen: die regionale Ausweitung des Glaubens durch die Kraft der Überzeugung. Wachsamkeit gegenüber der christlichen Missionierung gehört zu allen drei Phasen.

Der Anstoß zur Solidarisierung der islamischen Staaten ist im Jahr 1969 zu suchen. Am 21. August jenes Jahres brannte die Al-Aqsa-Moschee in Jerusalem. Aus der Entrüstung über die Zerstörung an diesem den Moslems besonders heiligen Bau wuchs der Gedanke, daß die islamischen Staaten zusammenstehen müßten, um Gefahren abwenden zu können. Daß die Israelis unschuldig seien am Brand der Moschee, daran glaubte niemand in der islamischen Welt. Überall klagten die Vorbeter in den Moscheen die Verantwortlichen des jüdischen Staates an, sie hätten die Absicht, die islamischen Heiligtümer von Jerusalem, den Felsendom und die Al-Aqsa-Moschee, niederzubrennen, um an ihrer Stelle den Tempel der Juden, das Symbol des jüdischen Staates, rund zweitausend Jahre nach seiner Zerstörung wiederaufzubauen. Weitere Anschläge gegen die heiligen Stätten wurden befürchtet – Anschläge, die beide Gebäude in Schutt legen würden. In Solidarität sollten die Moslems gegen derartige Absichten vorgehen.

Der Zorn gegen die Israelis einte die Vertreter unterschiedlicher Regime: Die konservative Monarchie Saudi Arabien wollte für die Erhaltung der Heiligtümer kämpfen; denselben Standpunkt nahm aber auch die Volksdemokratische Republik Jemen ein, deren Politiker die arabischen Monarchen als Feinde betrachten. Die Repräsentanten der afrikanischen Staaten Gabun, Gambia, Senegal, Guinea, Tschad und Niger stimmten in der Jerusalemfrage mit den Delegierten der Republik Indonesien überein, obgleich sie in Mentalität und Denkweise wenig Gemeinsamkeit besaßen. Mohammed Idris, ein pakistanischer Beobachter der Gründungszeit von »Motamar Islami«, erinnert sich: »Ein Schatten hing von Anfang an über den Konferenzen. Zweifel an der Stabilität der Gesamtislamischen Organisation wurde geäußert. Da war keiner im Konferenzsaal, der die Kluft für unbedeutend hielt, die linksorientierte und konservative Regime voneinander trennte.«

Nicht ohne Grund betonten die ersten Kommuniqués der Islamischen Konferenz den festen Standpunkt aller Sitzungsteilnehmer gegen »die zionistische Aggression«; so wurde für die politischen Differenzen eine Brücke gefunden, die den weiteren gemeinsamen Weg möglich machte. Alle waren sich einig, daß der Kampf der Palästinenser gegen die Israelis unterstützt werden müsse. Einigkeit bestand auch in der Forderung, Jerusalem sei von den Israelis in islamische Hand zurückzugeben: »Über dreizehnhundert Jahre haben die Moslems Jerusalem verantwortlich verwaltet und dafür gesorgt, daß die heiligen Plätze offen waren für alle, die dort beten wollten. Nur Moslems können aufrichtige Wächter in Jerusalem sein, denn ihre Religion schließt auch die Propheten der jüdischen und christlichen Religion mit ein.«

Mit taktischem Geschick baute der Generalsekretär von »Motamar Islami« auf dieser festen Basis das Organisationsgebäude fort. Da das Sekretariat Geld benötigte, um für die Rückgabe von Jerusalem an die Moslems Propaganda machen zu können, wurde ein Finanzfonds eingerichtet, der von allen Staaten gemeinsam aufgebracht werden muß. Der Name des Fonds wurde zweckentsprechend gewählt: Jihad-Fonds, der für den Heiligen Krieg bestimmte Fonds. Dazu muß gesagt werden, daß Jihad jede Form von Auseinandersetzung mit Andersgläubigen bedeuten kann; dieser Begriff umreißt also durchaus nicht nur den offenen militärischen Konflikt.

Vom Zweck dieses Fonds sprechen die Statuten: »Die gesammelten Summen sollen für die Unterstützung islamischer Befreiungsbewegungen und für die Finanzierung der islamischen Zentren in der Diaspora zur Verfügung stehen.« Ein besonders ehrgeiziger Mann hatte andere Pläne: »Mit dem Geld aus dem Jihad-Fonds werden wir Missionare in die entferntesten Gegenden schicken.« Das war die Reaktion des libyschen Präsidenten Moammar Al Kathafi. Er zeigte sich bereit, beachtliche Beträge aus den Öleinnahmen Libyens für den Fonds abzuzweigen. Speziell für die Missionstätigkeit sollten seine Einzahlungen verwendet werden: »Unsere Missionare werden die Ungläubigen und die Heiden vom Wert des Islam überzeugen.« Die meisten der Politiker aus den wohlhabenden islamischen Staaten hatten jedoch nur geringe Neigung, den weltweit orientierten missionarischen Eifer des Libyers zu unterstützen. Sie waren der Meinung, in erster Linie müßten die Moslemgemeinden in der christlichen Welt finanziell großzügig ausgestattet werden, »damit sie in der christlichen Umgebung die Fahne des Islam zeigen können«.

Die islamischen Minderheiten, die in Bereichen anderer Religionen leben, sind nach Auffassung der Islamischen Konferenz ein unablösbarer Bestandteil der »islamischen Nation«. Die Delegierten folgten damit der Lehre des 1935 verstorbenen, doch noch immer beachteten Denkers Rashid Rida: »Der Moslem darf nie vergessen, daß der Islam ihn geehrt hat, indem er ihn zum Bruder von vielen Millionen Moslems in der ganzen Welt macht. Er ist Glied eines Körpers, der größer als der Lebensbereich seines Volkes ist. Sein Heimatland ist nur ein Teil seines religiösen Heimatlandes. Er muß daher darauf bedacht sein, den Fortschritt für den einzelnen Teil zum Fortschritt des Ganzen beitragen zu lassen.«

Auch die Moslems in der Diaspora sollen, als einzelne Teile, zum Fortschritt des Ganzen beitragen. Der Verkündigungsauftrag des Koran gilt für sie wie für jeden anderen Moslem: »Rufe auf zur Sache deines Herrn mit Weisheit und Ermahnung. Streite mit ihnen auf die beste Art. Wahrlich, dein Herr weiß am besten, wer seine Sache verlassen hat, er kennt am besten jene, die rechtgeleitet sind. Folgt nicht den Ungläubigen, sondern eifert gegen sie mit dem Koran und mit eurer ganzen Kraft.«

Die Organisation der Islamischen Konferenz muß, wenn sie ihrer Aufgabe treu bleiben will, die Erfüllung des Verkündigungsauftrags erleichtern. Zweiundvierzig islamische Staaten tragen diese Organisation. Dazu zählen einige der reichsten Staaten der Gegenwart – Staaten, die über gewaltige Beträge verfügen, die sie aus dem Ölgeschäft eingenommen haben. Zwar haben sich die Hoffnungen, die Generalsekretär Sheikh Hassan Mohammed Al-Tuhamy beim Amtsantritt gehegt hatte, nur zum Teil erfüllt, doch sind die Voraussetzungen günstig, daß der Islam in der Tat den dominierenden Platz einnimmt, »der ihm von der Geschichte her zukommt«.

Sorge bereitet die Islamische Konferenz den westlichen Regierungen jedoch weniger wegen der Stützpunkte des anderen Glaubens in wichtigen Städten Europas und der Vereinigten Staaten als wegen der Gerüchte, die Organisation der Moslemländer denke daran, irgendwo in der islamischen Welt eine Atombombe bauen zu lassen. Da das Geld dafür vorhanden ist und Wissen, Bauplätze und Material käuflich sind, ist die Sorge vor der »Islamischen Atombombe« sicher nicht unberechtigt.

# Warten auf die islamische Atombombe
## Pakistan hat sich die Geheimnisse beschafft

Ausgelöst hat die Furcht des Westens vor der islamischen Atombombe ein Mann, der nicht mehr lebt, der nach fadenscheiniger Urteilsbegründung hingerichtet worden ist. Er hat den Westen mit den folgenden Sätzen aufgeschreckt: »Es gibt eine christliche Atombombe; es gibt eine jüdische Bombe; jetzt entsteht die Bombe der Hindus. Warum gibt es noch keine islamische Atombombe?«

Der pakistanische Präsident Zulfikar Ali Khan Bhutto hatte diese Frage gestellt im Jahre 1974, als in Rawalpindi bekannt wurde, daß sich der Nachbarstaat Indien auf die Zündung einer Atombombe eigener Konstruktion vorbereitete. Präsident Bhutto entschied damals, Pakistan müsse für sich und für den Islam zur Atommacht werden. Seine Entschlossenheit bekräftigte er damals mit einem Ausspruch, der seinen maßlosen Ehrgeiz und seine kaum zu übertreffende Menschenverachtung dokumentierte: »Wir werden unsere islamische Atombombe bekommen, und wenn das Volk Gras fressen muß.«

Als Zulfikar Ali Khan Bhutto längst entmachtet war und von Prozessen zermürbt im Gefängnis auf seine Hinrichtung wartete, hielt er für seine Freunde draußen in der Freiheit schriftlich fest, Pakistan sei zum Zeitpunkt seines Sturzes technisch in der Lage gewesen, der islamischen Welt ihre Atomwaffe zu geben. Mit seiner Verdrängung von der Staatsspitze sei eine historische Chance vertan worden. Ausgelöst habe den Drang nach der Atombombe in erster Linie der Triumph Indiens auf diesem Gebiet: Dort wurde ein militärisches Nuklearpotential aufgebaut, das von jedem pakistanischen Staatschef als Bedrohung des unter seiner Verantwortung stehenden Staates empfunden werden mußte. Das Atomprogramm für Pakistan, so meinte Bhutto in seinen letzten Lebenstagen, sei wohl der tiefere Grund, warum er jetzt sein Leben verlieren müsse. Er selbst betrachte es weiterhin als den größten Erfolg seines Daseins. Dem Nachfolger werde nichts anderes übrigbleiben, als diesen Erfolg schließlich anzuerkennen.

Die Handlungsweise dieses Nachfolgers gibt dem toten Bhutto recht. Seit dem 5. Juli 1977 regiert der stark islamisch orientierte General Mohammed Zia ul Haq in Pakistan. Er brachte die Fragen der Opposition, warum ein ohnehin grasfressendes Volk so dringend eine Atombombe brauche, sehr rasch zum Schweigen. Zia ul Haq ist allerdings weit weniger großsprecherisch als Bhutto – er redet nur selten über die islamische Atombombe; und wenn er schon davon spricht, dann sagt er, es gebe sie gar nicht.

Er stellt vielmehr die zivile Nutzung der Atomkraft durch Pakistan in den Vordergrund: »Pakistan ist zur Deckung seines Energiebedarfs auf die modernste verfügbare Technologie angewiesen, wenn es nicht weiterhin mehr als die Hälfte seines Devisenbestandes für den Einkauf von Öl aufwenden will. Wir gewinnen 1,5 Milliarden durch den Export und geben davon wieder eine Milliarde für Öl aus.«

Dieses Argument klingt vernünftig – und der Präsident dieses armen Landes ist sicher darauf bedacht, die geringen Devisenbeträge nicht nur für einen Stoff ausgeben zu müssen, der letztlich verbrannt wird. Doch seine Reden über die zivile Nutzung der Kernenergie stoßen auf wenig Glauben in der westlichen Welt. Die Politiker der Industriestaaten sind schon einmal betrogen worden durch genau dieselben Parolen: Die indische Regierung hatte in den sechziger Jahren die Industrienationen dringend gebeten, ihr bei der Bewältigung anstehender Energieprobleme zu helfen. Kanada erklärte sich schließlich bereit, Indien beim Aufbau von Kernkraftwerken zu unterstützen. Die kanadische Regierung und die kanadischen Techniker waren am meisten überrascht, als Indien der Welt in einem erfolgreichen Test seine Atombombe präsentieren konnte. Pakistan sei dadurch herausgefordert worden, so wird vermutet, dem Beispiel Indiens zu folgen.

»Pakistan hat keinerlei Absicht, die Kernenergie militärisch einzusetzen. Wir wollen keine Atombombe bauen.« Dieses Versprechen gab Zia ul Haq Anfang September 1979 in Kronberg bei Frankfurt ab. Der pakistanische Präsident unterbrach dort seine Rückreise von der Konferenz der blockfreien Staaten in Havanna. Zia ul Haq attackierte dabei die Medien in der Bundesrepublik: »Sie arbeiten mit den Zionisten zusammen in der Diffamierung unserer Nuklearpläne. Das geschieht deshalb, weil wir für die Araber sind und für die Palästinenser, weil wir fest zu deren Sache stehen. Auf der Konferenz der blockfreien Staaten aber habe ich volle Unterstützung für unser Vorhaben erhalten.«

Der pakistanische Präsident ließ erkennen, daß er von der Sorge geplagt sei, die Nuklearmacht Frankreich könnte schließlich der Propaganda gegen die islamische Atombombe erliegen; als Konsequenz würde die Einstellung der französischen Unterstützung für das pakistanische Nuklearprogramm unausweichlich. Von Frankreich erwartet Zia ul Haq Wissen und Geräte zur Aufarbeitung abgebrannter Brennstäbe, aus denen Plutonium entstehen soll. Plutonium aber ist Material, aus dem Atombomben hergestellt werden können.

Die Bestellung von Wissen und Gerät ist schon 1976 erfolgt, zur Amtszeit des Präsidenten Bhutto. Zia ul Haq hat die Order nie aufgehoben. In Kronberg sagte er deutlich, daß er die Bestellung auch ausgeführt wissen will: »Die Versuche Frankreichs, sich aus dem unterzeichneten Vertrag über die Wiederaufbereitung abgebrannter Brennstäbe zurückzuziehen, ist einer so ehrenhaften Nation unwürdig. Es ist für uns eine Prinzipienfrage, ob ein Land das Recht zum Erwerb nuklearer Technik hat oder nicht.«

An einem Sommertag des Jahres 1979 besuchte der französische Botschafter in Pakistan wie zufällig den Ort Kahuta, südwestlich von Rawalpindi. Als er aus dem Wagen stieg, um einen Gebäudekomplex näher zu betrachten, wurde der Botschafter von Unbekannten überfallen und zusammengeschlagen. Die Polizei nahm sich der Untersuchung des Überfalls an, doch fand sie keinen der Beteiligten; die Affäre blieb ungeklärt. Immerhin hatte sie zur Folge, daß sich kein fremder Schnüffler diesem Gebäudekomplex mehr nähert. Er soll, so sagen Gerüchte in Islamabad, Teil des Instituts sein, das sich mit dem Bau der Atombombe befaßt. Daß gerade der französische Botschafter Interesse zeigte, sich hier umzusehen, mag mit der Vermutung zu tun haben, in jenem geheimnisvollen Gebäudekomplex stehe bereits der perfekte Ersatz für die Geräte, deren Lieferung Frankreich hinauszögert – dort werde Plutonium im Verfahren der Zentrifugaltechnologie hergestellt.

Der Mann ist identifiziert, dem Pakistan das Wissen um die Atomgeheimnisse verdankt. Sein Name: Dr. Quader Khan. Er war ein geschätzter Mitarbeiter des Instituts Urenco in der holländischen Stadt Almelo, das sich mit der Zentrifugaltechnik zur Anreicherung der Brennstäbe befaßt. In diesem Institut arbeiten Holländer, Deutsche und Briten zusammen. Jeder Ausländer, so besagen die Vertragsbestimmungen für dieses Institut, jeder, der nicht Holländer, Deutscher oder Engländer ist, aber dennoch als Mitarbeiter eingestellt werden soll, muß von den Behörden der Partnerstaaten überprüft werden. Dieser Überprüfung war Dr. Quader Khan nicht unterzogen worden – die Holländer hatten ihre Partner dazu gar nicht aufgefordert. Die Partner wurden auch nicht informiert, als der tüchtige und mit reichem Wissen ausgestattete Mitarbeiter aus Pakistan Urenco verließ, um in die Heimat zurückzukehren. Daß er dort, in diesem armen, rückständigen Land, seine Erfahrungen ausnützen könnte, damit rechnete niemand in der Leitung von Urenco.

Die Unterlassung hatte schlimme Folgen. Ungestört konnte Dr. Quader Khan über eine schweizerische Firma anhand fertiger Bestellisten die Einzelteile einkaufen, die zum Bau einer Uran-Anreicherungsanlage nötig sind. Im Verlauf des Jahres 1976, damals regierte noch Zulfikar Ali Khan Bhutto, konnte Dr. Quader Khan mit dem Zusammenbau der Teile beginnen. Nichts fehlte. Präsident Zia ul Haq hat nie abgestritten, daß es gelungen war, einen verwegenen Coup erfolgreich zu beenden. Er verheimlicht auch nicht, aus dem afrikanischen Land Niger Uranlieferungen erhalten zu haben.

Der Besitz der Anreicherungsanlage bedeutet allerdings noch nicht die Verfügung über eine funktionstüchtige Atombombe; schwierig herzustellen ist der Zündapparat, und nichts deutet darauf hin, daß Pakistan über das Wissen verfügt, wie ein solcher Apparat konstruiert werden kann. Und trotzdem ist die Sorge berechtigt, über einer abgelegenen Gegend Pakistans werde eines Tages ein Atompilz aufsteigen. Es ist auch nicht auszuschließen, daß andere islamische Staaten über Kenntnisse und Anlagen verfügen, die irgendwann den Bau von Atombomben erlauben. Die israelischen Angriffe 1981 auf den Atomreaktor in Baghdad und die Erklärung der Atomkontrollkommission vom November 1981, daß es letztlich nicht möglich sei, das Abzweigen von angereichertem Uran zu verhindern, haben der westlichen Welt in aller Deutlichkeit vor Augen geführt, daß diese Gefahr ins politische und militärische Kalkül einbezogen werden muß.

## »Wehe Euch, Ihr Christen des Westens!« Die Heimat der islamischen Herausforderung

Draußen vor dem Gebäudekomplex wird der ungebrochene Glaube an die glorreiche Zukunft des Islam dokumentiert. Da fällt eine breite und hohe Bretterwand auf, die eigens gezimmert wurde, damit auf ihr in großen Ziffern eine riesige Zahl triumphierend verkündet werden kann. Diese Zahl heißt »Tausend Millionen« – gemeint sind »Tausend Millionen Moslems«.

Die Zahl ist für die Augen der geistlichen Männer bestimmt, die hinter den graubraunen Mauern der Al-Ashar-Moschee in Cairo leben und arbeiten, für die Augen der islamischen Theologen, der Gelehrten des islamischen Rechts. Ihre Sorge soll der Ausbreitung des Islam gelten. Die Geistlichen der Sektion »Missionierung« haben sich das Ziel gesetzt, die Gemeinde der Moslems auf tausend Millionen Gläubige auszuweiten, um damit den Islam auf den ersten Platz in der an Zahlen orientierten Rangliste der Weltreligionen zu setzen. Mit tausend Millionen Moslems wäre die christliche Religion auf den zweiten Platz verdrängt; ihr gehören 985 Millionen Menschen an.

Die Zahl auf der gigantischen Holztafel gibt nicht die derzeitige Gemeindegröße des Islam wieder. Für die Jahre 1980/81 muß die Zahl der Moslems um ein Viertel geringer eingeschätzt werden. Das Postulat kann jedoch im Jahr 2000 Realität geworden sein. Unter der wirklichkeitsgerechten Annahme, daß die Zahl der Christen in der Welt stagniert und sogar geringer wird, muß sich das Christentum dann in der Tat mit dem zweiten Platz in der Religionsstatistik begnügen.

Aussagen über die Zukunft des Islam werden von den Moslemtheologen wohlweislich mit der ernstgemeinten Formel »Inscha'allah!« abgeschlossen, »wenn Allah will«. Sie wissen, welchen Veränderungen die Trends der Bevölkerungsentwicklung unterworfen sein können. Hunger und Kriegseinwirkungen vermögen das Zahlenverhältnis zwischen Neugeborenen und Sterbenden nachhaltig zu stören; sie vermindern die Lebenskraft eines Volkes. Schon eines dieser Ereignisse verwandelt eine Voraussage in eine lächerliche Fehleinschätzung, in pure Anmaßung.

Vor der Zahlengläubigkeit, vor dem blinden Vertrauen in Ziffern ist allerdings zu warnen bei der Beurteilung der Kraft, die in einer Religion steckt. Sowenig sich die Wirksamkeit einer Armee nach der Truppenstärke kalkulieren läßt, so wenig hängt die Bedeutung einer Religion von der Anzahl der Gläubigen ab, die sich ihr zugehörig fühlen. Entscheidend ist, ob das Bekenntnis mit wahrer Überzeugung verbunden ist, ob die Gläubigen sogar bereit sind, ihr Leben für diese Überzeugung einzusetzen. Die Ereignisse in Iran während des Jahres 1979 gelten als Beweis dafür, daß Moslems unter bestimmten Voraussetzungen ihr Leben opfern, um als Blutzeugen ihrem Glauben zu dienen.

Die Zahl der Gläubigen und ihr Überzeugungsgrad sind die beiden Faktoren, die den Theologen der Al-Ashar-Moschee den Mut zur Prophezeiung geben, das 15. Jahrhundert des Islam bringe in der Auseinandersetzung der Religionen die Entscheidung zugunsten ihres Glaubens. Es ist für sie keine Frage, daß ihre Religion, von Allah mit einem hohen Maß an Überzeugungsgewalt ausgestattet, schließlich einen Siegeszug antreten werde, der von keiner anderen Glaubensrichtung aufgehalten werden könne.

Unscheinbar wirkt der Komplex der Moschee und der angrenzenden Gebäude in der Altstadt in Cairo. Sichtbar sind, außer der alles verhüllenden Mauer, nur drei Minarette. Das »Tor der Barbiere« durchbricht die Mauer; früher war hier der Ort, wo sich die Theologiestudenten rasieren ließen. Als kostbarer Schatz islamischer Architektur gilt die in das Portal eingelassene Gebetsnische, deren Wände aus Glasmosaik in Gold, Blau und Türkis strahlen. Heiter stimmt die Architektur des sich anschließenden Hofes. Grazil gearbeitet sind die dreihundertachtzig Säulen in den Wänden ringsum. Baustile der Griechen und Römer, der Architekten aus Byzanz und Persien haben das Erscheinungsbild dieses Hofes geprägt. Der Eindruck der Weite bleibt, auch wenn die Vernunft sagt, daß die Dimensionen gar nicht so gewaltig sein können.

Ein Säulenwald stützt die Decke des eigentlichen Heiligtums. Zwei Kuppeln krönen das Zentrum. Eine Nische in der Wand zeigt die Richtung nach Mekka an. Moschee und Hof stammen aus dem 10. Jahrhundert. Seit damals ist dieses religiöse Zentrum als Hochschule des Islam anerkannt. Im 10. Jahrhundert ist die Entscheidung gefallen, die höchste Autorität in der islamischen Religion nicht in Mekka, im Schatten der Ka'aba anzusiedeln, sondern am Nil.

Dreißigtausend Studenten lassen sich hier zu islamischen Gelehrten ausbilden. An dieser Hochschule werden hauptsächlich Fächer gelehrt, die mit der Religion direkt oder indirekt zu tun haben. Entschieden hat die Leitung in den vergangenen Jahrzehnten alle Versuche abgelehnt, den Charakter der Institution durch Einbeziehung anderer Lehrstoffe zu verändern. Mit gutem Grund fürchteten die Geistlichen, die Vielfalt der Fächer werde die Autorität der Hochschule auf religiösem Gebiet mindern. »Die Blühende« sollte nicht hineingezogen werden in den Streit der Wissenschaften des 20. Jahrhunderts. Für die weltlichen Wissenschaften mußten in Cairo schließlich getrennte Universitäten gegründet werden.

Erfolgreich in der Abwehr der Zumutung, sich mit weniger religiösen Fächern beschäftigen zu müssen, waren die Geistlichen allerdings nicht immer – doch über dieses Kapitel der Hochschulgeschichte wird ungern geredet. Gamal Abdel Nasser war es zu Beginn der sechziger Jahre gelungen, die Hochschulleitung unter Aufsicht der Regierung und der Staatspartei zu bringen. Er setzte Veränderungen des Lehrplans durch. Anwar As Sadat aber gab Al Ashar nach und nach die Selbstbestimmung wieder. Zu Nassers Regierungszeit hatte sich die Geistlichkeit mit Vertretern von Regierung und Partei abstimmen müssen, ehe sie Verlautbarungen erließ, auch wenn sie nur Glaubensfragen betrafen. Anwar As Sadat hingegen besprach sich häufig mit der Geistlichhkeit, wenn er neue Gedanken in die Gesetzgebung seines Landes einbringen wollte. Durch ihn wurde Al Ashar wieder mit hoher Autorität ausgestattet.

»Die Blühende« ist kein Ort der absoluten Stille. Hof und Gänge sind von morgens bis abends belebt. Die jungen Menschen überwiegen: die Studenten aus arabischen und afrikanischen Ländern, aus Indonesien, aus Persien, Indien, Java, aus den Negervierteln in den Riesenstädten der Vereinigten Staaten von Amerika. Während sie, fast immer zu zweit, die schattigen Plätze im Hof ausschreiten, hin und her in gemächlichem Schritt, prägen sie sich die arabischen Texte der Koransuren ein. Wer an der »Blühenden« studiert, muß den Koran auswendig aufsagen können. Der Koran und die zweifelsfreie Überlieferung weiterer Aussagen des Propheten Mohammed bilden die unveränderbare Grundlage des Unterrichts. Vom Material, das in Koran und Aussagen zu finden ist, leben auch solche Fächer wie Islamische Rechtslehre, Logik und Rhetorik. Der Unterricht findet meist in einer vor der grellen Sonne geschützten Ecke des Hofes statt oder in einem Winkel der Moschee, der nicht von den Betenden benützt wird. Auf dicken Teppichen, in denen die Rottöne überwiegen, hocken die Schüler im Kreis um den Lehrer.

Der Unterricht findet in arabischer Sprache statt. Ihre Kenntnis ist für die jungen Männer aus Indien, Persien, Java und den USA die Voraussetzung dafür, daß sie dem Unterricht folgen können. Allein schon durch die oft mühsam erarbeitete sprachliche Basis entsteht für diese jungen Moslems aus Ost und West ein enges Gefühl der Gemeinsamkeit und der Einordnung in die weltweite Gemeinde der gläubigen Moslems.

Sich als Angehörige einer elitären Bruderschaft zu empfinden, dafür gibt es keinen Anlaß. Diese Hochschule des Glaubens ist offen für alle Männer, die durch das »Tor der Barbiere« eintreten wollen, um zu beten oder auch nur der Hitze und dem Staub der Marktgassen ringsum zu entfliehen. Keiner wird als störend empfunden, der ruhig auf dem Boden hockt – auch wenn er dabei schlummern sollte. Mit Absicht hat der Prophet Mohammed die Moschee als kühlen Ort geschaffen, der dem Menschen Schutz und Ruhe bieten soll.

Einen Schutzbrief für jeden, der mit guter Absicht Al Ashar betreten will, kann man an einem der Tore zur »Blühenden« finden. Da stehen die Worte des Propheten Mohammed: »Wahrlich, jede Handlung wird nach ihrer Absicht behandelt. Jeder wird belohnt oder verurteilt nach der Qualität seiner Absichten.«

Diesen Spruch, der zur Lehrmaxime der islamischen Hochschule Al Ashar gehört, lesen auch die Geistlichen, die hierher kommen, um an den Konferenzen der Islamischen Forschungsakademie teilzunehmen, die sich die Aufgabe stellt, bindende Grundsätze für alle islamischen Gläubigen auszuarbeiten. Diese Grundsätze beschränken sich jedoch nicht auf das Gebiet der Religion – sie greifen tief ein in das Leben jedes einzelnen Moslem. Der Rechtsgrundsatz, einem Dieb sei die Hand abzutrennen, wurde in unserer Zeit zuerst in den Gremien der Islamischen Forschungsakademie gutgeheißen, ehe er in Libyen zum gültigen Gesetz wurde. Daß viele Staaten der islamischen Welt – Ägypten gehört in hohem Maße dazu – ihre Gesetzgebung nach den Ansichten der Geistlichen ausrichten, die in der »Blühenden« ihre Beschlüsse fassen, macht das hohe Ansehen aus, das diese Institution besitzt.

Die Islamische Forschungsakademie wird gebildet aus bedeutenden Geistlichen der Moslemländer, wobei der Unterschied zwischen Ländern sunnitischer und schiitischer Ausprägung der Religion als unwichtig erscheint. Da Sunniten und Schiiten in den Grundlagen ihres Glaubens keinen Unterschied aufweisen, können sie in den Überlegungen zu Grundsatzfragen der Religion durchaus zusammenarbeiten, ohne daß Streit zwischen den beiden Richtungen entstehen muß.

Abdel Moneim al Nimr gehört zu den Lehrern mit höchstem Ansehen an der »Blühenden«. Er ist der Meinung, daß die Dynamik des religiösen Aufbruchs im Islam die Unterschiede zwischen Schiiten und Sunniten verschwinden läßt. Die gemeinsame Aufgabe beider Erscheinungsformen des Islam sieht er in der Befreiung der Moslems – wie er sagt – von den »Denkschablonen der westlichen Welt«. Unabhängigkeit auf geistigem Gebiet will er für die Moslems erkämpft wissen; er sieht in diesem Kampf Ayatollah Khomeini als Vorbild, da er in Iran westliche Einflüsse tilge, um Schluß zu machen mit der Überfremdung des politischen und des religiösen Lebens: »Was nützt es, die Herrschaft des Kolonialismus abzuschütteln, wenn seine Ideen und Ideologien weiterhin geistige Knechtschaft ausüben? Dieser Sachverhalt ist uns bewußt geworden. Daher unser Erwachen, der Drang zur Befreiung von allem, was in unser Denken und Leben an Fremdem eingedrungen ist, daher die Rückbesinnung auf unsere eigene Tradition, auf unsere eigene Geschichte.«

Für die hohen Geistlichen, die an den Sitzungen der Islamischen Forschungsakademie teilnehmen, gibt es keinen Zweifel, daß der von ihnen repräsentierten Religion der Anspruch auf alleinige weltweite

Gültigkeit zusteht. Beweise dafür liefern die veröffentlichten Sitzungsprotokolle.

Die Grundsätze für »Jihad«, für den Heiligen Krieg gegen die Ungläubigen, wurden auf der Vierten Konferenz der Akademie im Jahre 1968 festgelegt. Da der Heilige Krieg seit der Zeit des Propheten Mohammed als wichtiges Element in der Verteidigung und in der Ausbreitung des Glaubens gilt, muß seine Definition zur Kenntnis genommen werden. Wortführer war bei jener Vierten Konferenz in der »Blühenden« von Cairo der oberste islamische Rechtsgelehrte des haschemitischen Königreichs Jordanien. Er sagte: »Der Heilige Krieg ist vorgeschrieben zur Verbreitung des Glaubens. Wer nicht Moslem ist, dem bleibt nur die Wahl, den Islam mit gutem Willen anzunehmen oder sich durch den Heiligen Krieg dazu zwingen zu lassen. Vom Heiligen Krieg abzulassen, verstößt gegen die Gesetze Allahs. Friedensschlüsse sind nur erlaubt, um in Zeiten der Schwäche wieder Kraft zu sammeln für kommende Auseinandersetzungen. Der Heilige Krieg muß die Grundlage der Beziehungen zwischen Moslems und Nichtmoslems sein. Den Moslems steht es frei, jegliche Vereinbarung mit Nichtmoslems zu brechen.«

Sheikh Zahra, ein islamischer Geistlicher von hohem Format, fügte allerdings hinzu, der Heilige Krieg sei nicht unbedingt als Auseinandersetzung mit Waffen zu begreifen: »Er kann in ganz verschiedenartiger Form ausgetragen werden. Wichtig ist allein, daß er niemals endet. Er wird dauern bis zum Tag des Jüngsten Gerichts.«

Der Heilige Krieg wird als geistige Auseinandersetzung verstanden. Die Studenten der Al-Ashar-Universität sind aufgerufen, mit ideologischen und polemischen Waffen für die Sache des Islams zu streiten. Die Missionare, die nach der Ausbildung als tauglich für die Arbeit in bisher nichtislamischen Weltgegenden erkannt werden, haben den Auftrag, eine Antwort zu geben auf die »christliche Herausforderung«. Sich nur auf diese Antwort zu beschränken, das genügt dem Geltungsanspruch des Islam nicht – diese Antwort soll sich in eine »islamische Herausforderung« verwandeln.

Ein Beispiel dieser islamischen Herausforderung gibt der Palästinenser Izzat Tannous. Seine Anklage gegen die »Christen des Westens« ist für viele Moslems Vorbild in der Selbstverständlichkeit, mit der Religion und Politik für den Zweck der Attacke miteinander verwoben werden: »Wehe Euch, Ihr Christen des Westens, denn Ihr seid schuld am Massaker Tausender christlicher und islamischer Einwohner des Heiligen Landes! Ihr seid schuld auch an der Vertreibung anderer. Wehe Euch, Ihr Christen des Westens, denn Ihr habt das Heilige Land zu einem Schlachtfeld gemacht! Wehe Euch, Ihr Christen des Westens, denn Ihr habt das Land des Friedens an die fanatischen Zionisten verkauft! Wehe Euch, Ihr Christen des Westens, denn Ihr habt es zugelassen, daß Moscheen in Steinhaufen verwandelt werden! Wehe Euch, Ihr Christen des Westens, denn Ihr glaubt an das Prinzip, daß die Gewalt im Recht ist, daß das Schwert – nicht Gott – der Herr im Heiligen Land ist! Wehe Euch, Ihr Christen des Westens, Ihr Prediger der christlichen Liebe! Ihr verherrlicht den Sieg von Armeen im Land des Friedensfürsten. Wehe Euch, Ihr Christen des Westens!«

# Der islamischen Herausforderung ist ein klares Ziel gesetzt

# »Der Teufel wohnt im Westen!«
# Khomeini sagt dem Abendland den Heiligen Krieg an

Den »Krieg zwischen Moslems und Heiden« sagt Ayatollah Khomeini am Freitag, dem 22. November 1979, an, in einer Rede, die von Radio Teheran übertragen wird: »Die Moslems müssen sich erheben in diesem Kampf, der eher ein Kampf zwischen dem Islam und der Welt der Ungläubigen als zwischen Iran und den USA ist. Die Moslems werden triumphieren in diesem Kampf!«

Der Ayatollah aus der Stadt Qum in Iran sprach früher schon unverhüllt aus, was die Zukunft bringen kann: »Der Heilige Krieg bedeutet die Eroberung der Territorien, die noch nicht vom Islam beherrscht werden. Voraussetzung für die Erklärung des Heiligen Krieges ist die Bildung einer islamischen Regierung, die wirklich dieser Bezeichnung würdig ist. Die Leitung des Heiligen Krieges wird ein Imam, ein Mann des Glaubens, übernehmen. Er kann die Befehlsgewalt weitergeben, muß aber die Aufsicht behalten. Dem Aufruf des Imam hat jeder volljährige und waffenfähige Mann zu folgen. Das Endziel des Heiligen Krieges ist die Unterwerfung der Welt unter das Gesetz des Koran. Der Koran muß respektiert werden von einem Ende der Welt zum anderen. Doch die ganze Welt soll wissen, daß sich die universale Vorherrschaft des Islam grundsätzlich vom Machtanspruch gewöhnlicher Eroberer unterscheidet. Garant für den Unterschied ist die Autorität des Imam, des Glaubensmannes. Er führt keinen ungerechten und tyrannischen Eroberungskrieg. Er ist kein eigensüchtiger Eroberer.«

Angst zu haben vor dem »Heiligen Krieg« der Moslems, das haben die Menschen der christlichen Länder verlernt. Daß die Kriegsdrohung ernst gemeint sein könnte, daran glauben sie nicht. Vergessen sind die Erfahrungen, die unsere Vorfahren gemacht haben. In den drei Jahrhunderten, die seit dem letzten gewaltsamen Ansturm des Islam vergangen sind, verblaßte die Erinnerung an die Kämpfer des Islam, die Wien und Zentraleuropa bedroht hatten, die überlegen genug waren, vom kaiserlichen Haus Habsburg Tribut fordern zu können. Der Islam war zahm geworden seit dem Ausgang des 17. Jahrhunderts, ungefährlich für das Christentum. Ihre Aggressivität schien die Religion des Propheten Mohammed verloren zu haben – bis der alte Mann aus Qum die Menschheit daran erinnerte, daß der Islam den Anspruch erhebt, der alleingültige Glaube für alle zu sein.

Schroff klangen seine Anklagen, die keinen Fingerbreit Spielraum für Kompromisse ließen: »Die Juden, die Christen und die Materialisten verzerren die Wahrheiten des Islam – Allah möge sie erniedrigen! Der

Westen ist nichts als ein Haufen von Diktaturen voller Unrecht. Wir müssen diese Unruhestifter mit eiserner Energie schlagen. Alle westlichen Regierungen sind Diebe. Nichts als Schlechtigkeit kommt von ihnen. Wir werden die Verurteilung des amerikanischen Präsidenten fordern.«

Die Öffentlichkeit des Westens reagierte mit Abwehrgesten. Sie reichten vom wütenden Protest über die Anmaßung, mit der ein islamischer Geistlicher die Industriestaaten verächtlich machte, bis zu witzigen Persiflagen der Parolen des alten Mannes. Wenige Beobachter erkannten, daß dieser Geistliche genau die Worte aussprach, die mit den Gefühlen seines Volkes übereinstimmen. Richard Falk, Professor für internationale Beziehungen und Außenpolitik an der Princeton University, erkannte das Geheimnis um die Verbindung zwischen dem Volk und seinem Prediger: »Gerade dann, wenn er uns am verrücktesten erscheint, trifft er exemplarisch das Denken der iranischen Menschen.«

Der alte Mann mit weißem Bart, schwarzem Umhang und schwarzem Turban griff alle Regierungsformen an, die in der menschlichen Gesellschaft derzeit praktiziert werden: »Sämtliche Regierungen der Welt stützen sich auf die Macht der Bajonette. Wir kennen keine Monarchie oder Republik in der heutigen Welt, die auf Gerechtigkeit und Vernunft gegründet ist. Sie behaupten sich alle nur durch die Unterdrückung.« Gerechtigkeit, so sagte dieser Geistliche, ist allein in einem Staat möglich, der von den Gesetzen des Koran gelenkt wird. »Der Islam als Staatsdoktrin ermöglicht die Gründung eines Staates, dem Unterdrükkung fremd ist. Der Islam hat für alles, was den Menschen und die Gesellschaft betrifft, Lehren. Diese kommen vom Allmächtigen und sind den Menschen durch die Propheten überliefert.«

Den islamischen Führern ist Gewalt gegeben über die Menschen: »Man gehorcht den Führern der islamischen Regierung, weil Gott es gewollt hat.« Auf dem falschen Wege ist, wer den Koran und die Anweisungen des Propheten Mohammed mißachtet: »Wenn das islamische Gesetz den Westen leiten würde, dann wäre man nicht mehr gezwungen, Zeuge dieses wilden Treibens zu sein, das selbst für Raubtiere unwürdig wäre.«

Mit diesem Ausdruck intensivster Verachtung krönt der alte Mann seine Anklage gegen den Westen, gegen die nichtislamische Welt insgesamt. Heilung für die kranke Welt, daran läßt er keinen Zweifel, gibt es nur in der Unterwerfung: Die Gesetze des Propheten müssen überall herrschen. »Es gibt kein anderes Recht für den Menschen und keine Pflicht als den Gehorsam gegenüber Allah. Wir alle schulden den Gesetzen Gehorsam, die den Sterblichen durch den Koran überliefert worden sind. Sie bleiben unveränderlich bis zum Ende der Zeiten.« Wer den Gehorsam verweigert, von dieser Überzeugung weicht der geistliche Führer um keine Nuance ab, der ist zum Untergang verurteilt.

Sein genaues Alter kennt niemand. Wahrscheinlich ist er im Jahre 1902 geboren worden. Der Vater hatte ihm den Namen Ruhollah gegeben; er läßt sich mit »Seele Allahs« übersetzen. Ein religiöser Mann war der Vater gewesen, ein Wanderprediger. Er zog durch die Dörfer der iranischen Hochebenen und Täler und verkündete das Wort des Propheten. Er sah das Elend der Bauern, und er fluchte auf die Hartherzigkeit der Grundbesitzer. Mit den Armen lebte er in den winzigen Hütten und teilte ihren Hunger. Er war Zeuge ihrer Anstrengungen, sich aus der Verschuldung zu lösen, und mußte doch zusehen, wie sie sich in immer neue Schulden verstrickten.

Daß sich der religiöse Mann um die Armen kümmerte, daß er ihnen erzählte, wie eine gerecht geordnete Welt aussehen müsse, das ärgerte die Grundbesitzer. Sie waren recht freigiebig in ihren Zuwendungen an die Geistlichkeit; sie kauften sich die potentiellen Gegner. Der Wanderprediger aber entzog sich ihren Gaben und damit auch ihrem Einfluß.

Er glaubte sicher zu sein vor Messern und Prügeln möglicher Feinde, denn er trug den schwarzen Turban und wies sich damit als Angehöriger der Familie des Propheten aus. Von seinem Vater hatte er das Wissen um diese Besonderheit übernommen. Dokumente, die eine solche Blutsverwandtschaft mit Mohammed bezeugen könnten, hat es nie gegeben. Doch sind auch keine Zweifel bekannt geworden an der Berechtigung, den schwarzen Turban tragen zu dürfen.

Schutz aber bot ihm weder der schwarze Turban noch der geistliche Stand. Als sein jüngster Sohn Ruhollah gerade neun Monate alt war, da wurde der Wanderprediger von den Knechten eines Grundbesitzers mit Knüppeln erschlagen: in der Nähe seines Heimatortes, der den Namen Kohmein trägt.

Name und Ortsbezeichnung identifizieren diesen Mann. Ruhollah Khomeini nannte er sich, als er, wie der Vater, islamischer Geistlicher wurde. Seine Lehrer waren erst die Mutter, die aus einer religiös orientierten Familie stammte, dann seine Tante, die bewandert war in den Suren des Koran. Auch die örtlichen Geistlichen bemühten sich, dem Sohn des toten Wanderpredigers die Gesetze zu erläutern, die Mohammed für die Menschen erlassen hatte. Und schließlich nahm ihn einer der wichtigsten persischen Theologen als Schüler an. Durch dessen Vermittlung wurde Khomeini aufgenommen in den bevorzugten Kreis der Theologen in der heiligen Stadt Qum.

Gerade in jenen Jahren, als sich Khomeini einordnete in die Reihe der geistlichen Führer von Iran, war das Land umwälzenden Reformen ausgesetzt, die darauf ausgerichtet waren, den Einfluß der Theologen auf die Politik und Gesellschaft zu beschneiden. Ermöglicht wurden diese Reformen durch einen Wechsel an der Spitze des Staates. Ein Reiteroffizier – sein Name war Reza Khan – hatte die absolute Macht im Lande übernommen und betrachtete sich als Stammvater einer Dynastie von

Kaisern. Um die Verfassung, die seine Rechte und Pflichten fixieren sollte, kümmerte sich Reza Khan nicht.

Der Tradition zufolge sollte ein islamischer Verfassungsrat jedes neuerlassene Gesetz auf seine Übereinstimmung mit den Vorschriften des Koran überprüfen; entschied der Verfassungsrat, ein Gesetz widerspreche in Buchstaben und Geist den Anweisungen, die der Prophet einst hinterlassen habe, so durfte dieses Gesetz nicht angewandt werden. Der Reiterführer, der sich zum Schah, zum absoluten Herrscher ernannt hatte, war jedoch keineswegs von der Absicht geleitet, seine Anweisungen zuerst von einem Verfassungsrat überprüfen zu lassen, in dem nur geistliche Herren vertreten waren. Die Religion, das war seine Meinung, sollte von der Politik getrennt werden.

Reza Khan folgte damit dem Vorbild, das Kemal Atatürk gesetzt hatte, der erste Staatschef der Türkei nach dem Zusammenbruch des Osmanischen Reiches. Für Atatürk war die Religion Ursache der Rückständigkeit in der Endphase des Kalifenreichs gewesen. Der moderne Staat Türkei, den er schaffen wollte, wurde in völliger Unabhängigkeit von religiösem Denken geplant. Religion sollte künftig Privatsache sein; eine Einflußnahme der Geistlichkeit auf den Staat wurde durch Gesetze unmöglich gemacht. An die Stelle religiöser Leitlinien traten Ideen, die aus der westlichen Welt übernommen wurden. Der Glaube an Technik und Logik ersetzte die Überzeugung, Allah werde die Welt zum Guten lenken.

Reza Khan praktizierte, genauso wie sein Vorbild, die absolute Trennung von Religion und Staat. Er verletzte damit das von der Geistlichkeit zur Unantastbarkeit erhobene Prinzip, der Islam sei »din wa daula«, sei die Kombination von Religion und Staat – wer die Verbindung auflöse, sei ein Verbrecher am Gesetze Allahs. Um die Proteste der Geistlichen kümmerte sich Reza Khan nicht. In konsequenter Durchsetzung seiner Politik erzwang der Schah die Einführung eines zivilen Strafrechts. Die Rechtspflege aber war bisher die Domäne der islamischen Geistlichen gewesen. Ihr Einfluß wurde nun gewaltig gemindert. Ruhollah Khomeini gehörte zu den religiösen Männern, die beschlossen, kompromißlos gegen den Feind des Glaubens auf dem Thron von Iran zu kämpfen.

Da die Armee den Ideen des Reza Khan folgte, blieb der Widerstand der Geistlichkeit ohne praktisches Resultat; mit Waffengewalt erzwang der Schah die Durchführung der Reformen. Auch sein Sohn Mohammed Reza Pahlawi stützte sich auf die bewaffnete Macht und kümmerte sich nicht um die Flüche und Verwünschungen, die in der heiligen Stadt Qum gegen ihn ausgestoßen wurden. Der Schah entfernte sich bewußt oder unbewußt immer stärker von der islamischen Religion der Ausprägung, die in Iran gepflegt wurde. Seine Sympathie für die Bahai-Sekte wurde immer offenkundiger – sehr zum Ärger der Moslems.

Für die Geistlichen war der Islam das Gewebe der Gesellschaft; der Islam allein garantierte nach ihrer Vorstellung den soziologischen Zusammenhalt. Khomeini, von Jahr zu Jahr angesehener unter den Spitzentheologen in Qum, registrierte nicht den Fortschritt, den der Schah ins Land bringen wollte – er sah nur die Zerstörung des Gewebes der Gesellschaft. Gerade dem Fortschritt, der vom Schah erzwungen wurde, gab Ruhollah Khomeini schon frühzeitig die Schuld an der Vernichtung der besonderen Eigenschaften des iranischen Volkes.

Khomeini äußerte sich konkret gegen die Gesetze, die der Schah als fortschrittlich ansah. Gegen das Familienschutzgesetz, das europäischen Gesetzestexten folgte, argumentierte er so: »Das sogenannte Familienschutzgesetz, in Iran seit einiger Zeit in Kraft, ist vollkommen gegen den Geist des Islam gerichtet. Jede Frau, die sich nach dem Wortlaut dieses Gesetzes scheiden ließ, ist noch immer als verheiratet anzusehen. Jede weitere Heirat ist ein ehebrecherischer Akt. Wer diese Frau heiratet, begeht Ehebruch und muß bestraft werden. Die Kinder aus diesen Verbindungen sind unehelich und haben keinen Anspruch auf Beteiligung am Erbe. Das gilt für jeden Fall, in dem das Gericht der Frau das Recht zugestanden hat, sich gegen den Willen des Mannes scheiden zu lassen.« Da der Koran in der Regel dem Mann das Recht auf Scheidungsverlangen zuspricht, ist für Khomeini jedes Gesetz, das darauf keine Rücksicht nimmt, ungültig.

Khomeini griff zur Zeit des Schahs jede Veränderung an, die Fortschritt im westlichen Sinn bedeutete: »Das soziale Leben hat sich verhängnisvoll umgestaltet. Brutstätten der Unmoral sind entstanden. Dazu zählen Theater, Kinos, Stätten für Tanz und Musik. Junge Männer begegnen Frauen, die ihre Reize zeigen, auf den Straßen. Wein wird getrunken, Radioapparate und lächerliche westliche Hüte sind ins Land gekommen, dafür ist die Fähigkeit geschwunden, zwischen dem Guten und dem Bösen zu unterscheiden. Die schändlichen Bräuche, daß Männer und Frauen im Schwimmbad zusammentreffen, müssen verschwinden, damit endlich die Morgenröte eines neuen Lebens für dieses Land beginnen kann. Es ist die Pflicht aller geistlichen Würdenträger, die neuen teuflischen Gesetze abzulehnen. Alle Moslems sind verpflichtet, gegen die Anwendung solcher Gesetze Widerstand zu leisten. Allah möge diejenigen züchtigen, die Gesetze erlassen haben, die im Widerspruch stehen zu den Anordnungen des Koran. Denen sich zu nähern, die solche Gesetze gemacht haben, ist eine Todsünde.«

Der Gedanke, der weltlich orientierte Staat, den die Pahlawi-Dynastie schaffen wollte, müsse abgelöst werden durch eine soziale Ordnung, die von islamischen Prinzipien geleitet wird, beherrschte die Denkwelt dieses Mannes durch die Jahrzehnte. Seine Vision mündete in den Willen zur Wiederbelebung des Gottesstaates, den Mohammed im Jahre 622 nach seiner Ankunft in Medina begründet hatte, dessen oberstes Gebot die Einheit von weltlicher und religiöser Autorität war. »Jede weltliche Macht, in welcher Form sie sich auch behauptet, ist ganz von selbst eine atheistische Macht, ist Satanswerk. Die islamische Regierung aber ist dem Gesetz des Islam unterworfen, das weder vom Volk noch von seinen Vertretern kommt, sondern direkt von Allah und seinem göttlichen Willen. Das Gesetz des Koran, das nichts anderes ist als das göttliche Gesetz, macht die Gesamtheit jeder islamischen Regierung aus und herrscht unfehlbar über alle Individuen.«

Khomeini gab zu, selbst überrascht gewesen zu sein, als er während seiner Studien feststellte, daß die göttlichen Gebote Regeln für alle Lebensbereiche geben können: »Nichts existiert, worüber der Islam nicht sein Urteil gefällt hat.« Khomeini hat für die Gläubigen aus dem Koran und aus der Überlieferung die Gesetze zusammengestellt, die zu beachten sind: Sie betreffen die Gebete, die tägliche Reinigung, die Beziehung zwischen Mann und Frau, die Fastengebote, die Vorschriften zum Schlachten der Tiere, die Totenzeremonien, den Handel und die Steuerabgaben. Bis ins letzte Detail wird den Gläubigen das Verhalten vorgeschrieben; ganz unvorstellbar ist für den im europäischen Lebenskreis aufgewachsenen Menschen die Präzision der Vorschriften. Mit Absicht sei ein harmloses Beispiel gewählt: »Fünf Dinge sind beim Trinken zu vermeiden: a) zuviel Wasser zu trinken; b) es nach einer üppigen Mahlzeit zu trinken; c) nachts im Stehen zu trinken; d) den Wasserkrug mit der linken Hand zu fassen; e) dort zu trinken, wo der Wasserkrug gesprungen ist, oder dort, wo der seinen Henkel hat.«

Die Lektüre der Lebensregeln macht deutlich, wie sehr das Denken ihres Autors in der Umwelt und den Existenzbedingungen der Beduinen wurzelt. Von den Zwängen der modernen Gesellschaft lassen sich die religiös orientierten Gesetze nicht beeinflussen. Daher muß uns eine Anweisung wie die folgende fremd bleiben: »Die Frau, die sich ausbilden lassen möchte, um ihren Lebensunterhalt durch eine schickliche Arbeit zu verdienen, und die einen Mann zum Ausbilder hat, darf das nur tun, wenn sie ihr Gesicht bedeckt und wenn sie nicht mit Männern in Berührung kommt. Ist die Bedeckung des Gesichtes nicht möglich, und ist die Berührung mit Männern unvermeidbar – was beides den religiösen und moralischen Grundsätzen schadet –, muß sie auf ihre Ausbildung verzichten.« Seit dem 5. Juli 1980 gilt an den iranischen Ministerien eine strenge Kleiderordnung für weibliche Angestellte: Sie dürfen nur noch im körperlangen Schleier zum Dienst erscheinen.

In der Islamischen Republik, die von den Gesetzen Mohammeds geprägt sein soll, ist den elektronischen Massenmedien nur ein ganz beschränkter Wirkungsbereich zugewiesen: »Radio und Fernsehen sind gestattet, wenn sie dazu dienen, Nachrichten oder Gebete auszustrahlen, eine gute Erziehung zu fördern, die Produkte und Sehenswürdigkeiten der Erde bekannt zu machen. Aber Gesang und Musik sind verboten. Nicht erlaubt sind auch die Verkündung antiislamischer Gesetze, Tyrannenlob, lügnerische Worte und Sendungen, die Zweifel säen und den Anstand gefährden. Die Verwendung von Rundfunk- und Fernsehempfängern zu anderen als den oben angeführten Zwecken ist verboten. Ihr Verkauf muß auf jene Personen beschränkt sein, die sie mit Vorbedacht verwenden und andere anhalten, ihnen darin nachzueifern.«

Daß die Welt in der Vorstellung des Ayatollah Khomeini von zwei im Wert und in der Respektwürdigkeit grundverschiedenen Menschenarten bewohnt wird, zeigt diese Vorschrift: »Es ist absolut verboten, den Leichnam eines Moslems zu sezieren. Das Sezieren eines nichtislamischen Leichnams ist erlaubt. Der ganze Körper eines Menschen, der nicht zu den Moslems zählt, ist unrein. Dazu gehören seine Haare, sein Bart, seine Nägel und alle Sekrete seines Körpers.«

Diese Auswahl aus dem dicken Kompendium der Verhaltensregeln demonstriert die Situation des Menschen im Gottesstaat: Seine Handlungen sind genau festgelegt; an ein Abweichen vom Kodex ist nicht zu denken. Die Freiheit der Lebensgestaltung soll so weit reduziert werden, daß die Gefährdung durch äußere Einflüsse weitgehend ausgeschaltet ist; Irrwege werden durch Restriktion vermieden.

Hinter der Strenge des Gesetzes steht die Absicht, dem Menschen deutlich zu machen, daß die irdische Existenz nicht der Lust und nicht der Bequemlichkeit des Menschen zu dienen hat. Das Paradies wird den Bewohner der Erde erst im nächsten Dasein erwarten. Die Existenz im Rahmen des menschlichen Lebens dient der Bewährung und der Vorbereitung auf den seligen Zustand im Paradies. Wer sich hier auf der Erde allerdings nicht bewährt, dem bleibt der Eintritt ins Paradies verwehrt, dem ist das Höllenfeuer sicher.

In dreißig Büchern hat Khomeini seine Vorstellung von der Welt, von der Hölle und vom Paradies niedergeschrieben. Von den theologischen Fachleuten im Iran hochgelobt, bilden sie den Grundstock der Pflichtlektüre der schiitischen Geistlichen in Ausbildung. Um ihren Wirkungskreis über den persisch-schiitischen Bereich hinaus auszudehnen, sind diese Bücher in Arabisch geschrieben. Khomeini wollte ihre Gültigkeit nicht beschränkt sehen auf die 15 Prozent Moslems, die sich zur schiitischen Glaubensrichtung innerhalb des Islam bekennen.

Die Wurzel zur Abspaltung der Schiiten ist beim Tod des Propheten im Jahre 632 gelegt worden. Da der Prophet selbst nicht gesagt hatte, wer sein Nachfolger werden solle, machten sich zwei Kandidaten Hoffnung auf das höchste Amt im islamischen Staat. Ali, der Schwiegersohn des Propheten, war der festen Überzeugung, er werde religiöses und politisches Oberhaupt, da er die engste Beziehung an die Person des Verstorbenen besaß: Er war mit Fatima, Mohammeds Tochter, verheiratet;

und weil er durch diese Ehe befähigt war, das Blut des Propheten über die Kinder an künftige Generationen weiterzugeben, zweifelte er nie daran, daß die Gläubigen ihn zum Nachfolger Mohammeds ausrufen würden.

Dies verhinderte jedoch Abu Bakr, der Schwiegervater des Propheten. Er hielt den Charakter seines Konkurrenten für zu schwach, um die Aufgaben bewältigen zu können, die auf die Führung des islamischen Staates warteten. Der Wille zur Expansion mußte mit starker Hand gelenkt werden, damit das Risiko der Niederlage und des Rückschlags gering blieb. Abu Bakr glaubte, er allein sei dieser Aufgabe gewachsen; diese Selbstsicherheit gab ihm die Kraft, die Macht an sich zu reißen.

Ali besaß Anhänger unter den fanatisch gläubigen Männern. Sie machten sich stark für seinen Anspruch und gaben sich im politischen Kampf für Ali die Bezeichnung »Schiat Ali« – die Partei des Ali. Aus diesem Begriff leitet sich das Wort »Schiiten« ab. Damit wurden also Menschen bezeichnet, die der Meinung sind, damals, im Jahre 632, sei im islamischen Staat der falsche Herrscher an die Macht gekommen.

Der Kern der Auseinandersetzung ist nicht die Personalfrage »Ali oder Abu Bakr« – der Streit geht vielmehr darum, ob mit Abu Bakr ein rechtgläubiger Mann oder ein Werkzeug des Teufels den Staat der Moslems in die Hand bekommen hat. Für die Schiiten, für die Anhänger des Ali, brach damals die Zeit der Unterdrückung an, die Herrschaft des Bösen. Abu Bakr und die Kalifen, die nach ihm kamen, haben – nach Meinung der Schiiten – den wahren Glauben des Propheten verraten. Der Verrat besteht, so behaupten sie, in der Anhäufung von Reichtümern, in der fahrlässigen oder absichtlichen Schaffung sozialer Unterschiede, in der weltlichen Orientierung der Herrschaft. Aus Egoismus der Mächtigen sei die enge Verzahnung von Politik und Religion zerbrochen worden. Damit habe der Islam sich seine eigene, wahre Basis zerstört.

Die Geschichte der Schiiten weist mehrere Märtyrer auf: Ali und nach ihm noch zehn Männer, die in direkter Linie vom Propheten Mohammed abstammten, wurden ermordet. Außer Ali, der am Ende seines Lebens noch für kurze Zeit mit politischer Macht ausgestattet wurde, gehörte aber keiner zum Kreis der wirklich Einflußreichen im islamischen Staat.

Auf Ali und die zehn weiteren Märtyrer aber folgte ein Mann, der in recht jungen Jahren aus den Augen der Gläubigen verschwand. Die Schiiten sind der Meinung, Allah habe diesen Mann »entrückt«, unsichtbar gemacht; doch er beobachte die Menschen und werde am Tag des Jüngsten Gerichts Allah beim Aburteilen der Gläubigen und Ungläubigen helfen. In der Endzeit der Welt werde er wiederkommen als Messias, um seine Herrschaft anzutreten.

Der »zwölfte, der entrückte Imam«, so sagen die Schiiten, müsse als der eigentliche Herrscher von Iran gelten. Dieser Grundsatz ist niedergelegt in der Verfassung vom 5. August 1906, die in den Augen der schiitischen Geistlichkeit auch während der ganzen Regierungszeit der beiden Schahs aus der kurzlebigen Pahlawi-Dynastie gültig war. Nach dieser Verfassung konnte der Schah nur als Vertreter des entrückten Imam gelten. Doch weder Reza Khan noch Mohammed Reza Pahlawi sahen in dieser Bestimmung einen sie bindenden Verfassungsartikel, was ihnen die schiitische Geistlichkeit als »teuflische Arroganz« besonders übelnahm. Die Geistlichkeit konnte immer darauf hinweisen, daß Mohammend Reza Pahlawi ein Verfassungsbrecher sei.

Inzwischen hat Khomeini, wie er sagt, die Ordnung wiederhergestellt. Auch in der im Jahre 1979 publizierten Verfassung hat der »zwölfte, der entrückte Imam« seinen angestammten Platz. Der schiitische Revolutionär stellte das Problem der Stellvertretung so dar: »Da der Allmächtige niemand namentlich benannt hat, der in Vertretung des entrückten Imams die islamische Regierung bilden soll, müssen wir uns prüfen, was wir tun. Allah will, daß die Qualitäten der islamischen Regierung der Frühzeit des Imam fortwirken. Wenn ein berufener Mann, der diese höchsten Tugenden in sich vereinigt, an die Öffentlichkeit tritt, sich offenbart, um eine wahre islamische Regierung zu bilden, so ist er vom Allmächtigen mit dem gleichen Auftrag ausgestattet wie einst der Prophet: Er hat das Volk zu führen. Es ist dann die absolute Pflicht des Volkes, ihm zu gehorchen. Alle militärische und zivile Macht, die vom Allmächtigen dem Propheten übertragen worden ist, gehört auch der islamischen Regierung von heute.«

# Der Glaube kann noch immer Armeen besiegen
## Die Entwicklung in Iran ist dem Westen ein Rätsel

»Widerstand gegen die Tyrannei ist die erste Pflicht des Moslems.« Diese Parole prägte Khomeini schon im Jahre 1941 beim Rücktritt des ersten Pahlawi-Schahs, als dessen Sohn, Mohammed Reza Pahlawi, die Herrschaft in Iran übernahm. In der Vorstellung der schiitischen Geistlichkeit war der Schah schon deshalb ein Tyrann, weil er den »entrückten zwölften Imam« nicht als den eigentlichen Herrscher anerkannte. Als tyrannisch wurde vor allen Dingen seine Politik der guten Beziehungen zu den USA empfunden, die eine Bevorzugung amerikanischer Firmen mit sich brachte. In den Moscheen wurde freitags gepredigt, die amerikanischen Diplomaten und die amerikanischen Militärs übten einen verhängnisvollen Einfluß auf Mohammed Reza Pahlawi aus.

Die Prediger unterstützten am Beginn der fünfziger Jahre die nationalistische Propaganda des Mohammed Mossadegh, der zwar aus einer hohen Adelsfamilie stammte, aber für eine gerechtere Verteilung des Wohlstands eintrat. Sein Slogan »Bremst die Armut, verjagt die Fremden!« gefiel der Geistlichkeit zunächst. Daß er die Ölindustrie verstaatlichte und schließlich sogar die Monarchie bedrohte, imponierte ihr. Seine Wendung nach Moskau nahm sie ihm allerdings übel. Als Mohammed Mosadegh schließlich den Schah durch die Mobilisierung gewalttätiger Demonstranten zur Flucht zwang, da verweigerte ihm die Geistlichkeit jede Unterstützung seiner Politik. Die schiitischen Führer fürchteten, Moskau werde Einfluß in Iran bekommen. Ihre Haltung hat die Rückkehr des Monarchen und die Zerschlagung des Blocks der Revolutionäre möglich gemacht.

Mohammed Reza Pahlawi konnte erneut seine Paläste beziehen. Er setzte die Politik der Modernisierung fort in der Absicht, aus seinem Staat eine Kopie der westlichen Industrienationen und letztlich einen der wichtigsten Machtfaktoren in der Welt zu machen. »Im Jahr 2000 muß Iran eine Macht von weltweitem Einfluß sein.« Dieses Ziel steckte der Schah seinem Volk. Unterstützt wurde er von jenen Bevölkerungskreisen, die sich Profite versprachen. Die überwiegende Mehrheit der Bevölkerung verstand gar nicht, was der Monarch erreichen wollte. Die Menschen spürten nur, daß er ihre traditionellen Wurzeln auszureißen begann, um sie reif zu machen für den Sprung in das industrielle Zeitalter. Der Schah betrachtete die Untertanen als menschliches Material, das in Fabriken, in der Ölindustrie, in der Armee zu dienen hat. Er war der Meinung, das Volk müsse glücklich sein über die Entwicklung, die dem Land doch Ruhm und Glanz bringe. Die Untertanen in Stadt und

Land spürten aber nur Unbehagen über die Anforderungen der neuen Zeit. Sie fühlten sich Maschinen und Computern ausgeliefert. Dieses Mißbehagen der Bevölkerung wurde von der Geistlichkeit mitempfunden und schließlich auch angeheizt. Die Männer des Glaubens erkannten, daß für sie die Chance gekommen war, die Menschen enger an die Moschee zu binden.

Es existiert kein Dorf, kein Häusergeviert in den Städten, ohne daß sich für die Bewohner ein Geistlicher verantwortlich fühlt. Eng ist die Verbindung der Mullahs mit dem Volk. Die Geistlichen werden von ihrer Gemeinde bezahlt; man erwartet von ihnen Trost, Rat und praktische Hilfe. Braucht jemand einen Kredit, will er sich bewerben, sucht er Gerechtigkeit vor den Schranken der Justiz, dann ist das erste der Gang zum Mullah. Der Geistliche weiß, an wen sich der Hilfesuchende wenden kann, welche Formalitäten zu beachten sind. Er wird warnen, wenn das Risiko besteht, ein Gläubiger lasse sich in Handlungen hineintreiben, die nicht mit den islamischen Prinzipien zu vereinbaren sind.

Die generelle Richtung, die von den Geistlichen beachtet werden soll, wird von den Ayatollahs bestimmt, von den Männern, die durch Übereinkunft einer großen Zahl von Gläubigen zu Glaubensautoritäten geworden sind. Die Bezeichnung Ayatollah läßt sich mit »Spiegel Allahs« übersetzen. Khomeini gehörte zu denen, die mit nicht erlahmendem Eifer zu prinzipiellen Fragen und zu Tagesproblemen Stellung nahmen. So sprach er über die vom Schahregime geförderte Gläubigkeit gegenüber wissenschaftlichen Erkenntnissen: »Die Jugend der neuen Generation ist aufgerufen, besser nachzudenken. Sie muß aufhören, sich an der Wissenschaft und ihren Gesetzen auszurichten. Die Beschäftigung mit der Wissenschaft hat die Jugend davon abgehalten, ihre vordringlichen Pflichten zu erfüllen, die auf religiösem Gebiet liegen. Diese Jugend muß gerettet werden.«

Die moderne Technik durfte nicht zum Götzen der Menschen werden – dafür kämpfte der Ayatollah: »Wir haben nichts dagegen, daß man auf dem Mond spazierengeht oder Atomkraftwerke errichtet. Aber wir haben eine andere Mission zu erfüllen. Wir sind aufgerufen, dem Islam zu dienen und die ihm innewohnenden Prinzipien der ganzen Welt zur Kenntnis zu bringen.«

Zu diesem Prinzipien, für die der Ayatollah einsteht, gehört auch das Recht auf Eigentum. Es argumentiert gegen Enteignung, auch wenn er damit ein anderes Prinzip verletzt – nämlich, daß der Mensch vor Armut bewahrt werden müsse. Um die Landreform zu ermöglichen, die viele Bauern mit fruchtbarem Boden ausstatten sollte, gab der Schah eigenen Boden her, doch er enteignete vor allem auch Ländereien der Großgrundbesitzer. Khomeini zeigte sich empört. Seine Begründung war, derartige Zwangsmaßnahmen seien nicht mit den Prinzipien der islamischen Lehre zu vereinbaren. Die Überredung zum freiwilligen

Verzicht hielt Khomeini für das einzige legale Mittel, durch das Land für die armen Bauern zu beschaffen war. Er schimpfte auf den Schah, der für die Enteignungsgesetze selbst zuständig war. Der Gegner schlug zurück mit der Behauptung, der Ayatollah ärgere sich nur über das Ausbleiben der Zuschüsse aus der Kasse der Grundbesitzer, über die Gelder, die ihm künftig nicht mehr zur Verfügung ständen. Doch die Vorwürfe konnten Khomeini nicht treffen. Khomeini, wie sein Vater eigentlich ein Anwalt der Armen, verteidigte die nach den islamischen Gesetzen rechtmäßigen Ansprüche der Reichen, wenn nur durch die Verletzung dieser Ansprüche die Lebensumstände der Armen verbessert werden konnten.

Der Schah, in seinem Denken schon sehr westlich orientiert, verstand die Haltung des Ayatollah nicht. Er ließ sich hinreißen, die Geistlichkeit so zu qualifizieren: »Die religiösen Führer wälzen sich in ihrem eigenen Kot. Wie die Würmer wimmern sie im Schmutz und im Schlamm. Die Faust der Gerechtigkeit wird sie treffen.«

»Der Schah ist der Satan!« Mit diesem Schlagwort wehrte sich Khomeini. Von nun an sollte er es oft gebrauchen. Er schrie es den Gläubigen entgegen, die sich in der Fatimamoschee vom Qum zum Gebet versammelten. Die Volksmeinung schien gegen ihn zu sein, denn die Abstimmung über die Reformen des Schahs endete mit einem Ergebnis, das den Monarchen sehr befriedigte. Selbst wenn einzelne Ergebnisfälschungen vorgekommen wären, wenn an manchen Orten Wähler unter Druck gesetzt worden sind, so war doch deutlich zu spüren, daß die Mehrheit der Menschen in Iran die Landreform wollte und daß sie die Durchführung der Reformen für eine positive Leistung des Regimes hielt.

Mohammed Reza Pahlawi fühlte sich stark genug für die Auseinandersetzung mit dem geistlichen Mann, der ihn als Satan bezeichnet hatte. Gestützt auf die breite Zustimmung der Wähler, wollte der Schah mit seinen Gegnern abrechnen. Er ließ Khomeini festnehmen.

Die Nachricht von der Verhaftung trieb die Menschen der ärmeren Wohngegenden von Teheran auf die Straße. Angestachelt von den Mullahs schrien die Demonstranten Parolen gegen den Herrscher. Bald brannten Autos in der Hauptstadt, dann schlugen Flammen aus den Bauten des Basars, des traditionellen Marktes. Unterstützt durch Männer und Frauen, die aus Qum gekommen waren, wagten die Massen in Teheran den offenen Aufstand. Jetzt zeigte sich, daß dem Schah durch die Landreform nicht so viel Sympathie zugewachsen war, daß sie für eine Belastungsprobe ausreichte. Die Verhaftung des angesehenen schiitischen Geistlichen genügte, um den Haß, der durch die Bodenvergabe nur besänftigt war, offen aufbrechen zu lassen.

Als über dem Stadtkern von Teheran Rauchsäulen aufstiegen, konnte Mohammend Reza Pahlawi nicht länger zögern: Die Armee, damals dem Schah treu ergeben, bekam Befehl, den Aufstand mit Waffengewalt niederzuzwingen. Gegen Panzer und Maschinengewehre konnte die Masse damals noch nichts ausrichten. Sie bezahlte mit hohen Opfern: In Tausenden von Särgen wurden die Toten auf den Zentralfriedhof der Hauptstadt getragen. Ihre Einpeitscher, die Männer der schiitischen Geistlichkeit, haben sechzehn Jahre später Lehren und Konsequenzen aus dem Ablauf jener Rebellion von 1963 gezogen: Durch Opfer ließ man sich nicht mehr abhalten, die Revolution konsequent weiterzuführen.

Bereits 1963 stand die Staatsführung vor einem großen Dilemma: Der Kriegszustand war auf Dauer nicht durchzuhalten; die Armee durfte das Straßenbild von Teheran nicht über Monate hin beherrschen. Andererseits konnte die Ruhe nur mit Waffengewalt aufrechterhalten werden – solange Khomeini im Gefängnis saß. Den geistlichen Führer zu töten, so wie andere Gegner des Regimes umgebracht worden sind, das wagten der Schah und sein sonst allmächtiger Geheimdienst nicht. Es gab Anzeichen, daß damals schon Tausende von Männern und Frauen bereit waren, den Märtyrertod für den Glauben zu sterben. Ein Verschwinden des Ayatollah Khomeini hätte einen Sturm opferwilliger Menschen gegen die Armeekasernen und gegen die Paläste des Monarchen ausgelöst.

Mohammed Reza Pahlawi gab den Geistlichen frei, mußte ihn allerdings schon nach wenigen Wochen wieder unter Hausarrest stellen, weil er den Schah weiterhin öffentlich beleidigte. Ziel der Attacken gegen den Monarchen war die enge Zusammenarbeit zwischen der iranischen Regierung und den Vereinigten Staaten. Khomeini stellte den Einfluß der Großmacht bloß – und führte alle Übel, die Iran befallen hatten, darauf zurück. Für den Ayatollah wurden die USA zum schlimmsten Feind des iranischen Volkes: »Die USA arbeiten an der Zerstörung von Moral und Charakter unserer Menschen!«

Die amerikanischen Partner waren es, die dem Schah den Rat gaben, den Mann, der so viel Unruhe stiftete, deportieren zu lassen. Sie machten auch gleich einen Vorschlag, wohin Khomeini gebracht werden sollte: Der Nato-Partner Türkei sollte ihn aufnehmen. Die Türkei ist zwar ein islamisches Land, doch ganz und gar nicht schiitisch orientiert; und überdies verfügte die Geistlichkeit dort seit den Reformen des Kemal Atatürk im dritten Jahrzehnt dieses Jahrhunderts kaum mehr über politischen Einfluß. Der Aufenthaltsort des Deportierten lag weit entfernt von Qum und Teheran. Es bestand also Hoffnung, daß der Name Khomeini so langsam in Vergessenheit geriet. Um diesen Prozeß zu beschleunigen, boten die Berater des Schahs der Ortschaft Khomein, der Heimatgemeinde des Ayatollah, Entwicklungshilfe in beachtlicher Höhe an, falls die Gemeindeverwaltung bereit wäre, den Ortsnamen zu ändern. Khomein sollte künftig »Aryasar« heißen, »Stadt der Arier«.

Den Beratern fiel schließlich aber selbst ein, daß eine derartige Umbenennung lächerlich erscheinen mußte.

Nach elf Monaten im türkischen Exil erteilte die irakische Regierung dem Ayatollah ein Visum zur Einreise. Dieser Mann kam dem Staatschef Ahmed Hassan Al Bakr gerade recht: Al Bakrs Ziel war der Sturz des Schahs; Iran sollte in eine Republik verwandelt werden. Auf dem Weg zur iranischen Revolution konnte Khomeini in der Hand der Politiker von Baghdad ein nützliches Werkzeug sein.

Die Stadt Nadschef wurde für den Ayatollah zur zweiten Station seines Exils. Den Schiiten gilt Nadschef als die heiligste Stadt auf Erden, denn hier liegt Ali begraben, der Schwiegersohn des Propheten Mohammed, der Mann, der eigentlich nach Überzeugung der Schiiten im Jahre 632 die Macht im islamischen Staat hätte übernehmen müssen. Nadschef bot Khomeini die Propagandaplattform, um von den heiligen Stätten aus als Autorität in Glaubensfragen reden zu können.

Und Khomeini wußte die Chance zu nutzen: Er sprach davon, daß der Einfluß der westlichen Denkweise auf Gemüt und Seele der Moslems zerstörend wirke. Die Menschen seien entwurzelt; den Seelenfrieden bringe die übereilte und hemmungslose Modernisierung nicht. Der Geistliche verfluchte die Amerikaner und die Europäer, die vom Teufel mit dem Wahn geschlagen worden seien, Fortschritt und Wachstum würden zum Glück der Menschen beitragen. Der Teufel spiegele den Menschen im Westen vor, das Paradies sei schon in dieser Welt möglich; es sei durch Fortschritt und Wachstum zu erreichen. Der Teufel beabsichtige die Zerstörung der Menschheit – der Westen sei bereits zum Handlanger geworden. Für die Gläubigen in Iran bleibe nur der Kampf gegen den Teufel übrig. Wer zum Sturz des Schahs und zur Vertreibung der ungläubigen Amerikaner beitrage, der handle gottgefällig.

Die Grenze zwischen Iran und Irak war zwar geschlossen, dennoch erfuhr die schiitische Gemeinde in Qum, daß der Mann wieder die geistige Führung zu übernehmen bereit sei, der dem Schah den heftigsten Widerstand entgegengesetzt hatte. Die Schriften des Ayatollah zirkulierten; Tonbänder wurden unter den Gläubigen weitergegeben. Die Botschaften aus Nadschef wurden zum Programm der Unzufriedenen. Die Kontakte zwischen Khomeini und seinen Anhängern in Iran wurden von Schiiten gepflegt, die über Europa nach dem Irak reisen konnten. Es gelang der Regierung in Teheran nicht, den Namen Khomeini vergessen zu machen.

Doch im Frühjahr 1975 verschlechterte sich das politische Klima im Irak für den unerbittlichen Gegner des Schahs: Am 6. März 1975 beschlossen die Regierungen von Irak und Iran, ihre langjährige Feindschaft zu beenden. Iran bekam von Irak das Recht auf Mitbenützung der Wasserstraße Schatt al Arab zugesprochen, dafür verzichtete der Schah auf die weitere Unterstützung der aufständischen Kurden. Mit dem Ende des Streits war der alte Mann für den irakischen Präsidenten Ahmed Hassan Al Bakr zum dickköpfigen Quertreiber geworden, der mit seinen Hetzparolen auf den Schah die Aussöhnung hintertrieb. Khomeini bekam von der irakischen Regierung deutlich gesagt, die Genehmigung zum Aufenthalt in Nadschef könne nur dann verlängert werden, wenn er die Angriffe gegen den Schah unterlasse.

Am 29. November 1977 starb in Nadschef Mustapha Khomeini, der neunundvierzigjährige Sohn des Ayatollah. Im Beisein des Vaters sank er tot um. Die Ursache des Todes wurde nicht untersucht, da der Ayatollah der Obduktion nicht zustimmte. Als die Nachricht, Mustapha Khomeini sei gestorben, die Städte Qum und Teheran erreichte, da waren Tausende bereit zu glauben, der Sohn des unbeugsamen Schahgegners sei umgebracht worden – im Auftrag des Schahs. Wieder trieb die Polizei die Demonstranten auseinander. Wieder mußten Tote beerdigt werden; siebzig sollen es gewesen sein.

Doch nicht nur am Tag der Beerdigung entwickelte sich das schiitische Ritual der Trauer; vielmehr schreibt diese Ausprägung des islamischen Glaubens vor, daß die Prozessionen, Gebete und Gesänge vierzig Tage nach dem Tod eines Menschen noch einmal zelebriert werden müssen. So löste die Erinnerung an die Märtyrer ein weiteres Mal Trauerzüge und Protestdemonstrationen aus. Die Polizei – angewiesen, die Anti-Schah-Parolen nicht zu dulden – ging wieder mit Tränengas, Wasserwerfern und schließlich mit der Feuerwaffe vor. Die Toten, die nach diesen Zusammenstößen zu beweinen waren, gaben wiederum zweimal Anlaß zum Trauerritual. Die Menge kam nicht mehr zur Ruhe.

In jenen Monaten tauchten an Hauswänden plötzlich Bilder des Ayatollah Khomeini auf. Mit ernstem Gesicht blickte er auf die Menschen herab: ein Mahner für den Glauben und zum Kampf gegen den »Tyrannen«. Die Parolen, die der Mann im schwarzen Turban, der Nachfahre des Propheten Mohammed, formulierte, prägten sich ein. Seine Worte verwandelten in den Köpfen der Iraner aus allen Schichten, aus Stadt und Dorf, die Vorstellung vom Schah als erhabener Majestät in das böse Abbild vom Schah als Verbrecher.

Mit dem 20. August 1978 schwand jede Aussicht des Monarchen, Staat und Menschen von Iran jemals wieder führen zu können: Dreihundertsiebenundsiebzig Menschen verbrannten in einem Kino der Stadt Abadan. Diese Männer, Frauen und Kinder ließen ihr Leben, weil die Türen des Kinos versperrt und teilweise mit schweren Gegenständen verstellt waren. Als die Flammen die Holzverkleidung und das Gestühl erfaßten, gab es kein Entrinnen mehr. Die staatlichen Untersuchungsbehörden behaupteten, die Brandstiftung sei das Werk von Anhängern des Ayatollah Khomeini gewesen, die ihre Verurteilung so weltlicher

Institutionen wie Kinos mit brutaler Härte demonstrieren wollten. Khomeini aber gab die Schuld an der Feuersbrunst der Geheimpolizei des Schahs, und die Massen übernahmen seine Version: Der Schah habe dieses furchtbare Geschehen veranlaßt, um die Wut der Iraner auf die schiitische Geistlichkeit abzuleiten.

An diesem 20. August war gerade ein Vierteljahrhundert seit der Rückkehr des Schahs aus dem Exil vergangen. Von nun an gab es keine Ruhe mehr. In den großen iranischen Städten kam es fast täglich zu Tumulten. Aus Nadschef drangen, trotz der Wachsamkeit der Grenzpolizei, die Aufrufe des Ayatollah ins iranische Gebiet. Khomeini verlangte von Offizieren und Mannschaften, daß sie die Kasernen verlassen und desertieren sollten. Folgten sie seinem Befehl nicht, so hätten sie nach dem Sieg der Revolution mit Bestrafung zu rechnen. An diesem Sieg sei nicht zu zweifeln, denn schließlich werde »das Blut über die Schwerter siegen«.

»Auch ich habe eure revolutionäre Botschaft gehört. Ich bin der Hüter der iranischen Monarchie. Ich übe ein heiliges Amt im Namen Allahs und im Auftrag des Volkes aus. Ich garantiere, daß alles, wofür ihr kämpft und wofür manche von euch starben, bewilligt wird«, sagte Mohammed Reza Pahlawi, um der Revolution die Spitze abzubrechen. Doch seine Armee schoß weiter auf Massen, versuchte Demonstrationen auseinderzutreiben und die Anführer des Aufstandes zu beseitigen.

Der Diplomatie des Schahs gelang zu dieser Zeit ein Erfolg, der sich jedoch nicht mehr zugunsten des kaiserlichen Regimes auswirken konnte: Die irakische Regierung, die nicht davon überzeugt war, daß die Revolution in Iran gegen den Willen der amerikanischen Regierung gelingen könnte, folgte dem Druck aus Teheran und wies Ayatollah Khomeini aus. Sie glaubte es nicht länger verantworten zu dürfen, daß der Geistliche Hetzreden gegen den Schah von irakischem Gebiet aus führte. Am Sturz des iranischen Monarchen war Präsident Ahmed Hassan Al Bakr nicht mehr interessiert, seit eine Übereinkunft die schwelenden Probleme gelöst hatte. Die Verantwortlichen in Baghdad sahen jetzt mit Sorge auf die instabile Situation in Teheran. Sie rechneten mit einem langen Bürgerkrieg und fürchteten, daß die Unruhe auch auf die schiitische Bevölkerung im eigenen Staat übergreifen könnte.

Khomeini wollte sich nicht zu weit von Iran entfernen. Das Emirat Kuwait wäre ihm als nächster Aufenthaltsort angenehm gewesen; doch der Emir erlaubte die Einreise nicht. Da erklärte die französische Regierung ihre Bereitschaft, dem geistlichen Mann eine Heimat zu geben. Khomeini bezog das Zweifamilienhaus eines Libyers in Neauphle-le-Château.

Neauphle-le-Château, dreißig Kilometer westlich von Paris, wurde innerhalb weniger Stunden zum Zentrum des Kampfes gegen den Schah und gegen die Amerikaner, die den Schah immer noch politisch unterstützten. Vor dem Haus in der Rue de Chevreuse stand ein Zelt, das dem Ayatollah als Moschee diente. Tag für Tag betete Khomeini zu den vorgeschriebenen Zeiten. Vor dem Zelt sprach er mit den Besuchern, mit Europäern und Männern aus Iran. Er sagte ihnen, daß das Regime des Schahs am Ende sei, gestürzt werde mit Allahs Hilfe.

Am 11. November 1978, einem Tag nach blutigen Zusammenstößen zwischen Demonstranten und Armee in der iranischen Hauptstadt, hielt Khomeini die folgende Rede: »Keine Regierung der Welt kann behaupten, der Schah regiere legal und befinde sich mit der Zustimmung des Volkes im Land. Wir sagten schon immer, daß dieser Schah unrechtmäßig ist. Schon lange behaupte ich, der Schah regiert nach Art eines Verbrechers. Falls Carter und Leute wie Carter noch Zweifel hatten, so müssen ihnen die Ereignisse klargemacht haben, daß der Schah keinerlei Legitimation besitzt. Ganz Iran ist aufgestanden und hat gesagt: Wir wollen den Schah nicht. Das amerikanische Parlament muß Carter und seine Regierung zur Verantwortung ziehen und fragen, warum sie ein Regime unterstützt haben, dem niemand in Iran zustimmt. Wenn Du, Carter, den Schah weiterhin unterstützen willst, dann schadest Du den Interessen Amerikas. Solange Du und Deine Regierung an der Macht sind, wird es kein Erdöl für die USA geben. Dies gilt in gleicher Weise für alle übrigen Staaten, die dem Schah helfen. Nun wissen die Parlamente, wie sie mit ihren Regierungen verfahren müssen. Dies ist eine Botschaft, gerichtet an das Ausland, an die Regierungschefs, damit sie ihre Augen öffnen und den richtigen Weg gehen.«

Die französische Regierung gehörte zu denen, die, nach Meinung des alten Geistlichen in Paris, wenigstens den guten Willen hatten, den rechten Weg zu suchen. Den Anstoß dazu gab ein Berater des Präsidenten Giscard d'Estaing, der in der zweiten Hälfte des Jahres 1978 mindestens fünfmal zu Informationsbesuchen in Teheran war: Prinz Michel Poniatowski. Frühzeitig hatte er erkannt, daß keine Hoffnung auf eine Rettung des kaiserlichen Regimes mehr bestand. Auf seinen Rat hin wurde der Ayatollah in seiner Anti-Schah-Propaganda nicht behindert. Entgegen der sonst geübten Asylantenpraxis bekam Khomeini nicht die Auflage, sich jeder politischen Aktivität zu enthalten. Giscard d'Estaing ließ zu, daß Khomeini als Gegenherrscher auftrat, daß er in Neauphle-le-Château eine Gegenregierung bildete. Um einer möglichen Einmischung in seine Handlungsweise vorzubeugen, ließ Khomeini den französischen Präsidenten wissen, daß jede Kritik an seinen Reden und Aktivitäten unerwünscht sei: »Frankreich muß sich überlegen, wo seine Interessen in der islamischen Welt liegen!«

Im auslaufenden Jahr 1978 lähmte ein Generalstreik die iranische Wirtschaft. Die Arbeiter und Angestellten wollten erst dann wieder an ihre Arbeitsplätze zurückkehren, wenn Mohammed Reza Pahlawi nicht mehr Schah dieses Landes sei. Weder Drohungen noch Verhaftungen konnten die Entschlossenheit der Arbeitnehmer lähmen.

Armeegenerale übernahmen die politische Verantwortung in Teheran, doch zu einer Diktatur des Militärs entschlossen sie sich nicht. Dem Schah wollten sie treu bleiben; und da sie von dieser Treue nicht abwichen, hatten sie das Volk gegen sich. Aus Neauphle-le-Château bekamen sie zu hören, wie ihre Zukunft aussah: »Die islamische Revolution erwartet nichts mehr von diesen alten Offizieren. Wir haben angeordnet, daß man ihre Namen festhält. Unter einer islamischen Regierung werden sie, so Allah es will, ihre gerechte Strafe erhalten. Sie haben sich vom Dollar korrumpieren lassen. Sie machen nur das, was die Amerikaner ihnen vorschreiben. Sie lecken dem Westen die Stiefel. Der Tod ist ihnen sicher.«

Die Drohungen blieben nicht ohne Wirkung. Die Armeeoffiziere ließen wachsende Angst erkennen. Sie glaubten nicht mehr an den Schah, doch sie konnten sich von ihm nicht lösen, zu eng war ihre Existenz mit der seinen verbunden. Khomeini lockte: »Verlaßt den Armeeapparat, von dem Ihr wißt, daß er gegen den Islam ist. Die islamische Regierung wird Euch mit offenen Armen aufnehmen, und es wird Euch besser gehen als zur Zeit des Schahs.« Doch Khomeini meinte die jüngeren Offiziere, die nicht die Verantwortung trugen für das harte Eingreifen der Truppen in der Hauptstadt.

Der Dauereinsatz gegen das eigene Volk zehrte an der Moral der Truppe. Sie war nicht dafür ausgebildet, auf Zivilisten zu schießen, unter denen sich die nächsten Verwandten befinden konnten. Ihre Aufgabe war schließlich der Schutz des Volkes und nicht dessen Vernichtung. Zwar versuchte die Armee, durch Verlegung der Standorte den Soldaten Konflikte zu ersparen – Soldaten aus Teheran schossen etwas leichteren Herzens auf Demonstranten in Täbris –, trotzdem war zu erkennen, daß sich einzelne Soldaten und ganze Gruppen zum Verlassen ihrer Einheiten entschlossen.

Mohammed Reza Pahlawi, der jahrelang im Glauben gelebt hatte, sein Volk liebe ihn, machte sich mit dem Gedanken vertraut, außer Landes zu gehen. Farah Diba, die Kaiserin, gab zu erkennen, daß sie den Tod in Teheran einer schmachvollen Flucht vorziehe, doch Botschafter William Sullivan, der Vertreter der USA in Iran, empfahl, der Monarch möge einen längeren Erholungsurlaub antreten. Hinter diesem Rat stand der Gedanke einer behutsamen Ablösung des Schahs, der Verwandlung der Monarchie in einen eher demokratisch geordneten Staat. Kontrolleur des Übergangs sollte die Armee sein, der, wiederum nach dem Plan der US-Regierung, ein ziviles Kabinett, eine unmilitärische Ministerrunde, beizuordnen war. Shahpur Bakhtiar, ein Politiker, dem nie Liebedienerei vor dem Herrscher vorgeworfen werden konnte, erschien dem State Department als der richtige Mann, um dem Zivilkabinett vorzustehen. Sobald Bakhtiar sein Amt übernommen hatte, verließ der Schah sein Land. Die Monarchie und der Einfluß der Vereinigten Staaten in Iran waren zu Ende gegangen.

Noch auf dem Flugplatz wurde die Fiktion aufrechterhalten, der Schah breche zu einem Urlaub auf. Zu den zum Abschied versammelten Offizieren, die ihre Tränen nicht verbergen konnten, sagte Mohammed Reza Pahlawi: »Aber meine Herren, es dauert doch nicht lange!« Der »aufgeklärte absolute Monarch« – von Staatsminister Hoveida stammte diese Definition der Person des Schahs – hatte alle Macht verloren. Der Abflug gestaltete sich zum Trauerakt.

Im Gespräch mit dem ägyptischen Präsidenten Anwar As Sadat – der dem Flüchtling als einziger Staatsmann die Treue hielt und dem Todkranken politisches Asyl gewährte – zog Mohammed Reza Pahlawi ein ehrliches Fazit der Ereignisse: »Ich hatte mein Volk verloren und merkte es nicht. Ich war in Richtung Zukunft gerannt, ohne zu spüren, daß mein Volk zurückblieb, daß es gar nicht mitrennen wollte.« Doch er verkannte noch immer die Wurzeln der Kraft, die ihn vertrieben hatte. Seine Prognose für die unmittelbare Zukunft war, daß »auf die Mullahs die Marxisten folgen werden«. Die Macht der Religion in Iran, die eben nicht als Vorstufe für die Herrschaft einer anderen Ideologie gelten kann, war ihm noch unbegreiflich und zählte in seiner Kalkulation politischer Kräfte nicht.

Auch der Ministerpräsident, den der Schah und die Vereinigten Staaten mit dem Erbe der Monarchie betraut hatten, entzog sich der Erkenntnis, daß die Religion nicht mehr von der politischen Entwicklung getrennt werden konnte. Er trat für eine saubere Aufteilung der religiösen und politischen Bereiche ein – die Religion sollte der privaten Sphäre zugeordnet bleiben. Shahpur Bakhtiar erwies sich damit als ein später Schüler von Kemal Atatürk, der sechzig Jahre zuvor die Trennung von Islam und Staat in der Türkei vollzogen hatte.

Diese Trennung war für die islamisch orientierten Revolutionäre aber schon deshalb nicht annehmbar, weil Ayatollah Khomeini eindeutig dagegen Stellung bezogen hatte: »Es gibt Leute, die behaupten, Religion und Politik müßten getrennt werden. Nach ihrer Meinung sollten sich die Männer des Glaubens nicht in die Angelegenheiten des Staates einmischen. Sie sagen, die Autoritäten der islamischen Geistlichkeit sollten sich heraushalten aus den sozialen und politischen Entscheidungen der Regierung. Wer so redet, der ist ein Atheist und spricht das nach, was die Imperialisten ihm diktieren. Zur Zeit des Propheten war die Religion keineswegs von der Politik getrennt. Im Gegenteil. Der Prophet – Allah möge ihn grüßen! – hat die niemals aufzulösende Einheit von Religion und Staat geschaffen. Damals waren die wahrhaft Frommen auch die Männer, die den Staat gegründet und getragen haben. War die religiöse und die weltliche Macht zur Zeit der Kalifen getrennt? Nein! Der Herrscher war der Herr der Gläubigen. Die Imperialisten erfanden die These von der Auftrennung von Religion und Politik, um uns schwach zu halten. Eine solche Idee konnte nur im Westen entstehen, bei denen, die sowieso ungläubig sind.«

Daß Ayatollah Khomeini mit seiner Meinung siegte, daran konnte kein Zweifel bestehen. Shahpur Bakhtiar fand nur wenige Anhänger für seine Nachahmung der Reformen des Kemal Atatürk. Er bemühte sich, die Kaufleute in den Bazars zu veranlassen, ihre Läden wieder zu öffnen, um damit ein Signal zu setzen für den Neubeginn des Wirtschaftslebens – doch sie weigerten sich, seinen Aufrufen zu folgen. Die Mahnung des Ministerpräsidenten, sich vor der Diktatur der geistlichen Männer zu hüten, wurde nicht beachtet. Seine Warnung, jetzt folge auf die Diktatur des Schahs die Diktatur der Mullahs, wurde nicht verstanden, versprach doch der Ayatollah in Paris ein Regime der Gerechtigkeit: »Herrscht die Regierung des Islam, dann stehen alle Menschen unter dem Schutz des Gesetzes. Niemand kann ihre Sicherheit gefährden. Niemand darf in die Häuser eindringen, um sie zu durchsuchen. Niemand darf wegen eines Verdachts verhaftet werden. Die islamische Regierung garantiert, daß jeder auf das Gesetz des Propheten vertrauen darf. Kein Richter und keiner, der ein staatliches Amt verwaltet, kann das Gesetz des Propheten mißachten.«

Khomeini war willens und bereit, nach Teheran zurückzukehren, um auch den bürgerlichen Nachlaßverwalter des alten Systems zu verjagen. Als unsichere Frage blieb nur, wie sich die Armee verhalten würde, deren Gruß bei den Truppenappellen noch immer hieß: »Es lebe der Schah!« Mehrmals am Tag mußten die Soldaten lautstark das Bekenntnis brüllen: »Khoda, Schah, Mihan« – Gott, Schah, Vaterland! Die Geistlichkeit mußte den Männern beibringen, daß Gott nicht mehr in Verbindung mit dem Schah genannt werden durfte. Die Propaganda der Mullahs konzentrierte sich auf Soldaten und Offiziere: »Kehrt in die Arme des Volkes zurück. Das Volk wird Euch aufnehmen, die islamische Regierung wird Euch schützen.«

Die ständige Wiederholung solcher Sätze brachte den gewünschten Erfolg: Langsam zerbröckelte der Zusammenhalt der militärischen Verbände. Als Zentrum des Widerstands gegen den Ayatollah blieb schließlich nur die Kaiserliche Garde; sie umfaßte immerhin achtzigtausend Mann, bei einer Stärke der regulären Truppe von dreihundertzwanzigtausend Mann. Fuhren die Männer der Kaiserlichen Garde auf Lastwagen durch Teheran, dann riefen sie noch immer: »Es lebe der Schah!«

Am 1. Februar 1979 flog Ayatollah Khomeini von Paris nach Teheran. Die Fluggesellschaft Air France stellte für diesen Sonderflug einen Jumbojet zur Verfügung. Um 9.39 Uhr stand der Geistliche, der den Sieg über den Schah durch seine Beharrlichkeit erkämpft hatte, nach nahezu fünfzehn Jahren Exil wieder auf iranischem Boden. Nicht die Spur einer Gefühlsbewegung war in seinem Gesicht zu sehen, kein Wort des Triumphs war in seinen ersten Reden zu hören. Er brachte nur Wut zum Ausdruck: »Der Schah hat dieses Land zugrunde gerichtet. Zwanzig Jahre wird der Wiederaufbau brauchen, bis die Folgen der Landreform und der Strukturveränderungen wiedergutgemacht sind. Wirklich ausgebaut hat Mohammed Reza Pahlawi nur die Friedhöfe in Iran!«

Khomeini fand den richtigen Mann, um dem Ministerpräsidenten, den der Schah hinterlassen hatte, auch die letzte Bastion des politischen Einflusses zu nehmen. Meinte Shahpur Bakhtiar zunächst noch, die bürgerlichen Kräfte in Iran wenigstens zum Teil auf seine Seite ziehen zu können, so raubte ihm die Ernennung des Mehdi Bazargan zum Chef der Regierung von Khomeinis Gnaden diesen Rest an Optimismus: Mit Mehdi Bazargan war Bakhtiar befreundet; sie hatten während der Schahdiktatur gemeinsam um die Bewahrung der Menschenrechte gekämpft. Viermal war Bazargan eingekerkert worden; Bakhtiar war diese Erfahrung erspart geblieben. Doch trennte die beiden Männer eines: Bazargan dachte nicht daran, Religion und Politik auseinanderzuhalten. Und darum war er für Khomeini geeignet, die Exekutive zu führen.

Am Freitag, dem 9. Februar 1979, fiel endgültig die Entscheidung über die Position der Armee. Noch immer galt die Verfassung, die von den Soldaten Treue zum Monarchen oder zu der von ihm bestellten Regierung vorschrieb. Die Wache der Kaserne in Farahabad, einem Vorort von Teheran, bemerkte, daß Kadetten während eines Fernsehprogramms, das noch einmal über die Heimkehr des Ayatollah berichtete, in Hochrufe auf Khomeini ausbrachen und die Befehle der Vorgesetzten, die sich der Begeisterung verschlossen, nicht mehr beachteten. Um die Ordnung wiederherzustellen, rief die Kasernenwache die Kaiserliche Garde zu Hilfe. Wenige Minuten später fuhren Lastwagen, besetzt mit den noch immer Schah-treuen Garden, in den Kasernenhof ein.

Aus der Schießerei im Areal der Kaserne entwickelte sich rasch ein Kampf, in den sich von außen bewaffnete Khomeini-Anhänger einmischten. Nach wenigen Minuten griffen die Gefechte auf die Straßen vor der Kaserne über, dann auf ganze Stadtviertel. General Mahdi Rahimi, durch Kriegsrecht oberster Kommandeur der militärischen und der zivilen Verwaltung von Teheran, wagte die Kraftprobe – und verlor.

Während der Nacht erhielt der General Meldung, daß eine Einheit nach der anderen zu den Kämpfern des Ayatollah überging. Der Appell, an den Eid auf die Verfassung zu denken, wurde nicht mehr gehört. Gerneral Mehdi Rahimi entschloß sich nach Beratungen mit Ministerpräsident Bakhtiar, den Kampf einzustellen. Den Truppen, die ihm noch gehorchten, befahl er den Rückzug in die Kasernen. »Die Armee ist neutral«, verkündete der General; er wurde wenige Tage später durch ein Revolutionstribunal ohne langwierige Urteilsfindung zum Tode verurteilt und hingerichtet. Ministerpräsident Bakhtiar konnte noch in der Nacht der Entscheidung aus Iran entfliehen.

Eine Armee, die Waffen im Wert von fünfundsiebzig Milliarden Dollar besaß und über die modernsten Ausfertigungen dieser Waffen verfügte, war durch zumeist unbewaffnete Männer und Frauen besiegt worden. Hochbezahlt war das Offizierkorps: Umgerechnet viertausend Mark verdiente ein Leutnant im Monat, zwölftausend ein General, und auch die Mannschaften konnten sich nicht beklagen. Den Männern seiner Armee hatte der Schah jede Vergünstigung gewährt; sie waren eine privilegierte Klasse gewesen.

Das Ende der Auseinandersetzung zwischen Armee und Khomeini-Anhängern hatte jedoch gezeigt, daß die Seite siegt, die von einer kraftvollen Ideologie getrieben wird. Für die Offiziere der Armee zählten Privilegien, für die Kämpfer der islamischen Revolution zählte der Glaube an Allah, an den Propheten, an Gerechtigkeit. Ayatollah Khomeini sieht im Ausgang des Kampfes die Bestätigung seiner schon immer geäußerten Meinung, daß letztlich der Glaube über den Materialismus siege. Seine Vision von der »Islamischen Republik« wird Wirklichkeit. Er selbst läßt sich fortan »Erleuchteter Führer des Volkes« nennen.

## »Nieder mit den USA! Der Islam wird gewinnen!« Der Mann des Glaubens demütigt die Vereinigten Staaten von Amerika

Farbig ist das Riesenposter, das auf dem Gelände der amerikanischen Botschaft in Teheran an einer improvisierten Plakatwand klebt: Es stellt die Vertreibung des Teufels dar. Der Teufel trägt die Gesichtszüge des Schahs, doch ist er deutlich gekennzeichnet durch Bocksfüße und Hörner am Kopf. Ein roter Mantel umflattert ihn, als er mit angstvollem Blick durch die Luft entschwebt. Die Augen des »Schahteufels« sind auf Ayatollah Khomeini gerichtet, der im lichtblauen Gewand, mit zurückgeworfenem, schwarzem Mantel und weitausgebreiteten Armen auf einem hohen Felsen steht. In den nur leichtbewölkten Himmel hineingezeichnet sind die Worte: »Der Engel ist gekommen. Der Teufel mußte gehen.«

Als das Riesenposter im Vorgarten der amerikanischen Botschaft aufgestellt wurde, waren die US-Diplomaten schon nicht mehr die Herren auf diesem Gelände, sondern die Gefangenen revolutionärer Gruppen, die von niemand Befehle annahmen als von Ayatollah Khomeini selbst. Er hatte den Vorschlag der Gruppen gutgeheißen, die Botschaft zu besetzen und das Personal gefangenzunehmen.

Da das Botschaftsgelände schon einmal, in der Anfangsphase der Islamischen Republik, von bewaffneten Kräften besetzt worden war, hatte das State Department im Sommer und im Herbst 1979 eine Verstärkung der Mauern und Tore angeordnet. Daß solche Maßnahmen nur in geringem Maße zur Sicherheit des Personals beitragen konnten, war dem Geschäftsträger der USA und seinen Beamten bewußt. Mit Sorgfalt und Argwohn wurden deshalb die Vorgänge auf der breiten Taleghanistraße, die bis zur Revolution den Namen Roosevelts trug, beobachtet. Mehrmals hatten sich schon Hunderte von Demonstranten mit Drohgebärden vor die Gitter gestellt, um die Auslieferung des Schahs zu fordern; doch sie waren immer wieder abgezogen, ohne daß Gewalttaten die Situation bedrohlich erscheinen ließen.

Die Sorge des amerikanischen Geschäftsträgers vor Übergriffen wuchs jedoch erneut, als er den Text in Händen hielt, den Ayatollah Khomeini am 28. Oktober 1979 vor Theologiestudenten in Qum gehalten hatte. Da mußte L. Bruce Laingen, der den abberufenen Botschafter vertrat, lesen: »Bei den Amerikanern haben wir es mit gemeinen Geschöpfen zu tun. Alle Probleme der Moslems kommen von Amerika. Die Amerikaner unterstützen und stärken den Zionismus derart, daß er in der Lage ist, unzählige unserer Brüder hinzumetzeln. Die USA sind der Feind des Islam. Sie verbünden sich mit jedem, der uns schaden kann. Amerika ist der große Satan.«

Genau eine Woche nach dieser Rede ziehen wieder Demonstranten die breite Straße herauf. Die Schriftbänder, die sie tragen, zitieren Khomeini wörtlich: »Amerika den Todesstoß zu geben, ist ein wunderbarer Gedanke.« Von den Demonstranten selbst geprägt ist die Parole »Nieder mit den USA! Der Islam wird gewinnen!«. Laut sind die Schreie der Männer und Frauen. Sie stellen nur die eine Forderung: »Gebt uns den Schah! Liefert uns den Schah aus!«

Die Demonstration dauert schon über eine Stunde, da sprengen gegen elf Uhr einige Männer mit eisenbrechenden Geräten die Kette, die das Tor an der Taleghanistraße sichert. Die Gitterflügel des Tores werden aufgestoßen; die Demonstranten, einige Hundert junge Männer und Frauen, strömen auf das Botschaftsgelände. Sie kennen ihr Ziel genau: Die Residenz und die Arbeitsräume des Botschafters sind nicht interessant für sie, denn seit der Abberufung des Botschafters William Sullivan im April 1979 ist dieser Teil der Botschaft unbenützt – die eindringenden Gruppen finden den Weg zur Kanzlei der Botschaft.

»Apachenfort« nennen die amerikanischen Diplomaten und Marineinfanteristen, die zum Dienst in Teheran delegiert sind, das zweistökkige Backsteingebäude der Kanzlei. Es ist mit Stahltoren versehen, mit speziellen Schleusengängen, in denen Eindringlinge Tränengasschwaden ausgesetzt werden können. Den Marineinfanteristen bieten Feuerstände ein optimales Schußfeld gegen Angreifer, denen es gelungen ist, die Stahltore zu sprengen. Der Spitzname besteht zu Recht: Wie einst bei den Forts der Weißen im Kampf gegen die Indianer haben sich die Verteidiger der Botschaftskanzlei darauf eingerichtet, mit höchster Entfaltung der Feuerkraft und mit List mögliche Gegner abzuschrecken.

»Ergebt euch, dann geschieht euch nichts! Wenn ihr euch nicht ergebt, dann werden wir euch umbringen.« Durch ein Megaphon wird diese Aufforderung gegen die Mauern gebrüllt. Als Antwort feuern die Belagerten mit Tränengasgranaten. Doch es gelingt nicht, die Demonstranten zu vertreiben. Im Gegenteil, ihre Zahl wächst an. Andere junge Männer sind dazugekommen. Auch sie wissen Bescheid, welches Ziel angegriffen werden soll. Zu erkennen ist, daß die Uneingeweihten, die Neugierigen, die zufälligen Passanten, von der Kerngruppe abgedrängt werden. Die Männer, die den Auftrag haben, die Botschaft zu besetzen, brauchen keine Unterstützung.

L. Bruce Laingen, der Geschäftsträger der USA in Teheran, befindet sich während dieser Stunden zufällig im Außenministerium. Von den ersten Minuten an ist er informiert über die Vorgänge auf dem Botschaftsgelände. Seine Gesprächspartner sagen, sie hätten nichts gemeinsam mit den Männern und Frauen, die durch den Sturm auf das

Botschaftsgelände internationales Recht gebrochen hätten. Helfen können die iranischen Beamten allerdings auch nicht.

Der Geschäftsträger bekommt die Möglichkeit, mit wichtigen Politikern, die in der Islamischen Republik über Einfluß verfügen, zu telefonieren. Jeder äußert sein Bedauern über den Ablauf der Ereignisse und spricht von der Hoffnung, alles möge gut ausgehen, aber keiner gibt eine Zusage, durch einen Aufruf oder sein persönliches Erscheinen die Demonstranten zur Vernunft zu bringen. Keiner der Angerufenen verspricht, sich mit Ayatollah Khomeini in Verbindung zu setzen, um eine Klärung der Situation zu bewirken. L. Bruce Laingen zieht aus dem Verhalten der Gesprächspartner die Konsequenz, der »Erleuchtete Führer des Volkes« habe die Anweisung zum Sturm auf die Botschaft selbst gegeben. Da gegen Khomeinis Willen, diese Erfahrung hat der Geschäftsträger längst gemacht, nichts auszurichten ist, gibt L. Bruce Laingen um 13 Uhr seinem Political Officer in der belagerten Kanzlei den Befehl »final destruction« – alle wichtigen Dokumente werden vernichtet. Sobald diese Order ausgeführt ist, machen die Marineinfanteristen die Eingänge frei. Die Besetzung der US-Botschaft in Teheran beginnt.

Die Besetzer nennen sich »Islamische Studenten der Imam-Khomeini-Linie«. Sie verteilen an Journalisten den Text eines Kommuniqués, das mit den Worten beginnt: »Im Namen Allahs, des Allerbarmers«. Es begründet die Besetzung damit, daß die Botschaftsgebäude »ein Nest der Intrige« seien; hier seien die Konspirationen ausgeheckt worden, die dem islamischen Volk von Iran schweren Schaden zugefügt hätten.

Seit dem Jahre 1953 war die US-Botschaft in Teheran von nationalistisch orientierten Männern Irans mit Skepsis betrachtet worden und mit dem Gefühl, hier befinde sich das eigentliche Machtzentrum des Staates. Damals, 1953, hatte der Schah fliehen müssen, weil der Nationalist Mohammed Mossadegh mit breiter Unterstützung der Bevölkerung die Macht im Staate übernommen hatte. Absicht von Mossadegh war es, die Ölindustrie abzutrennen von den internationalen Konzernen; er wollte erreichen, daß Iran von seinen Ölschätzen profitierte, und nicht das Geflecht der britischen und amerikanischen Gesellschaften. Mossadegh hatte sich durchsetzen können, weil eine mächtige Grundströmung des Fremdenhasses Iran durchpulste. Die Menschen in Iran sahen sich als Ausbeutungsobjekte in den Händen der Amerikaner. Sie wollten ihre Bodenschätze vor dem Zugriff der Fremden retten.

Die Regierung der Vereinigten Staaten fand damals ein Mittel, um Gegenkräfte zu mobilisieren. Der Geheimdienstmann Kermit Roosevelt motivierte Armeeoffiziere durch offene Bestechung dazu, ihren Einheiten zu befehlen, wieder »Es lebe der Schah!« zu rufen. Die Armee, verlockt durch Geld, brachte die nationalistische Bewegung zum Stillstand. Die Übergabe der Millionenbeträge an den einflußreichen General Zahedi war 1953 in der amerikanischen Botschaft von Teheran erfolgt. Deshalb galt das Botschaftsareal als »ein Nest der Intrige«.

»Nur durch unseren gemeinsamen Haß können wir den imperialistischen Feind besiegen. Kompromisse gibt es keine mehr.« Ayatollah Musawa Toini, ein wichtiger Mann im Stab von Khomeini, zeigt mit diesen Worten sein Verständnis für die Besetzung der Botschaft. Der imperialistische Feind war nach Meinung der mächtigen Männer um Khomeini im Herbst des Jahres 1979 bereits wieder zu einflußreich geworden. Ein Blick auf die Vorgeschichte der Besetzung ist wichtig, um die Handlungsweise der geistlichen Männer beurteilen zu können.

Ministerpräsident Bazargan und Außenminister Yazdi wurden verdächtigt, Beziehungen zu hohen amerikanischen Regierungskreisen zu unterhalten. In Andeutungen war bekanntgeworden, Bazargan und Yazdi hätten dem Direktor des Büros für Iranische Angelegenheiten im State Department, Henry Precht, signalisieren lassen, daß sie keine Einwände vorbringen würden, wenn der Schah seinen Wohnsitz in den Vereinigten Staaten suche.

Gerüchte machten aus diesen Andeutungen bereits Pläne für eine Verschwörung: Bazargan und Yazdi, so war zu hören, konspirierten mit der US-Regierung; sie seien von den Amerikanern bestochen worden, die Rückkehr des Schahs nach Teheran zu ermöglichen. Das Gespenst der Bestechung, das seit dem Jahr 1953 die Beziehungen zwischen den nationalistisch orientierten Teilen der iranischen Bevölkerung und der US-Regierung belastete, bekam wieder politische Bedeutung.

Daß der Schah im Herbst 1979 nach New York gebracht wurde, um dort operiert zu werden, glaubte in den revolutionären Kreisen um Khomeini niemand. Die sich widersprechenden Krankheitsberichte wurden analysiert. Der Schluß, der daraus gezogen wurde, lautete: »Der Schah leidet körperlich unter der seelischen Belastung, die aus dem Verlust seiner Herrschaft resultiert; ein derartiger Sturz muß einen physischen und psychischen Zusammenbruch zur Folge haben. Todkrank ist der Schah nicht.« Die Konsequenz aus dieser Analyse: »Die Amerikaner belügen uns schon wieder. Sie sprechen von Menschlichkeit gegenüber einem Kranken und denken daran, diesen nur angeblich Kranken wieder als ihr Werkzeug einzusetzen.«

Für Ministerpräsident Mehdi Bazargan und seinen Außenminister mußte sich gerade zu dieser Zeit ein Zusammentreffen mit Zbigniew Brzezinski, dem Sicherheitsberater des amerikanischen Präsidenten, übel auswirken. In Algier hatten sie sich getroffen, bei den Feierlichkeiten zum 25. Jahrestag des Beginns der algerischen Unabhängigkeitskämpfe gegen Frankreich. Wie Ayatollah Khomeini erfahren konnte, hatte das Gespräch neunzig Minuten gedauert und war in »herzlicher Atmosphäre« verlaufen.

Für Khomeini, der in den Amerikanern Teufel sieht, barg die Nachricht von diesem Gespräch das Schreckensbild einer neuerlichen Verschwörung einflußreicher iranischer Politiker mit den USA. Diesen Argwohn gegenüber Bazargan konnte er nicht mehr unterdrücken – der islamisch fromme Bazargan wurde samt seinem Außenminister entlassen. Die Männer, die seit dem erfolgreichen Abschluß der Revolution den Krieg gegen die Vereinigten Staaten nicht nur mit Worten führen wollten, bekamen von Khomeini freie Hand: Die US-Botschaft in Teheran konnte besetzt werden.

Unter den Akten, die aus Versehen nicht dem Befehl »final destruction« zum Opfer gefallen waren, befanden sich Dokumente, die der amerikanischen Regierung unangenehm sein mußten. Da hatte der Geschäftsträger schon am 2. August das State Department dringend davor gewarnt, den Schah in die Vereinigten Staaten einreisen zu lassen; er sagte große Schwierigkeiten für die US-Bürger in Teheran voraus, falls diese Warnung nicht beachtet werde. Die Regierung in Washington, so schließt dieses Dokument, möge keine Entscheidung treffen, die in Teheran Ärger bereiten könnte, solange für die Botschaftsgebäude nicht ein neues Sicherheitssystem eingeführt und auch getestet worden sei.

Ein anderes Dokument beweist nach Ansicht der Botschaftsbesetzer, daß Ministerpräsident Bazargan in zweifelhafte Machenschaften der Amerikaner verwickelt gewesen sei: In einem Telegramm an Geschäftsträger L. Bruce Laingen teilt Außenminister Cyrus Vance mit, Bazargan sei wohl in der Lage, die Situation in Teheran unter Kontrolle zu halten, wenn der Schah amerikanischen Boden betrete. Bazargan habe die Bereitschaft dazu erkennen lassen. Für alles, was geschehe, müsse Bazargan als die Schlüsselfigur angesehen werden.

Nachdem die Botschaftsbesetzer diese Dokumente gefunden hatten, gab sich das State Department alle Mühe, die Bedeutung der Papiere herunterzuspielen. Man müsse bedenken, so hieß es, daß es sich um einen Meinungsaustausch gehandelt habe; die genannten Dokumente dürften nur im Zusammenhang der Gesamtdiskussion gesehen werden.

Khomeini jedenfalls zweifelt nicht daran, daß Mehdi Bazargan in die Fänge der Amerikaner gefallen sei. Er sagt: »Schuld daran trägt der Schah, der im iranischen Volk jegliche Moral vernichtet hat. Der Schah pervertierte das Denken so, daß bei uns nur noch im Sinne des Westens gedacht wird. Unser Volk ist einer Gehirnwäsche unterzogen worden. Gigantische Anstrengungen werden unternommen werden müssen, um die iranische Gesellschaft von den schlimmen Folgen dieses kulturellen Hochverrats zu befreien.«

Khomeini sagt, das Ziel des Schahs und seiner amerikanischen Freunde sei die Zerstörung des Islam, die Liquidierung der Moslems gewesen. Als Zentrale dieser Verschwörung bezeichnet Khomeini die amerikanische Botschaft: »Diese sogenannte Botschaft führte die Regierungspläne gegen den Islam und gegen die Moslems aus. Die Verantwortlichen befinden sich unter den Gefangenen. Der Hauptverantwortliche ist der Präsident der Vereinigten Staaten. Er tritt für die Menschenrechte ein, doch er meint nur das Menschenrecht des Schahs. Das Menschenrecht des iranischen Volkes ist ihm gleichgültig. Er hat einen Mörder auf dem Thron unterstützt. Er hat ihm die Instrumente zum Mord gegeben. Carter ist der oberste der Teufel in unserer Zeit.«

»Der Glaube unserer Väter lebt noch immer, trotz Kerker, Feuer und Schwert.« Diesen Choral sang der amerikanische Präsident am selben Tag, an dem ihn Ayatollah Khomeini als Teufel verklagte, als Feind der wahrhaft Gläubigen. Mit zweitausend Menschen kniete Jimmy Carter in der National Cathedral von Washington. Ein ökumenischer Gottesdienst, der Bitte um Freilassung der Geiseln gewidmet, demonstrierte die Geschlossenheit des amerikanischen Volkes in Glauben und Politik. Das gemeinsame Gebet war dem 130. Psalm entnommen: »Aus der Tiefe ruf ich, Herr, zu Dir!« Den Abschluß des Gottesdienstes bildet die »Battle Hymn of the Republic«, deren Text lautet: »Ich habe den Glanz deiner Ankunft gesehen, oh Herr!«

Der Mann, der damals in den Vereinigten Staaten regierte, war ein gläubiger Christ. Er war zum Wahlkampf angetreten mit der Botschaft, die Werte der Religion müßten in der Politik wieder zur Geltung kommen. Diese Botschaft hatte ihn an die Regierung gebracht, weil das amerikanische Volk von einem Mann mit Glaubensprinzipien, mit Achtung vor der Religion, mit hohen persönlichen Moralmaßstäben regiert sein wollte. Auf Präsidenten, die zumindest flexibel waren in ihrer eigenen Beziehung zu Religion und Moral, sollte ein Politiker folgen, dem keinerlei Fehltritte zuzutrauen waren, von dem angenommen werden konnte, daß er weder in der Politik noch in der Moral vom rechten Wege abwich. Jimmy Carter ist der Musterfall eines religiös orientierten Politikers – und gerade er wird von Khomeini und von anderen iranischen Geistlichen als Teufel, als Feind der Gläubigen attackiert.

»Carter ist der Scheitan! Tod für Carter!« Tag um Tag brüllten die Demonstranten draußen vor der amerikanischen Botschaft dieselben Schlagworte. Gestärkt in ihrer Beharrlichkeit wurden sie von Khomeini selbst, der in jeweils kurzem Abstand Reden hielt, in denen Carter als Verbrecher an der Menschheit bezeichnet wurde, als Politiker, der bereit sei, durch die Atombombe Hunderttausende Menschen zu töten, wenn er sich daraus für die amerikanische Wirtschaft Profit verspreche. Von dem Verdacht, der Hauptfeind des Islam und der Moslems zu sein, könne sich Präsident Carter nur befreien, indem er den Schah gebunden und in Ketten ausliefere: »In dieser Frage weichen wir nicht von unserem Standpunkt ab. Der Imperialismus der Amerikaner kann uns nicht einschüchtern. Wir verlangen die Auslieferung eines Verbrechers. Nach internationalem Gesetz sind wir im Recht. Die USA werden nicht lange mit Aggressivität auf unser rechtmäßiges Verlangen reagieren können.«

Daß es kein Auslieferungsabkommen gab zwischen Iran und den USA, kümmerte die geistlichen Führer kaum. Sie sahen den Konflikt nicht als eine Auseinandersetzung, die sich im Rahmen internationaler Rechtsnormen abspielte, sondern als Drama der beiden Kontrahenten Khomeini und Carter. Ayatollah Beheschti, ein wichtiger Politiker im revolutionären Iran – auch er ein Träger des schwarzen Turbans –, sagte: »Vernünftige Lösungen zeichnen sich deshalb nicht ab, weil Carter so stolz ist.«

Am 30. Dezember 1979 druckte die »New York Times« einen Anzeigentext, den die Botschaft der Islamischen Republik Iran veröffentlichen ließ. Die »Washington Post« hatte die Anzeige am 24. Dezember abgelehnt, weil sie Beleidigungen des Präsidenten enthielt. Der »New York Times« aber erschien sie als ein Dokument zur Zeitgeschichte. Überschrieben ist der Text mit »Ruf zum Aufstand gegen die Unterdrückung«. Die kritischen Sätze lauten: »Carter ist die Speerspitze der Unterdrücker in der Welt. Er ließ überall in den Vereinigten Staaten die Glocken läuten, um seine Verbundenheit zu zeigen mit seinen Agenten, die gegen das arme iranische Volk gearbeitet haben. Die Glocken sollten geläutet werden nach Gottes Gebot zur Unterstützung der unterdrückten Nationen, die zerquetscht werden unter den Stiefeln der Soldaten, die Carter geschickt hat. Oh, Ihr Christen, warum hat sich Mr. Carter nicht gegen die Massaker in Iran, Vietnam, Palästina, Libanon und sonstwo gewandt? Da hatte er keinen Grund gefunden, die Glocken läuten zu lassen. Doch jetzt betet er und läßt die Glocken erschallen, weil er noch einmal gewählt werden will, weil er die Absicht hat, einige weitere Jahre die schwachen Nationen zu unterdrücken. Du, amerikanisches Volk, höre nicht auf Präsidenten, die nur an die Macht denken! Du, amerikanisches Volk, fordere Carter auf, den kriminellen, abgesetzten Schah nach Iran zurückzuschicken! Allein darin liegt der Schlüssel zur Freilassung der Spione!«

»Im Namen Gottes, des Mitleidigen und Gnädigen«, so sagt der Text, sei diese Anzeige verfaßt. Vorangestellt ist ein Zitat aus dem Koran: »Oh Gläubige, erhebt Euch und seid standhafte Zeugen für Gott in der Gerechtigkeit. Laßt Euch nicht durch den Haß einiger Menschen von der Gerechtigkeit wegführen. Handelt gerecht und nähert Euch der Rechtschaffenheit. Bedenkt, daß Ihr Pflichten habt gegenüber Gott. Denn Gott weiß, was Ihr tut.« Zwei Verse aus Matthäus 5 – auch sie behandeln das Thema »Gerechtigkeit« – sind beigefügt.

Der Krieg des Moslemführers gegen die »ungläubigen Amerikaner« war damit hineingetragen in die Vereinigten Staaten. Die Taktik bestand darin, den Präsidenten der USA vom amerikanischen Volk zu trennen. Diese List aber schlug zunächst fehl. Nie hat Jimmy Carter mehr Resonanz gefunden, als in den ersten Monaten der Sorge um die Geiseln in der US-Botschaft in Teheran.

Der fehlgeschlagene Versuch vom 25. April 1980, die Geiseln aus der amerikanischen Botschaft in Teheran zu befreien, bestärkte die geistlichen Herrscher in ihrer Vorstellung, auf dem richtigen, von Allah vorbestimmten Weg zu sein. Khomeini feierte den schmählichen Abbruch der Militäraktion als Sieg der wahren Gläubigen, vergleichbar den Siegen des Propheten Mohammed über seine Feinde. »Die Amerikaner können unternehmen, was sie wollen, sie handeln nicht mit Allahs Segen, solange sie seine Macht nicht anerkennen!« Auf diese Worte reagierten hunderttausend Zuhörer mit Begeisterung.

## »Tötet die amerikanischen Hunde!«
## Khomeini entzündet Flammen in Islamabad

»Die USA sind Feind Nummer 1 der Menschheit«, diese Parole des Ayatollah Khomeini wurde überall gehört in der islamischen Welt. Verbunden damit war der Aufruf an die Moslems, gegen diesen Erzfeind zu kämpfen. Er blieb nicht ohne Folgen: Im türkischen Izmir wurden die Scheiben des Konsulats der Vereinigten Staaten mit Steinen beworfen; vor der US-Botschaft in Dakka, Bangladesch, schrie eine aufgebrachte Menge: »Nieder mit dem amerikanischen Imperialismus«; in Kalkutta wurden Flüche auf Carter ausgestoßen; die amerikanischen Kulturzentren in Lahore und Rawalpindi gingen in Flammen auf. Khomeini empfand über alle diese Ausschreitungen, wie er sagte, »außerordentliche Freude«. Seine tiefste Befriedigung spürte er jedoch, als er erfuhr, daß die US-Botschaft in Islamabad gestürmt und verbrannt worden sei.

Auch dieses Gebäude war mit hohen Mauern und starken Gittern gesichert, doch nach den Erfahrungen von Teheran stellte das Botschaftspersonal selbst fest, daß diese Sicherung nicht ausreichen würde, wenn sich entschlossene Demonstranten Zutritt verschafften: Die Bewahrung der Unverletzlichkeit von Gelände und Gebäude konnte nur von der pakistanischen Regierung garantiert werden. Entsprechende Zusagen des Präsidenten Zia ul Haq aber lagen nicht vor. Die Beamten und die Angestellten der Botschaft in Islamabad konnten damit rechnen, daß ein Angriff erfolgen würde, fühlte sich doch diese Stadt als Sitz des Islamischen Sekretariats, das die Interessen des Islams insgesamt vertritt, besonders mit der Religion verbunden – hier waren die antiamerikanischen und antiwestlichen Parolen des Ayatollah Khomeini extrem deutlich zu hören; hier waren sie von den Massen mit wachen Sinnen aufgenommen worden.

Was der Schiitenführer in Iran sagte, wurde als Befehl aufgefaßt – auch wenn die Moslems von Pakistan in der Mehrheit Sunniten sind.

»Allahu akhbar!« Allah ist über allem! Mit diesem Schrei, gemeinsam ausgestoßen und hundertfach wiederholt, stiegen Männer und Frauen vor der Botschaft in Islamabad aus Bussen. Während sie ihren Ruf brüllten, steckten einige die Autos in Brand, die vor dem Gebäude standen. Innen verriegelten die Marineinfanteristen die Tore und bezogen Position. Der Schrei »Allahu akhbar« verebbte, dafür war jetzt zu hören: »Tötet die amerikanischen Hunde! Laßt sie nicht entkommen!«

Daß diese Afforderung ernst gemeint war, wurde schon in den nächsten Minuten erschreckend deutlich: Der neunzehnjährige Korporal

Steve Crowley, der Posten auf dem Dach bezogen hatte, brach zusammen; ein Geschoß hatte ihn am Kopf getroffen. Crowley starb noch am gleichen Tag. Der von Khomeini entfachte Krieg der Moslems gegen die USA hatte ein erstes Opfer gefordert.

Die Masse auf der Straße brach Eisenstangen aus dem Gitterzaun und schleppte Balken heran. Mit diesen Werkzeugen gelang es, die Mauern im Erdgeschoß zum Einsturz zu bringen. Noch ehe der Zugang zum Haus offen war, orderten die Marineinfanteristen das anwesende Personal in den dritten Stock. Dort stand ein fensterloser, mit einem Notstromaggregat ausgestatteter Raum zur Verfügung, dessen Wände mit Stahl ausgekleidet waren. Dieser Panzerraum war geschaffen worden in der Voraussicht, daß irgendwann ein Zufluchtsort für die Beamten und Angestellten gebraucht werden könnte. Die Kriegserklärung des Ayatollah Khomeini war vom State Department durchaus ernstgenommen worden.

Neunzig Menschen drängten sich in der Stahlkammer zusammen. Im Treppenhaus verteidigten sich die Marineinfanteristen mit Tränengasgranaten; sie selbst trugen Gasmasken. Da die Tür der Stahlkammer zum Treppenhaus nicht gasdicht zu verschließen war, drangen die ätzenden Schwaden durch die Ritzen zwischen Tür und Rahmen in den Raum ein. Jemand gab den Befehl: »Auf den Boden legen! Dort ist die Luft noch erträglich.«

Die Telefonverbindung nach außen war in Ordnung. Über die Leitung waren tröstliche Botschaften zu hören: Präsident Zia ul Haq ließ mitteilen, daß er Polizei und Streitkräfte schicken werde, um die Demonstranten zu vertreiben. Dasselbe Versprechen hatte er schon dem amerikanischen Präsidenten gegeben, der ihn über Funk an die Schutzpflicht des Gastlandes gegenüber der diplomatischen Vertretung erinnert hatte.

Die Position des pakistanischen Staatschefs war schwierig. Präsident Zia ul Haq ist Chef eines äußerst konservativ-islamischen Landes. Pakistan war gegründet worden, weil die Moslems des indischen Subkontinents nach einem eigenen Staat verlangt hatten: nach der Gründung einer Islamischen Republik. Daß der Islam im Jahre 1971 als Ideologie nicht ausgereicht hatte, um Westpakistan und Ostpakistan, das heutige Bangladesch, zusammenzuhalten, wird heute von den Moslems in Pakistan als schmerzlich empfunden. Sie bejahen den harten islamischen Kurs ihres Staatschefs Zia ul Haq, da die Unentschiedenheit seines Vorgängers Zulfikar Ali Khan Bhutto, der zwischen Islam und weltlichen Staatsideen geschwankt habe, letztlich für die Katastrophe der Trennung verantwortlich zu machen sei.

Zia ul Haq sagt, er wolle Pakistan »auf den Weg der völligen Islamisierung des individuellen und kollektiven Lebens führen«. Er sieht im Islam eine Kraft, die mehr als jede andere die Probleme der Menschheit lösen könne: »Für die Armen dieser Erde zu sorgen, das hat kein System wirklich fertiggebracht. Unsere Hoffnung setzen wir auf den Islam. Ich bin zuversichtlich, daß das islamische Wirtschaftssystem das Tempo der wirtschaftlichen Entwicklung beschleunigen wird.«

Aus Überzeugung spricht Zia ul Haq diese Worte – aber auch, weil er weiß, wie sehr er auf die Unterstützung durch die islamische Geistlichkeit in seinem Lande angewiesen ist. Seine Vorgänger Ayub Khan und Zulfikar Ali Khan Bhutto waren gescheitert, weil die Geistlichen in ihrer Propaganda behaupten konnten, das Elend in Pakistan sei deshalb so groß, weil die Staatsspitze eigene Ideen praktiziere und die einzig erfolgversprechenden Methoden, die der islamischen Ordnung, vernachlässige. Diesen Fehler wollte Zia ul Haq nicht begehen.

Zia ul Haq war auch gezwungen, Rücksicht zu nehmen auf die Vertreter des harten Kurses in der islamischen Welt, auf diejenigen, die Konfrontation forderten mit den Vereinigten Staaten und mit den Europäern. Rief Ayatollah Khomeini zum Kampf auf gegen die »Teufel aus dem Westen«, so konnte Pakistan, das durch eine gemeinsame Grenze mit Iran verbunden ist, nicht eine Politik praktizieren, die dem Willen des Ayatollah zuwiderlief. Den Einfluß des geistlichen Führers konnte er an der Zahl der Demonstranten und an der Art ihres Auftretens erkennen. Zweitausend bis dreitausend Männer und Frauen zeigten sich entschlossen, das Botschaftsgebäude zu zerstören und die »Ungläubigen« zu töten. Es handelte sich dabei nicht um Kommunisten, sondern um radikal denkende Moslems, die über eine breite Basis in der Bevölkerung verfügten. Auf sie hatte der Präsident zu achten. Er konnte es sich nicht leisten, diese Menschen, die sich auf eine geistliche Autorität wie Khomeini beriefen, mit Gewalt auseinanderzutreiben. Der Präsident sprach die Wahrheit, als er sagte, er werde tun, was er könne. Da er nicht die politische Kraft besaß – der Widerstand gegen ihn im Lande ist beachtlich –, um die Eingeschlossenen zu retten, unternahm er gar nichts, in der Hoffnung, daß die Verteidiger stark genug wären, um die Geduld der Demonstranten zu erschöpfen.

Botschafter Arthur Hummel, der sich in seiner Wohnung aufhielt, konnte von seinen Fenstern aus sehen, daß Einheiten der pakistanischen Armee Position bezogen hatten. Die Armeeverbände gaben sich jedoch große Mühe, nicht aufzufallen. Keinerlei Anzeichen wiesen darauf hin, daß sie sich auf einen Angriff vorbereiteten.

Die Demonstranten hatten inzwischen den ersten Stock erobert und Feuer gelegt. Nachdem es ihnen nicht gelungen war, den Aufgang durch das Treppenhaus freizukämpfen, wollten sie nun die Eingeschlossenen ausräuchern. Innerhalb weniger Minuten drangen die Flammen ins zweite Stockwerk und schließlich auch in die Räume neben der Stahlkammer vor. Obgleich die Armee-Einheiten von ihrer Position aus die Flammen sehen mußten, rührten sie sich nicht von der Stelle. Präsident Zia ul Haq ließ sich offensichtlich auch durch die Gefahr, daß Menschen verbrannten, nicht dazu verleiten, den Eingreifbefehl zu geben.

Die Eingeschlossenen erfuhren nicht mehr, was draußen vorging. Die Schreie »Allahu akhbar« und »Tötet die amerikanischen Hunde« drangen nicht durch die dicken Stahlwände. Doch sehr bald machte ihnen die Hitze, die mit den Flammen aus den unteren Stockwerken drang, zu schaffen. In der Stille, die im Raum herrschte, klangen Geräusche, die durch die Spannungen im Stahl entstanden, besonders furchterregend. Fünf Stunden nach Beginn der Belagerung stieg die Temperatur allmählich in unerträgliche Bereiche. Die Klimaanlage lief auf Hochtouren, doch vermochte die Ventilation die warme Luft nicht mehr durch kühle zu ersetzen. Schweißüberströmt und schwer atmend lagen die Menschen auf dem Boden. Doch auch er begann sich stetig zu erhitzen. Die Kacheln, die auf dem Stahlboden lagen, zeigten erste Risse.

Am Ende der fünften Stunde der Belagerung begann ein Teppich in einer Ecke der Stahlkammer zu brennen; das Feuer konnte gelöscht werden. Doch jetzt breitete sich Rauch aus. Die neunzig Eingeschlossenen atmeten durch Papiertaschentücher, die sie naß gemacht hatten. Die Einsicht drängte sich immer stärker auf, daß man hier ersticken würde.

Hoffnung kam erst wieder auf, als die Marineinfanteristen von den Chancen eines Ausstiegs durch die Dachluke der Stahlkammer sprachen. Sie hatten allerdings in den Stunden zuvor die Anwesenheit von Demonstranten auf dem Dach bemerkt. Pakistanische Botschaftsangehörige sollten jetzt Kontakt zu ihnen aufnehmen und über einen Ausstieg der Belagerten auf das Dach mit ihnen verhandeln.

Niemand wußte, was dem Mutigen zustoßen würde, der die schwere Klappe nach oben drückte. Einer der Marineinfanteristen wagte die Handgriffe und wartete dann einen Augenblick. Draußen blieb es still – keine Schüsse waren zu hören, keine Schreie der Demonstranten. Offensichtlich waren die Frauen und Männer gegangen, nachdem sie gesehen hatten, daß die Flammen das ganze Haus verzehrten und niemand mehr entkommen konnte: Die Ungläubigen verbrannten – die Strafe war vorweggenommen, die sie in der Hölle zu erwarten hatten.

Eine der Botschaftsangehörigen beschreibt die Vorgänge: »Die Marineinfanteristen sicherten die Ausstiegsluke mit ihren Körpern und Waffen. Es war Nacht. Die frische Luft schlug mir ins Gesicht. Ich empfand sie als sehr frisch und sehr kalt. Ein seltsames Leuchten war an den Rändern des Daches sichtbar. Das war der Widerschein des Feuers, das unter uns das Gebäude verzehrte. Die Marineinfanteristen flüsterten: ›Gebückt halten!‹ Sie waren sich nicht sicher, ob nicht noch irgendwo bewaffnete Demonstranten hinter den Kaminaufbauten des Flachdachs versteckt waren. In Gruppen brachten sie uns zu einer Leiter, die nach unten führte. Wir stiegen durch dicken Rauch. Aus den Fenstern rechts und links schlug das Feuer.«

Unter der disziplinierten Anweisung der Marineinfanteristen wurden, wie die Abzählung ergab, alle Botschaftsangehörigen aus der Stahlkammer gerettet – auch der Leichnam des Korporals Steve Crowley wurde aus der Feuerhölle getragen.

Kein einziger der Demonstranten war vor dem Haus zu sehen. Sie waren wirklich mit Einbruch der Dunkelheit gegangen, wohl im Bewußtsein, ganze Arbeit geleistet zu haben. Nachdem die Massen die bereitstehenden Busse, mit denen sie gekommen waren, bestiegen hatten, war auch endlich den Truppeneinheiten Befehl gegeben worden, in das Botschaftsgelände einzurücken. Die Rettung der Belagerten war ihnen nicht zu verdanken; sie hatten keinen einzigen Schuß abgegeben, und sie hatten niemand vom Botschaftsgelände vertrieben. Botschafter Hummel sagte, als die Beamten und Angestellten in Sicherheit waren: »Sie haben sich selbst gerettet. Ich konnte die Regierung von Pakistan nicht dazu veranlassen, auch nur das geringste für sie zu tun.«

Erst später wurde bekannt, daß die Polizei versucht hatte, die Demonstration im Anfangsstadium zu ersticken. Die Protestaktion hatte an der Quad-i-Azam-Universität begonnen. Dort hatten die Studenten der theologischen Fakultät beschlossen, Khomeinis Aufforderung, gegen die USA den Heiligen Krieg zu führen, ernst zu nehmen. Als die Menge der Studenten auf etwa zweitausend Personen angestiegen war, wollte sie sich in Richtung Botschaft auf den Weg machen. Die Polizei bemühte sich, den Weg zu blockieren; sie schoß über die Köpfe der Marschierenden hinweg, traf aber trotzdem zwei Studenten tödlich. Innerhalb weniger Minuten schwoll die Zahl der Protestierenden auf über zehntausend an. Sie beschimpften die Polizei als Mörder der Gläubigen, als Helfer der teuflischen Amerikaner, als Verbrecher an Allah und am Propheten. Diese Anklagen bewirkten, daß die Polizei ihre Gewehre sinken ließ und die Straße freigab. Die Polizeioffiziere fürchteten, später einmal für die Ermordung von Gläubigen zur Verantwortung gezogen zu werden. Die Prozesse in Iran, denen Hunderte von Armeekommandeuren und Polizeioffizieren zum Opfer gefallen waren, wirkten sich in Islamabad aus. Nur der harte Kern der Demonstranten fand sich schließlich vor der US-Botschaft ein, um den Sturm zu wagen. Nach den Erfahrungen der ersten Stunde ihrer Aktion brauchten sie nicht mehr mit dem Eingreifen bewaffneter Kräfte zu rechnen.

Als die Marineinfanteristen in der Nacht noch das ausgebrannte Gebäude durchsuchten, fanden sie zu ihrer Überraschung die nahezu in Asche verwandelte Leiche eines weiteren Botschaftsangehörigen. Die Identifizierung ergab, daß dieses Opfer der Armeeoffizier Bryan Ellis war. Warum er die Stahlkammer verlassen hatte, blieb ungeklärt.

Der amerikanische Präsident befahl gleich in den ersten Stunden nach der Rettung der US-Beamten und der pakistanischen Hilfskräfte die drastische Reduzierung des amerikanischen Personals in Islamabad. Dreihundert Amerikaner flogen in den frühen Morgenstunden von Rawalpindi nach Hause. Die Vereinigten Staaten räumten eine Position in der Auseinandersetzung mit dem Islam. Doch sie brachen die Brücken nicht ganz ab; schließlich war Pakistan nicht zu den Klienten Moskaus zu rechnen.

Präsident Zia ul Haq äußerte kein Bedauern über die Vorfälle, er entschuldigte sich nicht für die Toten – und die amerikanische Regierung äußerte sogar Verständnis für die Position des pakistanischen Präsidenten. Beide, Zia ul Haq und Carter, wußten, daß sich ein neuer Konflikt zu entwickeln begann, der sie wieder zusammenführen mußte. Die Beobachtung des Mittelostraumes der Erde und der südlichen Sowjetunion durch Satelliten hatte ergeben, daß Moskau entschlossen war, in Afghanistan, im Nachbarstaat Pakistans, einzugreifen.

# Mohammed gegen Marx in Afghanistan
## Kommunismus und Islam vertragen sich nicht

Zbigniew Brzezinski, der Sicherheitsberater des amerikanischen Präsidenten, fand Worte, die seine pakistanischen Gastgeber überraschten: »Die islamische Welt und die Vereinigten Staaten haben eines gemeinsam, den unerschütterlichen religiösen Glauben.« So redete der Vertreter eines Landes, das sechs Wochen zuvor von demonstrierenden Massen als Hort des Teufels, als Heimat der Ungläubigen beschimpft worden war. Brzezinski verlor kein Wort über das völlig zerstörte Botschaftsgebäude, dessen Wiederaufbau die USA bezahlen mußten; auch über die beiden toten Marineinfanteristen schwieg er. Der Ausbruch der islamischen Empörung und die Folgen waren vergeben und vergessen. Von Freundschaft sprach der wichtigste Mann aus dem Beraterstab Carters und vom religiösen Glauben als Basis der Freundschaft.

Brzezinski hielt sich in einem Land auf, das den Glauben wirklich ernst nimmt und in dem noch die Strafen praktiziert werden, die der Prophet einst vorgeschrieben hatte. Wer sich in Pakistan dem Moralkodex nicht fügt, der muß damit rechnen, daß er öffentlich ausgepeitscht wird. Für Wirtschaftsvergehen wird dieselbe Strafe angeordnet – unter diese Kategorie der Verbrechen fallen Wucher und Preistreiberei.

Der Sicherheitsberater des amerikanischen Präsidenten war nach Pakistan gekommen, um sich darüber zu informieren, ob es der Armee dieses Landes gelingen könnte, einen möglichen sowjetischen Einmarsch am Khyberpaß abzufangen. Afghanistan war wenige Tage zuvor von der Roten Armee besetzt worden. Die Gefahr bestand, daß es in Moskau einen Beschluß gab, von Afghanistan aus auch in Pakistan einzufallen. Die Antwort, die Brzezinski auf die Frage nach den Erfolgsaussichten der pakistanischen Verbände in einem Abwehrkampf auf gebirgigem Terrain erhielt, war wenig ermutigend: »Wir können nur versuchen, den sowjetischen Vormarsch aufzuhalten.«

Der Besuch endete in Mißverständnissen: Der pakistanische Staatschef war überzeugt, Zbigniew Brzezinski habe ihm militärische und wirtschaftliche Hilfe im Wert von fünf Milliarden Dollar versprochen, nachdem er die ursprünglich angebotenen vierhundert Millionen Dollar mit der Bemerkung abgelehnt hatte, es handle sich wohl um »Peanuts«, um Trinkgeld; wobei er das Wort, das auch »Erdnüsse« heißt, sicher mit Bedacht gewählt hatte, war ihm doch bewußt, daß Carter im Zivilberuf früher Erdnußfarmer war. Zbigniew Brzezinski, der den Riesenbetrag von fünf Milliarden Dollar nie angeboten hatte, konnte schließlich nur einen Bruchteil dieser Riesensumme zusagen. Präsident Zia ul Haq verzichtete daraufhin. Er empfand sich als schlecht behandelt.

Bis 1971 war Pakistan eng mit den Vereinigten Staaten verbündet gewesen. Doch dann zerbrach die Freundschaft, weil das islamische Land mit seinen amerikanischen Waffen einen Konflikt mit Indien begonnen hatten. Die USA lieferten seither weder an Pakistan noch an Indien irgendwelches Kriegsgerät; Indien, das über eine ausreichende Waffenproduktion verfügt, litt unter dem Lieferstop weit weniger als Pakistan, das fast gar keine Fabriken zur Erzeugung von Waffen und Munition besitzt. So fühlten sich die pakistanischen Truppenführer und Politiker von den USA im Stich gelassen; sie lösten nach und nach alle Verbindungen zu Washington und traten schließlich auch aus dem zentralasiatischen Sicherheitspakt CENTO aus. Erst die Ereignisse in Afghanistan trieben die beiden entfremdeten Partner wieder zusammen.

Die Sowjets hatten den Zeitpunkt für ihre Luftlandeaktion gut gewählt: Europa und die Vereinigten Staaten waren im Weihnachtsfrieden versunken; die Mächtigen im Kreml konnten damit rechnen, daß die Politiker und die Öffentlichkeit wenig Lust verspüren würden, sich mit Vorgängen auseinanderzusetzen, die sich so weit entfernt abspielten. Doch Breschnew und seine Berater täuschten sich. Präsident Carter sah jetzt eine Chance, die Sowjets in die Schranken zu weisen – und der islamischen Welt die Freundschaft der USA zu demonstrieren, in der Hoffnung, damit auch Ayatollah Khomeini geneigter stimmen zu können.

»Shoravi Padar Lanath!« Gott verfluche die Russen! Das ist der Gruß der frommen Ladenbesitzer im Suk, auf dem Markt, der afghanischen Hauptstadt Kabul. Sie sprechen ihn, wenn sie sicher sind, daß niemand anwesend ist, der für seine Kontakte zum Regierungsgeheimdienst bekannt ist.

Vier Divisionen sowjetischer Truppen sind zunächst ausgeladen worden auf dem Flughafen Kabul. Sie kontrollieren die Verkehrsknotenpunkte der Stadt, das Telegraphenamt, die Rundfunkstation. Doch sicher sind sie nicht. Die Streifen, die nachts die Stadt überwachen, werden mit heimtückischen Handwaffen angegriffen. Aus dunklen Ecken springen vermummte Gestalten vor und stechen zu. Brutal und hinterhältig ist der Kleinkrieg, der in Kabul geführt wird. »Shoravi Padar Lanath!« Das ist das Motto dieses Kampfes.

Die Sowjets sind in Afghanistan eingebrochen, um ihren Einfluß zu sichern. Ganz selbstverständlich sahen sie es als ihr Recht an, hier militärisch aktiv zu werden. Schließlich gehörte Afghanistan schon seit einem Vierteljahrhundert zu ihrem Einflußgebiet.

Da die US-Regierung im Jahre 1955 nicht bereit gewesen war, dem König des rückständigen Landes kostenlos Waffen zu liefern, und vernünftigerweise statt dessen Wirtschaftshilfe angeboten hatte, wurden damals die Sowjets gefragt, ob sie Panzer, Artillerie und Flugzeuge zur Verfügung stellen würden. Chruschtschow und Bulganin kamen nach Kabul und feierten Brüderschaft mit dem König. Die Kommunisten arrangierten sich mit dem Feudalherrn – aber nur nach außen. Sie wußten den Weg zu bereiten für die Systemänderung in Afghanistan.

Als die Waffen geliefert wurden, trafen auch sowjetische Militärberater in Kabul ein. Die Offiziere, denen sie ihr Wissen und ihr Können zu vermitteln hatten, stammten aus den Großfamilien, die in den Bergtälern leben, aus extrem islamisch konservativen Clans. Die Sowjets nützten jede Gelegenheit, um ihre Schützlinge darauf hinzuweisen, daß ringsum in der islamischen Welt die Elite des Offizierskorps die Macht übernommen habe – nur sie, die Offiziere Afghanistans, seien gezwungen, tiefe Verneigungen vor einem König zu machen, der sich durch gar keine besonderen Eigenschaften von ihnen unterscheide. Die häufige Wiederholung solcher Bemerkungen und der leicht spöttische Unterton ließen Abneigung wachsen in den Gemütern der Offiziere gegen den König, dem sie bisher ihre Verehrung nicht vorenthalten hatten. Als besonders unangenehm wurde von den Truppenchefs empfunden, daß der König seinen Schwiegersohn Prinz Abdul Wali zum Oberkommandierenden der zentralen Militärregion von Kabul ernannt hatte.

Die Stimmung der Majore und Generalleutnants gegen den Monarchen nützte ein anderer Verwandter des Königs, ein Vetter, Mohammed Daud Khan. (Das letzte Wort des Namens bedeutet ein Adelsprädikat.) Am 17. Juli 1973 – König Zahir befand sich gerade zu einer Kur auf der Insel Ischia, um seine Gicht auszuheilen – putschte Daud Khan. Dem König ließ er mitteilen, er brauche nicht nach Afghanistan zurückzukehren. Dem Schwiegersohn des Königs nahm er den Oberbefehl über die Truppen von Kabul weg.

Die Offiziere und auch die Händler auf den Märkten, die immer für politische Entwicklung ein Gespür besaßen, waren mit dem Wechsel zufrieden, signalisierte er doch behutsame Reformen für das rückständige Land, in dem sich seit Jahrhunderten nur wenig verändert hatte. Die Chefs der Stämme hingegen vermochten sich mit der neuen Situation nur schwer abzufinden. Ihr oberstes Gebot war seit je die Bewahrung überkommener Bräuche. Daß alles auf der Welt dem Wandel anheimfällt, ist diesen Menschen unbegreiflich. Für sie ist die Ordnung der Welt unantastbar: Der Prophet hat einst, so sagen sie, die Gesetze dieser Ordnung festgelegt – aber nicht mit dem Hintergedanken, daß sie ja später verändert werden könnten. Die Menschen in den Städten, ganz besonders die Händler, sind flexibler; sie haben die Annehmlichkeiten erkannt, die von der Gegenwart geboten werden.

Nahezu fünf Jahre lang konnte Daud Khan das Land regieren. Verändert hat er wenig; die Menschen und ihre Bräuche blieben gleich. Nur eines war festzustellen: In diesen fünf Jahren gewannen die sowjetischen Militärberater mehr und mehr Einfluß. Unter dem Schutz Moskaus hatte sich längst eine kommunistische Partei gebildet, die »Demokratische Volkspartei«. Sozialrevolutionär orientierte Politiker aus Afghanistan warteten in einigen Ostblockländern auf das Zeichen aus Moskau. Im April 1978 schien die Zeit reif zu sein für die Machtübernahme durch die linken Kräfte. Mohammed Nur Taraki, einer der Sozialrevolutionäre, brach mit einem Dutzend Bewaffneter in den Präsidentenpalast ein und erschoß Daud Khan. Damit war der Machtwechsel vollzogen.

Für die Sowjets war Mohammed Daud im letzten Regierungsjahr zum unbequemen Chef des Nachbarstaates geworden. Daud hatte von der stärkeren Eingliederung Afghanistans in die islamische Welt gesprochen. Um den Worten Taten folgen zu lassen, machte er Besuche in Libyen, Saudi Arabien und Pakistan. In der pakistanischen Hauptstadt Islamabad redete er von der Notwendigkeit des Zusammenschlusses aller »islamischen Bundesstaaten«, um der kommunistischen Gefahr begegnen zu können. In diese Rede hatte er aus Besorgnis über die drohende Entwicklung Verse des Dichters Allama Iqbal eingefügt:

> Der Kontinent Asien ist ein lebender Körper.
> Das Herz in diesem Körper bildet das Volk Afghanistans.
> Die Zerstörung der Afghanen bedeutet Zerstörung Asiens.
> Solange das Herz frei schlagen kann,
> Solange bleibt der Körper frei.

Drei Wochen nach dieser Rede war Mohammed Daud tot.

Die meisten Armeeoffiziere waren mit dieser Entwicklung zunächst unzufrieden, ging es ihnen doch sehr viel stärker um eine eigene Beteiligung an der politischen Entscheidung; als sie aber erkennen mußten, daß Mohammed Nur Taraki sich auf die sowjetischen Militärberater stützen konnte, ja, daß der Putsch sogar mit ihrer Hilfe organisiert worden war, da lenkten sie ein.

Taraki wollte die Struktur der Stammesordnung energischer aufbrechen, als dies Daud Khan versucht hatte. Reformen, die in europäischen Augen ein selbstverständlicher Schritt auf dem Weg zur Zivilisation sind, wurden angeordnet.

Eine dieser Reformen hatte das Ziel, auch den Mädchen Afghanistans die Schulen zu öffnen. Doch davon wollten die Chefs der Großfamilien, der Stämme, nichts wissen: Sie versagten der »gottlosen« Regierung den Gehorsam. Sie wollten nicht dulden, daß Mädchen in Schulen gehen, um dort von männlichen Lehrern ausgebildet zu werden – weibliche Lehrer gab es bis dahin in Afghanistan nicht. Die Stammeschefs sahen in dieser Reform Verleitung zur Unmoral; die Zerstörer der Religion waren am Werk. Das reformierte Schulgesetz wurde daher einfach nicht beachtet. Als die Regierung daraufhin Polizisten in die Dörfer schickte, drohten die Männer mit der Waffe; sie wollten Widerstand leisten und die Polizisten notfalls erschießen, wenn sie es wagen sollten, die Mädchen mit Gewalt zur Schule zu bringen. In einigen Dörfern feuerten entschlossene Moslems tatsächlich ihre Flinten ab.

Die Regierung der Sozialrevolutionäre konnte fortan ihre Rechtgläubigkeit beteuern, soviel sie wollte – sie fand bei den führenden Köpfen der Stämme keinen Glauben mehr. Argwöhnisch geworden, lehnten sie alle Gesetze ab, die in Kabul künftig erlassen wurden. Sie waren sich einig im Widerstand gegen die »Gottlosen«, doch konnten sie sich nicht dazu durchringen, einen Sprecher zu wählen oder sich einer politischen Führung anzuvertrauen. Seit Generationen waren sie untereinander zerstritten. Die Bewohner jedes Bergtals sehen sich als autonome Einheit: Sie sind unabhängig von der Versorgung und lassen sich von niemand etwas sagen. Verbindend ist der gemeinsame Wille, die Religion, ihre Gesetze und Traditionen zu bewahren.

Uneins waren auch die regierenden Sozialrevolutionäre. Taraki gab sich entschlossen, sein Land eng an die Sowjetunion anbinden zu wollen. Der Stellvertretende Ministerpräsident aber – sein Name war Hafizullah Amin – betonte immer wieder, Afghanistan müsse einen national orientierten Weg zum Sozialismus gehen, der auch die religiösen Belange berücksichtige: Afghanistan sei nun einmal nicht ein europäisches Land, das mit rein weltlich ausgerichteten Gesetzen regiert werden könne.

Trotz aller Bedenken derjenigen, die ihr Volk und sein Beharrungsvermögen kannten, wurden weitere Reformgesetze verkündet. Im Kampf gegen das Analphabetentum sollten alle Staatsbürger, also auch die Frauen, Lesekurse besuchen; durch eine Landreform wurde der Boden weiter Landstriche umverteilt; Kinderehen, erlaubt nach islamischem Gesetz, waren fortan verboten; den Frauen, die nach der Tradition keine Scheidung fordern durften, wurde es freigestellt, sich von ihren Männern zu trennen. Populär war zunächst die Anordnung, daß alle Schulden der Bauern erlassen sein sollten; die Grundbesitzer und Geldverleiher mußten die Schuldscheine zerreißen. Doch die Popularität dieses Gesetzes erlosch rasch, als die Bauern nicht mehr mit Krediten rechnen konnten, weil die Geldgeber nach dieser Erfahrung an Geldgeschäften kein Interesse mehr hatten. Die Schuld an der Misere wurde letztlich den »Gottlosen« gegeben, die in die von Allah gewollte Ordnung eingriffen.

Anfang September 1979 wurde Taraki von der sowjetischen Staatsführung vor seinem Stellvertreter Hafizullah Amin gewarnt. Am 14. September wollte Taraki handeln: Amin sollte verhaftet werden. Geplant war, die Verhaftung während eines Gesprächs mit Sowjetbotschafter Pusanow durchzuführen. Amin aber hatte den Plan durchschaut. Gleich bei der Begrüßung vor dem Präsidentenpalast schoß Amins Leibwache Taraki nieder; er starb kurze Zeit später.

Hafizullah Amin war nun der mächtige Mann in Afghanistan. Pusanow, der sowjetische Botschafter, der Taraki gegen Amin hatte helfen wollen, wurde nach Hause geschickt. Doch Amin holte sich damit einen weit geschickteren Gegner ins Haus: Moskau ersetzte Pusanow durch das Zentralkomiteemitglied Tabejew, der von General Pawlowski begleitet wurde, einem Militärexperten von hohem Können. Von diesem General erwartete Breschnew Auskunft über die militärische Situation in Afghanistan. Daß die Armee bei der Bekämpfung der islamischen Kampfgruppen zunehmend in Schwierigkeiten geriet, war vor den Augen und Ohren der Sowjets nicht länger zu verbergen gewesen.

Hunderttausend Mann stark war die Armee zu Beginn des sozialistischen Experiments. Im Spätherbst des Jahres 1979 stand davon nicht einmal mehr die Hälfte zuverlässig auf der Seite der Regierung. Erschreckt von der harten Reformpolitik der Regierung waren Offiziere und Soldaten zu den islamischen Widerstandskämpfern übergelaufen. Sie hatten sich gegen den Marxismus und für die Gesetzgebung Mohammeds entschieden.

Die Meinung des Generals nach Ablauf einer zehntägigen Inspektionsreise durch die Garnisonen der afghanischen Armee war eindeutig: Auf Hafizullah Amin hörten zwar noch rund fünfundvierzigtausend Mann, doch ihre Kampfmoral war so gesunken, daß mit ihnen keine erfolgreiche Offensive gegen die islamischen Kampforganisationen begonnen werden konnte. Da Amin die Konsequenzen fürchtete, die wohl aus Pawlowskis Bericht von der Kremlführung gezogen wurden, verkündete er über seine Radiostation, seine Regierung werde völlig allein mit allen Problemen fertig. Er machte den Sowjetbotschafter darauf aufmerksam, daß er nicht um sowjetische Hilfe gebeten habe. General Pawlowski aber hatte Breschnew von der Notwendigkeit überzeugt, die islamische Widerstandsbewegung zu brechen. Afghanistan durfte nicht verlorengehen. Mit dem Entschluß, diese politische Position im Nachbarland Afghanistan zu beziehen, begann die Vorbereitung einer großangelegten Landeoperation der Roten Armee. Sie lief Ende Dezember 1979 nach Plan ab. Schon in der ersten Phase der sowjetischen Besetzung wurde Hafizullah Amin getötet.

Nun waren für die Moslems die Teufel selbst gekommen, die Anführer der Ungläubigen in der Welt. Gegen diese Fremden kämpfte es sich leichter als gegen die eigenen, wenn auch abtrünnigen Brüder. Der Glaubenskrieg der Moslems flammte auf. Von jedem Mann in Stadt und Land war das Bekenntnis gefordert, ob er an Marx oder an Mohammed glauben wolle. Obgleich die Staatsgewalt hinter den Marxisten stand, zeigte es sich, daß sich im ganzen Land höchstens zweitausend

Männer zum Marxismus bekannten. Als die Mullahs beim Freitagsgebet den Händlern im Bazar den Generalstreik empfahlen, da schloß jeder seinen Laden. Kabul ist wie fast jede orientalische Stadt um den Bazar herumgebaut. Der Bazar ist das Herz der Stadt. Lebt der Bazar nicht mehr, dann ist die Stadt tot. Viele Männer verschwanden aus der Stadt. Bei verwandten Stämmen tauchten sie unter, ließen sich Gewehre geben.

»Mujahidin« nennen sie sich – Kämpfer im Heiligen Krieg. Ehe ganze Armeeverbände zu ihnen stießen, waren sie mit alten Flinten ausgerüstet und mit Dolchen. Da ihnen die Landschaft vertraut war, da sie in ihrer Heimat kämpften, konnten sie auch mit solchen einfachen Waffen beachtliche Erfolge erzielen. Sie attackierten Lastwagenkolonnen und Militärcamps. Sie brüsteten sich danach immer, bei geringen eigenen Verlusten eine riesige Zahl der kommunistischen Gegner Allahs umgebracht zu haben. Daß die Sowjets in der Tat Verluste erlitten, war an den Särgen zu erkennen, die, möglichst verdeckt, von den Sowjets in Transportmaschinen verladen wurden. Eine realistische Schätzung besagt, daß die sowjetischen Truppen bis Anfang März 1980 eintausendfünfhundert Männer verloren haben.

»Die Russen spucken in den Wind, doch sie treffen den eigenen Bart« – diese Meinung war im Frühjahr 1980 in Kabul zu hören. Das Vertrauen auf die islamischen Kampfverbände war groß, zählten sie doch inzwischen sechzigtausend Mann.

Allerdings bezieht sich diese Zahl noch auf die ausgehenden Wintermonate, in denen die Männer nicht auf den Feldern gebraucht wurden; auch in der Vergangenheit hatten sich die Bauern im Winter immer wieder zu Banden zusammengeschlossen, die sich auf Überfälle spezialisierten. In den warmen Monaten bestellte man die Äcker; im Winter brachte man andere um – das war in Afghanistan der normale Jahresablauf.

Die islamischen Widerstandskämpfer versorgten sich aus eigenen kleinen Waffenfabriken, die in den Dörfern schon von altersher existierten. Dort wurden Gewehre und Pistolen produziert, vor allem aber Munition. Die Eigenproduktion der Mujahidin war billig. Teuer aber mußten importierte Waffen bezahlt werden. Kalaschnikov-Maschinenpistolen kosteten in den Dörfern mindestens den Gegenwert von zweitausend Mark. Erstaunlich war, daß die Männer aus den ärmsten Dörfern sich solche Waffen leisten konnten. Zweitausend Mark entsprach dem Mehrfachen eines Jahreseinkommens dieser Bauern. Die sowjetischen Militärberater waren sich deshalb im Verdacht einig, daß diese Waffen aus Beständen des amerikanischen Geheimdiensts stammen mußten. Allerdings verfügten die Organisatoren des islamischen Widerstands über nicht unbeträchtliche Geldmittel. Der Operationschef des »Islamischen und Nationalen Revolutionsrats von Afghanistan« –

sein Name ist Zia Nasseri Khan – sagte zu diesem Thema: »Die islamischen Länder helfen uns. Saudi Arabien hat uns Geld bezahlt und auch weitere Beträge angeboten.«

Said Gul Amir, ein anderer Organisator des Widerstands, meinte: »Die Sowjets werden nicht ewig hier bleiben. Sie sind hier so fremd, daß sie sogar von den Tieren gehaßt werden.« Auf die Zeit nach dem Abzug der Sowjets konzentriert sich die Hoffnung der islamischen Kämpfer. Im Frühjahr 1980 begann die Diskussion darüber, wie der afghanische Staat später geordnet werden solle. Damit wurde gerade zu der Zeit ein trennendes Element in der Struktur der Widerstandsorganisation spürbar, als sich die Chefs dazu durchgerungen hatten, endlich ein gemeinsames Oberkommando zu bilden. Jetzt prallten die Meinungen über die künftige Ordnung aufeinander.

Für das Prinzip der Theokratie, wie sie Ayatollah Khomeini den Iranern vorgeschrieben hat, treten mehrere Chefs der Organisationen und Stämme ein: Sie wollen im künftigen Staat die Gesetze des Propheten befolgt wissen, wobei sie eine Anpassung an die Ideen des westlichen Fortschrittsdenkens ablehnen. Andere – zu ihnen gehört Zia Nasseri Khan – denken an demokratischere Regierungsformen, an eine Republik, in der die Regierung dem Parlament verantwortlich sein sollte. Daß der Staat künftig »Islamische Republik Afghanistan« heißen müsse, darin sind sich alle Führer der islamischen Revolution einig.

Die tiefe Kluft zwischen Islam und Kommunismus bekommt auch Babrak Karmal zu spüren, der Mann, den die Sowjets als Nachfolger von Hafizullah Amin in Kabul eingesetzt haben. Er präsentiert sich als gläubiger Moslem: Er läßt eine Verfassung ausarbeiten, die islamisch inspiriert ist; er will die roten Fahnen in der Hauptstadt durch grüne ersetzen lassen – grün ist die Farbe des Islam; er schreibt im Januar 1980 einen Brief an Ayatollah Khomeini und beginnt mit der Anrede »Gnädiger Bruder, über alles verehrter Imam Khomeini«.

Babrak Karmal versucht in diesem Brief zu erklären, daß er amerikanische Verschwörungen abwehre und daß die Sowjets nur in beschränkter Zahl und für eine begrenzte Zeit in Afghanistan zur Abwehr der US-Verschwörer benötigt würden. Nie, so schreibt Babrak Karmal, werde er zulassen, daß sein Staat als Basis diene für den Aufmarsch gegen ein anderes islamisches Land – wobei er offenläßt, ob er einen amerikanischen oder einen sowjetischen Aufmarsch für möglich hält. Der Brief an Khomeini schließt »mit dem Ausdruck der tief empfundenen brüderlichen Gefühle der Freundschaft für das unterdrückte iranische Volk«. Babrak Karmal ist darauf bedacht, den militanten Moslems im eigenen Land zu beweisen, daß er über gute Kontakte verfügt zum mächtigen Mann des Glaubens in Teheran. Um sein Überleben zu sichern, will er zeigen, daß er von Khomeini akzeptiert wird.

Doch nicht die Soldaten des Babrak Karmal rufen »Allahu akhbar« –

Allah ist über allem! Diesen Schrei, von dem seit Khomeinis Revolution die Region um den Persisch-Arabischen Golf widerhallt, stoßen die Aufständischen aus, diejenigen Männer und Frauen Afghanistans, die sich gegen Karmals Freundschaft mit den Sowjets auflehnen. Mit dem Schrei »Allahu akhbar«, der aus Tausenden von Kehlen drang, begann Anfang März 1980 die gewaltigste Protestdemonstration gegen die sowjetische Besatzungsmacht.

Vor der Pul-i-Hesti-Moschee beim Markt »Zu den vier Arkaden« in Kabul waren die ersten Rufe zu hören. Dem »Allahu akhbar« mischte sich bald ein anderer Schrei bei: »Nieder mit den Sowjets! Tod den Gottlosen!« Die Menschen drängten sich auf dem Platz vor der Moschee. Immer mehr strömten zusammen. Das Gefühl der Ohnmacht, das sie bisher gelähmt hatte, löste sich, da sie ihrem Zorn freien Lauf lassen konnten. Als die sowjetischen Truppen über Stunden hin nicht auf die Provokation reagierten, da glaubten die Demonstranten einen Sieg ertrotzt zu haben. Das Gefühl des Erfolgs ließ sie gutmütiger werden, weniger schroff in ihren Parolen.

Die Demonstration löste sich gerade in einzelne Gruppen auf, da fuhren sowjetische Panzer in zwei getrennten Kolonnen über den Kabulfluß. In einer Zangenbewegung schnitten sie den Menschen vor der Moschee den Weg ab. Zuflucht blieb nur in den engen Gassen des Markts. Aus der Falle zu entkommen, dieser Wunsch trieb alle an. Doch die sowjetischen Panzer schossen. Hunderte von Menschen starben – die präzisen Zahlen der Opfer weiß niemand.

Schreie und Schüsse waren zu hören, und vereinzelte Rufe »Allahu akhbar«. Die Panzer gaben schließlich den Weg frei. Der Platz vor der Moschee und der Markt leerten sich. Die Panzerfahrer aber räumten die Läden aus. Sie luden Obstkisten, Mehlsäcke und Konservenstapel auf ihre Fahrzeuge.

Noch Wochen später werden die Fremden davor gewarnt, die Marktgassen zu betreten. Die Gefahr ist groß, daß sie für Sowjets gehalten werden und der Rachlust zum Opfer fallen. Die gewaltsame Unterdrükkung der Demonstration vor der Pul-i-Hesti-Moschee hat den Haß der Menschen von Kabul derart gesteigert, daß er den Denkprozeß des einzelnen blockiert: Sieht er eine Chance zur Rache, dann handelt er in sinnloser Wut. Einen Teufel zu töten, das *muß* Belohnung im Paradies einbringen.

In dieser Zeit geben sich die Sowjets alle Mühe, der islamischen Welt ihre Verbundenheit zu beteuern. Im Januar 1980 schreibt die ›Literaturnaja Gaseta‹: »Die Sowjetunion steht dem Islam nicht feindlich gegenüber. Sowjetunion und islamische Welt verfolgen doch die gleichen Ziele; sie kämpfen gegen Imperialismus und gegen Neokolonialismus. Die Raffinessen der westlichen Länder haben dazu geführt, daß in den islamischen Ländern ein falscher, wenn auch leider zählebiger Eindruck entstanden ist, als seien die sowjetischen Kommunisten beinahe verschworene Feinde der Religion. Dies entspricht nicht der Wahrheit.«

Daß dies sehr wohl der Wahrheit entspricht, zeigt ein Blick auf die Behandlung der Moslems in der Sowjetunion. Die Augen für die Situation der Moslems in der Sowjetunion öffneten mir Mitte Mai 1980 die islamischen Geistlichen Ayatollah Asif Muhsani und Abdul Karim Sadqi, die nach Islamabad gekommen waren, um als Vertreter der afghanischen Aufständigen an der Islamischen Konferenz teilzunehmen. Ihre Meinung: »Die Moslems in der Sowjetunion wollen sich befreien von der moskowitischen Kolonisation. Wir Afghanen geben das Signal dazu. Was haben denn die Sowjets von der Besetzung Afghanistans? Sie müssen ihre eigenen Moslems beherrschen – und unsere siebzehn Millionen in Afghanistan jetzt eben noch dazu. Das wird den Sowjets bald zuviel.«

## Die Vision Großturkestan
## Timurs Erben fordern Rechte von den Herren des Kreml

Timur, auch Tamerlan genannt, war der letzte große Mongolenherrscher. Er war Moslem geworden; getreu dem Vorbild des Propheten Mohammed machte er den Islam zur Ideologie seines Staates, und er sorgte dafür, daß sich dieser Staat weit ausdehnte: Im Jahre 1394 wurde Moskau zur nördlichen Grenzstadt des Timurreiches; 1398 erreichte Timur die Gangesmündung. Samarkand wurde zur strahlenden Hauptstadt. Die Legenden erzählen vom Reichtum dieser Metropole, vom hohen Stand ihrer Wissenschaft, von der Tüchtigkeit ihrer Verwaltung. Doch schon im 15. Jahrhundert brach das Riesenreich auseinander. Nichts blieb vom Können der Administratoren, von der Weisheit der Gelehrten, vom Wohlstand. Reisende, die im 18. Jahrhundert nach Samarkand kamen, fanden eine ausgestorbene Stadt, in der es keinen Lebensimpuls mehr gab. Die Selbständigkeit der Region dauerte noch bis 1868, dann marschierte die Armee des Zaren ein. Die Zeit der Eingliederung der Moslems in das Russische Reich begann.

Lenin und Stalin haben diese Eingliederung vorangetrieben. Die Richtung hatte Lenin im Jahre 1913 gewiesen; seine Schrift ›Zur nationalen Frage‹ stellt den Grundsatz auf, die Menschen aller Nationalitäten seien so restlos zu verschmelzen, daß die Unterschiede verschwinden. Sprach er davon, den Religionen sei Selbstbestimmung zu gewähren, so waren solche verbalen Zugeständnisse rein taktisch zu sehen; damit gewann er zunächst die Chefs der Minderheiten für den sowjetischen Staat.

Unehrlich gemeint war ganz offensichtlich die Deklaration Lenins vom November 1917, die den »Nationen Rußlands« weitgehende Rechte versprach: »Mohammedaner von Rußland, Tataren und Transkaukasier, alle jene, deren Moscheen und Gebetshäuser zerstört wurden und deren Religion von den russischen Zaren und Tyrannen niedergetrampelt wurde. Fortan werden Euer Glaube und Eure Bräuche, Eure nationalen und kulturellen Institutionen als frei und unverletzlich erklärt. Baut Euer nationales Leben unbehindert auf. Das ist Euer Recht!«

Später vergaß Lenin ganz einfach seine Versprechungen. Die Menschen der islamischen Provinzen aber erinnern sich. Wie zur Demonstration ihrer islamisch-nationalistischen Gefühle umlagern Tag für Tag Hunderte von alten und jungen Gläubigen die Grabmoschee des Timur in Gur Emir. Sie beten am letzten Ruheplatz des Mannes, der einst den islamischen Staat gegründet hatte.

Als Timurs Erben sind die nahezu sechzig Millionen Moslems zu betrachten, die heute in der Sowjetunion leben. Diese sechzig Millionen setzen sich aus unterschiedlichen Bevölkerungsgruppen zusammen: aus zehn Millionen Usbeken, sechs Millionen Tataren, fünfeinhalb Millionen Kasachen, viereinhalb Millionen Turkmenen, ebenso vielen Kirgisen, Daghestanern, Baschkiren; fünf weitere Großclans sind zusammen etwa fünf Millionen Menschen stark. Das Band, das diese Völker und Stämme zusammenhält, ist der Islam, das Bewußtsein der gemeinsamen großen Vergangenheit – aber auch das Gefühl, einfach anders zu sein als die Fremden, worunter die Russen verstanden werden.

In vier geistliche Provinzen ist die islamische Region der Sowjetunion eingeteilt: in die Muftiate von Taschkent, Ufa, Bujnaksk und Baku. Der Mufti von Taschkent ist zuständig für die Sunniten Zentralasiens; der Mufti von Ufa steht den Moslems in Sibirien vor; die Moslems in Nordkaukasien einschließlich Daghastan hören auf den Mufti von Bujnaksk; und der Mufti von Baku betreut die transkaukasische Region. Die Muftiate halten sich nicht an die staatliche Aufteilung, die von der Sowjetregierung praktiziert wird.

An der östlichen Hälfte der Nordgrenze von Afghanistan liegt die Sowjetrepublik Tadschikistan. Die zweieinhalb Millionen Menschen, die hier leben, sind gläubig. »Jeder gebürtige Tadschike glaubt an Allah und an den Propheten«, sagt Abdullah Kalonow, das geistliche Oberhaupt der Muslime in dieser Sowjetrepublik. Nach seiner Meinung kann ein Mann entweder Moslem sein oder Kommunist; zu sehr entgegengesetzt seien die Auffassungen der Moslems und Kommunisten über die Ordnungen der Welt und des Paradieses. Als kluger alter Mann, der mit den Behörden zurechtkommen will, schweigt er über die weitere Konsequenz seiner Feststellung: Er sagt nicht, daß wohl keiner der zweieinhalb Millionen Tadschiken an die Wahrheit der kommunistischen Lehre glaubt.

Duschanbe heißt die Hauptstadt der Republik. Armut bestimmt das Straßenbild. Die Menschen sind Handwerker und Bauern. Von den Veränderungen draußen in der Welt haben sie nur geringe Ahnung. Moskau, das ist deutlich zu spüren, hat wenig für diese Sowjetrepublik getan. Allerdings haben Männer wie Abdullah Kalonow so gut wie gar keine Forderungen an die Zentralregierung gestellt. Sie wollten die Herrschaft der Kommunisten möglichst gar nicht zur Kenntnis nehmen.

Geld für die Erhaltung der Moscheen hätten die Tadschiken gebraucht. Aber dieses Geld von Moskau zu erbitten, war sinnlos, saßen doch dort im Kreml die »Gottlosen«, die sich das Ende aller Religionen herbeisehnten. Die Wirtschaftskraft der Bauern und Handwerker reichte nicht aus, um die bauliche Substanz der Moscheen zu bewahren. Nur vier der rund hundert Bethäuser von einst blieben erhalten in Duschanbe.

Von den »Fremden« beherrscht fühlen sich die Moslems der Sowjetunion. Ihrer völkischen Substanz drohte Gefahr durch das Programm der KPdSU aus dem Jahre 1971: Es folgte der leninschen Parole von der Verschmelzung aller Sowjetvölker. Die Annäherung sollte wieder einmal gefordert, wenn nicht erzwungen werden. Die Gefahr zog vorüber: Die Moslems zeigten sich immun gegen Einflüsterungen, es sei Zeit, die Isolierung aufzugeben. Mischehen zwischen Russen und Moslems blieben verpönt und wurden nur in Ausnahmefällen von den Heiratswilligen erzwungen. Mischehen mit islamischen Frauen sind überhaupt nicht festzustellen.

Die Zaren besaßen einst ein Rezept, um die Eigenwilligkeit der Völker zu brechen, wenn sie sich nicht einordnen ließen in den Staat: Die betreffenden Menschengruppen wurden umgesiedelt, durch Gebrauch von Gewalt entwurzelt. Zur Auflösung der Eigenständigkeit islamischer Bevölkerungsteile wurde diese Maßnahme bisher nicht angewandt. Wohl aber siedelten regionale Parteileitungen einzelne Großfamilien aus anderen Gründen um – wirtschaftliche Besonderheiten waren zumeist bestimmend.

Zum Volk der Tadschiken gehört der Bergstamm der Jagnobs. Traditionsgemäß lebt er von der Jagd, von Ziegenherden, von mühsam dem Bergland abgerungenen Anbauflächen. In den Augen der Parteileitung führten die Jagnobs ein unproduktives Dasein; das Volksvermögen der Sowjetunion vermehrten sie ganz offensichtlich nicht. Da die Partei den Plan verfolgte, in den Tälern jener Region Baumwolle anzupflanzen, war sie auf der Suche nach Arbeitskräften; die Jagnobs erschienen als das passende Arbeitskräftereservoir. Man beschloß also, die Familien des Bergvolkes in die Täler zu holen.

Die Jagnobs beschwerten sich, wehrten sich – doch Proteste blieben ohne Erfolg. Unter Androhung von Waffengewalt wurden die Menschen aus ihren Bergsiedlungen getrieben. Im Tal warteten Baracken auf sie, Gebäude, die nicht zu ihren Lebensgewohnheiten paßten: Sie konnten nicht mehr jagen; sie fanden für ihre Herden keine geeigneten Weideplätze. Das psychologische Unbehagen ließ Krankheiten entstehen. Hunderte von Menschen starben – besonders die Alten und die Kinder waren dem Wechsel nicht gewachsen.

Das Schicksal des Bergstammes blieb in der Moslemregion der Sowjetunion nicht verborgen. Die Partei hatte mit ihrer Maßnahme Märtyrer geschaffen. Durch die »Gottlosen« war eingegriffen worden in die Ordnung Allahs, zum Nachteil der Moslems. Die Völker und Stämme zogen aus den Vorgängen die Lehre, daß die Kommunisten gefährliche Gegner für den Islam sind.

Die KPdSU bemüht sich schon seit Jahrzehnten, die Einwanderung russischer Familien in die islamischen Sowjetrepubliken zu begünstigen. Anfang der siebziger Jahre gab es Anzeichen, daß diese Politik erfolgreich sein könnte: In der Sowjetrepublik Kasachstan waren die Moslems zur Minderheit geworden; sie waren nur noch mit etwas mehr als 37 Prozent in der Gesamtbevölkerung der Republik vertreten. Der Anteil der »Fremden«, der Russen, war beachtlich angewachsen. Doch schon die Statistik des Jahres 1974 zeigt eine überraschende Wendung: Die Zahl der Russen in der Republik war rückläufig, die Moslems erreichten wieder die Mehrheit. Von diesem Zeitpunkt an ist ein überproportionales Anwachsen des islamischen Bevölkerungsteils in der Sowjetunion insgesamt festzustellen. Die Statistik der »Heldenmütter« ist dabei besonders aufschlußreich: Der Sowjetstaat vergibt den Ehrentitel »Heldenmutter« an die Frauen, die zehn Kinder geboren haben. Die Mehrzahl von ihnen lebt in den Republiken Tadschikistan und Aserbeidschan, deren Bevölkerung am Islam unbeirrt festhält.

Für die Moslems im roten Imperium ist diese Entwicklung Beweis der eigenen Lebenskraft, die das Überleben garantiert. Aus der Tradition und aus der Gegenwart leiten sie ihre Forderungen auf Autonomie ab. Verhalten wird diese Forderung gestellt, immer verbunden mit dem Bekenntnis zur Sowjetunion, der Mutter, in deren Schoß sich alle wohl fühlen können. Auch ist das Wort Autonomie selbst überhaupt nicht zu hören. Gesprochen wird von »Dar al Islam«, vom Haus des Islams, das von den Moslems selbst bestellt werden müsse. Solche Äußerungen waren in der Vergangenheit gemieden worden. Da galt der Grundsatz: Mit keiner überflüssigen Bemerkung den atheistischen Staat aufwekken. Das Selbstbewußtsein der Moslems in der UdSSR ist gewachsen. Daß sie in fünf der fünfzehn Sowjetrepubliken die Mehrheit der Bevölkerung stellen, gibt ihnen Kraft zur Selbstbehauptung.

Mufti Ziyautdin Khan Bin Ishan Babakchan läßt sich von den Gläubigen mit dem Titel »Heiligkeit« anreden. Er ist der Vorsitzende des religiösen Moslemdirektoriums für Zentralasien und Kasachstan. Wenn er seine Glaubensbrüder zu Konferenzen bittet, dann ist er umgeben von Würdenträgern in prachtvoll-farbigen Gewändern: Einige tragen kaukasische Pelzmützen, andere schmücken sich mit turkmenischen Zottelhauben; auch Fez und Turban sind zu sehen. Der Mufti achtet auf Tradition!

Im September 1979 hat dieser Würdigste der Gläubigen zu einer geistlichen Konferenz nach Duschanbe eingeladen, in die Hauptstadt der Sowjetrepublik Tadschikistan. Bei diesem Treffen manifestierte sich das Selbstbewußtsein der Geistlichen und des gläubigen Volkes. Der Mufti sagte in seiner Eröffnungsrede: »Eine sozialistische Ordnung ist begründet worden, die Beziehungen der Menschen untereinander haben sich zum Teil verändert. Aber unsere Religion existiert weiter. Sie blüht wieder auf. Ihr Prestige wird stärker.« Der Mufti gibt auch den Grund dafür an: »Die Menschen hier haben sich an den Koran gehalten.« Daß sie dafür ›Das Kapital‹ von Marx unbeachtet ließen, das sagt Mufti Ziyautdin Khan Bin Ishan Babakchan nicht. Auf die Achtung vor der Vergangenheit legt auch dieser geistliche Mann wert: »Die Moslems in der Sowjetunion sind würdige Nachfolger der berühmten Vorfahren, die sich ein mächtiges Reich geschaffen haben.«

Das seit Jahrhunderten überkommene Brauchtum ist bewahrt, obgleich sich der Staat bemühte, ein psychologisches Klima zu schaffen, das Gott überflüssig macht. Der Fastenmonat Ramadan wird in den islamischen Sowjetrepubliken als ein von Allah besonders geheiligter Zeitraum beachtet; die Eltern lassen ihre Söhne im Beisein der Geistlichen beschneiden. Die Ehe mit mehreren Frauen ist zwar durch staatliche Gesetze verboten, doch deshalb nicht als Sitte aufgegeben worden; sogar der Brauch des Brautkaufs wird in ausgesprochen ländlichen Lebensbereichen, in abgelegenen Bergtälern, noch gepflegt. Gegen Vielehe und Brautkauf polemisieren zwar die Parteizeitungen, doch diese werden von den Betroffenen überhaupt nicht gelesen. In der periodisch erscheinenden Schrift der Moslemorganisation von Taschkent – sie trägt den Titel ›Die Moslems des sowjetischen Orients‹ – werden die Leser immer wieder an die religiösen Traditionen erinnert.

Der Vorsitzende des Muslim-Direktoriums für Zentralasien und Kasachstan ist allerdings darauf bedacht, die Gläubigen nicht in eine Konfrontation mit dem Sowjetstaat zu führen. Ihr können die sowjetischen Moslems nicht gewachsen sein. Die Infrastruktur der Macht ist in den Moslemprovinzen im Sinne Moskaus gefestigt. Die Beamten russischer Abstammung sind in der Mehrzahl in den Verwaltungen der Provinzen und der Subregionen. Wurden wichtige Posten mit Moslems besetzt, so sind den gläubigen Männern auf jeden Fall Beamte beigeordnet, auf die sich die Zentralregierung eher verlassen zu können glaubt. Trotz dieser Absicherung ist Unsicherheit, wenn nicht sogar eine gewisse Furcht vor künftigen Entwicklungen bei der Parteileitung zu spüren.

Für die in Moslemgebiete delegierten Beamten sind die Schriften des Islamkritikers N. Achirow Pflichtlektüre; er prophezeit seit dem Jahr 1970 den unausweichlichen Untergang der islamischen Religion: »Keine Modernisierung, keine Veränderung der sozialen Ansichten im Islam können diese Religion, wie auch jede andere, vor dem endgültigen Verschwinden bewahren.« Der Islam, so schreibt Achirow, sei extrem reaktionär, sei feindlich eingestellt zur überlegenen europäischen Kultur und Zivilisation. Die Prognose vom Ende der Religionen hat sich keineswegs erfüllt. Achirow selbst ist von Jahr zu Jahr gezwungen, sich aufs neue mit dem Problem Islam auseinanderzusetzen.

Klar erkennt Achirow, worauf der Erfolg der Moslemgeistlichen bei der Bevölkerung beruht: »Der islamische Klerus idealisiert die historische Vergangenheit der Völker des Orients. Er stellt die Anziehungskraft in Rechnung, welche die Geschichte auf die Völker ausüben kann.

Die Geistlichkeit sucht der Rolle der religiösen Organisationen und des Islam überhaupt im Leben der Völker eine größere Rolle zu geben. Außerdem zeichnen die Geistlichen die Ereignisse so, als ob der Islam die Verkörperung der nationalen Besonderheiten der Völker des sowjetischen Ostens und ihres Gemeinschaftslebens gewesen sei und sie auch weiterhin verkörpere.«

Gewarnt wird vor wachsender negativer Einstellung gegenüber den Werten der sowjetischen Gesellschaft. Ohne einen Namen zu nennen, zitiert Achirow einen Mufti, der öffentlich diesen Standpunkt vertreten haben soll: »Das Gebot des Koran, dem bestehenden Regierungssystem gehorsam zu erweisen, schließt keineswegs Widerstand aus gegen ein Regime, das Diktatur ausübt. Widerstandshandlungen sind erlaubt, wenn das Regime ungerecht handelt und damit die Ordnung des sozialen Verhaltens stört.« Daß solche Worte geäußert worden sind, ist für den Islamkritiker ein bedenkliches Zeichen für die Überzeugung der islamischen Glaubensführer, ihre Religion werde den Kommunismus verändern, wenn nicht sogar zu Fall bringen – auf jeden Fall aber überleben.

Der kapitalistischen Welt wird jedoch keine Hoffnung gemacht, sie könne im islamischen Orient irgendeinmal das Erbe des Kommunismus antreten. Zu diesem Thema sprach schon im Jahre 1970 ein religiöser Führer aus Aserbeidschan bei einem Moslemkongreß in Taschkent – das Protokoll gibt den Namen des Redners als N. Hasajew an. Er sagte: »Wir täuschen uns nicht, wenn wir kategorisch erklären, daß die kapitalistische Weltordnung, die auf Ungerechtigkeit und Ausbeutung aufgebaut ist, verschwinden wird. Eine sozialistische Ordnung wird entstehen, deren Grundlage gerechte Gesetze sind. Die göttlichen Gesetze sind dafür geeignet, weil sie keinerlei Zweideutigkeit enthalten. Die Gerechtigkeit muß schließlich in der Welt triumphieren.«

An eine Synthese wird gedacht, die Elemente der kommunistischen Ordnung übernimmt – wobei besonders auf den Leitsatz von der Gerechtigkeit verwiesen wird. Verändert werden soll das Streben nach Gerechtigkeit nur in einem Punkt: Allah muß wieder seinen Platz bekommen als Triebkraft aller Geschehnisse; die Überzeugung des Atheismus soll verschwinden. Damit wäre die Herrschaft der »Gottlosen« zu Ende. Timurs Erben könnten triumphieren.

Sie fühlen sich als »kolonisiert«, als von den Russen erobert. Andere Kolonien haben sich in den vergangenen Jahrzehnten befreien können – für die Moslems in der Sowjetunion gibt es auch jetzt noch keine Hoffnung auf Entkolonialisierung. Verfolgt man die Geschichte der Beziehung zwischen Russen und Moslems, so fallen Parallelen auf zu Vorgängen im Bereich der iberischen Halbinsel – die Vorgänge dort werden später in diesem Buch behandelt. Die Parallelen liegen in der Blüte des Islam, im Zerfall, im Wiedererwachen.

Im Mittelalter hatten sich die Russen dem Joch der Tataren gebeugt, die islamische Gläubige waren. In der Mitte des 16. Jahrhunderts aber, als in Zentraleuropa noch der Islam im Vordringen war, als die Bedrohung Wiens noch nicht der Vergangenheit angehörte, da begann sich der kleine, unabhängige moskowitische Staat gegen die Tataren zu wehren. Er warf die islamischen Völker zurück und beanspruchte schließlich die Herrschaft über sie. Iwan der Schreckliche erreichte mit der Einnahme von Kazan, der Hauptstadt des Khanats Tatar an der Wolga, den ersten großen Erfolg. Das eroberte Territorium wurde kurze Zeit später erweitert im Gebiet der Wolga: Das Khanat Astrachan verlor seinen islamischen Herrscher und seine islamische Struktur. Die Moslems, die durch Jahrhunderte die Herren gewesen waren, besaßen nicht mehr die Kraft, sich zu wehren. So konnten die Russen eine systematische Kolonisierung durchführen: Die besten Landstriche wurden konfisziert; sie gehörten künftig dem russischen Adel. Aus dem russischen Kernland drängten Bauern in die fruchtbaren eroberten Gebiete. Sie wurden geschützt durch ein dichtes Netz von Festungen, die mit russischen Garnisonen besetzt waren.

Zur Zeit der Siege im Wolgagebiet durchritten Kosaken im Auftrag des mächtigen Handelshauses Stroganov den Ural und vernichteten den islamischen Staat Sibirien. Wie in den anderen eroberten Gebieten konnte auch im jetzt russischen Sibirien ein Mensch, der bisher Moslem war, nur dann Anerkennung und Gleichberechtigung erreichen, wenn er den orthodoxen christlichen Glauben annahm.

Im 17. Jahrhundert stockte der russische Vormarsch im islamischen Asien, doch bekam er im 18. Jahrhundert wieder neuen Schwung. Begünstigt wurde er durch Uneinigkeit, Streit und Krieg unter den Moslems selbst. Oft genug holte eine der streitenden Parteien die Russen zu Hilfe – die dann nie mehr daran dachten, wieder abzuziehen. Die Daten der russischen Festungsbaugeschichte markieren den zeitlichen Ablauf der Verdrängung der Moslems: Omsk wurde 1716 gebaut, Semipalatinsk 1718, Ust-Kamenogorsk im Jahre 1719. Die Halbinsel Krim wurde von den Russen zum erstenmal 1736 erreicht, aber erst 1782 dem Russischen Reich fest eingegliedert. Die Krim am Schwarzen Meer war seit dem 14. Jahrhundert ein vollständig islamisierter Staat gewesen.

Katharina II. erließ am 9. April 1783 ein Edikt, das der Bevölkerung der Krim Eigentum und Glaubensfreiheit sicherte. Doch der in liberalem Geist verfaßte Text blieb ohne Auswirkungen, da niemand den Zustrom landhungriger Russen unterbinden wollte. Einhundertsechzig Jahre später waren nur noch 23 Prozent der Bevölkerung auf der Krim islamisch; das waren rund zweihundertzwanzigtausend Menschen. Sie wurden im Jahre 1944 von Stalin, der die Kolonisierung abschließen wollte, in andere Gegenden der Sowjetunion umgesiedelt.

Waren die Russen in der Anfangsphase der Eroberung nur auf geringen Widerstand gestoßen, so gestaltete sich die Einnahme der Kaukasusgebiete schwierig. Die Männer der Bergtäler waren bereit, angeleitet durch ihre Imame, einen Heiligen Krieg gegen die eindringenden Andersgläubigen zu führen. Obgleich im Jahre 1887 nach dem russischen Sieg in Daghastan am Kaspischen Meer die Gebirgsregion als erobert gelten konnte, fügte sich dieses Gebiet nie willig dem russischen Staat ein. Der Hof von St. Petersburg rechtfertigte die Invasion mit den folgenden Worten: »Die Rechte Rußlands, die Sicherheit seiner Handelswege und seiner Untertanen fordern entscheidende Maßnahmen. Der Zar hat deshalb entschieden, Truppen in jene Gebiete zu schicken, um den rechtmäßigen Einfluß Rußlands zu sichern, der allein in der Lage ist, für die Bewahrung des Friedens zu sorgen. Haben die Truppen ihre Aufgabe erfüllt, werden sie sich auf das Gebiet innerhalb der russischen Grenzen zurückziehen.« Dieses Versprechen wurde allerdings nie gehalten.

Turkestan ist die letzte der Islamregionen, die von den Russen erobert wurden. Sie besteht aus versteppten Landstrichen, in denen ursprünglich Nomadenstämme lebten, die entweder zu den Turkvölkern oder zu den iranischen Völkern gehörten. Vor der russischen Invasion existierten drei Staaten in Turkestan: das Emirat Buchara, das Khanat Kokand östlich von Buchara und das Khanat Khiva südlich des Aralsees. Hier war das Erbe Timurs noch lebendig – als Erinnerung an frühere glanzvolle Zeiten. Außer dieser Erinnerung war den Bewohnern der Städte Buchara, Samarkand, Taschkent, Khodjent wenig geblieben.

Die russische Attacke begann im Jahre 1865. Eine Stadt nach der anderen fiel in die Hand der Eroberer. Am 23. Juni 1868 war der Emir von Buchara gezwungen, vertraglich das russische Protektorat über seinen Staat anzuerkennen. Im August 1873 war das Ende des Khanats Khiva nicht mehr aufzuhalten; zwei Jahre später wurde auch das Khanat Kokand ausgelöscht. Mit der Eroberung der Oase Merv im Jahre 1884 waren die letzten unabhängigen islamischen Kleinstaaten nördlich von Afghanistan und Persien vom Russischen Reich annektiert.

Die erste Phase der Kolonialisierung – sie dauerte bis ins 17. Jahrhundert hinein – war durch massive und erfolgreiche Bekehrung zum Religionswechsel gekennzeichnet. Die Moscheen wurden zerstört, die Koranschulen geschlossen; die Ländereien, die geistlichen Stiftungen gehörten, hatte der Staat sich reserviert. So war die islamische Geistlichkeit ohne Eigentum, ohne Einfluß. Die Menschen konvertierten in Massen, gelockt vom Anreiz, als Christen steuerlich begünstigt zu sein.

Katharina II. setzte eine Unterbrechung der antiislamischen Maßnahmen durch. Während ihrer Regierungszeit durften Moscheen gebaut werden; Koranschulen entstanden. Doch die Zeit der guten Beziehungen zwischen orthodoxen Christen und Moslems im Russischen Reich war nur kurz. Mit Alexander II. begann der Versuch, die Moslems durch die Mittel der Erziehung und der Propaganda zum Christentum zu bekehren. Der orthodoxe Missionar Nicolas Ilminsky schuf im Jahre 1863 ein Schulsystem für die Tataren, das nach europäischem Vorbild eine Elite heranbilden sollte, die ihre islamischen Wurzeln vergessen hatte. Von dieser Elite wurde dann wieder erwartet, daß sie Einfluß nahm auf die übrige Bevölkerung. Erreicht wurde eine beachtliche Zahl von Übertritten zum orthodoxen Glauben – vor allem aber entstand ein tiefer Riß zwischen den Christen und denen, die ihren islamischen Glauben behalten wollten. Die treuen Moslems wurden wieder hartnäckiger in der Bewahrung ihrer Religion. In diesem Widerstand ist die eigentliche Wurzel der Erneuerung des Islam in den von Moskau beherrschten Gebieten zu sehen.

Die Sowjets setzten, besonders in den letzten Jahrzehnten, ihre Hoffnung darauf, daß Industrialisierung und Fortschritt auch in den Südprovinzen das Interesse der Menschen an der Religion auflöst. Zugute kam ihnen der Reichtum an Bodenschätzen: In der islamischen Sowjetunion sind Kohle, Erz, Silber, Blei, Kupfer, Schwefel, Phosphate und Öl zu finden. Die »Kolonie« entwickelte sich in der Tat aus einer armen in eine wohlhabende Region. Kasachstan, dessen Landflächen früher die Bezeichung »Hungersteppe« trugen, ist eine Kornkammer geworden, dank der Landerschließung, die dem sowjetischen Gesamtstaat große Opfer abgefordert hatten.

Über Mangel an materiellem Fortschritt können sich die Moslems nicht beklagen, doch Dank sagen sie den Kremlherren deshalb nicht. Die Geistlichkeit propagiert auch hier den Grundsatz, der Mensch dürfe das Paradies nicht auf dieser Erde zu erbauen versuchen. Da auf die »Gottlosen« kein Paradies warte, seien sie bemüht, das Leben in dieser Welt angenehm zu gestalten. Daran aber habe Allah keinen Gefallen. Er wolle, daß man sich um seine Gesetze kümmere – von der Erfüllung dieses Gebotes aber seien gerade die Kommunisten weit entfernt.

# Beherrschen die Moslems im Jahr 2000 die Sowjetunion? Tatsachen und Spekulationen zur Bevölkerungsentwicklung

Die sowjetischen Chronisten der Veränderungen in der UdSSR haben sich bisher Zeit gelassen mit der Feststellung, daß die Unterschiede in der Geburtenfreudigkeit zwischen den Volksstämmen Auswirkungen auf die künftige Struktur des Sowjetstaats haben könnten. Wenn sie im Interesse des Staates berichten – und dazu fühlen sich fast alle verpflichtet –, dann verweisen sie darauf, daß diese Unterschiede nur eine beschränkte Zeitlang wirksam sind und daß sich bereits jetzt eine Annäherung im Verhalten der Volksgruppen abzuzeichnen beginnt. Dies ist der Standpunkt der zentralen Parteileitung, die wohl kaum zugeben kann, Lenins Auftrag zur Angleichung und Verschmelzung sei in dem elementaren Punkt der Bevölkerungspolitik nicht zu realisieren.

Auskunft über den wahren Sachverhalt gibt der Blick auf die Geburtenrate in den Einzelrepubliken bezogen auf jeweils tausend Einwohner. In der riesigen Russischen Sozialistischen Föderativen Sowjetrepublik (RSFSR), im Kernland der Sowjetunion, lag die Geburtenrate im Jahr 1940 bei 33 Prozent. Sie sank bis 1970 auf weniger als die Hälfte ab – auf 14,6 Prozent – und hat sich in den siebziger Jahren eingependelt auf etwas mehr als 15 Prozent. Für die Ukraine gelten ähnliche Verhältniszahlen, ebenso für Weißrußland, Georgien und Litauen.

Diesem Abstieg der Geburtenrate setzen die islamischen Republiken einen Aufstieg gegenüber. Tadschikistan gibt das herausragende Beispiel: Im Jahre 1940 hatte diese Sowjetrepublik einen Geburtenstand von 30,6 Prozent; sie lag also unter dem Niveau der RSFSR. Für 1960 weist die Statistik 33,5 Prozent und für 1970 34,8 Prozent aus. Diese Zahl hat sich seither in etwa dieser Höhe gehalten.

So rasch verlief das Wachstum der anderen islamischen Sowjetrepubliken nicht: Usbekistan konnte seinen Stand von 33 Prozent halten; die Turkmenen, die hauptsächlich entlang der iranischen Grenze leben, sanken in der Geburtenrate geringfügig ab; die Familien von Kasachstan, der nördlichsten islamischen Sowjetrepublik, an die sich dann die RSFSR anschließt, machte – gemessen an reinen Prozentzahlen – nahezu die Abwärtsentwicklung des russischen Riesenstaates mit; doch am Ende der Halbierung der Geburtenrate blieben immer noch 23,5 Prozent für die Republik Kasachstan übrig.

Die durchschnittliche Geburtenzahl pro Frau, auch das zeigt die offizielle Statistik, ist in den islamischen Republiken fast doppelt so hoch wie in den übrigen sowjetischen Teilstaaten. Der Grund dafür ist in der

Tradition zu suchen: Kinder werden als Segen Allahs angesehen; selbst einfachste Verhütung bleibt ausgeschlossen; schon frühzeitig gehen Männer und Frauen Ehen ein; die Urbanisierung, das Leben in den Städten, ist in den islamischen Republiken nicht zur dominierenden Existenzform geworden; doch selbst die in den Städten lebenden Moslems lassen sich nicht davon abhalten, viele Kinder zu zeugen.

Mit Blick auf die Zukunft darf man davon ausgehen, daß sich am Bevölkerungsverhalten in den nächsten Jahren wenig verändern wird. Eine umwälzende wirtschaftliche Revolution, vergleichbar dem brutalen Eingriff Stalins in die ökonomische Struktur während der dreißiger Jahre, ist nicht zu erwarten. Mit einschneidenden Maßnahmen wird die Verschmelzung und Angleichung nicht erzwungen werden. Als einigermaßen sicher mag gelten, daß der Unterschied in der Bevölkerungsentwicklung zwischen Nord und Süd erhalten bleibt. Bei einer derartigen Betrachtung muß jeder Vorgang höherer Gewalt ausgespart werden – ein einziges kriegerisches Ereignis stürzt die Prognosen um; aber auch Hungersnöte wirken sich nicht anders aus.

Die Vorausberechnungen für die kommenden Jahre ergeben ein starkes Anwachsen für die Völker der Kirgisen, Turkmenen, Usbeken und Tadschiken: Ihre Menschenzahl wird sich nahezu verdreifachen. Die Weißrussen, Litauer, Letten, Russen, Esten und Ukrainer werden ungefähr den Stand am Beginn der achtziger Jahre halten.

Die islamischen Völker der Sowjetunion werden eine Dynamik beweisen, die eine Verschiebung des Kräfteverhältnisses zwischen den unterschiedlichen Volksgruppen zur Folge hat. Der Bevölkerungszuwachs, den die UdSSR zur Meisterung der Zukunftsaufgaben braucht, ist von den Menschen der südlichen, der islamischen Region zu erwarten. Die turkoislamischen Stämme werden ein Übergewicht bekommen, das wohl auch politische Folgen haben dürfte. Tritt die Entwicklung ein, wie sie sich derzeit abzeichnet, dann sinkt die jetzt noch dominierende russische Volksgruppe unter die Hälfte der Gesamtbevölkerung ab. Über den Anteil der Moslems im Jahr 2000 sind unterschiedliche Meinungen geäußert worden. Die radikalste Ansicht ist, daß bis zur Jahrtausendwende jeder zweite Sowjetbürger Moslem sein wird. Doch es gibt Stimmen, die zur Vorsicht mahnen.

Hélène Carrère d'Encausse hat im Auftrag der Universität Paris das Nationalitätenproblem der Sowjetunion studiert. Ihre Arbeit, die auch in deutscher Sprache erschienen ist, gibt die folgende zurückhaltende und deshalb vertrauenerweckende Prognose: »Die zentralasiatischen Volksstämme werden, wenn man die Völker des Kaukasus dazurechnet, ein Drittel der Sowjetbevölkerung darstellen. Ohne Zweifel ist der Fortschritt der turko-islamischen Volksstämme bemerkenswert. Innerhalb von fünfzig Jahren hat sich ihr Gewicht im Gesamtgefüge der sowjetischen Bevölkerung mehr als verdoppelt. Aber das bedeutet nicht, daß das russische Volks aus seiner Stellung der Vorherrschaft verdrängt werden wird. Das Problem liegt weniger in den bloßen Zahlen als in der neuen Situation, die sie schaffen. Die Völker mit starkem Geburtenzuwachs begreifen, daß sie den Schlüssel für den allgemeinen Fortschritt der Sowjetgesellschaft in den Händen halten. Das kann dazu führen, daß sie einen größeren Anteil an der politischen Verantwortung fordern. In zweiter Linie bringt diese Verschiebung des Gleichgewichts der Bevölkerung auch wirtschaftliche Probleme mit sich. Die Menschen brauchen Arbeitsplätze, und diese hängen wiederum von der regionalen Entwicklung ab. Falls die wirtschaftlichen Probleme keine Lösung finden, können sie die Ursache sein für eine künftige ernsthafte Opposition in der Sowjetunion. Deshalb müssen die Probleme, die sich aus diesem neuen Gleichgewicht ergeben, untersucht werden, damit ihre Tragweite und ihre Konsequenzen erkannt werden können.«

Hélène Carrère d'Encausse ist vorsichtig mit ihren Schlußfolgerungen. Doch sie wagt die Prognose, daß der Zusammenhalt der sowjetischen Gesellschaft durch das starke Wachstum der Moslembevölkerung in der Zukunft gefährlichen Belastungen ausgesetzt sein wird. Als Heilmittel kann nur verstärkte Integration wirksam sein – doch sie hat nur geringe Chancen.

Die Studie der französischen Wissenschaftlerin – Frau d'Encausse ist in der Sowjetunion aufgewachsen – zieht das Fazit: »Den Sowjets gelingt es nicht, Nationalstaaten abzuschaffen, weil die Völker nicht bereit sind, die damit verbundene politische und kulturelle Integration zu akzeptieren. Aber die Aufrechterhaltung des nationalen Status gestattet dem Nationalismus, sich zu stärken und zu wachsen. Die Sowjetmacht wiederholt zwar immer wieder, wie notwendig eine gemeinsame Sprache für den Fortschritt des Internationalismus in der UdSSR sei, sie mußte jedoch den Rückzug vor dem Willen der Völker des Kaukasus antreten, die auf einem privilegierten Platz in ihren Verfassungen für ihre Sprachen bestanden. Dieser moderne Aspekt des Nationalismus macht der Sowjetführung am meisten zu schaffen und zwingt sie, mit neuer Aufmerksamkeit ein Problem zu studieren, das eigentlich, so hatten die Sowjetführer geglaubt, längst hätte geregelt sein müssen. Festzustellen ist, daß die Sowjetführer zwar die Geburt des Sowjetvolkes ankündigen, zur gleichen Zeit sich aber in Konferenzen und Untersuchungen mit dem Nationalitätenproblem befassen müssen.«

Der Lächerlichkeit verfallen mehr und mehr die Ansichten der frühen sowjetischen Theoretiker, die den Islam als Abart der kapitalistischen Ideologie dargestellt hatten. Zu ihnen hatte Lucjan Klimowitsch gehört, der ein vernichtendes Urteil über die Religion der Moslems fällte: »Der Islam ist eine antiwissenschaftliche, reaktionäre Weltanschauung. Er steht im Widerspruch zur optimistischen und lebensbejahenden materialistischen Lehre. Er ist unvereinbar mit den fundamentalen Interes-

sen der Sowjetvölker. Er hindert die Gläubigen daran, als aktive und gewissenhafte Erbauer der kommunistischen Gesellschaft zu handeln.«
Die Sowjetunion legt heute, im Gegensatz zur Zeit des Theoretikers Klimowitsch, ausdrücklich Wert darauf, ein Freund des Islam zu sein. Diesen Meinungswechsel können die Moslems als Erfolg verbuchen – auch wenn er nicht der Realität entspricht, sondern als Reaktion auf den Unmut der islamischen Welt zu sehen ist.

## Das Selbstbewußtsein der Sowjetmoslems hat Auswirkungen
## Der Einfall in Afghanistan kann interne Gründe haben

Die Kolonialmächte haben nie Rücksicht genommen auf die Großfamilien der Eingeborenen, deren Land sie beherrschten. Waren Grenzen zu ziehen zwischen zwei Verwaltungsbereichen, so wurde nur auf Zweckmäßigkeit für die Kolonialverwaltung geachtet; zerschnitt die Aufteilung den Lebensraum von Stämmen von Großfamilien, so kümmerte das die fremden Herren nicht.

Als Afghanistan unter Aufsicht der Engländer seine heutige Form erhielt – dieser Staat sollte einen Puffer bilden zwischen dem aggressiven Rußland und dem britisch beherrschten Indien, das damals am Khyberpaß begann –, da wurden Tadschikenstämme zertrennt und Großfamilien der Turkmenen durch die Grenze halbiert. Betroffen von der Zerschneidung wurden auch Familien der Kasachen, Usbeken, Kirgisen und Belutschen. Auswirkungen für die Stämme hatte die Auftrennung zunächst nicht, da die Grenzlinien kaum spürbar waren. Erst im Verlauf der isolationistischen Entwicklung der Sowjetunion wurden die theoretischen Grenzen zu wirklichen Trennwänden. Sie markierten Zonen unterschiedlicher gesellschaftlicher Entwicklung: Auf der einen Seite, in Afghanistan, pflegte ein Monarch seine absolute Macht, auf der anderen Seite wollte die Sowjetregierung angewandten Kommunismus praktizieren. Die Mächtigen auf beiden Seiten fürchteten die Ansteckung ihres Volkes durch Ideologie und Regierungspraxis der jeweils anderen Seite. Unberechtigt war die Sorge vor Ansteckung nicht, denn ganz hermetisch ließ sich die Grenze auch weiterhin nicht verschließen; die Teilfamilien erfuhren immer ziemlich rasch, wie es den Verwandten im nahen Ausland erging – und daran hat sich bis heute nichts geändert.

Daß die islamischen Völker der Sowjetunion und das Volk von Afghanistan durch historische Tradition, durch gemeinsame Vergangenheit miteinander verbunden sind, das streiten auch die kommunistischen Mächtigen in den islamischen Sowjetrepubliken nicht ab. Die Außenministerin der Kirgisischen Sowjetrepublik – die Bestellung eines derartigen Ministers ist den Einzelrepubliken zugestanden, obgleich Außenpolitik allein in Moskau gemacht wird – sieht die enge Verflechtung kirgisischer und afghanischer Großfamilien; sie redet zwar über die Ursachen des sowjetischen Einfalls in Afghanistan nicht, doch sie hat, wenn sie darauf angesprochen wird, ein fast unverfängliches Beispiel der Wechselwirkung von hüben und drüben parat: »Wir haben denen in Afghanistan früher schon geholfen, vor der Revolution, die mit dem Sieg der Marxisten endete. Im Frühjahr 1978 gab es drüben eine schlimme Heuschreckenplage. Wir schickten damals Hilfe, Geräte und Menschen, um diese Plage zu bekämpfen. Das geschah auch in unserem eigenen Interesse, denn die Heuschrecken von drüben bedrohten auch uns. Hätten wir sie dort nicht bekämpft, dann wäre auch unsere Ernte gefährdet gewesen.« Vielleicht will die Außenministerin – ihr Name ist Sakin Begmatova – durch ein Gleichnis reden; vielleicht meint sie ganz aktuelle Vorgänge. Es könnte sein, daß sie von der religiösen Plage spricht, die – von ihrem Standpunkt aus gesehen – Afghanistan befallen hat. Möglich ist auch, daß sie damit die Gründe andeuten wollte, warum die sowjetische Regierung in Afghanistan einmarschiert ist: Die Plage sollte beseitigt werden, ehe sie übergriff auf die eigenen Moslemrepubliken.

Am 30. Mai 1980 deutete Leonid Samiatin, Sektionschef für Auslandsinformation des Zentralkomitees der KPdSU, den Grund für den Einmarsch in Afghanistan an: »Wir waren in Sorge, in Kabul könnte sich ein Regime etablieren, das der kommunistischen Ordnung feindlich gesinnt ist. Die Art des Regimes in diesem Nachbarland kann uns nicht gleichgültig sein.«

Im Dezember des Jahres 1979 war die Bedrohung durch die islamischen Aufständischen in Afghanistan für das kommunistische Regime nicht mehr zu meistern gewesen. Wesentliche Teile der Armee folgten nicht mehr dem Befehl des Regierungschefs. Tag für Tag muße Hafizullah Amin Meldungen hinnehmen über weitere Meutereien. Jeder Abfall eines Truppenteils stärkte die Kampfkraft der Moslems, da sich die desertierenden Verbände den Moslemorganisationen in den Bergen anschlossen. Der Zeitpunkt war abzusehen, an dem sich Hafizullah Amin nicht mehr zu wehren vermochte, an dem er, der Kommunist, vor dem Islam kapitulierte. Diesen Zeitpunkt aber mußte die sowjetische Regierung fürchten, denn er offenbarte vor den eigenen Moslems in der Sowjetunion die Niederlage eines kommunistischen Regimes und den Sieg der Religion. Den Moslems in den südlichen sowjetischen Republiken hätte dies eine Ermutigung sein können; sie hätten auf die Idee kommen können, aus der vermeintlichen Schwäche der kommunistischen Zentralmacht Vorteile für sich herausschlagen zu wollen. Einen derartigen Zustand glaubte sich die Sowjetführung nicht leisten zu können.

Die Konsequenz eines islamischen Sieges in Kabul wäre die Gründung einer Islamischen Republik Afghanistan gewesen. Diese Republikgründung konnte nicht im Sinne der Kremlherren sein, die aus ihren Erfahrungen mit Iran gelernt hatten, daß die Moslemführer, wenn sie an der Macht sind, den Kommunismus als atheistischen Glauben bedingungslos bekämpfen.

Der kuwaitische Außenminister, Sheikh Sabbah al Ahmed al Dschaber, bestätigt diese Theorie: »Die Sowjetunion unternahm diese Invasion vor allem, weil sie die Auswirkung der islamischen Revolution auf die eigene islamische Bevölkerung fürchtete.«

Moskau verhinderte die Ausrufung der Islamischen Republik Afghanistan, doch es zog sich die Feindschaft nahezu aller islamischen Staaten zu. Auf einer Konferenz der islamischen Staatschefs, die zu Beginn des Jahres 1980 in Islamabad tagte, wurde die Sowjetunion als Aggressor verurteilt. Vor der Weltöffentlichkeit mußte sich die kommunistische Führung als Feind der Religion anprangern lassen.

Die Moslemführer der Sowjetrepubliken verhielten sich still. Doch spürbar ist, daß sie mit Spannung auf die Entwicklung draußen blicken, auf die Ereignisse in der übrigen islamischen Welt, von der sie nahezu abgeschnitten sind. Mekka, die Hauptstadt des Glaubens, ist der Ort, dem ihre Zuneigung besonders gehört. Genährt wird diese Zuneigung durch die Maßnahmen der sowjetischen Regierung, die Pilgerfahrt nach Mekka zu verhindern – dafür werden einfach keine Devisen zur Verfügung gestellt. Im Munde aller Moslems, aller Gläubigen des Islam, auf der ganzen Welt war Mekka im November 1979. Schrecklich klangen die Meldungen aus der Heiligen Stadt in den Ohren derjenigen, denen es etwas bedeutete, daß Mohammed hier einst gelehrt hatte.

## Die Besetzung der Ka'aba löst einen Schock aus
## Im Ölstaat Saudi Arabien fallen Entscheidungen für die Zukunft

Er ließ sich »Mahdi« nennen – der Rechtgeleitete. Die Zahl derer, die ihm diesen Namen gaben, schwankt in unterschiedlichen Schätzungen: Siebenhundert sagen die einen; andere meinen, es seien tausend gewesen. Gezählt hat sie niemand.

Die Mahdi hatte ihnen befohlen, die Moschee in Mekka, den Platz um die Ka'aba zu besetzen – und sie waren ihm gefolgt. In der Nacht zum Neujahrstag, beim Anbruch des fünfzehnten Jahrhunderts des Islam stürmten sie die Tore, drangen in die Hallen ein und nahmen die Betenden als Geiseln gefangen. Aus sieben Lastwagen luden sie Waffen und Lebensmittel ab, sie brachten sogar Zement mit, um schußfeste Mauern aufrichten zu können. In den Katakomben unter der Moschee hatten sie schon in den Wochen zuvor Wasser und Munition gelagert. Beides war in Särgen an den Moscheewächtern vorbeigeschmuggelt worden.

Es ist Sitte in Mekka, zur Nachtzeit die Toten in Holzsärgen in das Heiligtum zu bringen, damit dort ein Gebet für sie gesprochen wird. Bei Sonnenaufgang tragen dann die Verwandten die Särge hinaus auf den Friedhof zur Bestattung. Während der Wochen vor dem islamischen Neujahrstag waren häufig Särge mit Munition gefüllt in die Moschee geschleppt und leer wieder hinausgebracht worden.

Die Tat war gründlich vorbereitet. Auf einen Kampf von drei Wochen Dauer hatten sich die Anhänger des Mahdi eingerichtet. Sie waren siegessicher, weil die Hoffnung bestand, daß auch in anderen Städten des Königreichs ähnliche Aktionen folgen würden. Sie wollten ein Fanal setzen für die Befreiung der arabischen Halbinsel: Die Familie Saud sollte ihre Macht verlieren. So wie drüben, im Nordosten des Persisch-Arabischen Golfs, in Iran, ein Herrscher vertrieben worden ist, der in den Augen der Gläubigen die Religion verraten hatte, so wollten die Moscheebesetzer auch die Familie Saud verjagen. Schuldig war für den Mahdi und seine Anhänger die Familie deshalb, weil sie »despotisch« regierte und damit die Herrschaftsprinzipien verraten hatte, die einst vom Propheten praktiziert worden waren und die durchaus Rat und Mitbestimmung durch ein Kollegium gleichberechtigter Männer vorsahen.

Die Proklamationen des Mahdi ließen erkennen, was künftig in Saudi Arabien verändert werden sollte. Die westlich orientierten Fortschrittsideen waren zu verbannen: Der Mahdi verkündete das Ende der Modernisierung des islamischen Staates. Sie habe die Veränderung des religiösen Charakters der Bevölkerung zur Folge, der Glaube werde aufgeweicht. Der Fortschritt, den der Westen predige, sei vom Teufel erfunden, um die Menschen von Gott abzulenken. Der Mahdi sprach dieselben Worte, die schon Ayatollah Khomeini in der heiligen Stadt Qum verkündet hatte: »Das Paradies ist nicht von dieser Welt.« Man durchlebe die irdische Existenz nicht, um Bequemlichkeit und Luxus zu erfahren, sondern um sich zu bewähren, um reif zu werden für das kommende Leben. Ganz konkret verlangte der Mahdi die Abschaffung des Fernsehens, das Verbot von Musiksendungen im Rundfunk, eine strikte Verbannung der Frauen von allen Arbeitsplätzen in der Öffentlichkeit; weiterhin forderte er, die nationale Fußballmannschaft sei aufzulösen, alle westlichen Berater müßten das Land verlassen. Die Zeit der Besinnung, so sprach der Mahdi, habe zu beginnen.

Er war ein junger Mann; die Augenzeugen der Besetzung vermuten, daß er ungefähr fünfundzwanzig Jahre alt war, obgleich der dunkle Bart die Schätzungen erschwerte. Ein langes weißes Hemd trug er, zum Zeichen der Bereitschaft, als Märtyrer für seine Auffassung vom Glauben zu sterben. Über seine Identität und über die Herkunft seiner Anhänger schwieg er. Doch war zu erfahren, daß an der Moscheebesetzung Männer und Frauen aus den wichtigsten Stämmen der arabischen Halbinsel teilgenommen haben. Diese Protestaktion war nicht die Tat einzelner, vielleicht sogar entwurzelter Personen – in dieser islamischen Neujahrsnacht hatten sich Mitglieder der einflußreichen Familien gegen die Herrschaft der Familie Saud erhoben.

Seit mehr als einem halben Jahrhundert hat diese eine Familie den Wüstenstaat, aus dessen Boden Öl fließt, streng in der Hand. Ein König und fünftausend Prinzen kontrollieren Land und Menschen. Verfügungsgewalt über die hohen Staatseinnahmen besitzt allein die Familie Saud. Anders als einst der Schah von Iran sorgt die regierende Familie dafür, daß die Bevölkerung auch profitieren kann vom Geld, das durch das Ölgeschäft der Saudikasse zur Verfügung steht. Doch gegenüber vielen puristisch denkenden Moslems im eigenen Land ist die Saudfamilie durch ihre engen Beziehungen zu den Vereinigten Staaten und durch Korruptionsaffären in Mißkredit geraten. Wohlbekannt ist in Saudi Arabien, daß die Prinzen Privilegien für sich in Anspruch nehmen, daß sie in London, Washington, Paris und Genf zeitweise ein Leben führen, das nicht den Regeln des Koran entspricht.

»Remember the Prince« – diese Phrase bekommt mancher europäische Geschäftsmann zu hören, der mit einem saudiarabischen Partner einen Vertrag abschließen will. »Remember the Prince« heißt dann: Ein Mitglied der königlichen Familie muß zu diesem Vertrag seine Zustimmung geben, will dafür aber auch bezahlt werden. Häufig genug stimmt das, was der saudiarabische Partner sagt, doch oft ist die Behauptung, ein Prinz werde als Garant des Geschäfts benötigt, ganz einfach Lüge.

Der Europäer zahlt die Prinzenprovision von meist fünf Prozent an den Partner, und der behält den Betrag. Gleichgültig, wer das Geld einsteckt, jeder dieser Fälle kann das Gefühl der wahrhaft Gläubigen steigern, in einem Land zu leben, das einen tiefen Sumpf der Korruption darstellt.

Die »Komitees zur Verurteilung des Lasters«, die in Saudi Arabien existieren, sorgen dafür, daß sich die Menschen in den Städten an die Gebetszeiten halten und daß sie keinen Tropfen Alkohol an ihre Lippen bringen. Doch die Mitglieder dieser Komitees wagen es nie, ein Wort gegen einen Prinzen zu sagen, ihn der Mißachtung von Korangesetzen anzuklagen. Selbst wenn die Abenteuer, die ein Mitglied der Familie Saud in Nachtlokalen der westlichen Hauptstädte bestanden hat, in den europäischen Zeitungen beschrieben werden, läuft dieser Prinz nicht Gefahr, belästigt zu werden.

Prinz Fahd, heute einer der Mächtigsten in Saudi Arabien, geriet im Jahr 1974 in Mißkredit, weil er fünf Monate lang in Frankreich lebte und sogar den Fastenmonat Ramadan dort verbrachte. Er gehört jetzt zu denen, die auf strikte Einhaltung der Traditionen achten. In Vertretung seines Bruders, des Königs, hat er als Kronprinz zu Beginn des Jahres 1980 Gesetze erlassen, die den Frauen jegliche Berufsarbeit in der Öffentlichkeit verbieten. Damit ist eine der Forderungen, die der Mahdi gestellt hatte, erfüllt.

Die Besetzung der Moschee endete unter schrecklichen Opfern: Hunderte von Moscheebesuchern verloren ihr Leben während der Kämpfe zwischen den Besetzern und saudiarabischen Sturmtruppen. Hunderte von Soldaten starben und Hunderte von Anhängern des Mahdi. Wer von den Moscheebesetzern überlebte, der wurde öffentlich auf dem Markt hingerichtet. Eine gerichtliche Untersuchung des Vorfalls fand nicht statt. Die Familie Saud war daran interessiert, daß er rasch in Vergessenheit geriet. Doch sie zog Konsequenzen. Nicht nur die Frauenarbeit wurde verboten, auch jegliches Erscheinen von Frauen in Badekleidung außerhalb des engsten Familienkreises – von diesem Gesetz sind auch Europäerinnen betroffen. In Saudi Arabien soll künftig auf die traditionelle Moral geachtet werden. Die regierende Schicht will beweisen, daß die Aufständischen im Unrecht waren, daß die herrschende Schicht wohl weiß, was sie dem islamischen Glauben schuldig ist.

Trotzdem zeigen die wichtigen Männer der Familie Saud den Willen, ihrem Land ein moderneres Gesicht zu verleihen. In der Frage der Modernisierung will König Khaled nicht dem traditionalistischen Trend in der Bevölkerung nachgeben. Der »Dritte Fünfjahresplan« ist im Frühjahr 1980 verkündet worden. Faisal al Bashir, der Stellvertretende Planungsminister, ist überzeugt, daß die religiösen Führer, die eine Veränderung von wirtschaftlicher Struktur und Gesellschaft ablehnen, schließlich doch einlenken werden, weil sie einsehen, daß sich die Welt verändert und daß sich eben auch Saudi Arabien ändern muß. Er setzt auf eine junge Generation in Saudi Arabien, die – wie der Stellvertretende Planungsminister meint – wohl nicht mehr stolz darauf ist, in einem Beduinenstaat leben zu müssen, die sich einen industrialisierten Staat wünscht. Faisal al Bashir vergißt allerdings, daß die Anhänger des »Mahdi«, die das fünfzehnte Jahrhundert des Islam mit dem Signal der Moscheebesetzung begannen, junge Männer und junge Frauen waren.

Nie haben die Prinzen des Königreichs ein Projekt so extensiv diskutiert wie die Vorhaben des Dritten Fünfjahresplans.

Die Diskussion hatte nicht zum Thema, wie das Geld zu beschaffen sei für die Durchführung des Plans – man kalkulierte, daß zweihundert Milliarden Dollar den laufenden Öleinnahmen und den Goldreserven entnommen werden können, die von amerikanischen und europäischen Banken verwaltet werden –, die Diskussion beschäftigte sich nur damit, wie weit sich das Gesicht des Königreichs verändern soll, wie weit westliche Lebensformen in die saudiarabische Gesellschaft eindringen können, ehe sie so zerstörend wirken, daß die islamische Wurzel dieser Gesellschaft zu faulen beginnt. Die prinzipielle Frage, die zu klären war, hieß: »Läßt sich der islamische Glaube mit dem technischen und wirtschaftlichen Fortschritt vereinbaren?« Daraus entwickelte sich sehr schnell die praktische Frage: »Soll sich die saudiarabische Gesellschaft das Leben der Menschen in den Vereinigten Staaten zum Vorbild nehmen?«

Kamal Adham, sechzig Jahre alt – ein Mann, der die USA über alles schätzt –, war Berater des Königs Faisal gewesen; König Khaled hatte ihn im selben Amt belassen. Zwei Jahrzehnte lang hatte Kamal Adham den Königen geraten, in der Zusammenarbeit mit den Vereinigten Staaten die Gegenwart und die Zukunft zu meistern. Es war für Kamal Adham nicht immer einfach gewesen, denn die von ihm so geschätzten Vereinigten Staaten nahmen in ihrer Nahostpolitik außerordentliche Rücksicht auf Israel und erregten damit den Zorn der meisten arabischen Politiker. Der beredsame Adham fand dennoch immer Argumente, um den König zu überzeugen, daß es sich für Saudi Arabien lohne, mit den USA zu kooperieren.

Die religiösen Nationalisten sahen in dem Befürworter der Bindung an den Westen den Feind islamischer Traditionen; sie hatten ihn in der Vergangenheit mit manchem Fluch bedacht. Zu ihrer Freude wurde Kamal Adham am Beginn des Jahres 1980 aus den Diensten des Königs entlassen. Die offizielle Formulierung hieß, König Khaled habe das Rücktrittsgesuch des Beraters angenommen. Eine Begründung wurde nicht gegeben.

Die Entlassung konnte als Zeichen dafür gewertet werden, daß die Familie Saud künftig Distanz wahren wollte zu den Vereinigten Staaten. Zu diesem Standpunkt hatte sich bisher schon Prinz Abdallah Ibn Abdel Aziz bekannt, der Kommandeur der Nationalgarde; auch der Außenminister Prinz Saud al Faisal hatte dafür Sympathie. Beide mußten Genugtuung darüber empfinden, daß der Amerikafreund entmachtet war.

Kronprinz Fahd und Prinz Sultan, der Verteidigungsminister, galten als Befürworter der Kooperation mit dem Westen; an ihrer Seite stand Innenminister Prinz Nayef. Nach ihrer Meinung konnte die Familie nur überleben als politisch bestimmende Kraft des wichtigsten Ölstaates der Welt, wenn sie sich die USA zum Schutzschild wählten.

Die Position der Befürworter einer Kooperation war allerdings schon seit dem unrühmlichen Abgang des Schahs von Iran erschüttert. Daß es der amerikanischen Regierung nicht gelungen war, den mit ihr bereitwillig kooperierenden Schah an der Macht zu halten, hat bei den Prinzen Fahd und Sultan bittere Gedanken ausgelöst. Sie sahen Gefahren für sich: So konnte also das Schicksal der Männer sein, die sich mit den Vereinigten Staaten eng einlassen; die amerikanische Regierung ist offensichtlich nicht in der Lage, sie vor dem tiefen Sturz und vor der Anklage, ein Verbrecher zu sein, zu bewahren. Die Frage stellte sich den beiden Prinzen, was dann überhaupt die Allianz mit den Vereinigten Staaten wert ist, wenn man schließlich doch fallengelassen wird.

Mitten in der Phase der Diskussion um die Nützlichkeit des Bündnisses mit den USA traf der amerikanische Verteidigungsminister Harold Brown in der saudiarabischen Hauptstadt Riad ein. Dieser Besuch machte den Konflikt deutlich, der die königliche Familie beschäftigte: Prinz Abdallah Ibn Abdel Aziz – der Chef der Nationalgarde, der die Sicherheit von Land, Ölfeldern und königlicher Familie anvertraut ist – reiste zum Zeitpunkt der Ankunft des amerikansichen Verteidigungsministers nach Damaskus, um sich dort mit dem syrischen Verteidigungsminister, Generalmajor Mustafa Tlas, zu treffen; Tlas und der Prinz unternahmen dann eine Besichtigungsfahrt zur syrisch-israelischen Waffenstillstandslinie. Abdallah Ibn Abdel Aziz hatte diese Verabredung mit Absicht getroffen: Er wollte nicht mit dem US-Verteidigungsminister zusammentreffen, der es nicht fertiggebracht hatte, den Schah als Verbündeten der Vereinigten Staaten zu verteidigen – diesem Mann die Hand zu geben, dazu konnte er sich nicht durchringen. Der Prinz, der für die wichtigsten Truppenverbände im Königreich zuständig ist, ging dem US-Verteidigungsminister aus dem Weg.

Die Demonstration der Mißachtung des amerikanischen Besuchs war vor allem aus innenpolitischen Gründen wichtig: Gegenüber den religiös-nationalen Kräften im eigenen Land konnte damit bewiesen werden, daß auch die königliche Familie sich gegenüber den Politikern aus dem Westen distanziert verhalten kann.

So ergänzten sich zwei Maßnahmen des regierenden Saud-Clans: Die

Entlassung von Kamal Adham und die Brüskierung des amerikanischen Verteidigungsministers setzten ein Signal für die islamisch-konservativen Kreise. Ihnen wurde gezeigt, daß keine Parallele besteht zwischen den Handlungsweisen des Schahs von Iran und der in Saudi Arabien herrschenden Familie. Der Schah mag Fehler gemacht haben – dieser Standpunkt wurde zum Ausdruck gebracht –; die führenden Männer in Saudi Arabien wissen, was ein Moslem zu tun hat.

König Khaled, ein kranker Mann, hat mit Fraktionen in der Bevölkerung und in der eigenen Familie zu kämpfen. Die Fortschrittsgläubigen und die islamischen Traditionalisten stehen einander gegenüber. Dem König gelingt es, Ausgleich zu schaffen: Den ehrgeizigen Fünfjahresplan durfte Khaled erst dann den Stammesverbänden Saudi Arabiens präsentieren, als er bewiesen hatte, daß er und seine Verwandten, die Mächtigen im Staat, strenggläubige Moslems sind.

Die Verbindung von Islam und Fortschritt soll versucht werden. König Khaled will die Menschen profitieren lassen von den Errungenschaften unserer Zeit, ohne daß sie in Gefahr kommen, entwurzelt zu werden, die eigene Identität zu verlieren. Gezwungen wird er zu einer derartigen Politik des angepaßten Fortschritts durch den Blick auf die Jugend, die heranwächst: In den sechs Universitäten des Königreichs sind fünfzigtausend Studenten eingeschrieben; fünfzehntausend andere studieren im Ausland. Sie sind zwar durchweg im Glauben verwurzelt, doch sie studieren, um später eine befriedigende Tätigkeit zu finden. Die Beharrung auf der Tradition, auf dem Bestehenden, kann ihnen keine Aussicht auf Arbeitsplätze geben. Wenn sich die Familie kein revolutionäres Potential im Lande schaffen will, muß sie für diese Menschen sorgen. Das Programm heißt deshalb »Fortschritt im Islam«.

Angepaßter Fortschritt wird auch durch den technologischen Niveauunterschied zwischen dem hohen Standard der Armee und dem noch immer unbedeutenden Umgang der Zivilbevölkerung mit der Technik erzwungen. Die Armee, mit den modernsten Waffen ausgerüstet, sieht es als ihre Pflicht an, darauf zu bestehen, daß auch das Wissensniveau der Bevölkerung angehoben wird. Bleibt die Rückständigkeit erhalten, dann wird die Armee ihre schon existierende Neigung zu rebellischen Protesten beibehalten. In den Jahren 1978 und 1979 sind mehr als ein Dutzend solcher Minimeutereien festgestellt worden – von der regierenden Familie Saud wird allerdings generell bestritten, daß solche Meutereien überhaupt stattgefunden haben.

Ein erfolgreicher Putsch der Armee würde der Herrschaft des Saud-Clans ein Ende bereiten. Obgleich Saudi Arabien ein konservativ islamisches Land ist, könnte die Militärjunta, die dann regieren würde, Linkstendenzen aufweisen. Afghanistan ist ein Beispiel dafür, wie Sozialrevolutionäre trotz der konservativ-islamischen Grundströmung in der Bevölkerung die Macht erringen und sogar gegen den Protest der

Mehrzahl aller Bewohner sowjetische Truppen zu ihrem Schutz ins Land holen können. Auch in Saudi Arabien ist eine derartige Entwicklung nicht auszuschließen.

Von einem Putsch der Linkskräfte wäre allerdings das internationale Ölgeschäft entscheidend betroffen. Saudi Arabien ist bisher in seinen Fördermengen den Industrienationen entgegengekommen. Selbst den Ausfall des Öls aus Iran hat Saudi Arabien wettgemacht. Die Militärjunta aber würde vorschreiben, daß nur gerade so viel Öl verkauft wird, als nötig ist, um über erforderliche Finanzmittel verfügen zu können. Damit wäre nicht mehr der Ölbedarf der Industrienationen für die Fördermenge ausschlaggebend, sondern der Finanzbedarf des ölproduzierenden Landes. Iran folgt bereits dieser Praxis; würde sich Saudi Arabien ihr anschließen, dann würde das Öl im Westen knapp werden. Eine Linksjunta könnte die Sowjetunion, die ab 1982 fremdes Öl braucht, als Vorzugskunden behandeln.

Die arabische Halbinsel, die Heimat des Islam, ist in Gefahr, Männern mit sozialrevolutionärer Haltung in die Hände zu fallen – der Gedanke scheint absurd! Doch die Absurdität verfliegt, wenn sich unsere Vorstellung von der Gegenwart löst, wenn die revolutionären Wurzeln des Islam in Betracht gezogen werden. Es muß gesagt werden, daß auch der Prophet Mohammed, der auf dem Boden von Saudi Arabien gelehrt und seine Lehren dort in die Tat umgesetzt hat, für Veränderungen und Gerechtigkeit gekämpft hat – gegen die Herrschenden der damaligen Zeit. Auf ihn können sich die Sozialrevolutionäre der islamischen Welt berufen.

# Die Wurzeln der islamischen Herausforderung

## »Kämpft, bis nur noch Allah verehrt wird!« Mohammed sah den Islam als Religion für alle

Der Prophet Mohammed hat den Moslems aller Zeiten, also auch unserer Zeit, einen Auftrag hinterlassen, der ganz eindeutig definiert ist. Er lautet: »Folgt nicht den Ungläubigen, sondern eifert gegen sie mit dem Koran und setzt dabei eure ganze Energie ein.« Die Ungläubigen, das sind diejenigen, die den Koran nicht als ihr Buch, als ihr Gesetz betrachten. Allah hat sie verurteilt zur ewigen Verdammnis. Die zweiundzwanzigste Sure betont den Dualismus zwischen Gläubigen und Ungläubigen: »Da gibt es zwei entgegengesetzte Parteien, die Gläubigen und die Ungläubigen, welche über ihren Herrn streiten. Für die Ungläubigen sind Kleider aus Feuer bereitet, und siedendes Wasser soll über ihre Häupter gegossen werden, wodurch sich ihre Eingeweide und ihre Haut auflösen. Geschlagen sollen sie werden mit eisernen Keulen. Sooft sie versuchen, der Hölle zu entfliehen, aus Angst vor der Qual, sooft sollen sie auch wieder in dieselbe zurückgejagt werden mit den Worten: Nehmt nun die Strafe des Verbrennens hin. Aber jene, die glauben und rechtschaffen handeln, wird Allah in Gärten führen, welche Wasserläufe durchströmen, und im Paradiese werden sie mit Armbändern von Gold und Perlen geschmückt und mit Kleidern aus Seide, denn sie wandelten nach dem Wort Allahs und auf dem ehrenwerten Weg. Die Ungläubigen aber, welche andere verhinderten, den Weg Allahs zu folgen und die Ka'aba in Mekka zu besuchen, die wir für *alle Menschen* zum Verehrungsort bestimmt haben, wollen wir schwere Strafe erleiden lassen.«

Die Ka'aba ist nach dem Willen Allahs der Ort der Verehrung für alle Menschen. Der Auftrag des Propheten lautet, die Menschen, die Allah noch nicht folgen, zu überzeugen, bis auch sie in der Ka'aba von Mekka den für sie heiligsten Platz sehen.

In früher Zeit, so sagte Mohammed, waren alle Menschen auf dem richtigen Weg: »Einst hatten die Menschen nur einen Glauben. Als diese Einheit zerbrach, da sandte Allah ihnen Propheten, die das Heil verkündeten, die Strafen androhten. Durch die Propheten offenbarte Allah in Wahrheit die Schrift, um den Streit unter den Menschen zu entscheiden. Aber die Menschen stritten erst recht, als sie die Schrift kannten. Allah leitet nun die Gläubigen durch sein Gebot zur Wahrheit.«

In der zweiten Sure des Koran sind diese Worte zu finden, die, aus islamischer Sicht, einen Abriß der Religionsgeschichte geben: »Geleitet von Abraham hatten die Menschen an den einen, einzigen und allmächtigen Gott geglaubt. Als sie zu irren begannen, schickte Gott Propheten.« Ihren Offenbarungen gelang es allerdings nicht, die Irrungen zu korrigieren – im Gegenteil, die Menschen benützten die Offenbarungen, um die Unterschiede zwischen den religiösen Richtungen deutlicher zu machen. Die Juden beriefen sich auf ihr Buch, die Christen hörten auf die Worte des Messias. Um Worte und Begriffe wurde gestritten, um Definition der Gottesvorstellung. Die Mahner verstummten schließlich, die daran erinnern wollten, daß beide Religionsbewegungen eigentlich vom gleichen Gott abhingen. Die Kluft wurde immer tiefer zwischen Juden und Christen. Gott erkannte die Hilflosigkeit der Menschen; sie konnten sich nicht von der Blindheit in Glaubensdingen befreien. Um die Menschen auf den rechten Weg zurückzubringen, schickte er ihnen Mohammed, damit er die Wahrheit verkünde. Damit die Zweifel ausgelöscht werden, war diesem Propheten aufgetragen, nur die Worte zu offenbaren, die ihm von Gott eingegeben wurden. Verboten war es Mohammed, irgendein Wort den göttlichen Sätzen hinzuzufügen. Keine menschliche Äußerung sollte im Koran zu finden sein. Die Evangelien berichten von Äußerungen Christi – Gott wird mit den Worten Christi dargestellt. Mohammed aber durfte keine Erklärungen und keine Interpretation in den Koran einfügen. Dort sollte nur, rein und klar, das Wort Allahs zu finden sein. Mohammed hatte von Allah den Befehl bekommen »Sprich!«. Er sprach nach, was ihm von der höchsten Autorität vorgesagt wurde: »Mohammed spricht nicht, was bloße Lust ihm eingibt. Sondern nur Allahs Offenbarung ist es, die ihm zuteil geworden ist. Die Mächtige und Starke hat ihn alles gelehrt. So wurde er zum vollkommenen Propheten.« Das von Mohammed übermittelte Buch, der Koran, erhielt durch die Ausschaltung des menschlichen Einflusses auf den Text eine besondere Qualität als Gesetzbuch, als Leitfaden für alle Menschen. Da der Koran Gottes Wort enthält, sind ihm Verirrungen fremd. Der Koran ist dem Buch des Himmels nachgebildet und damit so ewig – wie Gott selbst.

Allah gibt die Order »Sprich!« und läßt sagen, wer sein Sprecher ist: »Ihr Menschen, wahrlich, ich bin der Gesandte Allahs, geschickt zu euch allen. Er ist Herr über die Himmel und die Erde, und außer ihm gibt es keinen Gott. Er gibt Leben und Tod. Glaubt daher an Allah und an seinen Gesandten. Ihm folgt, damit ihr recht geleitet seid.«

Die Bereitschaft zur Offenbarung entstand im Gehirn und im Herzen des Mohammed aus der Sorge heraus, den Menschen der arabischen Halbinsel sei bisher das Buch, die göttliche Offenbarung, vorenthalten worden. Mohammed hatte Angst, daß die Angehörigen der arabischen Stämme am Tag des Jüngsten Gerichts unvorbereitet und ungewarnt Gott gegenübertreten müßten. Andere Völker waren auf Gott als den Richter hingewiesen worden; sie konnten sich informieren, welche Gesetze Gott anwenden wird, wenn er sein Urteil spricht über die Menschen. In den Wüstenoasen aber lebten die Araber, versunken in Unwissenheit, im Aberglauben – ohne eine Ahnung von Gott.

Diese Sorge trieb Mohammed hinaus vor die Stadt Mekka, auf einen trockenen, staubigen Hügel. Dort verbrachte er viele Stunden allein in gespannter Erwartung – Gott konnte das Volk der Araber nicht vergessen haben. Die Offenbarung traf ihn trotz der Erwartung als Überraschung. Daß er Einblick bekommten sollte in das Buch des Himmels, in dem die Ordnung der Welt vermerkt ist, damit hatte Mohammed nicht gerechnet. Er lernte die Allmacht kennen, die durch nichts eingeengt und beschränkt war. Diese Allmacht löste Schrecken aus und zeigte doch Güte und Barmherzigkeit. Vom Menschen wurde Unterwerfung verlangt – auf arabisch gab es für diesen Begriff das Wort »Islam«.

Die Allmacht Gottes, selbst unbeschränkt, konnte sich nicht damit begnügen, eine arabische Religion allein für die Araber zu offenbaren. Allah verlangte, daß die Offenbarung allen Menschen zugänglich gemacht werde. Die islamische Überlieferung sagt, Allah selbst habe Mohammed wissen lassen, daß er den Osten, den Westen, den Süden und den Norden dem Islam öffnen werde, daß die ganze Welt von diesem wahren Glauben beherrscht werden müsse.

Zunächst aber wollten nicht einmal die nächsten Verwandten des Propheten, die Mitglieder der Großfamilie Koraisch, Allahs Weisungen kennenlernen. Sie besaßen Heiligtümer anderer Götter in Mekka. Sie waren zufrieden mit den Göttern. Um die Standbilder anzubeten, kamen Fremde in die Stadt – Kaufleute, die auf den Handelsrouten der Wüste unterwegs waren. Sie beteten zu den Göttern um Glück im Geschäft und im privaten Bereich. Sie ließen Opfergaben zurück, meist Geld und Waren. Die Stadt Mekka lebte von der Attraktivität ihrer Altäre.

Mohammed aber wollte diese Altäre der vielen Götter zerstören und durch ein einziges Heiligtum ersetzen, das dem allmächtigen Gott geweiht sein sollte. Die vielen Götter waren für Mohammed falsche Götter; ihre Altäre durften deshalb ungestraft umgestürzt werden.

Die Verwandten in der Großfamilie Koraisch wehrten sich gegen den religiösen Revolutionär. Sie versuchten ihn lächerlich zu machen, zu verunsichern, ihn als Lügner erscheinen zu lassen, als Wahnsinnigen. Selbst vor Anschlägen auf sein Leben schreckten sie nicht zurück. Angst beherrschte die Verwandtschaft, Mohammed werde durch die Zerstörung der Heiligtümer die Pilger vertreiben, von denen die Stadt Mekka lebte.

In der nächsten größeren Siedlung nördlich von Mekka, in Medina, herrschte um jene Zeit – im Jahre 620 christlicher Rechnung – ein Zustand der Gesetzlosigkeit. Ein Bürgerkrieg war ausgebrochen zwischen den Stämmen. Racheakte lösten neue Gewalttaten aus. Die Menschen in Medina erlebten die Hölle auf Erden. Sie sehnten sich nach einem Mann, der ihnen ein Gesetz aufzwingen konnte, der bereit war, Ordnung zu schaffen. Händler, die von Medina nach Mekka kamen, hatten von jenem ausgestoßenen Mitglied der Familie Koraisch gehört, das die Stimme eines allmächtigen Gottes hörte, von ihm Gesetz und Anweisungen erhielt. Dieser Mann aus dem Hause Koraisch predigte von Gerechtigkeit und Frieden, und er traf damit genau die Themenbereiche, an denen die Menschen in Medina interessiert waren. Sie sprachen Mohammed an, ließen sich vom allmächtigen Gott erzählen, und in ihnen wuchs mehr und mehr die Hoffnung, daß dieser Ausgestoßene ihnen helfen könnte in der Not ihrer Stadt. Sie fragten an, ob Mohammed nicht bereit wäre, nach Medina zu kommen, um sie, wenn nötig mit der Kraft des allmächtigen Gottes, zur Beendigung des Bürgerkriegs zu zwingen. Da Mohammeds Lage in Mekka unerträglich geworden war, entschloß er sich, das Angebot der zerstrittenen Stämme von Medina anzunehmen.

Im Jahre 622 verließ Mohammed die Geburtsstadt. Er mußte heimlich aus seinem Haus fliehen. Die Familie hatte voll Argwohn bemerkt, daß Mohammed mit den Nachbarn im Norden in Verbindung stand. Die Männer von Koraisch ahnten die Folgen dieses Bündnisses voraus: Mohammed hatte fortan die Bevölkerung einer Stadt hinter sich; er konnte ihre Kämpfer einsetzen; er würde Rache nehmen für die Verfolgung in der Vergangenheit.

Das Jahr 622 unserer Rechnung gilt den Moslems als Beginn ihrer Zeit. Der Islam trat damals aus dem begrenzten Umfeld der Familie Koraisch heraus; er wurde erstmals zur Ideologie einer Siedlungsgemeinschaft. Die Veränderung war einschneidend für Mohammed: Aus dem Verfolgten, der in seiner Heimatstadt nicht mehr sicher leben konnte, entwickelte sich der Staatsmann Mohammed, der Verantwortung über Menschen zu tragen hatte.

Die Schlichtung der Streitigkeiten gelang ihm. Aus ihm sprach die Stimme Allahs, die dem Blutvergießen ein Ende gebot. Weigerte sich jemand, den Anordnungen des Propheten zu folgen, so wurde er von den Ordnungskräften energisch zurechtgewiesen, die sich aus der Begleitung rekrutierten, die Mohammed aus Mekka mitgebracht hatte – der enge Kreis seiner ersten Gläubigen war mit ihm nach Medina gekommen.

Die arabischen Bewohner der Stadt wagten nur ganz selten Widerspruch gegen Gesetze und Urteile, die von Mohammed ausgingen. Sie spürten, daß ihre Stadt von Allah besonders augezeichnet wurde: In ihren Mauern wohnte der Mann, durch den der allmächtige Gott zu den Menschen sprach. Die Juden aber, die als eigenständige Bevölkerungsgruppe in Medina siedelten, gossen Spott aus über Mohammed. Der

Kern der Ironie war, daß sie in Mohammeds Lehre Bestandteile ihrer Religion fanden; sie glaubten nun, dem Sprecher Allahs Fehler und Verdrehungen solcher Bestandteile vorwerfen zu können. Wenn der Prophet jedoch seine Autorität in Medina wahren wollte, durfte er keine Personengruppe in der Stadt dulden, die ihn mit Spott überhäufte. So rächte er sich mit der Waffe und mit dem Urteil der Ausweisung.

Die Bewohner von Medina merkten bald, daß sie nicht nur Ansehen gewannen bei den Stämmen ringsum – sie wurden auch zusehends wohlhabender. Ihr Reichtum wuchs ihnen aus der Kriegsbeute zu, die ihnen der Prophet möglich machte. Mohammed hatte vom Anfang seines Aufenthalts in Medina an die Absicht gehabt, die Menschen von Mekka, die eigene Verwandtschaft der Großfamilie Koraisch, zu bestrafen für die Ablehnung, die ihm widerfahren war. Die Koraischfamilie war reich, doch der Reichtum war investiert in die Transportkamele der Karawanen und in Waren. War jemand kühn genug, eine der gut bewachten Karawanen aus Mekka zu überfallen, so konnte er unermeßliche Schätze erbeuten. Mohammed und seine Begleiter waren kühn genug. Sie schädigten die Kaufleute aus Mekka beträchtlich. Zwar mobilisierten die Männer der Handelsstadt ihre Verteidigungskraft, sie organisierten auch Rachefeldzüge gegen Medina, doch gelang es ihnen nie, dem Propheten und seinen Kämpfern die Lust an den Beutezügen auszutreiben. Mohammed blieb immer der Erfolgreiche – mit Hilfe Allahs, wie er betonte.

So nach und nach büßten die Kaufleute und die Kämpfer von Mekka ihre Widerstandskraft ein. Mancher der bisherigen Gegner des Propheten und des Islam fand den Weg nach Medina. Er legte das Bekenntnis zum einen, einzigen und allmächtigen Gott ab und wurde gnädig aufgenommen. Die Mehrzahl blieb zurück, doch auch sie dachte daran, daß wohl die Zeit gekommen sei, mit dem an militärischer Potenz und an politischem Einfluß auf die Araber immer stärker werdenden Oberhaupt der Stadt Medina zu einem Einverständnis zu kommen. Erst wurde ein Waffenstillstand geschlossen, dann durfte Mohammed als Gast seine Heimatstadt besuchen, schließlich öffnete sich Mekka freiwillig dem Islam. In den Jahren der Auseinandersetzung, die dem Erfolg vorausgingen, hatte Mohammed seine außerordentliche Begabung als Feldherr und Diplomat bewiesen. Mit großer Klugheit und mit hohem Verständnis für Seele und Gemüt der Menschen setzte er seine Mittel ein: Er besaß Sprachgewalt, er hatte die Autorität Allahs auf seiner Seite, er konnte Heere führen.

»Bekenntnis zum Islam oder Zahlung von Tribut«, vor diese Alternative stellte Mohammed die Bewohner der arabischen Halbinsel. Da sie keine Religion besaßen, die es zu bewahren galt, fiel ihnen meist das Bekenntnis zum Islam leicht. So breitete sich der Islam aus auf der arabischen Halbinsel – zugleich vergrößerte sich auch der Herrschaftsbereich des Propheten. Untrennbar verbunden waren für ihn Religion und Staat. Der Glaube an Allah, an die Gültigkeit seiner Gesetze, bildete die ideologische Basis für die Gemeinschaft der Menschen, die im islamischen Staat lebten. Sie waren durch das Wort des Propheten eng mit dem allmächtigen Gott verbunden.

Die zweite Sure des Koran verkündet, daß auch diejenigen, die gegen den Islam gekämpft haben, noch Aufnahme in den Staat der Gläubigen finden können: »Wenn sie jedoch mit ihrem gottlosen Treiben aufhören und sich bekehren, so ist Gott barmherzig und bereit, zu vergeben. Wenn sie aufgehört haben mit ihrem gottlosen Treiben, dann darf es keine Übergriffe mehr gegen sie geben.«

Dieselbe Sure gibt jedoch die eindeutige Anweisung zum Kampf gegen diejenigen, die nicht bereit sind, das Glaubensbekenntnis auszusprechen, und die damit eine Gefahr bilden, ihrerseits die Moslems in Versuchung zu bringen, die Religion nicht ernst zu nehmen: »Und kämpft gegen sie, bis niemand mehr versucht, zum Abfall vom Islam zu verführen, und bis nur noch Allah verehrt wird.« Das Mittel äußerster Gewalt ist in diesem Kampf erlaubt: »Und tötet die heidnischen Gegner, wo ihr sie zu fassen bekommt.«

Einfach ist das religiöse Gedankengebäude, das Mohammed im Auftrag Allahs den Menschen zu errichten hatte: Über allem steht der allmächtige Gott; er ist umgeben von Engeln. Mohammed, der Prophet dieses Gottes, hat den Willen des Allmächtigen kundgetan. Zwar ist Mohammed, durch seine enge Beziehung zu Allah, besonders ausgezeichnet vor allen Menschen, doch er ist ein Mensch, wie jeder andere auch, keineswegs besitzt er die Eigenschaft der Unsterblichkeit.

Vermittler zwischen Allah und den Menschen zu sein, diese Aufgabe war allein dem Propheten vorbehalten. Der Islam sah keine Schicht der Priester vor. Angesehene Männer bekamen das ehrenvolle Amt übertragen, am Freitag in der Moschee die Gebete zu sprechen – der Prophet und die Männer aus seiner Umgebung waren die ersten Vorbeter; später ließen es sich die Kalifen und die Gouverneure draußen in den Provinzen nicht nehmen, einmal in der Woche beim Gottesdienst zu den Gläubigen zu sprechen.

Moslem ist, wer sich bereit erklärt, dieses Bekenntnis zu sprechen: »Gott ist über allem – und Mohammed ist sein Prophet.« Damit ist schon der Glaube umrissen. Da Gott über allem steht, sind seine Gesetze, die im Koran festgelegt sind, zu beachten. Die wesentlichen Pflichten des Moslem bestehen im Gebet, das fünfmal am Tag zu sprechen ist, in der Zahlung von Almosen an die Beauftragten der islamischen Regierung, in der Einhaltung des Fastenregeln während des Monats Ramadan und schließlich in der Pilgerschaft nach Mekka, die einmal im Leben zu vollziehen ist.

Dem Mann, der körperlich dazu in der Lage ist, wird noch die Pflicht auferlegt, dem Ruf zum Heiligen Krieg zu folgen. Diese Vorschrift ermöglichte Jahrunderte hindurch die rasche Mobilisierung des islamischen Heeres und war damit das Fundament, auf dem die Expansionspolitik aufgebaut werden konnte.

In der Anfangszeit zeigte Mohammed Milde gegenüber den Angehörigen der christlichen Religion – gehörten die Christen doch zu denjenigen, die das »Buch« besaßen, die Offenbarung. Doch im Laufe der Jahre veränderte sich diese noch positive Haltung. Mohammed grenzte den Islam vom Christentum ab. Er sah schließlich den christlichen Glauben als schlimmen Irrtum an, als abartige Entwicklung der monotheistischen Idee. Jesus Christus, davon war Mohammed überzeugt, konnte mit diesem Irrtum nichts zu tun haben. Christus wurde von Mohammed als rechtmäßiger Prophet des einen, einzigen und allmächtigen Gottes anerkannt. Die Anhänger Christi aber wurden beschuldigt, den wahren Glauben verfälscht zu haben.

## »Gott hat keinen Sohn.« Mohammed beschuldigt das Christentum der Gotteslästerung

»Wahrlich, das sind Ungläubige, die sagen, Gott ist doch Christus, der Sohn der Maria.« Dieser Gedanke beschäftigt den Propheten immer wieder. Daß Gott einen Sohn besitzen soll, kann Mohammed nicht glauben: »Erhaben ist Allah darüber. Seinen Zorn über diejenigen verbirgt er nicht, die Allah eine Vaterschaft zuweisen wollen.«

In der fünften Sure offenbarte Mohammed, Jesus selbst verurteile die Absicht seiner Anhänger, ihn als Gott neben Gott zu stellen: »Und wenn Allah einst Jesus fragen wird: Oh Jesus, Sohn der Maria, hast du je zu den Menschen gesagt: Nehmt, außer Allah, noch mich und meine Mutter zu Göttern an? So wird er antworten: Preis und Lob sei nur dir. Es ziemt mir nicht, etwas zu sagen, was nicht der Wahrheit entspricht. Hätte ich es aber gesagt, so wüßtest du es. Denn du weißt ja, was in mir ist. Ich aber weiß nicht, was in dir ist. Denn nur du kennst alle Geheimnisse. Ich habe nichts anderes zu ihnen gesagt, als was du mir zu sagen befohlen hast, nämlich: Verehrt Gott, meinen und euren Herrn.«

Der ewigen Verdammnis weist die fünfte Sure alle zu, die das christliche Glaubensbekenntnis von Vater, Sohn und Heiligem Geist sprechen: »Wer Allah irgendein Wesen zugesellte, den schließt Allah vom Paradiese aus, und seine Wohnung wird das Höllenfeuer sein. Auch das sind Gottlose, welche sagen: Allah ist einer von dreien.« Mit dieser Anklage traf Mohammed den Zentralpunkt des christlichen Glaubens, der auf der Dreifaltigkeit von Vater, Sohn und Heiligem Geist aufgebaut ist.

Jesus, das macht die dritte Sure offenbar, nimmt eine Sonderstellung unter den Menschen ein. Ein Gott ist Jesus nicht, und trotzdem ist Gott an seiner Erschaffung ganz wesentlich beteiligt:

»Und die Engel sprachen: Maria, Gott hat dich erkoren, gereinigt und bevorzugt vor allen Frauen der ganzen Welt. Oh Maria, sei deinem Herrn ganz ergeben, verehre ihn und beuge dich mit denen, die sich vor ihm beugen. Die Engel sprachen ferner: Oh Maria, Gott verkündet dir das fleischgewordene Wort. Sein Name wird sein Messias Jesus, der Sohn der Maria. Herrlich wird er in dieser und jener Welt sein und zu denen gehören, denen des Herrn Nähe gewährt wurde. Er wird als kleines Kind schon und dann auch im Mannesalter zu den Menschen reden und wird ein frommer Mann sein. Maria erwiderte: Wie soll ich einen Sohn gebären, da mich doch kein Mann berührt hat? Der Engel antwortete: Der Herr schafft, was und wie er will, wenn er irgend etwas beschlossen hat. Er spricht nur: Es werde – dann ist es. Er wird deinen

Sohn auch in der Thora und in der Erkenntnis des Evangeliums unterweisen und ihn zu den Kindern Israels senden. Jesus spricht dann: Ich komme mit Zeichen von eurem Herrn zu euch. Ich will euch aus Ton die Gestalt eines Vogels formen, in ihn hauchen, und er soll auf Allahs Gebot ein beschwingter Vogel werden. Jesus wird weitersprechen: Die vom Mutterleib her Blinden und die Aussätzigen will ich heilen und mit Allahs Willen Tote wieder lebendig machen, und ich will euch verkünden, was ihr essen und was ihr in euren Häusern aufbewahren sollt. Jesus sagt: Dies alles wird euch Zeichen sein, wenn ihr nur glaubt. Ich bestätige die Thora, die ihr vorlängst erhalten habt, erlaube aber einiges, was verboten war. Ich komme mit Zeichen eures Herrn zu euch. Fürchtet ihn und folgt mir. Allah ist mein und euer Herr. Ihn müßt ihr verehren. Das ist der Weg.«

Aus dieser Besonderheit der Person Jesu darf nicht das Recht abgeleitet werden, Jesus zu erhöhen, neben Gott zu stellen: »Christus, der Sohn Marias, ist nur ein Gesandter, so wie ihm auch Gesandte vorausgegangen sind. Seine Mutter war eine Frau, eine wahrhaftige Frau und keine Göttin. Jesus und Maria hatten ihre Bedürfnisse wie gewöhnliche Menschen.«

In der fünften Sure ist das Urteil erwähnt, das Allah über die Christen gesprochen hat: »Auch mit denen hatten wir einen Bund geschlossen, welche sagen: Wir sind Christen. Sie haben jedoch einen Teil dessen vergessen, wozu sie ermahnt worden sind. Darum haben wir ihre Zersplitterung gewollt, daß sie in Feindschaft und Haß untereinander leben bis zum Auferstehungstag. Dann soll ihnen gezeigt werden, was sie taten.« Nur wer den Koran nicht kennt, wird davon reden, daß ein partnerschaftliches Nebeneinander der beiden Religionen Islam und Christentum möglich ist. Mohammed sah in den Christen die Verräter an der wahren Lehre vom einen und einzigen Gott. Er sah seine Aufgabe darin, den Christen ihren Fehler deutlich zu machen. Aus seinen Worten aber konnten alle Moslems Ermutigung ziehen, die eine Auseinandersetzung mit dem Christentum vom Zaun brechen wollten. Mohammed hat die Christen als Ungläubige gekennzeichnet. Wer gegen solche Ungläubigkeit den Kampf begann, der tat ein gottgefälliges Werk. Der Heilige Krieg konnte mit Mohammeds Sätzen begründet werden.

Die Person Jesu Christi bedeutet in christlicher Vorstellung den Abschluß der Entwicklung der jüdisch-christlichen Religion. Nach dem Gottessohn wird kein Prophet mehr erwartet.

Ist Jesus jedoch nicht der Sohn, dann war auch mit ihm die Entwicklung der Religion nicht abgeschlossen. Lebte er als Prophet, dann konnte erwartet werden, daß noch weitere Propheten auf ihn folgen werden, zu denen schließlich Mohammed gehörte. Die Krönung der islamischen Deutung der Religionsgeschichte würde ein Dokument darstellen, das

Jesus selbst seine Position erklären läßt in der Hierarchie des Himmels, das ihn selbst dementieren läßt, er sei der Sohn Gottes. Ein solches Dokument existiert. Es wird hochgelobt von islamischen Theologen und abgrundtief verdammt von christlichen Forschern. Je nach der Herkunft des Betrachters kommt die positive oder negative Meinung zustande. Gleichgültig, ob diese Schrift als üble Fälschung zu verdammen ist oder nicht, sie ist von politischer Wirksamkeit – sie rechtfertigt das Überlegenheitsgefühl, das viele Moslems gegenüber dem Christentum empfinden. Bei genauer Betrachtung ist zu erkennen, daß eine enge Verbindung besteht zwischen den in diesem Kapitel erwähnten Koranzitaten und dem Inhalt des Dokuments. Moslems sagen, diese Verbindung sei doch selbstverständlich, da das Dokument ja schließlich die Vorwegnahme der Offenbarung des Mohammed darstelle. Die Wahrheit Gottes bilde das Bindeglied zwischen dem Koran und jener Schrift.

# Hat Jesus auf den Propheten Mohammed hingewiesen? Das Testament des Jüngers Barnabas

Der äußere Anschein ist harmlos, doch der Inhalt des Büchleins wurde und wird von manchem islamischen Denker als wichtige Offenbarung betrachtet. Der Text ist italienisch abgefaßt. Die Überschrift lautet: ›Vero Evangelio di Jessu chiamato Christo, novo profeta, mandato da Dio al mondo, secondo la discrittione Barnaba Apostolo suo‹ – Wahres Evangelium von Jesus, Christus genannt, der ein neuer Prophet ist, von Gott auf die Erde geschickt, nach der Beschreibung des Barnabas, der sein Apostel war.

Das Büchlein ist in einem Steckkasten aus Leder verborgen und selbst in Leder gebunden. Es umfaßt 230 Seiten. Das Papier dazu, so sagen die Fachleute, ist vor Jahrhunderten in der Türkei hergestellt worden. Die Schrift der Evangeliumsworte ist mit schwarzer Tinte gezeichnet. Knappe Inhaltsangaben in arabischen Schriftzeichen – sie stehen am breitgehaltenen Rand der Seiten – heben sich in Rot ab.

Die Herkunft ist unsicher. Papst Pius V., der von 1566–1572 vom Stuhl Petri aus für die Christenheit verantwortlich war, wird als Eigentümer genannt. Vielleicht wurde diese italienische Übersetzung einer arabischen Vorlage tatsächlich für ihn angefertigt; spürbar ist jedenfalls, daß ein Text arabischer Sprachstruktur die Grundlage dieser italienischen Fassung gewesen sein muß. Gegen die Meinung, Pius V. habe die Übersetzung niederschreiben lassen, spricht allerdings die Herkunft des Papiers. Ganz offensichtlich stammt es aus den Papiermühlen der Hauptstadt des Osmanischen Reiches. Nachzuweisen ist die Existenz des Büchleins zum erstenmal im Jahre 1713. Der Buchhändler J. F. Cramer in Amsterdam bietet den Lederband samt Steckkasten dem Feldherrn Prinz Eugen von Savoyen an, der sofort eine Kauforder gibt. Prinz Eugen ist zu dieser Zeit einer der wichtigsten Männer des Habsburger Reiches in der Auseinandersetzung mit dem islamischen Staat, der trotz der Niederlage des Jahres 1683 vor Wien noch immer eine Bedrohung für Zentraleuropa darstellt. Der Feldherr gehört zu den Kriegsherren jener Zeit, die sich durchaus auch um die geistige Auseinandersetzung mit dem islamischen Gegner bemühten. Dazu paßte sicherlich die Lektüre dieses italienischen Textes, der im Kern genau definiert, warum sich die Moslems den Christen überlegen fühlten.

In der Handschriftenabteilung der Österreichischen Nationalbibliothek hat das Bändchen seinen Aufbewahrungsort gefunden. Es steht dem Leser dort unter der Katalognummer M 1456.64-630.157, B. H. zur Verfügung. Der Text, so sagt die Urschrift, sei zurückzuführen auf den Apostel Barnabas, einen jener zwölf Männer, die Jesus begleitet haben, die Beobachter seiner Wundertaten und seines Todes am Kreuz waren. Barnabas war wirklich ein Augenzeuge des Lebens Jesu Christi und ein Ohrenzeuge seiner Worte. Seiner Beschreibung der Vorgänge um Leben und Tod der zentralen Leitperson des Christentums könnte eine überaus wichtige Bedeutung zugesprochen werden, doch die Theologen der christlichen Kirchen weigern sich, dieses Dokument als echtes Zeugnis der Existenz Christi anzuerkennen – und sie haben gute Argumente für diese Ablehnung.

»Barnabas, der Apostel des Jesus von Nazareth, der Christus genannt wird, spricht zu allen denen, die auf der Erde wohnen und die Frieden und Trost suchen.« So beginnt der Text dieses Evangeliums des Barnabas. Doch dann werden sofort Abweichungen von den anderen Evangelientexten deutlich: Jesus Christus erhält nur die Bezeichnung »Prophet«, und es wird gleich am Anfang gesagt, daß es eine gottlose Doktrin sei, Jesus die Eigenschaft eines Gottessohnes zuzuschreiben. Die Erfinder dieser Doktrin seien nicht von Gott geleitet, denn sie würden auch den Verzehr von unreinem Fleisch gestatten und die Beschneidung ablehnen.

Jesus selbst, so sagt der Text, weiß darum, daß er als Sohn Gottes bezeichnet wird, und er wehrt sich dagegen mit den Worten: »Gott hat keinen Sohn, auch keine Mutter und keinen Vater. Gott besitzt keinen Körper.« Damit wird nicht nur die Verwandtschaft Jesu zu Gott als Gottessohn zurückgewiesen, sondern auch die Erhöhung Marias zur Mutter Gottes. Jesus selbst folgt also in diesem Evangeliumstext der Lehre des Propheten Mohammed, der Jesus als Propheten aber nicht als Gottessohn anerkannt hatte; der Maria als Mutter des Jesus sah, sogar unter Beibehaltung der Jungfernschaft, der aber voll Entrüstung darauf hinwies, daß Gott wohl nicht seine Existenz der Geburt durch ein menschliches Weib verdanke.

Jesus selbst meint in diesem Text: »Ich habe nichts mit dem zu tun, was die Menschen über mich gesagt haben, mit der Absicht, mir mehr Eigenschaften zu geben, als sie ein Mann sonst besitzt. Denn ich bin ein Mann, von einer Frau geboren, bin Untertan des Urteils Gottes. Ich lebe wie jeder andere Mann und bin dem Elend dieser Welt unterworfen wie jeder andere.«

Dieser Unterschied zum christlichen Bild von Jesus Christus wird immer wieder betont. Das Leben Christi schildert Barnabas, oder wer sich dahinter verbirgt, nicht anders als Matthäus oder Markus: Jesus vollbringt Wunder, hilft durch Heilungen, er lehrt durch Gleichnisse, predigt von Gott. In die Worte Jesus sind Sätze eingestreut, die aus anderen Evangelien nicht bekannt sind. Ein Beispiel dafür: »Ein Hund ist besser angesehen im Angesicht Gottes, als ein Unbeschnittener.«

Der Tod Jesu, den Christen als Sterben des Erlösers am Kreuz heilig, wird in dieser Schrift allerdings nicht beschrieben. Ein anderer wird gekreuzigt: Judas.

Jesus, so berichtet der vorliegende Text, habe sich in theologische Auseinandersetzungen mit dem Hohepriester eingelassen, der den spitzfindigen Köpfen der etablierten Priesterschaft beweist, daß dieser Mann aus Nazareth ein gefährlicher Volksaufwiegler sein müsse. Der Hohepriester beschließt den Tod des unbequemen Predigers, der seinen revolutionären Ansichten so große Bedeutung beimaß. Doch in der Diskussion um diesen Beschluß geraten die übrigen Priester in Streit, der schließlich mit Fäusten und Waffen ausgetragen wird. Viele der Priester werden verwundet, andere verlieren ihr Leben. Der Hohepriester sagt, Jesus sei der Teufelskunst mächtig; mit ihr habe er die Köpfe der Geistlichen verwirrt. Jesus und seine Apostel setzen sich zum Abendmahl zusammen. Judas, der zuvor schon Jesus mehrmals hintergangen hat, fragt, ob er wohl der Verräter am Propheten Christus sein werde. Doch dazu bietet sich ihm dann im Verlauf der Ereignisse keine Gelegenheit. Barnabas, so gibt der Text an, habe Jesus beim Gebet in jener Nacht beobachtet. Jesus, der in diesen Erzählungen als Mann dargestellt wird, der häufig und ausgiebig weint, bricht in Klagen darüber aus, was die Menschen aus seinen Prophetenlehren machen werden: »Sie werden mein Evangelium verderben, so wie das Haus Israel die reine Lehre verdorben hat.« Als die Soldaten kommen, um Jesus gefangenzunehmen, da geschieht ein Wunder: »Judas wurde in seinem Aussehen und in seiner Sprechweise derart verändert, daß er wie Jesus aussah. Selbst wir Jünger glaubten, er sei Jesus.« Auch die Soldaten lassen sich täuschen; sie verhaften Judas an Stelle von Jesus und kreuzigen ihn. Das letzte Wort des Judas lautet: »Mein Gott, warum hast du mich verlassen!« Jesus aber gibt dem Barnabas den Auftrag, über sein Leben und seine Lehre ein Evangelium zu schreiben. Barnabas verspricht, den Auftrag getreulich zu erfüllen. Vor seinen Augen wird Jesus entrückt: Vier Engel tragen ihn zum Himmel hinauf.

Der Text schließt mit der Feststellung, schon bald, nachdem Jesus die Erde verlassen habe, seien die falschen Prediger aufgetreten, die verkündigten, Jesus sei der Sohn Gottes gewesen. Besonders hartnäckig habe Paulus diese Lehre verfochten.

Die Textstellen, die den islamischen Denkern wichtig sind, finden sich auf Seite 16ff. der Handschrift. Dort ist zu lesen: »Ma dapoi di me venira il Splendore di tutti li profetti he santi he dara lume alle tenebre di guanto hanno deto il profetti perche elgie notio di Dio.« Zu übersetzen sind diese Worte in etwas freier Form so: »Nach mir wird kommen der glanzvolle Höhepunkt aller Propheten und Heiligen. Er wird Licht in die Dunkelheit bringen, die von den Propheten, als Boten Gottes, nicht vollständig erhellt werden konnte.«

Auf die Frage, wie denn dieser Mann heißen werde, der als glanzvoller Höhepunkt aller Propheten gelten könne, soll Jesus geantwortet haben: »Der Name dieses Trösters wird sein ›der Gepriesene‹, denn Gott selbst gab ihm diesen Namen, als er seine Seele geschaffen und mit himmlischem Glanz versehen hatte.«

Auf Arabisch heißt »der Gepriesene« Mohammed. Der Evangeliumstext des Barnabas aus der Österreichischen Nationalbibliothek verwendet fortan für die Bezeichnung des kommenden Propheten nur noch den Namen Mohammed. Die Forsetzung des eben zitierten Textes heißt: »Gott sprach: Erwarte Mohammed. Um deinetwillen, Mohammed, will ich das Paradies erschaffen, die Welt und eine große Menge an Geschöpfen. All dies will ich dir zum Geschenk machen. Jeder, der dich segnet, soll gesegnet sein. Jeder, der dir flucht, soll selbst verflucht sein. Wenn ich dich, Mohammed, in die Welt schicke, dann wirst du mein Gesandter sein, der die Rettung bringt. Dieses Wort soll wahr sein für immer: Zwar können Himmel und Erde versagen, doch dein Glauben, Mohammed, wird niemals versagen. Mohammed ist sein gesegneter Name.«

Jesus Christus selbst, so berichtet »Barnabas«, habe diese Worte Gottes verkündet. Er schließt das Kapitel von der Nennung des kommenden Propheten mit den Worten: »Die Menge erhob ihre Stimme und rief: Oh Gott, sende uns deinen Gesandten. Oh Mohammed, komme rasch als Retter der Welt.«

Christus nimmt die Aufgabe, der Messias zu sein, von seinen Schultern und legt sie dem kommenden Propheten auf. Der Autor des Textes läßt Jesus bescheiden zurücktreten, so wie das frühere Propheten schon getan haben, hinter dem, der kommen wird. Jesus sieht sich nicht als der Vollender der Religion des einen und einzigen Gottes, der allmächtig ist. In der Sicht des Autors ist Jesus eine Erscheinung in der langen Kette der Propheten, die mit Abraham begonnen hat und Moses einschließt. Jesus, so behauptet das ›Barnabas-Evangelium‹, habe sich selbst nur als ein Glied der Prophetenkette gesehen. Der Kommende wird als letzter und krönender Stein gesehen im Gewölbe der monotheistischen Ideologie.

Für die christlichen Theologen war dieses Evangelium selten ernsthafter Diskussion wert. Zur Zeit des Prinzen Eugen ist das Manuskript ganz eindeutig als »mohammedanisches Evangelium« bezeichnet worden – die auf den ersten, bis dahin leeren Seiten des Bändchens notierten Sätze beweisen dies; sie müssen kurz nach dem Erwerb des Manuskripts durch den Prinzen geschrieben worden sein. Ein theologisch und sprachwissenschaftlich geschulter Dr. White hat das Manuskript im Jahre 1748 untersucht; von ihm stammt die Feststellung, daß es sich um die Übersetzung aus einem arabischen Original handeln müsse. Er äußerte die Meinung, das Original müsse »irgendwo im Osten« noch zu finden sein.

Aus katholischer Sicht befaßte sich Dr. Otto Braunsberger, ein Theologe aus Mainz, mit dieser Schrift. Seine Untersuchung des ›Barnabas-Evangeliums‹ trägt das Erscheinungsjahr 1876 auf der Titelseite. Dr. Braunsberger nennt das Manuskript Fälschung und verurteilt den Autor als Gotteslästerer, der die verkündete und anerkannte Wahrheit der Gottessohnschaft Jesu verleugne und der damit zum Propagandisten des Antichrist werde. Dr. Braunsberger gibt zu bedenken, ob der Autor dieses »Evangeliums« nicht ein ehemaliger Priester sein könnte, der den christlichen Glauben verraten und den Islam als Bekenntnis angenommen habe. In seinem Kopf sei so eine Mischung entstanden aus den von anderen »bestätigten« Evangelisten aufgezeichneten Ereignissen aus den Lebensjahren Christi und den im Koran fixierten Äußerungen des islamischen Propheten. Kenntnis der christlichen Theologie sei dem Autor des ›Barnabas-Evangeliums‹ sicher nicht abzustreiten.

Der katholische Kritiker setzt sich mit dem theologischen Inhalt der Schrift auseinander. Er ist umstritten als Sache des jeweiligen Standpunkts der Betrachtung; entlarvend aber ist die geringe Kenntnis des Autors von den geographischen Gegebenheiten in Palästina. Der wahre Jünger Barnabas ist mit seinem Meister durch alle Landstriche zwischen Damaskus und der Sinaihalbinsel gewandert. Er hätte wissen müssen, welche Stadt am See Genezareth und welche am Jordan liegt; er dürfte vertraut gewesen sein mit den Entfernungen zwischen den Städten. Dieser »Barnabas«, das zeigt die Lektüre des Textes ganz eindeutig, hat keinerlei persönliche Erfahrung mit der Geographie Palästinas gemacht. Er kann nicht ein Mann gewesen sein, der Jesus über Land begleitet hat. Das Manuskript ist dafür zu reich an topographischen Fehlern.

Untersuchungen, die vom Geist des Islam inspiriert sind, nehmen das Manuskript ernst. Das Islamic Institute in Durban veröffentlichte im Jahre 1967 die Schrift ›Missing documents from the Gospel of St. Barnabas‹. Verfasser ist Adam Peerbhai. In seiner Sicht enthält das Manuskript in der Handschriftenabteilung der österreichischen Nationalbibliothek das einzig wirklich wahre Zeugnis über die Existenz der historischen Person Jesu Christi. Barnabas, so sagt Adam Peerbhai, hat selbst notiert, was er gehört und gesehen hat – die anderen Evangelien aber sind späteren Autoren zuzuschreiben. Die knappe Form des ›Barnabas-Evangeliums‹ sei ein Beweis für seine Echtheit. Die Ausschmückungen, die von den »späteren Autoren« gepflegt werden – Adam Peerbhai nennt dabei ausdrücklich den Evangelisten Johannes –, entrückten die Texte von der Wahrheit: »Je weiter der Schreiber eines Evangeliums zeitlich vom Leben Jesu Christi entfernt war, desto mehr glaubte er von Jesus zu wissen. In Wahrheit reicherte er die Lebensgeschichte durch erfundene Dichtung an.« Barnabas aber habe es nicht nötig gehabt, zu dichten. Ihm sei es möglich gewesen, aus eigener Anschauung zu berichten. Diese Veröffentlichung des Islamic Institute in Durban hält also die Schrift, die den Namen ›Barnabas-Evangelium‹ trägt, für echt – und die von der christlichen Theologie anerkannten Evangelien für falsch.

Adam Peerbhai gibt eine Erklärung für seinen Standpunkt. Er behauptet, zwar seien die ersten Anhänger des Propheten Christus überzeugt gewesen, daß er eben eines der Glieder sei in der langen Kette der Verkünder des wahren Glaubens, doch dann hätten sie einige Worte dieses Propheten mißverstanden. Jesus habe nur im übertragenen Sinn davon gesprochen, Sohn Gottes zu sein; so wie alle rechten Gläubigen als Kinder Gottes zu betrachen seien. Jesus habe der Religion die Farbe der Liebe gegeben, und dazu habe das Bild von der Vater-Kind-Situation einer Familie, übertragen auf die Beziehung zwischen Gott und den Menschen, gepaßt. Die falsche Interpretation sei Sache der anderen, der Jünger gewesen.

Die frühen Christen, so meint Adam Peerbhai, hätten kein Interesse daran gehabt, einer Religion anzugehören, die in ihrer Offenbarung noch nicht abgeschlossen war. Attraktiv konnte ein Glaube nur sein, wenn seine Heilsverkündung für jeden offen zu erkennen war. Daß ein kommender Prophet erst die Regeln festlegte, nach denen die Seligkeit zu erringen war, konnte niemand faszinieren. Nach dieser Theorie hätten also einige der Jünger selbst für die Unterdrückung des ›Barnabas-Evangeliums‹ gesorgt, um ihren Propheten, der ihnen zu bescheiden war, in den Vordergrund zu rücken.

Adam Peerbhai glaubt den Schluß ziehen zu können, auch die Konzilien, die über die Basis der Religion zu entscheiden hatten, seien entschlossen gewesen, den wachsenden Gemeinden der Christen ein fertiges Gebäude der Überzeugung bieten zu müssen. Deshalb sei der Hinweis auf den Propheten, der die endgültige Ausprägung des Willens Gottes zu überbringen habe, unterdrückt worden. Der Blick in die Zukunft habe Unsicherheit bedeutet über das, was der Mensch zu erwarten habe. Die Konzilsväter aber hätten in einer solchen Unsicherheit Gefahr für die Religion gesehen und ihr deshalb rasch ein Ende bereitet.

Diese Theorie versucht zu erklären, daß bereits die Apostel gegen den Willen ihres Meisters eine Fälschung begangen hätten; die Apostel und die Konzilsväter hätten, obwohl sie es besser gewußt haben mußten, Jesus Christus zum Sohn Gottes erhoben.

Die Konsequenz dieser Anklage liegt offen: Die christlichen Theologen sollten einsehen, daß vor zwei Jahrtausenden zum Schaden der Religion Verbrechen am wahren Glauben begangen worden seien. Jesus muß deshalb wieder in die Position eingesetzt werden, die er sich selbst gegeben haben soll: Er darf, das ist die Forderung, nicht mehr sein als ein Glied in der Kette der Propheten. Mit der Wiederherstellung der ursprünglichen Ordnung finde Mohammed den Platz, der allein ihm gebühre – er sei der Vollender der Offenbarung, der letzte von Gott auf diese Erde delegierte Gesandte. Mit den Worten Gottes, die Mohammed für den Menschen hörbar gemacht habe, sei die Verkündung abgeschlossen.

Die Erkenntnis, Mohammed sei der letzte der Propheten, er weise den richtigen Weg zum Heil, ist den Moslems selbstverständlich. Sie leiten daraus den Anspruch ab, der Islam müsse die Religion für alle Menschen werden.

## Die Welt schien reif zu sein für den Islam
## Mit Mohammeds Tod beginnt die Expansion

Als Mohammed im Jahre 632 starb, stand ein Heer bereit zum Aufbruch in Regionen, die nicht mehr zur arabischen Halbinsel gehörten. Nach Norden sollte der Stoß führen, nach Möglichkeit ins Zweistromland von Euphrat und Tigris. Zu den fruchtbaren Flußtälern drängten die Moslems, zu den legendären Schätzen Mesopotamiens. Bisher war der Islam die Religion der Wüste; jetzt sollte er sich bewähren in den großen Siedlungsräumen, die eine den Moslems überlegene Zivilisation besaßen.

Die Trauerfeiern für den Staatsgründer und Religionsstifter dauerten nur kurze Zeit. Durch die Entschlossenheit des klugen und politischpraktischen Schwiegervaters des Propheten – sein Name war Abu Bakr – wurde ein Machtvakuum vermieden: Er griff nach der Macht und behielt sie. So war die Politik im islamischen Staat praktisch keine Stunde führungslos.

Der neue Staatschef – er nannte sich Kalif, das heißt »Nachfolger« – besann sich rasch darauf, daß Mohammed noch selbst vor seinem Tod den Befehl zum Angriff auf die Staaten gegeben habe, die nicht zum Islam gehörten. Es lag ihm daran, das versammelte Heer zu beschäftigen, denn es konnte seiner noch recht ungefestigten Macht gefährlich werden. Mit der Parole »Mohammed will es!« schickte er die Reiter auf den Weg zur gewaltsamen Ausbreitung des Islam.

Die Reiterkommandeure hatten die Unterworfenen vor die Alternative zu stellen »Annahme des Islam oder Zahlung von Tribut«. Wurde noch zur Zeit des Propheten Wert darauf gelegt, daß die Bekehrung erfolgte, so war die Staatsführung jetzt an der Tributeinnahme interessiert. Sie ließ den Menschen des eroberten Gebiets ihre religiösen Ansichten, verlangte aber dafür die Entrichtung höherer Abgaben. In Einzelfällen wurde sogar mit Gewalt der Übertritt zum Islam verhindert. Wer einmal Moslem war, der brauchte weit weniger zu zahlen als die übrigen Unterworfenen. So erklärt sich die Bereitwilligkeit der Menschen in den eroberten Gebieten, den Islam anzunehmen. Da sie militärisch nichts gegen die Eroberer unternehmen konnten, fanden sie sich mit den neuen Mächtigen ab und suchten sich mit ihnen gleichzustellen. Die islamische Führung aber, interessiert am Geld, behandelte die bisher für eine Region gültige Religion mit außerordentlicher Schonung.

Abu Bakr, der erste Kalif, hatte nur zwei Jahre lang regieren können, dann starb er. Omar wurde sein Nachfolger. Unter seiner Führung wurden die entscheidenden Kämpfe mit den christlichen Heeren in Palästina ausgefochten. Mohammed selbst hatte noch schlechte Erfahrungen gemacht mit den gepanzerten Reitern des Kaisers Heraklios. Und diese leichten Siege der ersten Jahre des Islam hatten den Kaiser von Byzanz glauben lassen, die Moslems brauchten als Gegner nicht ernstgenommen zu werden.

Der Krieg, den Byzanz gegen Persien führte, war verlustreich gewesen. Heraklios konnte als Sieger gelten, doch sein Land hatte sich ausgeblutet. Um seinem Volk die Last zu erleichtern, reduzierte der Kaiser die Stärke seines Heeres. Damit war den Moslems die Chance zum Sieg gegeben. Das islamische Heer vernichtete einen starken christlichen Truppenverband südwestlich von Jerusalem. Nach diesem Erfolg fielen den Moslems Tiberias, Baalbek und Homs ohne Kampf in die Hände; auch Damaskus konnte eingenommen werden.

Heraklios wollte eine derartige Demütigung nicht hinnehmen. Er zog alle verfügbaren Truppen zusammen. Mit starker Übermacht begann das christliche Heer die Schlacht am 20. August des Jahres 636. Die Moslems waren die entschlosseneren Streiter, die beweglicheren Taktiker. Schwerfällig reagierte das Riesenheer aus Byzanz auf die brillant geführten Reiterattacken der Moslems. Entscheidend für den Ausgang war, daß zwölftausend christliche Kämpfer – sie gehörten zu arabischen Stämmen – während der Schlacht die Front wechselten und zum islamischen Heer überliefen.

Der Sieg, der an jenem 20. August 636 errungen wurde, gilt den Moslems bis heute als erste Einlösung des Versprechens, das Allah dem Propheten Mohammed einst gegeben habe, die Welt werde sich dem Islam öffnen. Am Fluß Jarmuk hatte diese Schlacht stattgefunden; dieser Name ist den arabischen Nationalisten bis heute heilig. Kaiser Heraklios aber ahnte, daß Palästina und Syrien dem Christentum verloren waren. In Antiochia bestieg er ein Schiff und fuhr nach Konstantinopel. Als die syrische Küste am Horizont unterging, da soll der Kaiser unter Tränen gesagt haben: »Lebewohl Syrien, ein langes Lebewohl.«

Kalif Omar kannte jetzt nur noch ein entscheidendes Ziel: die Eroberung Jerusalems. Den Moslems mußte diese Stadt heilig sein, denn von ihr aus, von der Felsspalte im Norden der Tempelterrasse, war, so sagt die Überlieferung, Mohammed zum Himmel aufgestiegen, um dort die Inspiration zur Offenbarung des Korans mitgeteilt zu bekommen. Mohammed war dann auf die Felsplatte zurückgekehrt mit dem Wissen, wie Himmel und Erde geordnet sind, welche Macht und welcher Glanz Allah zu eigen sind. Einen derartig geweihten Platz den Christen zu entreißen, das mußte die Pflicht jedes wahren Gläubigen sein.

Ein zweiter Grund machte die Eroberung von Jerusalem für die Moslems zwingend: Dort hat der Mann gelebt, von dem die Christen sagen, er sei Gottes Sohn, dort ist er am Kreuz gestorben, dort ist er beerdigt worden. Jerusalem ist von den Moslems der damaligen Zeit als Zentrum des Christentums gesehen worden. Wer Jerusalem besaß, der konnte die Christen von ihren heiligen Stätten abschneiden. Omar hatte genau dieses Ziel vor Augen.

Doch er ging behutsam vor. Als Omar im Februar des Jahres 638 auf seinem weißen Kamel in die Stadt Jerusalem einritt, da war er Sieger in einem Belagerungsfeldzug, der länger als ein Jahr gedauert hatte. Das Heer und der Kalif kamen direkt aus dem Lager vor der Stadt, die Kleider zerrissen und schmutzbedeckt, doch sie hielten Disziplin. Die christliche Stadt wurde nicht ausgeplündert. Die Truppensäule marschierte erst zur grauen Felsplatte auf dem Hügel Moriah, um jener Nacht zu gedenken, in der dem Propheten Mohammed die Gnade widerfahren war, die Himmel zu sehen. Nach dem Gebet vor der Felsplatte wurde Befehl gegeben, zur Heiligen Grabeskirche der Christen abzurücken. Der christliche Patriarch Sophronios begleitete den Kalifen. Er war der höchste Würdenträger der Stadt, der sich hatte ergeben müssen. Angst plagte ihn, der Kalif könne Order geben, das Heiligtum der Christen zu zerstören. Gerade als Omar die Kirche besichtigte, brach die Stunde des mittäglichen Gebets der Moslems an. Höflich fragte der Kalif den Patriarchen, wo er den Gebetsteppich ausbreiten lassen dürfe. Der im Krieg Unterlegene antwortete mit Gesten der Demut, der Klaif könne sich überall zum Gebet niederlassen. Omar aber fürchtete, daß er, wenn er mitten in der Grabeskirche betete, seinen Anhängern den Vorwand lieferte, das ganze Gebäude zu besetzen – da er selbst den Grundsatz aufgestellt hatte, der Ort, an dem der Kalif gebetet habe, gehöre für immer dem Islam. Er dachte jedoch nicht daran, den Christen ihr Heiligtum wegzunehmen; sie sollten ihren Betplatz behalten. So ordnete der Kalif an, der Gebetsteppich sei in der Vorhalle auszubreiten. Für die nächsten Monate begnügten sich die Moslems, dort ihre Gebete zu verrichten, wo der Kalif gekniet hatte.

Daß dieses Entgegenkommen nur einen Übergang darstellen konnte, das wußte Sophronios. Die Kapitulationsbedingungen sahen eine Beschränkung der christlichen Gemeinde in der Personenzahl vor; keiner der Männer durfte Waffen tragen, niemand sollte auf einem Pferd reiten. Die Diskriminierung war offensichtlich. Die Moslems, das war zu fürchten, würden irgendwann ihre Zurückhaltung gegenüber den Unterlegenen aufgeben. Vorläufig war die hohe Kopfsteuer, die jeder Christ zu bezahlen hatte, der Schutz der Gesamtgemeinde. Sophronios sah die bittere Zukunft voraus: Da bestand keine Hoffnung mehr auf die Befreiung durch ein byzantinisches Heer. Byzanz war »abgedrängt« von der Ostecke des Mittelmeers. Die nächste christliche Gemeinde befand sich viele Tagesreisen entfernt. Das Land ringsum war islamisch geworden.

Der Grund für die vernichtende Niederlage der christlichen Heere lag nicht nur in der härteren Entschlossenheit der Moslems und in ihrer klug berechneten Taktik. Schuld trug auch die Zerrissenheit der christlichen Gemeinde, die vom Drang zur Sektenbildung befallen war. Mohammed hatte schon von dieser Lust zur Aufspaltung der Christengemeinschaft gesprochen: »Darum haben wir ihre Zersplitterung gewollt, daß sie in Feinschaft und Haß untereinander leben bis zum Auferstehungstag.« Einige dieser Sekten sahen Grund zum Jubel, als die Araber das byzantinische Heer vertrieben, hatten doch die Byzantiner versucht, die verhängnisvolle Spaltung durch Gewaltanwendung aufzuheben. Die Verantwortlichen der Sekte sahen sich zu ihrer Befriedigung bald bestätigt, denn für sie fiel die Steuer, die sie in die islamische Staatskasse zu zahlen hatten, niedriger aus als einst die von Byzanz erhobenen Abgaben.

Begünstigt durch vielerlei Umstände wächst das Reich derer, die sich zum Islam bekennen, an. Zwischen den Jahren 633 und 651 wird der mächtige Staat der Perser von den Arabern vernichtet, sein Gebiet gehört fortan für mehr als ein Jahrtausend zum arabisch beherrschten Moslemreich. Im Jahr 712 wird der Indus überschritten – die heutigen Staaten Afghanistan und Pakistan sind damit dem islamischen Staat einverleibt. Ein Jahr zuvor ist den Moslems nach siebzig Jahren des hartnäckigen Vormarsches durch Nordafrika der Sprung nach Europa gelungen.

## Der erste Griff nach Europa
## Die Moslems dringen über Spanien nach Frankreich vor

Die Vorgeschichte wird vom islamischen Historiker Abdel Rahman Ibn Abdel Hakam so beschrieben: »Der Feldherr Tarik Ibn Zejjad kämpfte im Gebiet von Tanger. Da traf er in der Stadt Ceuta auf einen Mann, dessen Name war Julian. Er war dem Goten Roderich, dem Herrn von Al Andalus, untertan. Julian hatte eine seiner Töchter an den Hof des Roderich zur Erziehung geschickt. Roderich aber hatte das Mädchen schwanger gemacht. Aus Zorn über diese Schandtat hatte Julian geschworen, er werde die Araber nach Al Andalus holen.«

Als Tarik Ibn Zejjad vom Grafen Julian in Ceuta auf die Chance der Moslems hingewiesen wurde, in Europa Fuß zu fassen, informierte er seinen Staatschef, den Kalifen Welid aus der Familie der Omajjaden, der in Damaskus regierte. Ohne Zustimmung durch den Herrscher wollte sich Tarik nicht in die Auseinandersetzung zwischen den adligen christlichen Clans in Al Andalus einmischen. Dort, auf der iberischen Halbinsel, herrschte seit den Jahren der europäischen Völkerwanderung eine gotische Oberschicht. Gerade zu der Zeit, als sich die Araber den letzten Rest von Nordafrika unterwarfen, vollzog sich ein Wechsel an der Spitze des gotischen Staates: König Witiza wurde durch König Roderich gewaltsam abgelöst. Fortan stritten sich die Adeligen untereinander auf Leben und Tod. Graf Julian – von dem die islamischen Historiker sagen, er sei wütend gewesen, weil König Roderich seine Tochter schwanger gemacht habe – war ein Lehnsmann des verdrängten Königs Witiza. Er holte die Araber nach Al Andalus in der Hoffnung, sie würden Roderich wieder vom Thron vertreiben.

Der Kalif in Damaskus kannte diesen Sachverhalt. Er wies Tarik Ibn Zejjad an, dem Grafen Julian Hilfe zu versprechen. In Wahrheit aber hatte der Kalif von Anfang an die Absicht, Al Andalus nie mehr aufzugeben. Das Land sollte künftig dem Islam gehören.

Abdel Rahman Ibn Abdel Hakam schilderte den ersten Schritt der Moslems nach Europa so: »Zwischen Ceuta und Al Andalus liegt ein Berg, der jetzt Djebel Al Tarik heißt. Als es Abend war, kam Graf Julian mit Schiffen und belud sie mit Männern der Moslems. In der Nacht ließ er die Männer nach Al Andalus zu diesem Berg fahren. Die Moslems versteckten sich über Tag, bis in den nächsten Nächten Verstärkung eingetroffen war. Die Bewohner von Al Andalus merkten nichts. Sie glaubten, die Schiffe gingen, wie immer, wegen des Handels zwischen Ceuta und dem anderen Ufer hin und her.«

Der islamische Historiker nennt den Berg »Djebel Al Tarik«, der

Hügel des Tarik. Dieser Name ist bis heute geblieben, wenn auch in lautmäßiger Verkürzung und Verfärbung. Wir sagen zu diesem Berg »Gibraltar«.

Tarik Ibn Zejjad hatte, noch ehe der erste Streiter des Islam Ceuta in Richtung Europa verlassen hatte, diese Worte gesprochen: »Der Prophet Mohammed, Allah gebe ihm Frieden, ist mir erschienen. Er war umgeben von vielen Helden aus Mekka und Medina. Alle waren bewaffnet mit Schwertern, Lanzen und Bogen. Mohammed hat mir zugerufen: Schreite vorwärts, Tarik! Führe aus, was du dir vorgenommen hast. Dann sah ich, wie der Prophet am Himmel entlang zog, weit über das Wasser hin bis nach Al Andalus.«

Die Auseinandersetzung mit Europa, die Herausforderung der Europäer hatte begonnen. Diese allererste Phase schloß mit dem Sieg der Moslems bei Xeres de la Frontera und mit dem Ende des Gotenreiches ab. Nach der Schlacht vom 26. Juli des Jahres 711 wurde König Roderich von Freund und Feind vermißt; niemand hat jemals auch nur eine Spur von ihm entdeckt.

Der Vormarsch der Moslems nach Norden verzögerte sich durch den hartnäckigen Widerstand der Festungen Cordoba und Granada, doch aufzuhalten war die Eroberung nicht. Tarik Ibn Zejjad konnte dem Kalifen wertvolle Beutestücke schicken; der Feldherr behauptete, den prunkvollen goldenen Tisch gefunden zu habe, der einst Eigentum des Königs Salomo gewesen sein soll. Riesige Goldmengen, Ballen teuerer Stoffe, Beutel voll von Edelsteinen und andere Kostbarkeiten dieser Art wurden mit Karawanen entlang der Mittelmeerküste nach Osten transportiert. Tarik Ibn Zejjad hatte die Häuser der Adligen und reichen Kaufleute der Städte Torregano, Salamanca und Barcelona ausgeplündert. Die schönen Frauen, die seine Männer fanden, wurden zu Gefangenen, zu Sklavinnen gemacht. Arabische Chronisten berichten, dreißigtausend Frauen hätten sich von der iberischen Halbinsel aus auf den Weg zu den Sklavenmärkten im Osten des islamischen Reiches machen müssen.

Innerhalb von vier Jahren war die Eroberung der iberischen Halbinsel abgeschlossen. Ein Statthalter regierte das eroberte Land. Da die Entfernung zwischen seiner Residenz und dem Hof des Kalifen viertausend Kilometer betrug, konnte es nicht ausbleiben, daß Al Andalus weitgehend selbständig wurde. Briefe mit Anweisungen des Kalifen waren einen Monat unterwegs, ehe sie beim Statthalter eintrafen. In der Befehlshierarchie gab es zwar noch ein Zwischenglied – der Befehlshaber von Al Andalus war dem Statthalter von Afrika untergeordnet –, doch auch der Inhaber dieses Amtes verfolgte egoistische Ziele, dachte daran, eine Dynastie zu gründen, eigenständiger Gaufürst zu werden. Die Souveränität des islamischen Besitzes in Europa war ihm wichtig.

Der arabische Historiker Ibn Abdel Hakam berichtet aus dem Jahr

732: »Abdel Rahman Ibn Abdallah war Statthalter über Al Andalus. Er war ein frommer Mann und machte einen Feldzug gegen Afrandja, das Land der Franken. Er besiegte die Franken und nahm ihnen viel Beute weg. Zu dieser Beute gehörte auch ein Mann aus Gold, mit Perlen, Rubinen und Smaragden verziert. Er ließ die goldene Figur zerschlagen und sonderte den fünften Teil davon für den Staatsschatz ab. Vier Fünftel verteilte er an das Heer. Als Ubaida, der Statthalter von Afrika und damit der Vorgesetzte von Abdel Rahman Ibn Abdallah, davon hörte, wurde er wütend. Er schrieb Abdel Rahman einen Brief und gab ihm den Befehl, weiter nach Norden vorzurücken. Abdel Rahman erwiderte darauf: Wahrlich, wären Himmel und Erde verschlossen, so würde der Barmherzige, zum Segen derer, die ihn fürchten, Himmel und Erde trotzdem öffnen. Dann zog Abdel Rahman erneut los und starb als Märtyrer mit allen seinen Gefährten.«

Das Ende, der Märtyrertod und die Vernichtung des islamischen Heeres, war nicht vorauszusehen gewesen. Die Eroberung der iberischen Halbinsel konnte als gutes Vorzeichen gelten für die Eingliederung weiter Teile von Europa in das islamische Reich. Nachdem die Gewalttätigkeit der Eroberungsphase vorüber war, zeigten sich die alteingesessenen Familien durchaus bereit, in der Verwaltung des Landes mit den Eroberern zusammenzuarbeiten.

Möglichst nahe verwandt zu werden mit einem der Mächtigen, das war der Wunsch der Familienväter. Sie hatten selten etwas dagegen, wenn ein Moslem sich eine der christlichen Töchter zur Frau nehmen wollte; daß die Frau den Glauben wechseln mußte und fortan Moslem war, wurde hingenommen. Zum Erstaunen des Statthalters von Al Andalus geschahen sogar Fälle von Ahnenfälschung: Männer aus angesehenen Familien beriefen sich wahrheitswidrig auf afrikanische Vorfahren. Sie konnten so auf eine islamische Vergangenheit der Familie hinweisen in der Hoffnung, sich damit der arabischen Führung mit Anspruch auf bevorzugte Behandlung vorstellen zu dürfen. »Das Land Al Andalus ist dem Islam für immer gewonnen«, mit einigem Recht schrieb Abdel Rahman Ibn Abdallah diesen Satz an seinen Vorgesetzten, den Statthalter von Afrika.

Da Al Andalus keine Schwierigkeiten mehr bot, war der Befehl des Statthalters von Afrika, weiter vorzurücken, durchaus vernünftig. Die Bewohner der iberischen Halbinsel bildeteten in keiner Weise eine Gefahr – die Abwesenheit starker Truppenverbände, die bisher die Garnison besetzt gehalten hatten, gab keinen Anreiz zu Erhebungen und Meutereien. Die Menschen hatten die Vorteile der islamischen Herrschaft kennengelernt; sie lebten in einem Regime der Gerechtigkeit auch gegenüber denen, die den Islam noch nicht angenommen hatten. Vor allem war die Steuerlast geringer als früher. Abdel Rahman Ibn Abdallah als Herrscher zogen die Andalusier den Westgotenherren von einst vor. Sie profitierten von einer Bodenreform, die das Nutzungsrecht am fruchtbaren Boden gleichmäßig verteilte. Die Leibeigenschaft war aufgehoben worden. Die Moslems galten als milde Herren.

Die Pyrenäen bildeten kein Hindernis für das Reiterheer des Abdel Rahman. Ohne Widerstand zu finden, erreichten die Moslems Narbonne.

Im Jahre 721 mißlang jedoch die Eroberung der Stadt Toulouse: Das Reiterheer hatte sich im Jahr zuvor Belagerungsmaschinen aus Al Andalus kommen lassen, und diese Schleudergeräte erwiesen sich beim Einsatz gegen die Mauern von Toulouse als sehr wirksam. Rammböcke erschütterten die Verankerungen der mächtigen Stadttore. Es konnte sich nur noch um Stunden handeln, bis die Festung sturmreif war, da rückte die Entsatzarmee des Königs von Aquitanien heran. Die Streiter des Islam, ganz konzentriert auf die Belagerung, ließen sich überraschen. Nur dem Geschick des Abdel Rahman verdankten sie das Gelingen des Rückzugs. Die Verluste waren zwar groß, doch konnte das Reiterheer in seiner Struktur gerettet werden. Die Bewohner Mittelfrankreichs sollten die Kampfkraft der Moslems bald erneut zu spüren bekommen.

Narbonne war die Basis für den Vorstoß des Islam im Jahre 725. Er hatte nicht die ständige Besetzung Frankreichs zum Ziel; die Aufgabe der Reiterführer war vielmehr die geographische Erkundung des weiten Landes, das an den Ufern der Rhône lag. Das Wissen der islamischen Herren im Westen Europas von der Topographie des Gebietes, das sie erobern wollten, war gering. Den Reiterführern war natürlich auch aufgetragen, Beute von den Erkundungszügen mitzubringen.

Arles und Avignon bildeten die Stützpunkte für die Expedition in das Herz Frankreichs. Die Reiter ließen sich Zeit. Sie plünderten und verbrannten Kirchen, Klöster und Burgen im Rhônetal. Die Stadt Lyon, 250 Kilometer nördlich des Ausgangspunktes der Expedition gelegen, durfte sich durch Lösegeld vor der Zerstörung bewahren.

Der Wendung der Rhône nach Osten folgten die Reiter nicht. Sie behielten die Nordrichtung bei und ritten parallel zur Saône. Mâcons und Chalon-sur-Saône, zwei bedeutende Klöster, verloren wertvolle Schätze an die Plünderer. An Dijon vorbei zog das Reiterheer in einer Biegung, um ostwärts das Tal des Doubs zu erreichen. Besançon lag offen vor ihm. Dort ermordeten die Moslems die Mönche des Klosters St. Columban.

Niemand stellte sich den Streitern des Islam entgegen. Von Besançon aus stießen sie noch hundert Kilometer weit nach Norden vor. Das Kloster von Luxeuil, von dessen legendärem Reichtum sie gehört hatten, war ihr Ziel. Sie erschlugen den Abt Mellinus, der später heiliggesprochen wurde für sein Märtyrertum im Streit für den christlichen Glauben.

Nur etwa fünftausend Reiter durchstreiften die Mitte Frankreichs. Was sie an Beute erobert hatten, wurde sofort entlang der Flußläufe nach Avignon und Arles transportiert. Das schnelle Reiterheer durfte sich nicht durch schwere Lasten unbeweglich machen. Es genügte, daß Belagerungsmaschinen mitgeschleppt werden mußten; sie wurden gebraucht für die Klöster, die ihre Tore nicht freiwillig öffneten. Aus den Städten im Süden kamen auch frische Mannschaften, die dringend benötigt wurden. Zwar verlor das islamische Reiterheer nur wenige Männer im Kampf, doch erlitt es Ausfälle durch Krankheit. Bisher hatten die Männner immer nur in Regionen gekämpft, die zu den heißen Klimazonen gehörten. Jetzt waren sie der Kühle und Feuchtigkeit Mitteleuropas ausgesetzt, dem strömenden Regen. Die auch in den Sommermonaten nicht ausbleibenden Erkältungskrankeiten und Verdauungsstörungen verminderten die Kampfkraft der Reiter aus dem Süden. Neben die Anspannungen, die durch das Klima bedingt waren, traten Belastungen durch die Fremdartigkeit der Landschaft: Die Wälder erschienen den Arabern als unheimliche Dickichte, in denen man sich verirren konnte. Nur selten gab es Punkte, die einen weiten Blick über das Land ermöglichten. Die Moslems ritten in immer gleichartigen Wäldern, passierten Flüsse, durchzogen Täler. Das Land blieb ihnen fremd und feindlich. Geographische Orientierung war nur in der Nähe der großen Ströme möglich.

Der weiteste Vorstoß in das Zentrum Frankreichs hinein gelang den Moslems mit dem Ritt zum Kloster Sens, das hundert Kilometer südöstlich von Paris an einem Nebenfluß der Seine lag. Die Eroberung des Klosters war allerdings nicht möglich; dazu reichten die Belagerungsmaschinen des Reiterheers nicht aus. Auch besaßen die Reiter nicht die Gelassenheit, die nötig war, um eine längere Belagerungszeit durchzustehen.

Sens ist mehr als fünfhundert Kilometer Luftlinie vom Ausgangspunkt der Expedition entfernt. Zweitausend Kilometer weit zog das Reiterheer durch besiedeltes Gebiet. Die Reiter konnten in den Städten keine Garnisonen zurücklassen – ihre Zahl reichte nicht aus, um das Land zu besetzten. Doch sie hatten den Eindruck, daß es wohl möglich sein dürfte, das Gebiet zwischen Atlantik und Rhein unter islamische Kontrolle zu bringen, denn niemand hatte sich bemüht, ihnen den Weg abzuschneiden oder sie an der Fortsetzung des Raubzuges zu hindern. Sie kehrten zum Ausgangspunkt der Expedition in der Überzeugung zurück, das Frankreich sei zwar mit einem teuflischen Klima bedacht worden, trotzdem lohne sich die Unterwerfung. Ernsthafter Widerstand, auch dessen waren sie sicher, sei wohl nirgends zu erwarten. Eine beherrschende politische oder militärische Macht hatten die Moslems auf dem langen Weg zwischen Rhône, Vogesen und der Seine nicht zu spüren bekommen.

Seit den Zeiten des Römischen Reiches existierte im ehemaligen Gallien keine Person und keine Institution mehr, die das weite Gebiet hätte in Ordnung halten können. Die Kette der Greuel wurde auch nicht durch die vielgepriesenen Könige Chlodwig und Pippin unterbrochen. Streit um Macht und Ansehen zerrissen das Land; der Adel vernichtete seine physische und moralische Substanz in blutigen Bruderkriegen. Trotzdem war das Land nicht als arm zu bezeichnen – hauptsächlich die Klöster besaßen beachtlichen Reichtum. Dabei war das Reich der Franken keineswegs von christlichem Geist durchdrungen; auch die geistlichen Herren gaben selten Beispiele der Denkart Jesu Christi. Sie waren in ihren Sinnen brutal und verdorben, wie der Adel.

Die Schwäche der Zentralgewalt lag im Regierungsprinzip des Fränkischen Reiches: Neben den Königen standen »Hausmeier«, Kanzler also; die Araber gaben solchen Männern die Bezeichnung »Wesir«. Die Hausmeier waren darauf bedacht, selbst die erste Person im Reich zu werden. Sie schwächten die Postion des Herrschers, um ihre eigene aufzubessern. Reichsinteressen waren persönlichen Vorteilen untergeordnet.

Karl Martell gehörte zu jener Gruppe von Hausmeiern: ein Mann, der sich durch Rücksichtslosigkeit das Kanzleramt errungen hatte, doch auch er selbst war mit wenig Rücksicht behandelt worden. Als Sohn einer Nebenfrau des Hausmeiers war er gar nicht berechtigt, das Amt zu führen; bei des Vaters Tod wurde Karl Martell deshalb zur Sicherungsverwahrung in das Gefängnis nach Köln gebracht. Da der Amtsträger jedoch unfähig war und das Land von immer heftigeren Unruhen erschüttert wurde, standen die Chancen günstig für Karl Martell, als er sich nach dem Ausbruch aus dem Kölner Gefängnis bereit zeigte, den Kampf um das Amt des Hausmeiers aufzunehmen. Der Bischof von Trier stellte ihm ein Truppenkontingent zur Verfügung, damit er die zwangsläufig unabhängig gewordenen Gaufürsten niederzwingen konnte. Bald bekam der Verband Zulauf, denn Karl Martell siegte und gab seinen Männern Gelegenheit zu lohnenden Plünderungen. Wer sich ihm nicht sofort unterwarf, der konnte nicht mit Gnade rechnen. Karl Martell zog durch Frankreich, durch Friesland, Sachsen und Bayern. Wenig nur unterschieden sich seine Methoden der Unterwerfung von denen der Moslems. Er drohte, tötete, raubte. So entstand ein Klima des Terrors, der Einschüchterung. Die Zahl der Feinde wurde geringer – die Gaufürsten boten ihre Dienste an. Er ließ Schwüre leisten, verpflichtete den Adel auf den Reichsgedanken und schmiedete so nach und nach die Grundlage einer zentral geführten Staatsform.

Alle diese Ereignisse waren nach der Expedition der Moslems ins Zentrum des Frankenreichs geschehen. Sie entgingen der Aufmerksamkeit der islamischen Führung, denn ähnlich wie die Franken war auch sie von Streit und Egoismus bedroht.

Das Reich des Islam war zwar der zentralen Führung des Kalifen untergeordnet, doch waren die Bewohner der einzelnen Regionen immer darauf bedacht, eine gewisse Eigenständigkeit zu bewahren. Mit der Eroberung der iberischen Halbinsel war dieses Beharren auf regionalen Besonderheiten auch in diese neue Provinz des islamischen Staates verpflanzt worden. Die Organisationsform der Truppe war schuld daran. Das Heer des Islam bestand nicht aus einer Mischung der Kämpfer aller Provinzen; es gliederte sich in Verbände, die in den jeweiligen Garnisonsstädten zusammengestellt wurden. Diese Verbände bekamen auch in Al Andalus wiederum separate Garnisonen zugewiesen: In Algeciras waren palästinensische Einheiten stationiert, in Cordoba Verbände aus Damaskus; Toledo hatte Männer aus dem Jemen unterzubringen, in Granada lebten Kämpfer aus dem Irak; die Perser hatten Jeres zugewiesen bekommen. Jede Garnison sah auf die andere mit Hochmut herab, verlangte Privilegien, wollte bei der Beuteverteilung bevorzugt werden. Der Streit zwischen den Regionen des islamischen Reiches wirkte sich daher auch in Al Andalus aus.

Eine spezielle Problematik erwuchs aus der Behandlung der Berber in Nordafrika. Die Berber gehörten zu den Urstämmen an der südlichen Mittelmeerküste; sie kämpften in jenen Jahren noch immer gegen die arabische Überflutung und für die Bewahrung ihres Volkscharakters. Einzelne Gruppen und Persönlichkeiten der Großfamilien aber hatten sich nicht an den Freiheitskämpfen beteiligt; sie waren bereit gewesen, Übereinkünfte mit den Arabern zu treffen und sich sogar in den Dienst der Araber zu stellen.

Ein solcher Berber, der mit den Arabern zunächst gut zurecht kam, obgleich er ihr Vorgehen gegen die Berberstämme nicht billigte, war der Gouverneur der Grenzprovinz jenseits der Pyrenäen. Sein Name war Munusa. Später stritt er sich mit Abdel Rahman Ibn Abdallah dann freilich um die Macht in ganz Al Andalus; in dieser Auseinandersetzung sah Munusa nicht nur einen Fall persönlicher Rivalität, sondern auch eine Art von Wiedergutmachung für Unrecht, das den Berbern insgesamt zugefügt worden war. Der Posten des Gouverneurs war für den ehrgeizigen Mann nur die Basis, um ein höheres Ziel, den Aufbau eines ureigenen Staates, anvisieren zu können.

Die Lieblingsfrau des Gouverneurs der Provinz im Norden war die Tochter des christlichen Königs von Aquitanien. Ihr Name war Lampegia, ihr Vater hieß Eudo. Zur Verbindung zwischen Munusa und Lampegia war es gekommen, weil das Mädchen bei einem Streifzug der Moslems gefangen worden war. Munusa hatte die Ehre der Lampegia respektiert und sie zur offiziellen Nebenfrau erklärt. Für diese würdevolle Behandlung seiner Tochter bedankte sich König Eudo; so entstand eine Art von Bündnis zwischen dem König von Aquitanien und dem Gouverneur der islamischen Provinz am Schnittpunkt der iberischen Halbinsel und des Frankenreiches.

Das Bündnis gab König Eudo den Mut, sich den Machtgelüsten des Karl Martell entgegenzustellen. Er brauchte ja nicht damit zu rechnen, daß ihm ein Moslemheer in den Rücken fiel, während er den Hausmeier des Frankenreiches vom aquitanischen Territorium fernhielt. Daß allerdings sein Bündnispartner inzwischen Amt und Leben verlieren könnte, daran hatte Eudo nicht gedacht.

Munusa hatte zuviel gewagt. Abdel Rahman war durch seine Vertrauensleute informiert worden, daß der Gouverneur Pläne verfolgte, sich selbständig zu machen und seinen Einfluß auf die ganze iberische Halbinsel auszudehnen. Abdel Rahmans Befehl, den Verräter zu töten, wurde ausgeführt. Lampegia aber verschwand hinter Mauern und Gittern des Kalifenharems in Damaskus.

Die politische Konstellation hatte sich durch diesen Handstreich völlig verändert. Das Stillhalteabkommen, das Eudo und Munusa gebunden hatte, war nicht mehr wirksam – Abdel Rahman zeigte sich im Gegenteil entschlossen, Aquitanien dem Islam zu unterwerfen. Der Befehl des Statthalters von Afrika, Ubaida, hatte ihn dazu verpflichtet. So stieß das Moslemheer gerade zu dem Zeitpunkt nach Norden vor, als König Eudo in Abwehrkämpfe gegen die Truppen des Hausmeiers Karl Martell verwickelt war, die sich in den Gegenden, die sie durchzogen, genauso brutal benahmen wie die islamischen Streifscharen.

Furchtbar war die Überraschung für den König. Er konnte nicht verhindern, daß die Stadt Bordeaux nach kurzer Belagerung in die Hand der Moslems fiel. Die Männer wurden erschlagen, Frauen und Kinder in die Sklaverei abgeführt. Feuer, von den Eroberern gelegt, vernichtete Häuser und Kirchen, König Eudo hatte seine wichtigste Stadt verloren. Nach ihrem Fall war das ganze Königreich Aquitanien nicht mehr lebensfähig. Abdel Rahman konnte ungehindert von Stadt zu Stadt ziehen und die reiche Beute einsammeln, die der Historiker Ibn Abdel Hakam dann so bemerkenswert fand.

König Eudo beweinte den Verlust seines Königreiches, doch er resignierte nicht. Rache mußte sein für die Toten in der Stadt Bordeaux. Den Moslems sollte Aquitanien nicht als Beute für immer zufallen. Um diese Rache möglich zu machen, brachte Eudo sogar das Opfer der Demütigung vor dem Hausmeier Karl Martell. Obgleich Eudo wußte, daß ihm Karl Martell das Königreich Aquitanien nie mehr zurückgeben würde, beschwor er den Mächtigen im Frankenreich, den Moslems das Land wieder abzunehmen. Karl Martell, entschlossen, Aquitanien für sich zu behalten, begann mit der Organisation eines großangelegten Feldzugs gegen Abdel Rahman Ibn Abdallah.

Im ganzen Reich wurde der »Heerbann« ausgerufen, die allgemeine Mobilmachung. Gemäß vorheriger Absprache hatten die Lehnsträger Bewaffnete und Pferde zu stellen. Da das Heer den christlichen Glauben verteidigen sollte, mußten auch Klöster und Kirchen einen Beitrag leisten. Die Prediger wurden zu wichtigen Verbündeten des Hausmeiers. Sie fanden zündende Worte der Verdammung; sie riefen auf zum entscheidenden Glaubenskampf, in dem das Kreuz über Koran und Halbmond siegen müsse, wenn sich das Christentum nicht dem Verderben durch die Ungläubigen preisgeben wolle. Dem Ruf der Prediger folgten Männer aus Bayern, Sachsen, Friesland und aus dem Frankenland. Sie zogen durch die Ebene zwischen Rhein, Seine und Loire nach Westen, dem Reitertrupp des Islam entgegen.

Nach den Erfahrungen der Expedition ins Zentrum Frankreichs, die sieben Jahre zuvor so erfolgreich verlaufen war, glaubten die islamischen Reiterführer nicht an eine ernsthafte Gefahr, als sie von Bordeaux aus dreihundert Kilometer weit nach Norden vorstießen. Daß Karl Martell dem christlichen Staat wieder ein Gerüst gegeben hatte, war ihnen verborgen geblieben. Abdel Rahman glaubte, König Eudo habe mit irgendeinem der anderen Regionsherrscher um sein Reich gestritten. Diese Ahnungslosigkeit sollte sich rächen. Der islamische Feldherr hatte seinen Reitern das Ziel gesetzt, die zwei wichtigen christlichen Wallfahrtszentren Tours und Poitiers zu überfallen. Er hatte von den Schätzen gehört, die dort aufbewart wurden, von den zahllosen goldenen und silbernen Geräten. Ihm war auch zu Ohren gekommen, daß an beiden Orten Wallfahrtskirchen draußen vor den Mauern und Verteidigungswällen der Stadt lagen und somit gar nicht geschützt werden konnten.

Anfang Oktober 732 erreichten die Kämpfer des Abdel Rahman die St. Hilarius-Basilika vor den Toren von Poitiers. Die Geistlichen waren in die Stadt geflüchtet und schauten mit den Bürgern zu, wie ihr Gotteshaus ausgeraubt wurde. An einen Angriff auf Abdel Rahmans Reiter dachten sie nicht. Der Reiterführer wiederum wollte seine Kräfte nicht durch die Belagerung der Festung verschleißen. Die Kirche St. Martin in Tours reizte ihn; auch dort waren reiche Schätze zu erwarten. Doch der Weg nach Tours, einen Tagesritt entfernt, war verlegt. Die Voraustrupps der Moslems meldeten, sie hätten das Lager eines mächtigen Heeres entdeckt. Doch so rasch wollte Abdel Rahman nicht von seinem Ziel ablassen. Schließlich besaß er eine überaus bewegliche Truppe. Er ließ seine Späher nach Möglichkeiten zur Umgehung des Christenheeres suchen; doch so weit seine Männer auch ritten, das Ende des Riegels, den Karl Martell aufgestellt hatte, fanden sie nicht. Karl Martell hatte mit Absicht eine Position gewählt, in deren Zentrum der Zusammenfluß von Clain und Vienne lag, ein taktischer Vorteil, dem der Feind recht ratlos gegenüberstand.

Jede Seite zögerte mit dem Angriff. Sieben Tage des unentschlossenen Wartens zerrten an den Nerven der an schnelle Aktionen gewöhnten Moslems. Abdel Rahman konnte sich noch immer mit der Beute aus der Wallfahrtskirche von Poitiers nach Süden zurückziehen, doch seine

Ehre ließ die Flucht ohne Kampf nicht zu. Er gab schließlich den Befehl zum Angriff.

Seine Taktik war darauf angelegt, den Feind durch Attacken an wechselnden Positionen zu verwirren; nach kurzer Feindberührung sollten die Reiter sich mit Anzeichen der Panik vom Gegner lösen, um ihn zur Verfolgung herauszufordern; durch Flankenangriffe waren dann die Verfolger zu packen und zu vernichten. Bisher hatte diese Taktik noch immer zum Erfolg geführt, doch diesmal ließ sich der Gegner nicht aus seinen Formationen locken. Ohne zu wanken standen die Fußtruppen – selbst die Geschosse der Bogenschützen aus Abessinien erschütterten die Kampfmoral des christlichen Heeres nicht.

Abdel Rahman erkannte, daß seine Männer erschöpft waren; er ordnete den Abbruch des Kampfes an, mit der Absicht, die Reiterattacken am anderen Morgen fortzusetzen. Doch ehe er die dazu nötigen Befehle geben konnte, wurde Abdel Rahman von einer Lanze getroffen und starb.

Ohne Befehlshaber wollte keiner der Reiter weiterkämpfen. In der Nacht verließen sie, ohne verdächtige Geräusche zu machen, den Kampfplatz und ihr Lager. Um die Beweglichkeit nicht zu beeinträchtigen, ließen die islamischen Kämpfer den größten Teil der Beute zurück.

Der Angriff gegen das Frankenreich war abgeschlagen. Sein Zweck war aber auch nicht die Besetzung des Landes zwischen Atlantik und Rhein gewesen. Den beutegierigen islamischen Heeren schien es ein offenes und unverteidigtes Opfer zu sein, das ausgeschlachtet werden konnte – mehr lag nicht in ihrer Absicht. Für eine Besitznahme des Bodens fehlte die Kraft. Die Mannschaftszahl des Reiterheeres, das Abdel Rahmann befehligte, reichte nur für begrenzte Aktionen, für Raubzüge gegen unwesentlich befestigte Plätze. Der Auftrag der Propheten, die Gebiete, die seine Kämpfer mit dem Huf der Pferde berührten, dem Islam oder der Tributpflicht zu unterwerfen, war von Abdel Rahman nicht ernstgenommen worden.

Den Fehlschlag des Griffs nach dem Frankenreich nahmen weder der Kalif als oberster Herr des Reiches noch die arabischen Historiker sonderlich ernst. Der rasche Rückzug hatte das Reiterheer vor der Vernichtung bewahrt; es war einsatzfähig geblieben und bereit zu weiteren Beutezügen. Vor allem aber bedrohte keine Gefahr die in den Isalm und in den Kalifenstaat integrierten Provinzen der iberischen Halbinsel.

Genau einhundert Jahre nach dem Tode des Propheten Mohammed war der kämpferische Schwung zunächst erlahmt, der dem Islam ein weites Reich erobert hatte, das sich vom Khyberpaß, vom Kaschmirgebirge über Persien, Arabien und Nordafrika bis nach Spanien erstreckte. Jetzt begann die Epoche hochstehender islamischer Kulturen, deren Wirkung bis in unsere Zeit andauert.

Nur langsam keimte nach dem Abflauen des islamischen Sturms der

Gedanke an Revanche in Europa. Die Geistlichkeit erinnerte daran, daß die »Ungläubigen« gerade die Stätten in ihrem Besitz hielten, die dadurch besonders gesegnet waren, daß sie der Fuß des christlichen Heilands berührt hatte. Diese Schande sollte ausgetilgt werden.

Der Kreuzzugsgedanke brachte Unglück über die Moslems. Die, die bisher immer aggressiv gehandelt hatten, waren nun gezwungen, in die Defensive zu gehen. Zum Angreifer wurden jetzt die Christen.

## »Daß die Ungläubigen durch die Gnade Allahs ausgetilgt werden!«
## Der Kreuzritterstaat – ein Dorn im Fleisch der Moslems

»Ein Beispiel für die Härte der Franken, möge Allah sie verderben, ist das, was mir geschah, als ich Jerusalem besuchte. Ich trat in die Moschee Al Aqsa ein. Daneben befand sich eine kleine Moschee, die von den Franken in eine Kirche umgewandelt worden war. Als ich in die Moschee Al Aqsa eintrat, die im Besitz der Tempelritter war, da wiesen sie mir die kleine Moschee an, damit ich dort meine Gebete verrichte. Ich trat ein und lobte Allah. Ich war in mein Gebet vertieft, als einer der Franken sich auf mich stürzte, mich packte und mein Gesicht nach Osten drehte. Er sagte: ›So ist es, wie man betet!‹«

Der Franke hatte noch nie jemand gesehen, der sein Gesicht nicht nach Osten wendete, wenn er seine Gebete sprach. Er war aus dem christlichen Europa nach Jerusalem gekommen, weil die weltlichen und geistlichen Herren ihn geschickt hatten, damit er helfe, den Ungläubigen die Heiligen Stätten zu entreißen. Von der Kultur, die er im eroberten Gebiet antraf, und von der Religion der Menschen, die im Gebiet von Jerusalem rechtmäßig lebten, wußte er nichts. Wie er dachten und handelten viele der Kreuzfahrer. Überzeugt, den einzig wahren Glauben zu besitzen, wollten sie die Araber zu den eigenen Gebräuchen bekehren. Allerdings zweifelten auch die Moslems nicht, die einzig Rechtgeleiteten zu sein. Doch manche von ihnen waren durchaus bereit, sich mit der Gedankenwelt der Fremden auseinanderzusetzen, zu lernen und schließlich eigene Schlüsse zu ziehen.

Der Moslem, der in der Al Aqsa Moschee beten wollte und so brutal behandelt worden ist, war ein syrischer Emir, ein Fürst also. Er nannte sich Usama. Neugierig war er und wollte wissen, zu welchem Gott die Franken, die Christen beten, wie sich ihre Rituale abspielen. Er redete viel mit den Tempelrittern, manchen von ihnen nannte er sogar seinen Freund. Als kluger Mann war Usama abgewogen in seinem Urteil. Daß ihm einer der christlichen Ritter sogar das Leben gerettet hatte, verschwieg er in seiner Autobiographie nicht. Viele positive Eigenschaften der Christen vermerkte er – und trotzdem zog er das folgende Fazit der Begegnungen mit den Rittern aus dem Abendland: »Könnte doch Allah, der Allerhöchste, die Welt von diesem Gezücht reinigen. Ruhm sei Allah, dem Urheber aller Dinge, dem Schöpfer! Wer immer sich informiert hat, kann nicht anders, als Allah, den Allmächtigen, zu rühmen und heilig zu halten. Denn er hat in den Christen Tiere gesehen, die den Vorzug des Mutes und des Eifers im Kampf haben. Aber sie haben keinen anderen Vorzug. Auch die Tiere sind uns überlegen an Kraft und im Angriff!«

Das Zusammentreffen zwischen dem Moslem und dem Christen, der nicht dulden wollte, daß jemand nicht in Richtung Osten, sondern in Richtung Mekka betete, hat im Jahre 1140 stattgefunden, fünfundvierzig Jahre nach dem Aufruf des Papstes Urban II., die Ritter des Abendlandes sollten für das Kreuz und wider die Ungläubigen ins Heilige Land ziehen. Bei der Konzilssitzung vom 27. November 1095, die in Clermont stattfand, hatte der Papst die Konzilsteilnehmer und die zu diesem Anlaß als Gäste eingeladenen Adligen mit dieser Rede überrascht:

»Vielgeliebte Brüder!

Getrieben von den Forderungen dieser Zeit, bin ich, Urban, der ich nach der Gnade Gottes die päpstliche Krone trage, als höchster Priester der ganzen Welt, hierher zu euch, den Dienern Gottes gekommen. Als Sendbote gewissermaßen werde ich euch den göttlichen Willen enthüllen. Es ist unbedingt nötig, daß wir unseren Brüdern im Orient sofort die schon oft versprochene und so dringend erforderliche Hilfe bringen. Die Türken und die Araber haben sie angegriffen und in sieben Schlachten besiegt. Viele unserer Brüder wurden getötet, viele gefangengenommen. Kirchen wurden zerstört, das Land ist verwüstet. Wenn ihr jetzt nicht den Türken und Arabern Widerstand entgegensetzt, dann werden die treuen Diener Gottes im Orient unter diesem Ansturm erliegen. Deshalb bitte ich und ermahne ich euch – eigentlich ist es der Herr, der euch bittet und ermahnt –, daß ihr euch als Herolde Christi beeilt, ich meine dabei Arme und Reiche, dieses gemeine Gezücht aus den von eueren Brüdern bewohnten Gebieten zu verjagen und den Gläubigen Christi rasche Hilfe zu bringen. Wenn diejenigen, die ins Heilige Land ziehen, ihr Leben verlieren, sei es auf der Fahrt, zu Lande oder zu Wasser oder in der Schlacht gegen die Heiden, so werden ihnen in dieser Stunde alle Sünden vergeben. Das gewähre ich nach der Macht Gottes, die mir verliehen wurde.«

Papst Urban schloß seinen Appell mit der Vision vom Untergang der Feinde Gottes nach einem Sieg der Freunde Gottes. »Die Elenden«, gemeint sind die Ungläubigen, »gehen zugrunde; den Christen, die den Kampf aufnehmen gegen die Ungläubigen, werden das Paradies und ewiges Glück sicher sein. Die Ungläubigen haben es gewagt, die heilige Stadt Christi, die geweiht worden ist durch Sein Leiden und durch Seine Auferstehung, unerträglicher Knechtschaft zu unterwerfen. Die Ungläubigen müssen für ihre dreisten Verbrechen, für ihr barbarisches Wüten, bestraft werden.«

»Dieu le volt!« Gott will es! Mit diesem Schrei antworteten Geistliche und Ritter auf die Rede des Papstes. Sie waren überzeugt, daß die Christen des Orients unterdrückt und mißhandelt wurden, daß die Kirchen niedergebrannt, die Klöster zerstört waren. Doch gerade in jenen

Jahren ging es den Christen in Jerusalem gut; sie lebten unbehelligt, konnten ihre Angelegenheiten selbst verwalten, waren keinem außergewöhnlichen Steuerzwang unterworfen. In europäischer Sicht hatte sich die Situation allerdings deshalb verändert, weil der christliche Staat Byzanz durch empfindliche Niederlagen seinen Einfluß auf die Region der Ostküste des Mittelmeers weitgehend verloren hatte. Die christlichen Heere waren nach Kleinasien zurückgedrängt worden, weshalb die Routen der Pilger zwischen Europa und Jerusalem unsicherer geworden waren. Byzanz hatte in der Vergangenheit Garantien übernommen für die Sicherheit der Straßen in Richtung Jerusalem. Die arabischen Herren, die jetzt die Orientwege kontrollierten, sahen sich dazu nicht veranlaßt. Zum Unglück für die Pilger waren die Regionalherrscher untereinander zerstritten. Dem Jerusalemreisenden, der den Landweg gewählt hatte, konnte es geschehen, daß er in die Wirren ihrer Auseinandersetzungen hineingeriet.

Papst Urban hatte zuerst nur an einen Aufruf zur Unterstützung der Byzantiner gedacht. Aus Byzanz selbst war die Anregung gekommen. Dort wollte der Kaiser sein Heer verstärken. Die europäischen Ritter, die jede Gelegenheit nützten, um sich gegenseitig zu bekriegen, sollten dem Ostreich helfen, die Moslems wieder auf ihre früheren Grenzen zurückzuwerfen. Aus solchen schlichten Hilfsplänen erwuchs die Absicht, eine gewaltige, gottgefällige Tat zu beginnen: Die Idee zum Kreuzzug war geboren.

Wanderprediger zogen durch Europa, um die Idee des Papstes zu propagieren. Am erfolgreichsten war ein Mann, der Peter der Eremit genannt wurde. Er ging barfuß, seine Kleider waren zerrissen und schmutzig, seine Redekraft aber war gewaltig. Er imponierte den Armen. Wo er auch redete, schlossen sich ihm Gläubige an, die sofort mit ihm nach Jerusalem ziehen wollten. Als er nach seinem Zug quer durch Frankreich in Köln lagerte, da zählten die Geistlichen, die sich ihm angeschlossen hatten, die Menge der Kreuzzugswilligen und stellten fest, daß mehr als zehntausend Menschen das Kreuz nehmen wollten. Die Begeisterung hatte ihre Gründe: Europa war arm. Kleinkriege hatten die wirtschaftliche Substanz vernichtet. Die große Masse der Bevölkerung lebte unter der Willkürherrschaft von Feudalherren. Und Peter der Eremit versprach denen, die mit ihm zogen, Freiheit, Abenteuer und Beute.

In Byzanz waren die Männer, die politische Verantwortung trugen, keineswegs glücklich über die Nachrichten, die aus Europa eintrafen. Der Kaiser hatte sich gewünscht, daß einzelne, bewährte und erfahrene Ritter zu ihm kämen, um eingeordnet zu werden in die Verbände seiner Kämpfer. Er wäre auch dankbar gewesen für Gruppen von Bewaffneten, die als selbständige Einheiten, aber unter kaiserlichem Oberbefehl verantwortungsbewußt an Kämpfen teilgenommen hätten. Daß die Menschen in Zentraleuropa auf den Gedanken kommen würden, in undisziplinierten Haufen durch sein Gebiet zu ziehen, um Schlachten mit den Moslems zu beginnen, löste Erschrecken und Sorge aus.

Peter der Einsiedler zog von Köln aus den Rhein hinauf, dann dem Neckar entlang und schließlich die Donau abwärts. Nach dreieinhalb Monaten war der Balkan durchquert und Byzanz erreicht. In seinem Bericht über diesen ersten Kreuzzug schrieb der Mönch Guibert von Nogent: »Obgleich der Kaiser ihnen helfen wollte und Lebensmittel bereitstellte, benahmen sich die Pilger mit äußerster Unverschämtheit. Sie plünderten in der Stadt, zündeten einige davon an. Sie rissen die Bleiplatten von den Dächern der Kirchen ...«

Beim ersten Treffen mit islamischen Truppen brach dieser Kreuzzug zusammen. Wie das Schlachtfeld ein Jahr später noch aussah, berichtet der Chronist Fulcher von Chartres: »Wie viele abgeschlagene Köpfe, wie viele Gebeine getöteter Menschen fanden wir da auf den Feldern liegen jenseits von Nicomedia. Es waren die Unsrigen, die als Laien in der Kriegskunst von den Türken niedergemetzelt worden waren.«

Die Armen waren elend erschlagen worden. Gebet und Begeisterung hatten ihnen nicht geholfen. Die Ritter aber rüsteten sich, um mit den bewährten Methoden der Kriegsführung den Streitern des Islam entgegenzutreten. Daß die Moslems zuerst auf unerfahrene Haufen gestoßen waren, erwies sich als Vorteil für die nachfolgenden Kreuzritterheere. Die islamischen Kämpfer waren nach dieser Erfahrung der Meinung, sie seien bereits dem allgemeinen Standard der Christenheere an Kampfmoral und Bewaffnung begegnet. Mit Leichtigkeit, so glaubten die Kommandeure, würden sie die Attacken der Christen abwehren können. Um so größer war die Überraschung, als ihnen Ritterheere gegenübertraten, die ihren Kampf mit List und durch den Einsatz einer überlegenen Kriegsmaschinerie führten. Sie besaßen Steinschleudern und starke Bogen; sie bauten hölzerne Türme, um die Mauern berennen zu können; sie brachten brennendes Pech zum Einsatz. Unaufhaltsam drangen die Ritterheere durch Kleinasien vor und nahmen den Moslems eine Stadt nach der anderen ab. Am 7. Juni des Jahres 1099 erreichten die Kreuzfahrer die Mauern von Jerusalem. Gequält von Durst – vor den Mauern der Stadt gab es keine Quellen – hielten sie zehn Tage lang die Belagerung durch, dann brach zum Glück der Kreuzfahrer die Verteidigung zusammen.

Einer der christlichen Kämpfer schrieb nieder, was er bei der Einnahme von Jersualem gesehen hatte: »In die Stadt eingedrungen, verfolgten unsere Pilger die Moslems bis zum Tempel des Salomo, wo sie sich gesammelt hatten und wo sie während des ganzen Tages den Unsrigen den wütendsten Kampf lieferten, so daß der ganze Tempel von ihrem Blut bespritzt war. Nachdem die Unsrigen die Heiden endlich zu Boden geschlagen hatten, ergriffen sie im Tempel eine große Zahl von Männern und Frauen. Sie töteten oder ließen leben, wie es ihnen gut schien. Bald ducheilten die Kreuzfahrer die ganze Stadt und rafften Gold, Silber, Pferde und Maulesel an sich. Sie plünderten die Häuser, die mit Reichtümern überfüllt waren.«

»Glücklich und vor Freude weinend«, begaben sich die Ritter zum Grab des Erlösers. Doch dieser Gang unterbrach nur für kurze Zeit das Morden: »Den Arabern, Männern und Frauen wurden die Köpfe abgeschlagen.« Am Freitag, dem 15. Juli 1099, ist Jerusalem vom christlichen Heer erobert worden. Als die Lust am Töten so langsam nachließ, erschraken die Führer der Sturmtruppen selbst über das, was sie getan hatten. Wilhelm von Tyrus, ein Gelehrter und Theologe, bemerkte zu den Vorgängen: »Nicht ohne Entsetzen konnte man diese Menge von Toten sehen. Der Anblick der Sieger, die von Kopf bis Fuß mit Blut bedeckt waren, erregte nicht weniger Entsetzen.«

Von Jerusalem aus sicherten sich die Kreuzritter die Gegend ringsum; ein christlicher Staat wurde gegründet, an dessen Spitze ein König stand. Eine Zeitlang schien es sogar so, als wäre eine Einpassung in die orientalische Welt möglich. Die Brutalität der christlichen Ritter bei der Einnahme von Jerusalem geriet bald in Vergessenheit – die Moslems interessierten sich für die Christen, und die Christen fanden manche Sitte der Moslems angenehm und praktisch. Fulcher von Chartres beschrieb – wohl in Ton und Inhalt etwas zu euphorisch – diesen Prozeß der Assimilation: »Wir aus dem Abendland sind Orientalen geworden. Einer, der Römer oder Franke war, ist hier Galiläer oder Palästinenser geworden. Einer, der in Reims oder Chartres wohnte, betrachtet sich als Bürger von Tyrus oder Antiochia. Wir haben schon unsere Geburtsorte vergessen. Manche von uns besitzen in diesem Land Häuser und Diener, die ihnen gehören wie nach Erbrecht. Ein anderer hat eine arabische Frau geheiratet, die mit der Gnade der Taufe bedacht worden ist. Die verschiedensten Mundarten sind jetzt der einen wie der anderen Nation gemeinsam. Vertrauensvoll nähern sich die entferntesten Rassen einander an.«

Der syrische Emir Usama berichtete allerdings von Vorgängen, die zeigen, daß die Kluft zwischen Christen und Moslems bestehen blieb: »Unter den fränkischen Frauen, die als Sklavinnen in das Haus meines Vaters gebracht wurden, befand sich eine Alte mit einer ihrer Töchter, die jung und wohlgestaltet war, und einem kräftigen Sohn. Dieser Sohn wurde Moslem, und sein islamischer Glaube war echt. Er hielt sich an die Zeiten des Gebets und des Fastens. Er erlernte die Kunst der Marmorbearbeitung. Mein Vater verheiratete ihn mit einer Frau aus frommer Familie und gab ihm alles, was er brauchte für seine Hochzeit und seine Einrichtung. Seine Frau schenkte ihm zwei Söhne, die unter uns heranwuchsen. Sie waren fünf und sechs Jahre alt, als ihr Vater mit ihnen und ihrer Mutter, und mit allem, was in ihrem Haus war, zu den

Franken ging. Er wurde wieder Christ und seine Kinder wurden auch Christen. Nach Jahren des Lebens im rechten Glauben. Allah, der Allerhöchste, möge die Welt von diesem Ungeziffer reinigen. Die Franken, Allah vernichte sie, sind wirklich eine verfluchte Rasse.«

Den wahren Moslems erschien der christliche Glaube eine Sammlung aberwitziger Ideen zu sein, die nur in irren Gehirnen entstanden sein konnten. Als besonders absurdes Beispiel für die Verrücktheit der christlichen Ritter notierte Usama dieses Erlebnis: »Ich sah einmal einen Franken zu Emir Mu'inaddin kommen, als dieser sich gerade im Felsendom aufhielt. Der Franke fragte: Möchtest du Gott als kleines Kind sehen? Der Emir bejahte, worauf der Franke nahe vor uns hintrat und ein Bild von Maria und einem kleinen Kind auf ihrem Schoß zeigte. Der Franke sprach: Dies ist Gott als kleines Kind. – Weit erhaben ist Gott über allem, was die Ungläubigen sagen.«

Mit Erstaunen und Abscheu zugleich beobachteten die Moslems die freien Sitten der Christen. Der Emir Usama befand, daß die Franken weder Ehrgefühl noch Eifersucht kannten. Diese Geschichte ist ihm ein Beispiel dafür: »Im Badehaus meines Vaters hatten wir einen Bademeister namens Salim beschäftigt. Dieser erzählte mir einmal die folgende Begebenheit: Ich eröffnete in al-Ma'arra ein Badehaus, um mir damit meinen Lebensunterhalt zu verdienen. Einss Tages kam ein fränkischer Ritter herein. Da die Franken es nicht mögen, wenn einer im Bad einen Schurz um seine Hüften trägt, streckte er seine Hand aus, zog mir meinen Schurz von den Hüften und warf ihn fort. Er betrachtete mich – ich hatte gerade meine Schamgegend rasiert – und rief: Salim! Bei meinem Glauben, so mußt du es auch bei mir machen. Dann legte er sich auf den Rücken. Er hatte an dieser Stelle Haare, so lang wie ein Bart. Nachdem ich ihm die Haare wegrasiert hatte, befühlte er mit der Hand diese Stelle, fand sie schön weich und sagte: Salim, bei deinem Glauben, das mußt du auch bei meiner Dame machen. Der Diener des Franken ging weg und holte die Frau herein. Sie legte sich auf den Rücken und ihr Mann beauftragte mich, sie zu rasieren. Während er dabeisaß und mir zusah, rasierte ich der Frau die Haare weg.«

Entfremdung trat ein zwischen Moslems und Christen. Der Prozeß der Assimilation, von dem Fulcher von Chartres gesprochen hatte, verkehrte sich ins Gegenteil. Die christlichen Ritter wurden bald als Mitglieder einer Besatzungstruppe betrachtet, die Land und Menschen gewaltsam und widerrechtlich kontrollierten und ausbeuteten. Die Gefährdung wuchs von Monat zu Monat. Die Ritter mußten sich hinter Mauern, Wällen und Türmen verbergen. Über weitere Strecken konnten die Männer nur in Gruppen, in kampfbereiten Verbänden reiten. Zwar trafen Verstärkungen aus Europa ein, trotzdem erwies sich die Hoffnung, die Region um Jerusalem dicht besiedeln zu können, bald als Illusion.

Erstaunlich viele Ritter machten sich schon nach kurzem Aufenthalt wieder auf den Heimweg. Das Klima mißfiel ihnen; die Fremde behagte ihnen nicht. Da gab es kaum einen Ritter, der seine Existenz fest einpflanzen wollte. In acht Schüben – die Historiker sprechen von Kreuzzügen – erreichten die Ritter das Heilige Land, und in ebenso vielen Schüben vollzog sich die Heimfahrt. Ansässig und verwurzelt wurden schon eher die Kaufleute, Italiener zumeist, die eine Existenzgrundlage in den Städten fanden. Hatten sie Geschäftspartner und Kunden gefunden, dann zog sie nichts mehr in die alte Heimat zurück. Die Bürger waren beständigere Siedler als die Rittter.

Kämpfe, Scharmützel und Waffenstillstand wechselten ab. Die christlichen Ritter erzielten Erfolge, doch den Krieg gewannen sie dadurch nicht. Das christliche Königreich Jerusalem erlebte keine Phase der Ruhe, des stillen Aufbaus. Könige wurden gekrönt, regierten, starben. Adlige vermehrten ihren Ruhm, ihren Reichtum, blieben edel oder wurden korrupt. Allianzen wurden geschlossen – so verbündeten die Franken sich zeitweise mit dem Kalifen, der von Ägypten aus herrschte, um die aufständischen Syrer zur Vernunft zu bringen. Das Hin und Her des Schlachtenverlaufs ohne Entscheidung hätte noch lange dauern können, wenn nicht, auf der islamischen Seite, ein exzellenter Stratege und Diplomat die Herrschaft über die Heere an sich gerissen hätte. Saladdin war entschlossen, für die Sache des Islam zu siegen.

Bohaeddin, ein Kampfgefährte des Saladdin, hinterließ diese Schilderung von den Zielen des islamischen Staatsmannes: »Folgendes ist ein Vorfall, an dem ich selbst beteiligt war und der eine zutreffende Vorstellung gibt von dem religiösen Eifer des Saladdin. Er war dabei, die Festung Askalon zu besichtigen und andere Verteidigungsanlagen am Meer. Ich begleitete ihn auf dieser Reise. Wir waren damals im Winter, das Meer war zornig, die Wellen erhoben sich wie Berge. Es war das erstemal, daß ich das Meer sah. Ich sagte zu mir selbst, daß ich niemals, auch wenn man mir die ganze Welt bieten würde, auch nur eine Meile auf diesem Element zurücklegen wollte. Während ich in diese Gedanken vertieft war, da wandte sich Saladdin plötzlich zu mir und sagte: ›Ich will dir mitteilen, was ich im Sinn habe. Wenn Allah mir die übrigen christlichen Städte in die Hand gibt, werde ich meine Länder unter meine Kinder verteilen. Ich werde ihnen Lebewohl sagen und mich auf diesem Meer einschiffen, um die Inseln und die Länder des Abendlandes zu unterwerfen. Ich will die Waffen nicht niederlegen, bis kein einziger Ungläubiger auf Erden mehr übrig ist, wenn mich bis dahin nicht der Tod aufhält.«

Bohaeddin war nach dieser Unterhaltung tief beeindruckt von der religiösen Haltung des Saladdin. Er nannte ihn fortan einen »Schutzwall des Islam und seine einzige Stütze«.

Solange Saladdin militärisch den christlichen Rittern, deren Tapferkeit stets gerühmt wurde, nicht gewachsen war, schloß er Verträge mit den Franken und ließ sich auf Verhandlungen ein. Er selbst hielt sich meist an die getroffenen Abmachungen. Weniger gebunden durch Verträge mit den »Ungläubigen« fühlten sich die christlichen Ritter, allen voran Fürst Reinhold von Châtillon: Er ließ sich durch Friedensverträge nicht abhalten, die Moslems zu überfallen und auszuplündern. Am 4. Juli des Jahres 1187 aber suchte er die Schlacht. Der zeitgenössische Historiker Ibn al Athir schrieb einen Kampfbericht nieder, der realistisch formuliert ist, der aber auch zeigt, daß es unter den Christen Ritter gab, die mit den Moslems im Bunde waren – und von ihnen dann auch geschont wurden: »Am Sonntagmorgen ritten die Moslems in Schlachtordnung aus ihrem Lager. Auch die Franken rückten vor, doch sie waren schon geschwächt durch starken Durst. Beide Seiten begannen den Kampf mit Wut. Die erste islamische Linie schoß eine Wolke von Pfeilen, ähnlich einer Wolke von Heuschrecken. Die Pfeile richteten große Verwüstung unter den christlichen Reitern an. Das christliche Fußvolk hatte sich in Marsch gesetzt, um an den See zu kommen. Die Kämpfer wollten dort Wasser trinken. Saladdin ließ ihnen den Weg abschneiden. Er feuerte die Moslems mit Stimme und Gebärden an. Plötzlich stürzte sich einer der Mameluken des Sultans, fortgerissen von seiner Glut, auf die Christen. Er vollbrachte Wunder an Tapferkeit, bis er getötet wurde. Die Moslems drangen vor, um seinen Tod zu rächen. Bald gab es für die Christen keine Hoffnung mehr auf Rettung. Der Graf von Tripoli versuchte, sich einen Weg zu bahnen. Takieddin, ein Neffe des Sultans, stand ihm gegenüber. Als er den Grafen verzweifelt vorstürmen sah, ließ er die Reihen öffnen, und der Graf konnte sich samt Gefolge in Sicherheit bringen. Das christliche Heer war nun in einer furchtbaren Lage. Da der Boden, auf dem es kämpfte, mit Heidekraut und trockenem Gras bedeckt war, legten die Moslems Feuer daran und entfachten einen gewaltigen Brand. So vereinigte sich alles gegen die Christen, der Rauch, die Hitze des Feuers, die des Tages und die des Kampfes. Als sie schließlich sahen, daß es keine Rettung gab, stürzten sie sich mit solchem Ungestüm auf die Moslems, daß man ihnen ohne die Hilfe Allahs nicht hätte widerstehen können. Bei jedem Angriff jedoch verloren sie Kämpfer und wurden schwächer. Endlich wurden sie von allen Seiten eingekreist und auf einen Hügel zurückgedrängt, nahe bei dem Dorfe Hattin. Der christliche König hatte auf diesem Hügel bald nur noch einhundertfünfzig seiner tapfersten Ritter um sich. Doch sie wehrten sich. Saladdin schrie seinen Männern zu: Macht, daß der Teufel lügt. Dabei faßte er sich an den Bart. Bei diesen Worten stürzte sich unser Heer auf den Feind und trieb ihn wieder den Hügel hinauf. Saladdin sagte: Sie werden erst wirklich geschlagen sein, wenn die Standarte des Königs fällt. Er hatte diese Worte kaum ausgesprochen, da sank die Standarte. Sogleich stieg Saladdin vom Pferd, warf sich vor

Allah nieder und dankte ihm unter Freudentränen. Die Moslems stiegen die Hügel hinauf und stürzten das Zelt des Königs um. Niemals seit ihrem Einfall in Palästina hatten die Franken eine solche Niederlage erlitten.«

Saladdin, der gütig sein konnte, wollte diesmal seine Rachegefühle nicht zügeln. Seine Wut konzentrierte sich auf eine Person. »Saladdin ließt im Heer ausrufen, man solle alle gefangenen Ritter in sein Zelt führen. Als er den König und die Barone erblickte, die seiner Gnade ausgeliefert waren, wurde er sehr froh. Er sah, daß dem König heiß war, und wußte wohl, daß er Durst hatte und gerne trinken würde. Er ließ einen vollen Becher Fruchtsaft bringen, um den König zu erfrischen. Als der König getrunken hatte, reichte er den Becher dem Fürsten Reinhold von Châtillon weiter. Saladdin aber war erzürnt, daß der König dem Fürsten zu trinken gab, gerade dem Mann, den er auf der Welt am meisten haßte. Aber da ihm zu trinken gegeben worden war, mochte er trinken, doch er sollte niemals mehr die Chance haben, noch einmal zu trinken. Denn für keinen Reichtum, den man ihm geben konnte, wollte Saladdin ihn länger leben lassen. Er wollte ihm mit eigener Hand den Kopf abschlagen, aus Strafe dafür, daß Reinhold niemals einen Waffenstillstand gehalten hatte. Als Reinhold von Châtillon getrunken hatte, ließ ihn Saladdin ergreifen und aus dem Zelt führen. Saladdin verlangte nach einem Schwert, und als man es ihm brachte, schlug er dem Fürsten Reinhold den Kopf ab. Dann befahl er, diesen Kopf durch alle Städte und Burgen zu schleifen.«

Nach dieser Schlacht war das christliche Königreich Jerusalem verloren. Die Hauptstadt wurde von Saladdin belagert. Sie ergab sich ziemlich rasch. Die Bewohner konnten sich loskaufen; wer kein Geld hatte, mußte Sklave werden. Die Fahne des Islam flatterte Anfang Oktober des Jahres 1187 wieder über Jerusalem. Rache für die toten Moslems, für die Opfer der Eroberung durch die Christen, forderte Saladdin nicht.

Ibn al Athir berichtete von der Stunde des islamischen Triumphes: »Auf der Kuppel der Grabeskirche befand sich ein großes Kreuz aus Gold. An dem Tag, als sich die Stadt ergab, da kletterten mehrere Moslems hinauf, um es herunterzuschlagen. Dabei schauten Christen und Moslems zu. Als das Kreuz fiel, erhob sich großes Geschrei in der Stadt. Die Moslems stießen Freudenschreie aus. Die Christen aber schrien vor Schmerz. Der Lärm war so groß, daß man glauben konnte, die Welt ginge unter.«

Einzelne Festungen des christlichen Königreichs hielten sich noch lange. Die Verteidigungswerke von Tyrus widerstanden den Angriffen der Moslems; auch Akkon zeigte sich an Kampfkraft den Truppen des Saladdin gewachsen. Zeitweise bestand der christliche Staat noch aus einem zusammenhängenden Küstenstreifen. Einzelne Ritter, Richard Löwenherz gehörte dazu, versuchten den Brückenkopf des Christentums im Land der Moslems zu halten, doch Tapferkeit, die anerkannte Tugend der Kreuzritter, brachte keine Wende mehr. Fünf Jahre nach dem Fall von Jerusalem verließ Richard Löwenherz das Heilige Land, betrübt und erbittert über die Sinnlosigkeit des Kampfes. Wiederum drei Jahre später starb Saladdin; sein Bruder übernahm die Herrschaft.

Der Machtwechsel hätte von den Christen genutzt werden können, doch die Organisation der Kreuzzüge geriet in die Hände der egoistischen Venezianer. Sie stellten die Transportmittel für die Überfahrt von Europa ins Heilige Land, und sie forderten horrende Beträge dafür. Als die Kreuzfahrer nicht in der Lage waren, an Venedig, an den Inhaber des Transportmonopols, die verlangten Summen zu bezahlen, mußten sie sich den Venezianern für deren Zwecke zur Verfügung stellen. Am 12. April des Jahres 1204 eroberten die Kreuzritter, die eigentlich ausgezogen waren, um Jerusalem wieder dem Islam zu entreißen, die christliche Stadt Konstantinopel. In ihrer Plünderungswut schonten sie auch die Altäre nicht. Sie zerbrachen kostbare Weihrauchgefäße, zerstörten Altargemälde, raubten Kelche. Die Paläste und Wohnhäuser verbrannten. Christen mißhandelten und töteten Christen. Der Kreuzzugsgedanke endete in der Perversion.

Venedig war vorübergehend der Gewinner – hatte die Lagunenstadt doch einen Konkurrenten in der Auseinandersetzung um den Einfluß in der Levante verloren. Doch damit war auch das Bollwerk des Christentums, Konstantinopel, geschwächt. Die Voraussetzungen für die Katastrophen der Zukunft, unter denen dann auch Venedig zu leiden hatte, waren geschaffen worden.

Schon bald nach dem Ende des christlichen Brückenkopfes im Nahen Osten begannen sich gewaltige Umwälzungen abzuzeichnen. Dschingis Khan wollte die Welt erobern. Er gab ein Beispiel auch für seine Nachfolger als Herrscher östlicher Völker. Die Mongolen brachen in das Gebiet des Islam ein und zerstörten nach und nach das Kalifenreich. Mit dem Fall der Stadt Baghdad im Jahre 1258 erlosch das Kalifat der Araber. Turkotartarische Invasionen brachen in den Nahen Osten ein. Die heutigen Türken berufen sich in offiziellen historischen Werken darauf, Dschingis Khan sei bereits einer der Führer gewesen, der diese Stämme der Turko-Tartaren nach Westen gebracht habe.

Als das erste Jahrtausend unserer Zeitrechnung zu Ende ging, da beherrschten die Turkvölker Anatolien. Sie hatten auf ihrem Wanderweg um das Jahr 960 den Islam angenommen. Im Seldschukenreich, das ein Stammesführer mit Namen Seldschuk begründete, waren sie die tragende Schicht. Im Jahre 1071 bewiesen sie ihre Stärke in einer entscheidenden Schlacht gegen Byzanz. Um die Mitte des 13. Jahrhunderts löste sich die Macht des Seldschukenstaates auf. Andere Stämme drängten aus den Gebieten ostwärts des Kaspischen Meeres nach – und mit ihnen eine andere Herrscherdynastie, die Osmanen. Sie nannten sich so, weil ihr erster wirklich starker Mann Osman hieß – dieser Name bedeutet »Beinbrecher«. Die Osmanen wurden die Nachfolger der Seldschuken.

Auch die neuen Mächtigen waren Moslems. Die Herrscher nannten sich – wie ihre Vorgänger – Sultan; der Titel besagte, daß sein Inhaber auch religiöse Macht besaß. Da die Osmanenherrscher schon bald durch keinen Konkurrenten um die Macht in der Welt des Islam bedrängt wurden, übernahmen sie die politische und die religiöse Führung der Moslems. Durch ihre Gewalt eroberten sie dem Islam ein Riesenreich, bedrohten sie Europa, zerstörten sie die Solidarität der christlichen Staaten. Das Christentum geriet wieder in die Defensive.

## Der Fall von Konstantinopel erschüttert die Christenheit Niemand im Westen hatte die Bedrohung erkannt

Vendig hat die Verantwortung für die Katastrophe zu tragen. Seine Politiker hatten sich 1204 mit dem Sturm auf die oströmische Hauptstadt Konstantinopel des schärfsten Konkurrenten im östlichen Mittelmeer entledigt, doch war damit auch das Bollwerk des Christentums gegen den Islam zerbrochen, zerschlagen in Einzelregionen, die von egoistischen Monarchen beherrscht wurden. Erst zögernd, dann immer energischer drangen die islamischen Heere, geführt von einer Dynastie glänzender Truppenkommandeure, über die Südostgrenze des europäischen Kontinents vor. Am Ende des 14. Jahrhunderts hatte der Islam die Donau erreicht; der Sultan beherrschte das Land rings um Konstantinopel. Geblieben waren dem Kaiser allein die Stadt und einige Brückenköpfe an der Küste des Marmarameers und des Schwarzen Meers, Thessalonike und die Halbinsel Peloponnes.

So sah das Reich aus, das Kaiser Manuel II. im Jahre 1381 zu übernehmen hatte – ein schäbiger Rest des einst mächtigen Staates. Manuel kannte die Kraft des Islam, als Geisel hatte er einige Jahre am Hof des Sultans verbracht. In einer wissenschaftlichen Studie untersuchte er Parallelen und Unterschiede zwischen Islam und Christentum; er sah dabei durchaus nicht nur negative Seiten in der Religion der Moslems. Seine Sachkenntnis ließ ihn die Gefahr ernst nehmen. Als sich der Druck der islamischen Heere gegen seinen Reststaat verstärkte, reiste er nach Westen, um Hilfe zu holen. Manuel II. besuchte Rom, Paris und London. Freundlich wurde er empfangen, doch Zusagen für ernstgemeinte Hilfe erhielt er nicht. Die Reise fand ein Ende, als er im Jahre 1402 erfuhr, Konstantinopel sei in Gefahr, vom islamischen Sultan gestürmt zu werden. Bei der Heimkehr fand Manuel eine entspannte Situation vor. Das Reich des Sultans war von Osten her angegriffen worden, so daß es für den Sturm auf Konstantinopel keine Kräfte mehr frei hatte. Ein halbes Jahrhundert blieben Stadt und Restreich verschont. Dafür richteten sich die Angriffe der Moslems nun gegen Thessalonike. Die Stadt wurde 1430 im Sturm genommen. Dieses Ereignis hätte die christlichen Herrscher Europas allerspätestens wachrütteln müssen.

Manuels ältester Sohn – er hieß Johannes VIII. – sah den Untergang herannahen. Ohne Hilfe aus dem Westen, das wußte er, konnte es keine Rettung geben. Der Preis für die Unterstützung war allerdings, daß sich Konstantinopel dazu entschloß, auf die religiöse Eigenständigkeit gegenüber Rom zu verzichten. Johannes kannte die Abneigung seines Volkes gegen Unionsbestrebungen. Er wollte den Zusammenschluß daher von einem Konzil bestätigen lassen. Doch es zeigte sich, daß er auch mit dieser Absegnung durch höchste kirchliche Gremien den Widerstand gegen die »Lateiner« in Konstantinopel nicht brechen konnte. Das Dokument über die Kirchenvereinigung blieb ein Papier ohne Nutzen. Die Menschen wollten ihren Glauben behalten; gegen die westliche Kirche in Rom hatte sich ein tiefer Argwohn eingefressen. Der Widerstand wurde auch genährt durch die Erkenntnis, der Westen werde wohl nie in der Lage sein, ausreichende Hilfe gegen die starke, straff geführte und bis ins Detail organisierte islamische Militärmacht zu schicken. Nach Meinung vieler brachte der Verzicht auf Eigenständigkeit keinerlei Vorteile. Das Resultat der Kirchenvereinigung konnte nur eine Schwächung der eigenen Ideologie und damit der Widerstandskraft sein. Die verbale Auseinandersetzung schlug bald um in Streit mit Waffen. Die Gegner und Befürworter des Zusammenschlusses der Kirchen aus Ost und West brachten sich gegenseitig um.

Das Scheitern seiner Rompolitik mußte Johannes VIII. noch erleben, doch er starb, ehe die islamische Gefahr wirklich die Existenz des christlichen Restreiches Konstantinopel bedrohte.

Der Einfluß des Beherrschers der Moslems war jedoch schon derart groß, daß es als klug erschien, seine Einwilligung zur Machtübernahme durch den neuen Kaiser Konstantin zu erbitten. Sultan Murad nickte gnädig mit dem Kopf, als die Gesandten aus Konstantinopel voll Demut vom Tod des bisherigen Herrschers und von den Rechtsansprüchen des Thronanwärters sprachen: Konstantin konnte die Regierung am 6. Januar 1449 übernehmen.

Doch zum Unglück für den Kaiser starb auch Sultan Murad bald nach diesen Ereignissen. Der neue Herrscher des Islam wurde zunächst als weicher Mann angesehen, als geringe Gefahr für den christlichen Staat. Mehmed II. war vom eigenen Vater als Schwächling bezeichnet worden. Dieser Meinung hatten die Höflinge zugestimmt; sie wurde von allen europäischen Herrschern gedankenlos übernommen. Doch dann mußten die Europäer die bittere Überraschung erleben, daß sich Mehmed entschloß, den christlichen Brückenkopf, der mitten in seinem Territorium lag, zu beseitigen.

Im Frühjahr 1451 ließ Mehmed am Bosporus durch eintausend Steinmetze und mehrere tausend Arbeiter eine Festung bauen, von der aus die Meerenge beherrscht werden konnte. Das Gebiet, auf dem das Bauwerk errichtet wurde, gehörte eigentlich dem christlichen Kaiserreich, doch darauf brauchte der Sultan schon keine Rücksicht mehr zu nehmen. In Konstantinopel wurde zwar bemerkt, daß eine solche Bastion für den Feind bei einer Belagerung ein wichtiger Stützpunkt sein konnte. Daß der Sultan begierig war, die Stadt zu nehmen, daran gab es keinen Zweifel mehr – insbesondere als bekannt wurde, der Sultan habe die Gesandten des Kaisers, die sich nach seinen Absichten erkundigen sollten, gar nicht mehr vorgelassen. Unruhig geworden, wollte Konstantin dem Sultan die Zusage abringen, daß der Bau der Festung keineswegs Krieg und Belagerung bedeute, doch die Gesandten, die diese diffizile Aufgabe zu erfüllen hatten, verloren ihren Kopf durch das Beil des Henkers.

Die Truppen in Konstantinopel konnten die Fertigstellung der islamischen Festung, die eine Abschnürung der Stadt erleichterte, nicht verhindern. Unter korrekter Einschätzung der Situation nannten die Moslems die Festung »Halsabschneider«; von ihr aus konnte der Schiffsverkehr in der Meerenge, in der Lebensader der Stadt, durchschnitten werden.

Die Bauarbeiten wurden am 31. August 1452 abgeschlossen. Am gleichen Tag erließ der Sultan eine Proklamation, die in allen Häfen der Region kundgemacht wurde. In ihr wurden die Schiffskapitäne informiert, daß jedes Seefahrzeug, das den Bosporus passierte, vor der Festung ankern müsse, damit die Krieger des Islam die Ladung inspizieren könnten. Was mit den Schiffen geschehen sollte, die sich nicht an die Weisungen des Sultans hielten, war wenige Tage später zu beobachten: Zwei venezianische Galeeren, die ohne Halt an der Festung vorüberfahren wollten, wurden beschossen. Sie hatten Glück und konnten entkommen. Zwei Wochen später aber schoß die Festungsartillerie besser. Sie traf die venezianische Galeere, die dem Beispiel der beiden anderen folgen wollte. Das Schiff sank; die Besatzung wurde gefangen und – bis auf den Kapitän – enthauptet. Der Kapitän wurde gepfählt.

Das gnadenlose Vorgehen des Sultans steigerte die Nervosität in der Stadt. Der Wert der Festung der Moslems war unter Beweis gestellt worden. Die Analysen der Situation besagten übereinstimmend, daß es dem islamischen Heer möglich sein werde, Konstantinopel zur Kapitulation zu zwingen. Gleichzeitig wurde der Inhalt einer Rede bekannt, die der Sultan vor Offizieren und Würdenträgern gehalten hatte. Das Oberhaupt des Islam hatte die Weisung gegeben, den Rest des christlichen Reiches zu erobern; erst mit dieser Eroberung sei das islamische Reich gesichert gegen Verschwörungen, die direkt in seinem Mittelpunkt, in seinem Herzen also, angezettelt würden. Da die Moral der Bewaffneten und der Zivilisten in der Stadt zerbrochen sei, müsse der jetzige Zeitpunkt als günstig für den Angriff angesehen werden. Der Sultan hatte seine Rede mit dem Schwur beendet, er wolle lieber überhaupt kein Reich regieren, als ein Reich ohne Konstantinopel.

Nach dieser Rede begann die Mobilisierung des islamischen Heeres. Erschreckende Meldungen erreichten die Stadt: Der Sultan rüste ein Heer von vierhunderttausend Mann aus; er verfügte über mehrere tausend Geschütze und die größte Flotte, die jemals ein Meer befahren habe. In Wahrheit war die Streitmacht, die sich auf die Belagerung von

Konstantinopel vorbereitete, nicht einmal hunderttausend Kämpfer stark.

Die Furcht vor den Geschützen der Moslems aber war berechtigt. Ein ungarischer Ingenieur hatte im Dienst des Sultans Riesengeschütze mit einer Rohrlänge von über acht Metern gegossen, die Kugeln im Durchmesser von zweieinhalb Metern abfeuern konnten – jede Kugel soll mehr als zehn Zentner gewogen haben. Von einem solchen Geschoß war die venezianische Galeere getroffen und versenkt worden. Der ungarische Ingenieur hatte seine Dienste zuvor in Konstantinopel angeboten – war jedoch abgewiesen worden, weil sich für derartige Artillerieprojekte kein Geld in der Staatskasse fand.

Der Sultan besaß volles Vertrauen in seine Belagerungsartillerie, als er sein Heer und seine Flotte vor Konstantinopel in Stellung gehen ließ. Er versprach jedem, der sich durch besondere Leistungen hervortun würde, einen Ehrenplatz im Paradies, denn die Eroberung dieser wichtigen Stadt sei ein Werk, das Allah und dem Propheten angenehm sei und von beiden eigens beobachtet und beschützt werde. »Die Einnahme von Konstantinopel ist der höchste Triumph des Islam.« Unter dieser Parole trat das Heer des Islam gegen die Hauptstadt der oströmischen Glaubenswelt an.

In der Stadt begann sich die Überzeugung breit zu machen, mit dem Angriff der Feinde sei das Kommen des Antichrist verbunden, der Untergang der Welt. In den Moslems sah man Teufel, denen zunächst im Endkampf zwischen Christ und Antichrist, der Sieg zufallen werde. Die Menschen in Konstantinopel fühlten sich als Opfer dieses Endkampfes.

Die übrige christliche Welt aber hielt die Lage der wichtigen Stadt ihres Glaubens nicht für bedrohlich. In Venedig wurden die kaiserlichen Gesandten vertröstet; in Genua bekamen sie Ausreden zu hören; der Papst in Rom verschloß seine Ohren, da die Glaubensvereinigung nicht zustande gekommen war; Ungarn wollte keinen Streit mit den islamischen Nachbarn vom Zaun brechen; der Fürst der Walachei war bereits Vasall des Sultans. Alle sahen sie dem Untergang von Konstantinopel zu. Am Ostermontag des Jahres 1453 begann sich der Ring um die Stadt zu schließen; am Donnerstag war die Abschließung vollkommen. Schiffe hatten sich vor die zwei Stellen der Stadtbefestigungen gelegt, die direkt ans Wasser grenzten. In der dreieckigen Gestalt der Stadt war nur eine Seite zum Land hin offen. Von dort war der Hauptangriff zu erwarten.

Mauern, Gräben, Türme und Brustwehren schützten die Stadt in einem breiten Riegel vom Bosporus bis zum Marmarameer. Bis zu dreizehn Metern ragten die Wälle empor. Kämpfer mit intakter Moral konnten sich hinter den Verteidigungsanlagen geborgen fühlen. Die Bastionen auf der Seeseite waren nicht derart stark ausgebaut; dort konnten Angriffe auch leichter abgewehrt werden, weil der Feind zuerst den schwierigen Vorgang der Anlandung vollziehen mußte. Bewegliche Reservetruppen in der Stadt waren zum Einsatz bereit, wenn kritische Situationen an den Küstenbefestigungen entstehen sollten.

Wie es die Tradition der Kriegsführung im Namen des Islam befahl, schickte der Sultan dem Kaiser, als dem höchsten Befehlshaber in der Stadt, die Aufforderung zur Kapitulation mit der Zusicherung, Menschenleben und Güter würden im Fall der Übergabe verschont werden. Keine Gnade könne erwartet werden, wenn erst einmal der Befehl zum Sturm auf die Stadt gegeben worden sei. Da Kaiser und Bürger wußten, daß der Sultan Konstantinopel zur Hauptstadt des islamischen Reiches machen wollte, trauten sie den Versprechungen nicht, daß er nichts antasten werde in einer Stadt, die sich seinem Willen fügte.

Als das Ritual von Aufforderung zur Kapitulation und Zurückweisung der Aufforderung vorüber war, gab der Sultan Befehl zur Beschießung der Wälle. Die Riesengeschütze begannen ihr Zerstörungswerk. Zwar waren lange Vorbereitungsarbeiten nötig, bis ein Schuß abgefeuert werden konnte, aber jedes Geschütz feuerte immerhin siebenmal an jedem Tag seine mächtigen Kugeln gegen die Basteien. Das Mauerwerk ganzer Abschnitte wurde systematisch zermürbt. Doch trotz der gewaltigen Breschen, die das Geschützfeuer geschlagen hatte, widerstand die Festung Konstantinopel den Sturmangriffen.

Die Abwehrerfolge ließen in der Stadt wieder Mut aufkommen. Als schließlich doch drei Galeeren mit Mannschaften und Waffen, die der Papst persönlich bezahlt hatte, die Sperre der feindlichen Schiffe durchbrechen konnten – zur maßlosen Wut des Sultans, der Augenzeuge der Blamage seiner Flotte war –, da spürten die Verteidiger sogar Hoffnung auf ein glückliches Überleben. Der Herrscher der Belagerer aber war in seinem Stolz getroffen. Vom obersten religiösen Würdenträger mußte sich der Sultan sagen lassen, seine Autorität reiche nicht aus, um die Streiter des Islam zum bedingungslosen Einsatz für Allah, den Propheten und den Koran zu veranlassen.

Um seine Position zu festigen, besann sich der Sultan auf eine Kriegslist. Seine Flotte war solange daran gehindert, erfolgreich in den Kampf einzugreifen, als es ihr nicht möglich war, im Goldenen Horn, in der Wasserstraße an der Nordküste der Stadt, zu operieren. Mehmeds Admirale und Schiffsoffiziere hatten keinen Weg gefunden, die Sperrkette zu überwinden, die das Goldene Horn gegen Eindringlinge sicherte. Der Sultan hatte die Idee, die Schiffe über den Teil des Festlands zu transportieren, den er selbst nördlich des Goldenen Horns kontrollierte. Zu ihrem Schrecken sahen die Belagerten, wie Ochsengespanne und Menschentrauben große Galeeren über den trockenen und dazuhin bergigen Boden schleppten. Als die Schiffe im

Goldenen Horn wieder ins Wasser gelassen wurden, war eine neue Gefahr entstanden – an der weichen Nordflanke der Festung. Mit der Präsenz der islamischen Flotte im Goldenen Horn war vor allem der Hafen der christlichen Flotte dem direkten Zugriff des Gegners ausgesetzt.

Die Menschen in der belagerten Stadt begannen Zeichen zu deuten. In einer Nacht war ein Licht zu sehen um die Kuppel der Hagia Sophia; es flackerte unruhig und geheimnisvoll. Auch die Moslems sahen dieses seltsame Licht. Sie deuteten es als Zeichen, daß das Licht der wahren Religion bald über diesem Bauwerk leuchten werde. Die Christen in der Stadt aber glaubten, der Geist Gottes habe in dieser Nacht die Hagia Sophia verlassen, damit Konstantinopel in die Hand des Antichrist fallen könne.

Der Gedanke an ein Entsatzheer, an die Befreiung wachte hin und wieder auf. Doch die seltenen Nachrichten, die noch von wagemutigen Männern durch die Belagerungsklammer gebracht wurden, töteten jede Hoffnung: Das christliche Abendland würde weder eine Flotte noch ein Heer schicken. Angebote von Tributzahlungen wurden diskutiert, aber nicht ernsthaft erwogen – Geld für für Tributzahlungen besaß der Kaiser nicht mehr. Der Sultan stellte schließlich die Führung der Stadt und die Bürger vor die Alternative: Tod durch das Schwert oder Bekehrung zum Islam. Die Verteidiger wählten den Tod.

Sultan Mehmed beschloß, die Belagerung durch einen geballten Sturmangriff zu beenden. Seinen Truppen versprach er, daß sie drei Tage lang ungehindert plündern dürften. Die Truppenführer erinnerte er an die heilige Pflicht der Gläubigen, den Christen gerade diese Stadt wegzunehmen. Mit ihr falle ein Bollwerk des falschen Glaubens, das Allah und dem Propheten zum Ärgernis geworden sei.

In der Nacht zum 29. Mai 1453 begann der Sturm. Über die Mauern, die Breschen aufwiesen, stiegen Zehntausende islamischer Krieger. Der Kaiser stachelte die Kräfte der Verteidigung durch Reden über die Niedertracht des Sultans, dieses Feindes der wahren Religion, noch einmal an, doch die Stadt war verloren. Das Gerücht von der Flucht einer Genueser Kampftruppe bewirkte die Auflösung der Verteidigungsfront. Eine Flut von Moslems ergoß sich in die Straßen. Sie mordeten, brannten Häuser nieder, raubten, was sie finden konnten. Dem Sultan wurde Stunden später ein Haupt gebracht; die Überbringer sagten dem Herrscher, es handle sich um das Haupt des christlichen Kaisers. Mehmed aber war skeptisch, da er nicht in Erfahrung bringen konnte, wie der Kaiser gestorben war. Niemand hat jemals einen Hinweis auf den Tod des Konstantin geben können.

In der Hagia Sophia warteten betend Zehntausende auf ihr Schicksal. Sie hofften, die Lust der Moslems auf Beute werde in den Häusern draußen befriedigt. Die Hoffnung trog. Die Eroberer schlugen die Kirchentüren auf und griffen sich menschliche Beute. Junge Frauen und Männer wurden aus den Kirchen getrieben und ins Lager der Moslems gebracht. Sie waren für die Sklavenmärkte bestimmt. Die Älteren aber wurden erschlagen.

Der Reichtum der Stadt Konstantinopel ging zugrunde. Die Plünderer zerschlugen Altäre, vernichteten Ikonen, verbrannten Bibliotheken, zerbrachen goldenes Geschirr. Sultan Mehmed war beim Eintritt in die Stadt selbst entsetzt über den Grad der Zerstörung. Er wollte diese ruinierte Beute des Feldzuges zuerst nicht zur Hauptstadt des islamischen Reiches machen, doch dann überfiel ihn die Erinnerung, daß hier in Konstantinopel die Caesaren des Römischen Reiches regiert hatten. Ihnen sollten die Herrscher des Islam künftig gleichen. Als Sultan Mehmed 1481 starb, war die einstige Kaiserstadt längst seine prachtvolle Metropole geworden. Die großen christlichen Kirchen hatte der Sultan nach und nach in Moscheen verwandeln lassen.

## »Beim goldenen Apfel sehen wir uns wieder!« Wien erscheint den Moslems als herrliches Ziel

Mit dem »goldenen Apfel« ist Wien gemeint. Der für uns seltsame Begriff stammt aus dem Brauchtum, aus den Ritualen der höchsten islamischen Staatsautorität. Kam im sechzehnten Jahrhundert ein Sultan an die Macht, so begab er sich zunächst nach Eyüp, einer Vorstadt von Konstantinopel. Dort fand die Zeremonie der Schwertumgürtung statt, die ihn zum absoluten Herrscher machte. Da der Sultan nominell zur Janitscharentruppe gehörte, hielt er sein Pferd auf dem Weg zurück in die Stadt vor den Kasernen dieser Truppe an, um die Huldigung anzunehmen. Der Oberst der Janitscharen reichte ihm einen Pokal mit Scherbert, mit kühlem Fruchtsaft. Nachdem der Sultan den Pokal ausgetrunken hatte, füllte er ihn bis zum Rand mit Goldstücken und gab ihn dem Obersten wieder zurück. Ehe er weiterritt, hatte der Sultan die Traditionsformel zu sprechen »Kizil Elmado görüsürüz« – Beim goldenen Apfel sehen wir uns wieder.

Jeder der Janitscharenkämpfer wußte damals, welches Eroberungsziel der Sultan damit abgesteckt hatte. Zwar existierten noch zwei weitere Städte, die mit der Bezeichnung »goldener Apfel« gekennzeichnet waren, doch von den beiden war eine schon erobert: die Stadt Ofen in Ungarn; die andere lag in jenen Jahren nicht an der Straße der islamischen Eroberer: Rom, die Stadt des Papstes. Dem Sultan, der sich soeben bei der Schwertumgürtung verpflichtet hatte, ein Mehrer des Islam zu sein, die Grenzen der islamischen Herrschaft auszudehnen, war das Recht gegeben, Prioritäten der Politik zu setzen. Wien hatte Vorrang, war jedem anderen Ziel vorzuziehen.

Die Vorstellung des Sultans, des Wesirs und der Offiziere von Größe und Schönheit der Stadt Wien war von geringer Präzision. Dieses Wien galt als unaussprechlich herrliches Ziel irgendwo in den Ländern der Christenheit. Besondere Faszination übten der Stephansdom und sein Turm aus, der als »Kirchturm ohnegleichen« bezeichnet wurde. Aus dem Stephansdom eine Moschee des Islam zu machen, das mußte als besonders heiliges Werk gelten. Sultan Soliman soll lange darüber nachgedacht haben, wie wohl der Turm des Stephansdoms während einer Belagerung durch seine Armee vor Geschossen der eigenen islamischen Artillerie zu schützen sei. Er sollte künftig als Minarett dienen. Mehmed wußte, so wird erzählt, daß seit dem Jahre 1516 Stern und Halbmond den Turm verzierten. Der Halbmond krönte in der Tat den höchsten Punkt des Doms, allerdings nicht aus Verbeugung vor dem Islam. Soliman sah deshalb in diesem Symbol noch keine Garantie, daß die eigenen Artilleristen den Turm verschonten. Die Legenden der Moslems berichten, Soliman habe aus zwei Zentnern Gold eine Kugel gießen lassen, einen echten goldenen Apfel; diese Kugel sei von ihm nach Wien geschickt worden mit der Anweisung, sie auf den Turm zu setzen. Der Magistrat von Wien, so endet diese Legende, habe die Forderung des Sultans erfüllt. Die Kugel, der goldene Apfel, war der Siegtalisman der Sultane. Mehmed II. habe, so vermeldet eine Sage, mit Hilfe einer solchen zum heiligen Objekt erklärten Kugel im Jahre 1453 Konstantinopel erobert. Unter der Kuppel der zur Reichsmoschee umgewandelten Hagia Sophia hatte der Sultan – zum Zeichen, daß er jetzt in diesem Bauwerk herrsche – eine riesige Kugel aus Gold aufhängen lassen. In der volkstümlichen Sage war mit der fiktiven Krönung des Stephansdoms durch eine Goldkugel – die es in Wirklichkeit dort nie gegeben hat – der Erfolg einer Eroberung Wiens bereits vorbestimmt.

Der gläubige Moslem sah und sieht sich hineingestellt in eine zweigeteilte Welt. Er gehört zum Dar al Islam, zum »Haus des Islam«, das in die göttliche Ordnung eingefügt ist. Die Welt außerhalb des Geltungsbereichs des islamischen Glaubens wird als Dar al harb bezeichnet, als »Haus des Krieges«. Alle Länder, deren Menschen nicht an Allah und nicht an den Propheten glauben, sind dem »Haus des Krieges« zugeordnet. Die Pflicht des Moslem ist es, das »Haus des Islam« zu vergrößern und das »Haus des Krieges« zu verkleinern.

Die Legende vom goldenen Apfel auf dem Stephansdom nahm die Eroberung Wiens durch die Moslems als selbstverständlich vorweg: Die Präsenz des Siegtalismans bezog Wien bereits ein in das »Haus des Islam«. Die Moslems brauchten nur noch zu kommen, um ihr Eigentum in Besitz zu nehmen.

Der Brief, den Sultan Soliman der Regierung in Wien überbringen ließ, zeigt genau diese Einstellung. Den Text geben wir im Wortlaut der damaligen Wiener Übersetzung wieder: »Wir Sultan Solleyman von des großen Gots im hymel genaden Herrscher auf dem erdtreych und aller tieffe großmechtiger Keyser un Soldan zu Babylon, mächtiger Keyser zu Katheyria, Kunig zu Egypten, Kunig zu Traßia, und in Antiochia, zu Sarthon und Kunig des Edlen gesteyns in India, ein Erhalter der Götter, und Fürst und gelayter von dem dürren Baum, biß auff den Berg Achana, und Kunig aller Kunig, von auffgang der Sunnen, bis zum nydergang. Probst des yrdischen Paradeyß Machomets, trost und heyl der Thürcken und Hayden, un ein Verderber der Christenheyt. Ferdinandus, der sich schreibt in unseren Landen ein König zu Ungarn, Du sollst dich gentzlich versehen, daz wir dich mit dreytzehen Künigen in kurtzer zeyt mit unserer macht zu Wien suchen wollen. Alleyn der groß Gott im hymel woll dir helfen, so will ich Herrscher auff erdtreych dich und alle deine helffer mit unserem Kriegsgerät zum allerelendiglichen Tod, so wir nur erdenken mögen, richten lassen. Darnach musst du gentzlich versehen, daz wir das gantz Teutschland mit unserer Macht belegern und besetzen wollen. Gegeben zu Constantinopel im 1529 Jahr.«

Ferdinandus, der in diesem Dokument vom Sultan Soliman mit dem Tod bedroht wird, war ein Enkel des Kaisers Maximilian I. und der Bruder Karls V. Am 10. März des Jahres 1503 war er in Alcala de Henares geboren worden. Aufgrund des Teilungsvertrages von Worms, der am 21. April 1521 Gültigkeit erlangte, erhielt Ferdinand Ober- und Niederösterreich, Steiermark, Kärnten und Krain zugesprochen. Ein späterer Zusatzvertrag (1522) machte ihn zum Herrn von Tirol, den österreichischen Vorlanden und von Württemberg. Anfang Juni 1522 traf er in Wiener Neustadt ein, um seine Herrschaft anzutreten. Sechs Wochen später wurden Wiener Bürger auf seinen Befehl hingerichtet – unter ihnen drei angesehene ehemalige Bürgermeister der Stadt. Mit harter Gewalt trieb Ferdinand den Wienern den Wunsch nach einer eigenständigen Entwicklung aus.

Wien war ärmer geworden in den Jahren zuvor. Die Handelsrouten auf den Balkan waren seit dem Einbruch der Osmanen unterbrochen. Der Welthandel, der Europa berührte, beschränkte sich auf die Küstenstädte. Die globalen Veränderungen der kommerziellen Struktur hatten Wien schwer getroffen. Einst war der Wiener Pfennig eine Münze, die Handelswert besaß; er wurde jetzt von den Kaufleuten in den Partnerstädten des Handels nur noch wenig geachtet.

Dem Kaiser, der sich um Wien nicht gekümmert hatte, gaben die Wiener die Schuld an ihrem Unglück. Sie waren der Meinung, durch eine eigene, ständisch geordnete Verwaltung ihre ökonomische Situation verbessern zu können. Diese bürgerliche Widerspenstigkeit wollte Ferdinand nicht dulden – deshalb ordnete er das Blutgericht an.

Die Stadtordnung, die Ferdinand 1526 erließ, beseitigte die letzten Reste der mittelalterlich-ständischen Selbstverwaltung. Der Fürst vereinigte alle Macht auf sich. Zur Formulierung des antibürgerlichen Grundsatzes war kein Vertreter der Einwohner befragt worden. Diese Veränderung der bürgerlichen Rechte muß im Zusammenhang mit der Unterdrückung der Bauernaufstände in Süddeutschland gesehen werden. Ferdinand hatte Erfahrung in der Bekämpfung von Rebellen; er wollte den Geist des Aufruhrs rechtzeitig vernichten. Tatsächlich bestand die Gefahr, daß die Unzufriedenen nach religiösen Motiven für ihre Rebellion griffen. Schon waren in Wien protestantische Parolen zu hören gewesen.

Über die Wirkung der Reformation in Wien ist wenig bekannt. Ein Kenner der religionsgeschichtlichen Zusammenhänge, der Direktor der Museen der Stadt Wien, Hofrat Dr. Robert Waissenberger, schrieb darüber im Jahre 1980: »Aller Wahrscheinlichkeit nach weiß man deshalb so wenig darüber, weil nachfolgende gegenreformatorische Maßnahmen alles an Spuren beseitigten, was an ein Abweichen von der postulierten Rechtgläubigkeit erinnerte. Die österreichischen Länder waren von der reformatorischen Bewegung nicht weniger ergriffen als etwa die Gebiete Norddeutschlands. Das ist eine Tatsache, die vielleicht in Vergessenheit geraten oder auch absichtlich in Vergessenheit gedrängt worden ist. Die Berichte über den Anteil der Protestanten an der Gesamtbevölkerung sind freilich unterschiedlich. Es gibt Nachrichten, die darauf schließen lassen, daß die Hälfte der Bevölkerung noch katholisch war. Solche Behauptungen sind problematisch. Sicher war sowohl das Lesen lutherischer Bücher als auch der Gebrauch des Laienkelchs weit verbreitet, ob aber deshalb schon von einer Scheidung protestantisch – katholisch im modernen Sinn gesprochen werden kann, ist sehr fraglich.«

Auf jeden Fall herrschte Verwirrung in Glaubensdingen. Im Jahre 1521 ließ der Wiener Bischof den Theologen Paulus Speratus aus Würzburg im Stephansdom predigen, obgleich dieser seine Ehefrau mitbrachte und die Mönche und Nonnen zur Eheschließung aufforderte. Drei Jahre später machte der reiche Kaufmann Kaspar Tauber auf sich aufmerksam. Er berief sich auf Luthers Schriften, die er genau studiert hatte.

Öffentlich sprach er aus, daß kein Fegefeuer die Menschen nach dem Tode plage, daß die Beichte wirkungslos und die Fürbitte Mariens nicht existent sei. Als Unruhestifter und Prediger gottloser Lehre wurde er dazu verurteilt, an drei Sonntagen vor dem Stephansdom mit einem Strick um den Hals und mit einer Kerze in der Hand seine Äußerungen zu widerrufen. Zeitlebens sollte er durch ein schwarzes Kreuz auf seiner Kleidung als latenter Feind des wahren Glaubens gekennzeichnet sein. Kaspar Tauber fügte sich zunächst dem Spruch der Geistlichkeit, doch wenige Tage später begann er sich gegen die verhängten Bußen zu wehren. Er weigerte sich, den Widerruf auszusprechen. Als hartnäckiger Sünder gegen die Religion wurde er am 17. September 1524 vor dem Stubentor öffentlich verbrannt. In Luthers Meinung war Kaspar Tauber ein Märtyrer für das Evangelium.

Auch die Wiedertäufer versuchten Anhänger zu gewinnen in Wien. Sie predigten den Sturz der bestehenden Ordnung und die Aufrichtung des Reiches Gottes auf Erden. Verschwommen, aber radikal waren ihre Ansichten – in der Frage des Eigentums können sie als Vorläufer des Kommunismus gelten. Immerhin sollen sich im Jahre 1525 rund fünfzig Wiener Bürger der Taufe unterzogen haben. Die Aufnahme in den Bund der Getauften, so sagten die Prediger dieser Sekte, bedeute die Aufnahme in den Kreis derer, die nach Christi Willen berufen seien, die Welt zu regieren.

So sah die religiöse Situation in Wien aus, als Erzherzog Ferdinand die Verantwortung über die Stadt tragen mußte. Visitatoren sollten Ordnung schaffen und Irrgläubige aufspüren, doch sie stießen auf Mißstände, die wiederum erklärlich machten, warum die Reformer und Protestanten derart starken Zulauf fanden. Der Abt des Schottenklosters hatte Edelmetallgegenstände und Bargeld veruntreut, lebte mit einer Frau zusammen; die Zahl der Möche war durch den Abt von nahezu fünfzig auf sieben reduziert worden. Ferdinand schrieb am 26. Juni 1528, also ein Jahr vor dem Sturm der Moslems auf Wien, dem Statthalter in den niederösterreichischen Landen, daß das Schottenkloster einen ehrsamen Bruder als Leiter bekommen müsse.

Am 16. November 1528 zog Ferdinand ein vernichtendes Fazit der von ihm angeordneten Untersuchungen: Viele Ordensgeistliche und andere, der Pflege der Religion verpflichtete Personen hätten Ehen geschlossen, bekannten sich zu Luthers Lehre. Respekt vor dem Bischof sei selten geworden. Eigentum der Kirche wurde häufig als Privatbesitz betrachtet. An Erteilung und Empfang der heiligen Sakramente sei das Interesse geschwunden. Die Bevölkerung habe kein Vertrauen mehr zu den Geistlichen. Der Zusammenhalt der Christen fehle zu einer Zeit, da der Islam als geschlossener Block das Gebiet bedrohe.

Doch in der Stunde der Gefahr waren die Bürger von Wien nicht gewillt zu kapitulieren. Zwar zeigten sie sich wohl kaum standhaft, weil sie den christlichen Glauben bewahren wollten, sondern weil sie Angst hatten vor den Moslems, denen furchtbare Greueltaten nachgesagt wurden.

Ibrahim Pecevi, Mitglied einer bosnischen Adelsfamilie, hat in einer Chronik die Vorgeschichte der Belagerung Wiens festgehalten. Er sieht den auslösenden Faktor in der Forderung des Wiener Herrschers, Sultan Soliman möge die ungarischen Festungen räumen, die er widerrechtlich besetzt halte. Ferdinand glaubte, seine Forderung sei rechtens, denn er besaß, seit sein Schwager Ludwig in der Schlacht von Mohacs am 29. August 1526 gefallen war, einen Anspruch auf die Kronen von Böhmen und Ungarn.

Die Wahl und Krönung in Prag waren ohne Schwierigkeiten vor sich gegangen. In Ungarn aber war die nationale Partei eine politisch überaus aktive Kraft. Sie wollte einen Nationalstaat unter Führung des Woiwoden von Siebenbürgen, Johann Zapolya. Dieser rief, um die Loslösung von Wien durchsetzen zu können, das islamische Heer des Sultan Soliman zu Hilfe. Solimans Truppen besetzten Ungarn. Ob sie dem Woiwoden von Siebenbürgen wirklich die Unabhängigkeit zugestanden hätten, ist zweifelhaft. Auf jeden Fall gab die politische Konstellation dem Sultan die Chance, den langersehnten Feldzug zum goldenen Apfel zu unternehmen. Ibrahim Pecevi zitiert in seiner Chronik die Worte des Sultans: »Wenn uns Ferdinand in Wien töten kann und die von ihm genannten Festungen in Ungarn darauf einnimmt, so nimmt er sie ein. Wenn ich ihn selbst töte, so nehme ich auch die übrigen Festungen ein, die er noch besitzt.«

Sultan Soliman, 1494 geboren, war der zehnte der osmanischen Herrscher. Seine Mutter war die Tochter des Khans der Krim. Von ihr hatte er die schlanke Gestalt und die träumerischen Augen – die Herkunft aus einem Stamm der Krimtataren war ihm anzusehen. Nach dem unerwarteten Tod seines Vaters Selim I. am 20. September 1520 hatte Soliman, der bis dahin nur eine untergeordnete Funktion im islamischen Staat auszufüllen hatte, das Amt des Staatschefs übernommen. Intensiver als seine Vorgänger wollte er sich um die weitere Ausbreitung der Lehre des Propheten Mohammed kümmern.

Daß er sich an dieses Versprechen hielt, ist an der Liste der Feldzüge abzulesen, die er während seiner Amtszeit unternahm: An zehn europäischen und an drei asiatischen Kriegen nahm Soliman persönlich teil. Nicht ganz ein Jahr war verstrichen seit der Zeremonie der Schwertumgürtung, da zog Soliman in Belgrad ein. Vor den Weihnachtstagen des Jahres 1522 vertrieb der Sultan die Johanniterritter von der Insel Rhodos.

Nach gründlichen Vorbereitungen begann im April 1526 der Feldzug, der nach Wien, zum »goldenen Apfel«, führen sollte.

»Sie kamen und schlossen am 23. September die Festung Wien ein.« Ibrahim Pecevi, der Chronist, legt Wert auf die Feststellung, daß die Belagerung zum Zeitpunkt der Tag- und Nachtgleiche begonnen habe. Achtzigtausend Kämpfer des islamischen Heeres wollten achtzehntausend Verteidiger zur Aufgabe zwingen. Ibrahim Pecevi berichtete: »Der Großwesir Ibrahim Pascha umrundete die Festung von allen Seiten und erkundete jede Stelle. Er ließ Wien von vier Truppenverbänden einschließen. Von der Donau bis zu den Befestigungen auf dem Kahlenberg lagerte eine Abteilung. In der Nähe der Donau hatte der glückhafte Sultan mit dem Hofstaat sein Lager, präzise gesagt, in der Umgebung der Kirche und des Hospitals von St. Marx. Andere Verbände hatten am Wienfluß ihr Lager aufgeschlagen. Bis direkt zur Kirche von St. Ulrich und an das Kärtnertor und den Kärtnerturm heran reichte dieses Lager. Die dritte Truppenabteilung waren die Janitscharen, die unter dem Bannes des Qasim Pascha standen. Der dritte Verband lagerte etwas vom Schottentor entfernt über die Wiese hinaus.«

Ehe sich der Belagerungsring schloß, hatten einige tausend Bürger die Stadt verlassen. Sie wollten sich nicht der Gefahr aussetzen. Das Schicksal der Besatzung von Ofen, einem Teil der heutigen Stadt Budapest, hatte die Angst ins Unerträgliche gesteigert: Die Besatzung war von den Siegern beim Abzug erschlagen worden, obwohl ihr der Großwesir Sicherheit für Leib und Gut zugestanden hatte. Der Wortbruch war erfolgt, so begründeten die beteiligten Offiziere den hundertfachen

Mord, weil einer der Abziehenden einen Moslem mit dem Schwert bedroht haben soll. Die Menschen in Wien schlossen aus diesem Vorfall, die Soldaten des Sultans würden ihnen in jedem Fall, auch bei ehrenvoller Kapitulation, das Leben nehmen. Von etwa dreitausendfünfhundert wehrfähigen Bürgern Wiens blieben schließlich nur noch vierhundert in der Stadt zurück.

Die Flüchtigen kamen allerdings nur dreißig Kilometer weit. Sie hatten den Weg die Donau entlang genommen. In Tulln wurde die Gruppe von den schnellen Reitern des Sultans überholt. Peter Stern von Labach, auch er ein Zeuge aus jener Zeit, schrieb über das Morden von Tulln: »Die Weyber und kind sind den merern teil in der türcken hand kumen und so tyrannisch und erbermlich mit ihnen gehandelt worden, daß nit wohl auszusprechen ist.«

Gedruckte Flugblätter trugen die Angst vor den Invasoren weiter. Hans Guldenmundt, ein Verleger in Nürnberg, sorgte für Verbreitung einer vierblättrigen Serie von kolorierten Holzschnitten, die von den Greueltaten der Türken berichteten. Begleitet waren die Illustrationen von gereimtem Text. Guldenmundt hat keine Scheu, auszusprechen, was geschehen ist:

> Ach der Herre Gott im höchsten Thron,
> Schau dir diesen großen Jammer an.
> So der türkisch wütend Tyrann
> Im Wienerwalde hat getan.
> Elend vermordet er Jungfrauen und Frauen.
> Die Kinder mitten entzwey gehauen
> Zertretten und entzwey gerissen
> An spitzig Pfahl tet er sie spiessen.
> O unser Hirte Jesu Christ
> Der du gnedig und barmherzig bist
> Dein Zoren von dem Volk abwendt
> Errett es aus der Türken Hend.

Ein anderes Blatt zeigt einen türkischen Reiter, der Frau und Mann, am Hals gebunden, hinter sich herzieht. Der Titel des Blattes: ›Die Gefangenen klagen‹. Der Text lautet so:

> Ach Herre Gott lass dich erbarmen
> Unser Elend der Gefangenen armen.
> Erwürgen sehen wir unsere Kinder
> Genummen sind uns Schaf und Rinder
> Haus und Hof ist uns verbrennt
> Und wir geführt in das Elend.
> Weh daß uns unsere Mutter trug

Erst müssen wir ziehen in dem Pflug
Und gersten essen wie die Pferd
Mit unserem Munde von der Erd.
Kumm grymmiger Tod und uns erlös
Von dem grausamen Türken bös.
Der Türke aber triumphiert:
Wir unseren großen Mutwillen treiben
Mit Jungfrauen und junge weyben
Die alten schlagen wir zu tot
Dem Christenglauben grad zum Spott.

Die so geschürte Angst vor den Belagerern führte dazu, daß auch die Herren der Stadtverwaltung mit ihren Familien Wien verlassen hatten. Die militärischen Kommandeure waren gezwungen, sich auch um die Vorratslager und um die Wasserversorgung zu kümmern. Erschwerend für diese Aufgabe war, daß sie meist Ortsfremde waren, die sich in Wien erst orientieren mußten. An eine Verteidigung des ganzen Stadtgebiets war nicht zu denken. Die Vorstädte mußten geopfert werden: Die Häuser draußen vor der Mauer wurden verbrannt, die Keller der Ruinen nach Möglichkeit zugeschüttet, damit sie den Belagerern keine Deckung bieten konnten. So wurde eine leichtüberschaubare Fläche geschaffen rings um die Festungsteile, die nicht durch das Wasser der Donau abgesichert waren.

In den Jahren vor 1529 hatten es sich die Wiener angewöhnt, ihren Abfall in den Stadtgraben zu werfen. Im Verlauf der Zeit war die Vertiefung ganz aufgefüllt worden. Eilig wurden jetzt die wenigen Bürger, die in der Stadt geblieben waren, dazu aufgefordert, den Stadtgraben auszuräumen. Trotzdem blieb dieser wichtige Teil der Stadtbefestigung ohne Nutzen für die Belagerten – obgleich die in der Nähe liegenden Wasserläufe leicht hätten angezapft werden können, wagte die militärische Führung nicht, den Stadtgraben mit Wasser zu füllen, aus Furcht, dieses Wasser würde die Mauern und Wälle durch Ausspülung ihres Fundaments zum Einsturz bringen.

Über die ersten Gefechte berichtet Ibrahim Pecevi: »Fünfhundert der Belagerten, die in blankes Eisen gehüllt waren, machten einen Ausfall aus der Stadt. Sie kämpften mit den türkischen Truppen. Es war der 26. September. Doch sie hatten keinen Erfolg. Etliche von ihnen wurden niedergemacht, etliche von ihnen gefangen. Auch ihr Fahnenträger wurde gefangen.« Die türkische Kavallerie hatte diesen Erfolg errungen. Die Belagerten lernten die Taktik der gegnerischen Reiterei kennen, eine Flucht vorzutäuschen, um dadurch den verfolgenden Feind weit von seiner Basis wegzulocken; war der nötige Abstand geschaffen zwischen der Festung und dem Verband, der den Ausfall gewagt hatte, dann schoben sich Reitertruppen aus dem Hinterhalt wie ein Riegel in diesen Abstand hinein. Meist wurde der abgeschnittene Verband von der türkischen Reiterei vernichtet.

Den Gefallenen wurden die Köpfe abgeschlagen. Auf Stangen gespießt wurden diese Trophäen vor dem Zelt des Sultans zur Besichtigung aufgestellt. Einige der Gefangenen dieses Tages schickte Soliman nach Wien zurück mit dem Auftrag, die Belagerten wissen zu lassen, die islamische Armee werde die Stadt nicht betreten und von jeder Plünderung absehen, wenn jetzt die Kapitulation ausgesprochen werde. Unterbleibe diese Kapitulation, dann stehe sein Entschluß fest, Wien in Schutt und Asche zu legen und nicht einmal ein Kind im Mutterleibe zu schonen.

Die Pioniere der Türken begannen in den ersten Tagen der Belagerung, unterirdische Stollen in Richtung auf die Bastionen zu graben. Sprengkammern zur Zerstörung der Mauern wurden angelegt. Als die Belagerten spürten, daß sie im Verborgenen bedroht wurden, bemühten sie sich um Gegenmaßnahmen. Sie stellten Wasserbecken auf und beobachteten die Oberfläche der Flüssigkeit. Wenn sie sich manchmal kräuselte, dann konnte man daran ablesen, daß Grabungsarbeiten in der Nähe im Gange waren. Wußten die Belagerten erst einmal, wo der Gegner seine Sprengkammern vorbereitete, dann war es ihnen möglich, Gegenstollen in die Erde zu treiben.

Durch Zufall befanden sich als Kriegsknechte einige Tiroler Bergknappen in der Stadt. Ihnen wurde die Aufgabe übertragen, von der Stadt her Schächte gegen die Stollen der Moslems zu graben. Dank ihrem Fleiß konnten einige Sprengkammern ausgeräumt werden, ehe die Türken Feuer an die Zündschnüre gelegt hatten. Eine Reihe von Stollen aber blieben unentdeckt. Die Detonation des Sprengstoffs richtete beachtliche Verwüstungen an. Westlich des Kärtnertors gelang den islamischen Pionieren der größte Erfolg. Ein Mauerstück von achtzig Metern Länge stürzte in sich zusammen. Auf diese Bresche konzentrierte sich sofort nach der Explosion die ganze Wucht des Angriffs der Moslems. Mit Glück konnte er abgewehrt werden. In der nächsten Nacht wurde die Mauer wieder notdürftig repariert.

Sultan Soliman war an einer raschen Erstürmung interessiert. Die Jahreszeit war weit fortgeschritten: Es war Anfang Oktober, und die Truppen aus dem warmen Süden waren nicht für Schlechtwetterperioden und für Winterklima ausgerüstet. Wenn die Tage und Nächte kälter wurden, mußten die Soldaten in festen Häusern untergebracht werden, sonst waren Meutereien zu befürchten. Soliman war ernsthaft beunruhigt über den Verlauf der Belagerung. Seine Sorge machte sich in den wütenden Ausbrüchen bemerkbar, die der Großwesir und die hohen Offiziere über sich ergehen lassen mußten. Sie alle bekamen zu hören, sie hätten ihn, den obersten aller Herrscher, belogen mit der Behauptung, der »goldene Apfel« falle dem Islam leicht zu. Niemand wagte sich zu verteidigen, denn in der Tat waren sich die Militärfachleute in der Annahme einig gewesen, die Befestigungswerke von Wien seien nur unvollkommen ausgebaut, die Bevölkerung sei zerstritten, Hoffnung für die Christen auf raschen Entsatz bestehe nicht.

Im letzten Punkt sollten die Prognosen recht behalten, wie der Rückblick auf die Monate vor der Belagerung zeigt. Ferdinand, der schon seit Herbst 1528 mit dem islamischen Angriff gerechnet hatte, war bemüht gewesen, die übrigen Fürsten des christlichen Europas von der Notwendigkeit einer Einheitsfront gegen die Türken zu überzeugen. Die Mobilisierung hatte im eigenen Land begonnen: Die mährischen Stände hatten noch vor Jahresablauf eintausend Reiter und sechstausend Mann der Infanterie angeworben und ausgerüstet. Die Stände von Kärnten folgten diesem Beispiel. Von Innsbruck aus, der bevorzugten Residenz der Habsburger, schickte Ferdinand besorgte Briefe an die deutschen Fürsten und bereitete sie darauf vor, daß er beim Reichstag in Speyer Forderungen nach einer umfangreichen »Türkenhilfe« erhebe.

Doch als der Reichstag wirklich am 15. März 1529 zusammentrat, war von der Einigkeit, auf die Ferdinand gehofft hatte, nichts zu spüren. Der Herzog von Bayern machte sich zum Sprecher der Gegner Ferdinands, die in der Anwerbung von Truppen durch die Habsburger eine Gefahr für die übrigen Reichsteile sahen. Nach ihrer Meinung gab es keine Garantie dagegen, daß diese Truppen vom Haus Habsburg zur Stärkung der Macht im Reich selbst verwendet würden. Der Herzog von Bayern bestritt zu einem Zeitpunkt, als der Feldzug des islamischen Heeres schon seit zwei Jahren mit gleicher Stoßrichtung zu verfolgen war, die Größe der Bedrohung durch die Türken; er stellte den Antrag, zunächst einmal Kundschafter in das Reich des Sultans zu schicken, die einen objektiven Bericht geben sollten, ob Soliman wirklich die Absicht habe, das »Haus des Islam« auf Kosten des Reiches auszudehnen. Ferdinand bekam sogar die Empfehlung zu hören, er möge auf Ungarn verzichten zugunsten des Woiwoden von Siebenbürgen. Mit diesem Verzicht sei der Sultan wohl zu beruhigen und von weiteren Eroberungszügen gegen Zentraleuropa abzuhalten. Ferdinand mußte sich nach solcher Argumentation als eigentlicher Störer des europäischen Friedens angeklagt fühlen. Nicht der Sultan sollte auf die zu Unrecht beanspruchte Autorität über Ungarn verzichten, sondern er, dessen Erbansprüche den Regeln des internationalen Rechts entsprachen.

Hartnäckigen Widerstand gegen die »Türkenhilfe« leisteten vor allem die evangelisch orientierten Fürsten. Sie hatten zur Kenntnis genommen, daß in Ferdinands ureigenstem Herrschaftsbereich die evangelischen Gläubigen verfolgt und mit Hinrichtung bedroht wurden. Dem Gegner ihres Glaubens wollten sie keine militärische Hilfe leisten. Sie sahen nicht ohne Befriedigung die Verlegenheit des katholischen Habsburgers, der auf Hilfe angewiesen war. Ihnen konnte es nur recht sein, wenn Ferdinand aus dieser Auseinandersetzung geschwächt herausging.

Nach langen Diskussionen fanden die Fürsten einen Kompromiß: Die von Bayern gewünschten Kundschafter wurden losgeschickt, um Zustand und Absichten des Türkenheers zu erforschen. Um aber die Zeit bis zu ihrer Rückkehr nicht zu verlieren, vereinbarte man vorläufige Hilfsmaßnahmen; die Beschlüsse sollten jedoch nur bei der Drohung eines »gewaltigen Heerzuges« der Türken Gültigkeit erlangen. Weitere Kundschafter sollten während der kommenden Monate den Vormarsch des islamischen Heeres überwachen. Waren bestimmte Phasen des Vormarsches erreicht, sollten vorher genau fixierte Kontingente gestellt werden. Eine »Reichsdeputation« hatte darauf zu achten, daß die dem Habsburger überlassenen Truppen nur zur Abwehr der Türken und nicht zur Niederwerfung der Evangelischen Verwendung fanden. Die Texte allerdings enthielten eine Zweideutigkeit: Die Reichskontingente waren dem König von Ungarn zu unterstellen. Nun gab es aber zwei Könige von Ungarn, denn auch Johann Zapolya, der Woiwode von Siebenbürgen, nannte sich König und beherrschte einen Teil ungarischen Gebiets.

Als die ersten Kundschafter zurückkehrten und berichteten, daß die islamischen Verbände ohne Zweifel in Richtung auf Wien vorrückten und sicher auch stark genug seien, um Belagerung und Sturm siegreich zu beenden, traten die Beschlüsse des Reichstags zur »Türkenhilfe« in Kraft. Pfalzgraf Friedrich bei Rhein erhielt seinen Bestallungsbrief als Oberster Feldhauptmann. Sein Auftrag sollte jedoch mit dem Ablauf der zwölften Woche erlöschen. Auch dieser Punkt in den Reichstagsbeschlüssen war als Sicherung gedacht: Die Reichstruppen konnten in der zeitlichen Begrenzung ihrer Mobilisierung nur zu defensiven Zwecken eingesetzt werden. Ferdinand war so nicht in der Lage, mit den ihm übergebenen Reichstruppen dem Woiwoden von Siebenbürgen Ungarn abzunehmen. Ferdinand war mit den halbherzigen Hilfsmaßnahmen nicht zufrieden. Er bemühte sich, eine Aktion internationaler Solidarität zu organisieren. Kaiser Karl V. aber war nicht bereit, für die Rettung der Stadt Wien Geld und Soldaten einzusetzen. Er konnte auch nicht helfen, denn er lag im Streit mit Frankreich, mit dem Papst und mit der Republik Venedig. Am 28. August 1529 hatte Ferdinand an die ganze Christenheit appelliert, der Stadt Wien zu helfen, die von der Flut des Islam bedroht war. Antwort war ihm keine gegeben worden.

Sultan Soliman war über die monatelangen Bemühungen des Habsburgers und über das negative Resultat genauestens informiert. Dieses Wissen hatte wesentlich zum Entschluß beigetragen, nach Wien zu ziehen. Aufgrund seiner eigenen Analyse der militärischen und politischen Situation und der Lagebeurteilung seiner Offiziere war er zu dem Schluß gekommen, wenige Tage Belagerung würden Wien in eine sturmreife Stadt verwandeln. Soliman glaubte einen insgesamt kaum widerstandsfähigen Gegner vor sich zu haben. Daß das Manifest an die Christenheit keine Beachtung gefunden hatte, war ihm ein weiterer Beweis für die Schwäche dieser Religion.

Um so größer mußte seine Wut über das Ausbleiben des Erfolgs vor Wien sein. Ihn ärgerte die Kühnheit der Belagerten, die einen Ausfall in die Kärtner-Vorstadt gewagt hatten. Dreitausendfünfhundert Männer waren über die Mauern heruntergestiegen und hatten die Janitscharen angegriffen, die in den Ruinen der Vorstadt ihre Stellungen besaßen. Die Überraschung gelang: Die Janitscharen flohen; zweihundert blieben tot zurück. Auch die Reiterei wagte sich häufig aus den Stadtmauern heraus. Sie hatte die Aufgabe, die Artilleriebatterien der Moslems anzugreifen, die sich auf die Befestigung eingeschossen hatten.

Den letzten Ausfall unternahmen die in der Stadt zusammengezogenen Truppen am 6. Oktober. Achttausend Männer sollten in der Nähe der Burg einen Flankenangriff gegen die Türken unternehmen. Da die Konzentration einer so großen Zahl von Kämpfern Zeit brauchte, fand die Attacke erst lange nach Abschluß der Morgendämmerung statt. Die achttausend Kriegsknechte wurden bereits erwartet. Abwehrfeuer schlug ihnen entgegen. Mit schweren Verlusten für die Belagerten und mit einer von Panik getriebenen Flucht endete dieser Ausfall.

Am Abend des 8. Oktober erfuhren die Kommandeure in Wien von einem Gefangenen, daß der Sturm der Moslems am kommenden Tag erfolgen sollte. Die Information war korrekt. In den frühen Nachmittagsstunden brachte die Detonation zweier Sprengkammern große Abschnitte der Mauern am Kärtner Turm zum Einsturz. Trotzdem gelang es den Angreifern nicht, durch die Breschen zu stürmen. In der Nacht wurden die eingestürzten Mauerteile durch eingerammte Balken wieder verteidigungsfähig gemacht.

Der Großwesir hat die peinliche Pflicht, den Sultan vom Scheitern des Sturms zu unterrichten. Doch haben beide noch Hoffnung, die Stadt, die nicht kapitulationsbereit ist, mit Gewalt einzunehmen. Eine rasche Entscheidung ist notwendig, denn in den Zeltlagern der islamischen Armee machen sich Versorgungsschwierigkeiten bemerkbar. Achtzigtausend Kämpfer und ihr Anhang verschlingen jeden Tag große Mengen an Lebensmitteln. Da die Dörfer ringsum niedergebrannt und verwüstet sind, gibt es keine Chance, durch Beschlagnahme an Ort und Stelle Nahrung zu beschaffen. Von weit her müssen Mehl und Fleisch herantransportiert werden; und die Wagenzüge treffen selten genug ein. Hunger im Lager aber kann Meuterei zur Folge haben. Soldaten, die sich nicht satt essen können, sind häufig genug zu Gegnern des Herrschers geworden.

Am 13. Oktober verkünden Herolde im Lager der Moslems, jeder, der mit einer wesentlichen Aktion zum Fall der Festung Wien beitrage, könne mit hoher Belohnung rechnen. Einen Tag später stürmen die Moslems wieder. Daß dem Angriff der rechte Schwung fehlt, spüren die Belagerten bald. Von den Wällen ist zu sehen, wie die Offiziere ihre Männer mit Säbelhieben zum Sturmlauf antreiben. Auch diesmal reißen die unterirdischen Sprengungen große Löcher in die Festungswerke. Die Belagerten aber weichen nicht. Gegen 15 Uhr hören die Kämpfe nach und nach auf. Sultan Soliman hat beschlossen, die Belagerung abzubrechen.

Am Abend hielt der Herrscher Diwan, alle Würdenträger setzten sich zur Beratung zusammen. Die Stimmung im Zelt des Sultans war keineswegs deprimiert. Soliman sah den ganzen Feldzug in einem größeren Zusammenhang, und dabei überwogen die Erfolge. Das Kriegsziel, so meinte er, sei die Klärung der Ungarnfrage gewesen. Der Woiwode von Siebenbürgen sei als Vasall der Hohen Pforte für immer an den Sultan gebunden; Habsburg sei damit aus Ungarn verdrängt. Mit diesem Feldzug, sagte Soliman, war auch die Absicht verbunden, Ferdinand in die Schranken zu weisen. Ansprüche auf Ungarn zu stellen, werde der Habsburger wohl in Zukunft unterlassen. Dazuhin sei der Kampf um Wien nur für den Augenblick unterbrochen, denn noch immer gelte der Grundsatz: »Was der Huf des Pferdes des Königs aller Könige berührt hat, das ist Eigentum des Königs aller Könige.«

Die Truppenführer bekamen keine Vorwürfe zu hören, sie wurden statt dessen reich beschenkt mit Ehrenkleidern und edelsteingeschmückten Säbeln. Den Janitscharen war ein besonderes Sturmgeld versprochen worden; obgleich der Sturm zu keinem Erfolg geführt hatte, wurden die Männer bezahlt. Um Mitternacht war in Wien das Schreien der christlichen Gefangenen draußen im Moslemlager zu hören. Sie hatten erfahren, daß sie umgebracht werden sollten. Nur ganz junge und kräftige Männer wurden mitgenommen.

Keine der Chroniken aus jener Zeit gibt Auskunft, warum Sultan Soliman in derartiger Eile die Lager bei Wien hat abbrechen lassen. Aus der Schilderung des Ibrahim Pecevi ist zu entnehmen, daß die Soldaten unzufrieden waren: »Sie sagten alle, weder bei Rhodos noch bei Belgrad seien jemals so viele der Ihrigen ums Leben gekommen.« Die Wiener glaubten, Soliman hätte aus Reue über die Mißachtung der alten ritterlichen Tradition, die nur drei Sturmläufe gegen eine Festung erlaubt, die Belagerung aufgehoben – Soliman hatte viermal den Angriffsbefehl gegeben. Dieser Glaube ist wohl als Fehleinschätzung anzusehen. Der Sultan, der seine Lebensaufgabe darin sah, Europa dem Islam zu öffnen, hielt sich nicht an ritterliche Traditionen gebunden, deren Beachtung ihm den Erfolg raubte.

Der verständlichste Grund für den raschen Abmarsch war sicher die Sorge vor dem hereinbrechenden Winter. Schon in Bruck an der Leitha wurde die Kolonne von Kälte und Schnee überrascht. Im Kriegstagebuch der islamischen Truppe ist diese Bemerkung eingetragen: »Vom Morgengebet bis zum Abend schneite es in einem fort. Einige der Soldaten fanden wegen einer Überschwemmung ihr Gepäck nicht wieder.«

Die Stadt war zwar gerettet worden, doch unter hohen Opfern der Bevölkerung. Verhältnismäßig sicher waren die Menschen, die innerhalb der Mauern geblieben waren, doch viele hatten zu fliehen versucht oder hatten sich versteckt gehalten in den Weinbergen. Die Wiener Grundbücher geben Auskunft über manches Schicksal. Da sind solche Vermerke zu lesen: »...haben yn die tyrggen erschlagen ...ihr beeder ehelich kinder, die das 29. Jahr durch die Turckhen verfuret worden ... Verführung durch den Durckhen im 1529 jahr geschehen.« Die Flugschriften jenes Jahres zeugen von keiner Jubelstimmung in Wien. Das Elend der Entführten bedrückte die Gemüter. Der Verleger Hans Guldenmundt ließ die weiblichen Gefangenen klagen:

Ach weh uns armen Frawen weh
Nun werden wir frolich nymer meh
seyd wir von den Thürkische mannen
Ins Elend wern geführt von dannen
Aus unserem Christenvaterland
Von Ehr und Gut in Laster und Schand
Von Eltern, Männern, Kindern, Freunden,
Hin zu den unchristlichen Fremden
Nun haben wir auf Erd kein Trost
Daß wir vom Thürcken würden erlöst.

Zurückgekehrt ist kaum wieder einer der Entführten. Das schlimme Erleben hat die Angst genährt, der Türkeneinbruch könne sich wiederholen. Unbegründet war diese Angst nicht. Schon im Jahre 1532 befand sich Soliman wieder in der Nähe; er führte Krieg in der Steiermark.

Die Drohung, Wien erneut belagern zu wollen, wurde erst einhundertundfünfzig Jahre später Wirklichkeit. Soliman selbst kam nicht mehr vor die Stadt. Er siegte in Persien, annektierte Ungarn nach dem Tode des Woiwoden von Siebenbürgen, eroberte Gran und Stuhlweißenburg. Seinen größten Triumph erlebte Soliman, als Ferdinand sich verpflichtete, jährlich Tribut in Höhe von 30000 Gulden zu zahlen. Wer zahlte, der galt als Abhängiger – wer das Geld bekam, der galt als Herr. So gesehen konnte sich Soliman durchaus als Sieger betrachten.

## Die Moslems sahen in Luther einen Verbündeten
## Der Papst war für den Reformator der größere Feind

Nicht ohne Anzeichen von Stolz berichtete Martin Luther: »Ein gewisser Schmalz, der mit einer Gesandtschaft in der Türkei gewesen war, hat mir im Jahr 1532 erzählt, daß der Sultan nach meiner Person und nach meinem Alter gefragt habe. Auf die Antwort, daß Luther achtundvierzig Jahre alt sei, habe der Sultan erwidert: Ich wollte, daß Luther noch jünger wäre, denn er sollte einen gnädigen Herrn an mir wissen.«

Sultan Soliman hat diese Worte gesprochen; derselbe Sultan, der drei Jahre zuvor Wien belagert hatte und –trotz des Mißerfolgs – noch immer der festen Überzeugung war, Wien und ganz Deutschland bald in seine Hand zu bekommen. Der Sultan selbst, nur achtunddreißig Jahre alt, sah voraus, daß Luther bald ein Untertan des islamischen Herrschers sein könnte, und er war bereit, mit diesem Mann über Glaubensfragen zu diskutieren. Luther konnte – vom Standpunkt der Moslems aus gesehen – als Verbündeter des Islam gelten, hatte er doch dem Papst, dem höchsten Repräsentanten der Christenheit, vorgeworfen, in Glaubensfragen im Irrtum zu sein. Soliman sah die Situation ganz schlicht: Er, der Herrscher der Moslems, wollte den Papst stürzen, und Martin Luther verfolgte dasselbe Ziel. Zwar ging jeder von einem anderen Ausgangspunkt aus, doch das gemeinsame Ziel mußte sie verbinden. Der einzige Fehler dieses Luther war, daß er zehn Jahre älter war als Soliman; der Sultan hätte gerne einen jüngeren Verbündeten gehabt.

Für Soliman existierten ganz eindeutige Hinweise auf die Verläßlichkeit Luthers als Partner, hatte dieser Papstgegner sich doch klar gegen jede Teilnahme an einem Türkenkrieg ausgesprochen. Luthers Widerspruch gegen den bewaffneten Widerstand zur Abwehr der Türkengefahr ist hart: Türkenkriege sollen nicht geführt werden, denn sie sind Kreuzzüge – Kriegführen aber unter der Kreuzesfahne, das heißt im Namen Christi, sei ein gar zu offenkundiger Widerspruch gegen deutliche Worte Jesu.

Das waren Sätze, die der Sultan gern hörte. Luther predigte gegen alle, die der christlichen Welt mit Waffen aus der Bedrängnis helfen wollten. Die Worte Luthers waren eindeutig: »So gefiel mir das auch nicht, daß man so treibt, hetzt und reizt die Christen und die Fürsten, den Türken anzugreifen und mit Krieg zu überziehen, ehe denn wir selbst uns besserten und als die rechten Christen lebten.«

Luther wandte sich gegen die Propagandisten des Widerstands gegen die Türkengefahr. Mit christlichem Geist, so meinte Luther, sei diese Propaganda nicht zu vereinbaren.

Der Krieg, das war Luthers Standpunkt, hatte die Moslems bisher nicht aufhalten können: »Man frage die Erfahrung, wie wohl es uns bisher gelungen sei mit dem Türkenkrieg, so wir Christen und unter Christi Namen gestritten haben, bis daß wir zuletzt Rhodos und schier ganz Ungarn, und viel vom Deutschen Land dazu verloren haben. Und auf daß man spüren und greifen möchte, daß Gott nicht bei uns sei, wider die Türken zu streiten, hat er unseren Fürsten nie so viel Mut oder Geist in den Sinn gegeben, daß sie einmal mit Ernst hätten vom Türkenkriege handeln mögen. Obwohl sehr viele oder schier alle Reichstage um solcher Sache willen sind ausgerufen und gehalten worden, ist nichts dabei herausgekommen, so daß es scheint, als spotte Gott unserer Reichstage und lasse den Teufel dieselbigen hindern uns meistern, bis der Türke bei uns hier angekommen ist und also Deutschland ohne Mühe und ohne Widerstand verderbe.«

Wer sich nicht wehrt, der muß damit rechnen, vom entschlossenen Feind überrannt und gefangengenommen zu werden. Für die von einem derartigen Schicksal Bedrohten weiß Luther Ratschläge, die dem islamischen Herrscher durchaus gefallen konnten, werden doch seine künftigen christlichen Sklaven dazu angehalten, sich willig ihren islamischen Herren zu unterwerfen, ohne einen Gedanken an die Hoffnung auf Rettung zu verschwenden: »Wo es Gott verhängt, daß du vom Türken gefangen, weggeführt und verkauft wirst, daß du mußt ihres Willens leben und ein Knecht sein, so denke, daß du solches Elend und Dienst, von Gott zugeschickt, geduldig und willig annehmest und um Gottes Willen leidest, und auf's allertreulichste und fleissigste deinem Herrn, dem zu verkauft wirst, dienst, unangesehen, daß du ein Christ, und dein Herr ein Heide oder Türke ist. Und bei Leibe laufe nicht weg, wie etliche tun und meinen, sie tun recht und wohl daran. Etliche auch ersäufen sich selbst oder erwürgen sich sonst. Nicht so, lieber Bruder. Du mußt denken, daß du deine Freiheit verloren hast und Eigentum geworden bist, daraus du dich selbst ohne Willen und Wissen deines Herrn, nicht ohne Sünde und Ungehorsam lösen kannst. Denn du raubst und stiehlst damit deinem Herrn deinen Leib, den er gekauft hat oder sonst an sich gebracht, daß dieser Leib fortan nicht dein, sondern sein Eigentum ist, wie ein Vieh oder andere seiner Habe.«

Angesichts solcher Aussagen wird man sich kaum mehr wundern, daß Sultan Soliman, der Herrscher des Islam, in Martin Luther einen Verbündeten sah. Selten ist bedrohten Christen intensiver zugesprochen worden, sich in ihr Schicksal zu ergeben. Luther glaubte allerdings zu wissen, daß gefangene Christen ohnehin meist sehr rasch Moslems wurden: »Darum geht's auch also, und muß also gehen, was aus den Christen in die Türkei gefangen oder sonst hineinkommt, wird alles türkisch [gemeint ist islamisch], daß gar selten einer bei seinem Glauben bleibt.«

Daß es jedoch Menschen im christlichen Lebensbereich gab, die sich die Herrschaft des Islam ersehnten, war nicht im Sinne des Reformators: »Dazu, wie unser deutsches Volk ein wüstes, wildes Volk ist, ja schier halb Teufel, halb Menschen sind, begehren etliche der Türken Kommen und ihr Regiment.« Luther beklagt, daß man ihm und seiner Lehre die Schuld an der Bereitschaft, den Islam anzunehmen, gebe. Er wehrt sich dagegen, wie er auch den Vorwurf von sich weist, er sei für die Bauernaufstände jener Zeit verantwortlich. Daß beide Vorgänge miteinander zusammenhängen, dieser Gedanke war Luther keineswegs fremd. Nicht er trug Schuld an den Unruhen der Bauern und an den Erfolgen der Moslems: Als Ursache beider Vorgänge sah Martin Luther vielmehr soziales Fehlverhalten aller besitzenden Schichten. Gegen den Adel allein wollte er die Anklage nicht erheben; die Adligen werden nur als erste unter den Schuldigen genannt.

Der Unterschied im Maß der Gerechtigkeit zwischen »Dar al Islam« und »Dar al harb«, dem Haus des Islam und dem übrigen Teil der Welt, muß als frappierend angesehen werden. Das Regime der Moslems war damals durchaus nicht so verschrien in Europa, wie uns manche Berichte glauben machen wollen. Die Greuel, deren Kenntnis durch die Flugschrift des Hans Guldenmundt verbreitet wurden, waren durchweg auf die Tage der Belagerung eines Platzes und seiner Eroberung beschränkt. Hatten die Moslems ihre Macht in einem eroberten Gebiet erst einmal gefestigt, so führten die neuen Untertanen durchaus ein geordnetes und von Unterdrückung freies Leben, selbst wenn sie den islamischen Glauben nicht annahmen. Die Fürstenwillkür, über die sich die Bauern und Bürger in Zentraleuropa beklagten, war derselben Schicht im Herrschaftsbereich des Sultans nahezu unbekannt.

Da der Boden – Acker und Bauland – Allah gehörte, waren die jeweiligen Herren, die darübergesetzt waren, nur Lehnsträger, die dem Herrscher Rechenschaft für die Nutzung schuldeten. Der Herrscher handelte als Stellvertreter und im Namen Allahs. Er sorgte für einheitliche Vorschriften, wie der Boden zu nutzen sei und zu welchem Preis. Im islamischen Staat war es nicht dem Lehnsträger überlassen, wieviel Gewinn er aus den unter ihm arbeitenden Bauern ziehen wollte. Hielt sich ein Lehnsträger nicht an den abgesteckten Rahmen, dann war er in Gefahr, vom Sultan oder vom Großwesir bestraft zu werden. So sehr sich das Reich der Moslems auch ausdehnte, es blieb ein zentral regierter Staat, beherrscht von einem Monarchen, der weit besser über seine Untertanen informiert war als der Kaiser im christlichen Abendland. Luthers Feststellung, der Türke sei bei vielen beliebt, beruhte auf korrekter Einschätzung: »Ich höre sagen, daß man findet in deutschen Landen, so des Türken und seiner Herrschaft Kommen begehren, als die lieber unter dem Türken, denn unter dem Kaiser oder Fürsten sein wollen... Mit solchen Leuten sollt' böse streiten sein wider die Türken.«

Den Grund für die vielfach positive Einstellung einiger Bevölkerungsschichten in Europa beschreibt Martin Luther so: »Unmöglich ist's, daß Deutschland sollte stehen bleiben, auch unerträglich und unleidlich, wo solche Tyrannei, Wucher, Geiz, Mutwille des Adels, Bürgers, Bauern und aller Stände so bleiben und zunehmen sollte. Es behielt zuletzt der arme Mann keine Rinde vom Brot im Hause und möchte lieber unter dem Türken sitzen, als unter solchen Christen.«

Ohnmächtig sind allerdings die Maßnahmen zu nennen, die Luther gegen die islamfreundliche Stimmung empfiehlt: »Wider diese weiß ich nicht bessern Rat, denn daß man die Pfarrherren und Prediger ermahnte, daß sie mit Fleiß anhalten auf der Kanzel und solche Leute treulich unterrichten. Wer sich williglich der Herrschaft des Türken unterstellt, so er nicht dazu gezwungen wird, soll man ihm anzeigen, was er für Sünde tut. Zum ersten, daß solche Leute treulos und meineidig werden an ihrer Obrigkeit, der sie geschworen und gehuldigt haben, welches vor Gott eine große Sünde ist, die nicht ungestraft bleibt. Es meinen vielleicht solche Leute, es sei in ihrer Macht und Willkür, von einem Herrn zum andern sich zu begeben. Zum anderen, daß solche treulose, abtrünnige, meineidige Leute über das alles noch viel greulicher Sünde tun, nämlich, daß sie sich teilhaftig machen aller Greuel und Bosheit der Türken.«

Martin Luther, der Reformator, der in Solimans Wunschdenken als Verbündeter galt, hat sich durchaus vom islamischen Glauben distanziert. Seine eigenen Gedanken über den Islam hat er drucken lassen, damit sie den Pfarrern in der täglichen Auseinandersetzung mit Menschen, die zum Wechsel der Religion bereit waren, nützlich sein konnten. Luther hat den Koran, zumindest Teile davon, in lateinischer Übersetzung gelesen. Er fühlte sich dazu verpflichtet, denn »in 900 Jahren hat sich niemand bei uns darum angenommen zu erfahren, was doch des Mohammed Glauben wäre. Es sind alle immer mit der Feststellung zufrieden gewesen, daß Mohammed ein Feind christlichen Glaubens wäre.«

Luther stellt die Unterschiede fest, die beide Religionen voneinander trennen; er geht dabei nicht als Eiferer, sondern als Wissenschaftler vor. Die wesentliche Differenz erkennt er darin, daß Mohammed Jesus Christus zwar als Propheten gelten lasse, nicht aber in seiner Eigenschaft als »Gottes Sohn und rechter Gott«. Auch betrachte der Moslem Christus nicht als Heiland der Welt, der für die Sünden der Menschen gestorben sei. Mit diesen Ansichten sei Mohammed zum »Verwüster des christlichen Glaubens und unseres lieben Herrn Jesu Christ« geworden.

Aus dieser Analyse der islamischen Lehrsätze von Christus leitet Martin Luther das für ihn einzig mögliche Heilmittel gegen islamische Ansprüche ab. Dieses Heilmittel soll auch dem Mann oder der Frau

Kraft geben, die in die Hand der Moslems gefallen sind: »So lerne nun, weil du noch Raum und Statt hast, die zehn Gebote, dein Vaterunser, den Glauben, und lerne sie wohl, sonderlich diesen Artikel, da wir sagen: Und an Jesum Christ, seinen eigenen Sohn, unseren Herrn. An diesem Artikel liegt's, von diesem Artikel heißen wir Christen, und sind auch auf denselbigen durch's Evangelium berufen, getauft und in die Christenheit gezählt und angenommen, und empfangen durch denselbigen den heiligen Geist und Vergebung der Sünden, dazu die Auferstehung von den Toten und das ewige Leben. Denn dieser Artikel macht uns zu Gottes Kindern und Christi Brüder, daß wir ihm ewiglich gleich und Miterben werden. Und durch diesen Artikel wird unser Glaube gesondert von allen anderen Glauben auf Erden. Darum, wo du in der Türkei kommst, da du keine Prediger noch Brüder haben kannst, da erzähle bei dir selbst, es sei im Bette oder in der Arbeit, es sei mit Worten oder Gedanken, dein Vaterunser, den Glauben und die zehn Gebote.«

Eindeutig bezieht Luther Stellung: »Der Türke ist der Diener des Teufels.« Zu schlagen ist der Türke nur, wenn zuvor sein Gott, der Teufel, geschlagen wird. »Nun ist der Teufel ein Geist, der mit Harnisch, Büchsen, Roß und Mann nicht mag geschlagen werden.« Die Waffen des Christentums, so sagt Luther, sollen sein Buße und Gebet. Den Türken sieht Luther als die Zuchtrute, die Gott gebraucht, um die Menschen zur Ordnung zu rufen. Ist Gott versöhnt, das ist die Konsequenz, die der Reformator zieht, dann wird Gott auch seine Zuchtrute nicht mehr länger benützen.

Die Aussöhnung mit Gott wird erschwert durch das Papsttum, so meint Luther, das alle bösen Elemente der Schöpfung in sich vereinige: »Ist doch der Papst wohl so böse als der Türke. Er sieht dem Mohammed aus der Maßen ähnlich.« Dem Kampf gegen den Papst gab Luther Vorrang. Seine Tyrannei sollte zuerst abgeschüttelt werden. »Nichts als Sünde und Verderben kann das Papsttum wirken. Wer Ohren hat zu hören, der höre und halte sich vom Türkenkriege fern, solange noch der Name des Papstes unter dem Himmel gilt.«

Das Ende der Belagerung von Wien hatte auch Luther mit Aufatmen zur Kenntnis genommen. Da ließ auch seine Skepsis gegen die Erfolgsaussichten der Kriegsführung nach. Am 27. Oktober 1529 schrieb er: »Gestern erhielten wir die Nachricht, daß der Türke durch ein Wunder Gottes von Wien nach Ungarn abgezogen ist. Denn nachdem er gegen die Stadt selbst fast zwanzig Angriffe vergebens unternommen, hat er von unterirdischen Gräben aus an drei Stellen die Mauer mit Pulver gesprengt und bloß gelegt. Aber mit keiner Gewalt konnte er sein von Gott erschrecktes Heer zum Sturme zwingen, daß sie sich lieber von den Führern niederstechen ließen, als den letzten Sturmangriff zu wagen. Gott hat in diesem Jahr handgreiflich für uns gekämpft.«

Daß die christlichen Deutschen nun aufwachen und jetzt die Chance zur Versöhnung mit Gott nutzen, daran glaubte Luther nicht: »Kenne ich recht meine lieben Deutschen, die vollen Säue, so sollen sie wohl ihrer Weise wohlleben, und solcher großen Gnade gar nicht brauchen, sondern mit aller Undankbarkeit vergessen und denken: Ha! Der Türke ist nun weg und geflohen, was wollen wir viel Sorgen und unnütze Kosten darauf verwenden. Er kommt vielleicht nimmer wieder.« Luther prophezeite redliche Strafe für diese Haltung.

# Das Sprungbrett nach Europa
## Sultan Soliman wollte eine Basis auf Malta haben

Der Entschluß zum Angriff ist dem Sultan des Osmanischen Reiches nicht leichtgefallen. Die Beratungen zogen sich durch den ganzen Oktober des Jahres 1564 hin. Manche der Ratgeber sagten – zwar in Worten der Demut, aber doch ganz offen –, die Insel Malta sei das Pulver nicht wert, das bei ihrer Belagerung verschossen werden müsse. Einige wiesen den Sultan darauf hin, daß sein Heer, das Schwert des Islam, wichtigere Aufgaben zu erfüllen habe: Europa liege offen und verwundbar in Reichweite der auf ungarischem Gebiet stationierten islamischen Garnisonen; ein ordentlich organisierter Feldzug werde ganz ohne Zweifel mit der Niederlage der Christen in Europa enden. Andere wollten den Sultan veranlassen, auf Sizilien zu landen, um dort den Stoß auf Rom, auf das Zentrum des Christentums, vorzubereiten. Der Sultan aber traf die Entscheidung: Im kommenden Frühjahr habe die Flotte, beladen mit starken Verbänden der Artillerie und der Janitscharentruppe, Kurs auf die Insel im Herzen des Mittelmeers zu nehmen.

Soliman hieß dieser Sultan. Es war derselbe islamische Herrscher, der Wien belagert hatte. Siebzig Jahre war er alt; seit vierundvierzig Jahren regierte er das Osmanische Reich. Seine Macht spiegelte sich in seinem langen Titel wider: Sultan der Osmanen, Stellvertreter Allahs auf Erden, Herr der Herren dieser Welt, Herr über die Nacken der Menschen, König über Gläubige und Ungläubige, König der Könige, Eroberer des Ostens und des Westens, Kaiser über großmächtige Khane, Fürst und Herr unter glücklichen Sternen, Majestätischer Caesar, Siegel des Sieges, Zuflucht aller Menschen auf der ganzen Welt, Schatten des Allmächtigen, der Frieden auf Erden spendet. Die Liste der Eroberungen, die dem Heer dieses Sultans gelungen sind, ist eindrucksvoll. Folgende festen Plätze sind dem Osmanischen Reich unter Soliman eingegliedert worden: Aden, Algier, Baghdad, Belgrad, Budapest, Rhodos, Täbris, Temesvar.

Um den Titel »Eroberer des Westens und des Ostens« voll zu rechtfertigen, wollte Soliman in den wenigen Lebensjahren, die ihm noch zugemessen waren, den Ungläubigen in Zentraleuropa eine Niederlage beibringen, die den Sieg des Islam auch in dieser Weltgegend sichern würde. Nach den eigenen bitteren Erfahrungen vor Wien hatte Sultan Soliman jedoch nur geringe Neigung, noch einmal von Südosten her nach Europa vorzustoßen. Italien schien ihm der geeignetere Ansatzpunkt dafür zu sein. Soliman prägte während der Beratungen den Begriff vom »weichen Unterleib Europas«; ein heftiger Schlag dagegen werde Europa absterben lassen. Dieser Unterleib, so meinte Soliman, besitze aber einen festen Panzer, der die direkte Attacke, den heftigen Schlag abwehren könnte: die Insel Malta. Im Zentrum des Meeres gelegen, beherrsche sie die Seewege um Sizilien und um den unteren Teil Italiens. Erst wenn Malta gefallen sei, könne daran gedacht werden, den Angriff gegen das Festland zu führen. Diesem Argument beugten sich die Heerführer und die Chefs der Flotte.

Die Insel Malta lag nicht nur an einem strategisch wichtigen Punkt, sie war überdies von Rittern besetzt, deren Existenz den Herren des islamischen Reiches schon immer mißfallen hatte. Angehörige des Johanniterordens lebten und regierten auf Malta. Ihre Gemeinschaft sah sich als Beschützer des Christentums, als Waffenträger im Kampf gegen die Feinde des christlichen Glaubens. Um diese Pflicht erfüllen zu können, war den Rittern des Johanniterordens die Insel von Kaiser Karl V. im Jahre 1539 geschenkt worden. Zu jener Zeit war der Orden ohne Heimat, da er acht Jahre zuvor seinen bisherigen Stammsitz Rhodos an Sultan Soliman verloren hatte. Verbunden mit dem Geschenk war der Auftrag, den nordafrikanischen Hafen Tripolis zu verwalten, der als Brückenkopf der christlichen Welt im Siedlungsgebiet islamischer Bervölker lag.

Die Johanniter hatten Geschenk und Auftrag angenommen, denn sie waren daran interessiert, feste Plätze mit Seehäfen in ihren Besitz zu bekommen, da sie ihre Pflicht, dem Christentum mit der Waffe zu dienen, vor allem auf dem Meer erfüllten: Sie betrieben religiös motivierte Piraterie. Sie überfielen Handelsschiffe der Moslems, die auf den Routen zwischen dem westlichen und östlichen Mittelmeer unterwegs waren. Die Wasserfläche verengt sich zwischen Sizilien, Malta und der nordafrikanischen Küste, so daß sich von Malta aus der Seeweg beherrschen läßt. Die Galeeren der Ritter holten manches reichbeladene Schiff, das von Marokko nach Konstantinopel unterwegs war, in ihren eigenen Hafen. Daß sie einige Schiffe gekapert hatten, die der Familie des Sultans gehörten, war mit ein Grund, warum Malta nicht länger eine von Christen bewohnte Insel sein sollte.

Berichte von den Beratungen in Konstantinopel und vom Beginn der Ausrüstung der Kriegsflotte trafen noch im November 1564 auf Malta ein. Die Angaben stammten von venezianischen Kaufleuten, die in der Hauptstadt des Osmanischen Reiches ihre Niederlassung hatten und gegen Bezahlung politische und militärische Nachrichten lieferten. Obgleich sie das Ziel des Seeangriffs nicht hatten erfahren können, glaubten sie, daß nur Malta in Frage käme.

Der Großmeister des Ordens nahm die Warnungen ernst. Um das Jahresende benachrichtigte er alle Ritter, die verstreut in Europa lebten. Der Orden war international organisiert. Seine Mitglieder waren Spanier, Engländer, Deutsche, Franzosen, Italiener. Sie alle band die Verpflichtung, nie gegen christliche Ritter zu kämpfen, jedoch immer mit

Leib und Schwert dem Feind des Glaubens entgegenzutreten. Auch diesmal folgten sie dem Ruf.

Außerordentlich viele Johanniter kamen aus Frankreich, doch der König dieses Landes nahm mit Widerwillen Kenntnis von der Abreise seiner Untertanen nach Malta: Franz I. von Frankreich war mit Sultan Soliman verbündet. Schon 1536 hatte der französische Monarch den Vertrag mit Soliman abgeschlossen, um einen Partner zu haben, der ihm bei innereuropäischen Auseinandersetzungen nützlich sein könnte. Daß sich der Sultan des islamischen Reiches die Unterwerfung des Christentums vorgenommen hatte, hinderte den christlichen König Franz I. nicht, mit ihm einen Pakt zu schließen.

Jean Parisot de La Valette war in jenen Jahren Großmeister des Ordens und damit der Souverän über die Ritter. Zu den sieben Sprachen, die er beherrschte, gehörten auch Arabisch und Türkisch. Diese beiden Sprachen hatte er gelernt, als er ein Jahr lang Rudersklave auf einer osmanischen Galeere war. Osmanen und christliche Seefahrer raubten sich gegenseitig die Schiffe und machten die Andersgläubigen zu Gefangenen. Auf den Galeerenbänken der Johanniterflotte saßen meist arabische und türkische Sklaven; einige davon gehörten zu den angesehenen Familien des Osmanischen Reiches. Als Sultan Soliman noch unschlüssig war, ob er Malta angreifen sollte, bekam er die Beschwörungen und Klagen des Imams der Großen Moschee in Istanbul zu hören: »Einzig dein unbesiegbares Schwert kann die Ketten dieser bedauernswerten Geschöpfe zerhauen, die deine Untertanen sind. Ihre Schreie dringen gen Himmel, und sie erreichen sogar das Ohr des Propheten. Der Sohn ruft nach seinem Vater, das Weib nach seinem Mann und ihren Kindern. Sie warten alle auf dich, auf deine Gerechtigkeit und Macht, warten darauf, daß du Rache übst an ihren Feinden, an ihren unversöhnlichen Feinden, die auch deine Feinde sind.«

Der Großmeister, auch er ein Mann von siebzig Jahren, wußte, daß sich die Katastrophe von Rhodos nicht wiederholen durfte. Die Belagerung mußte so lange durchgehalten werden, bis die Geduld der Belagerer zermürbt war, bis Sultan Soliman die Blamage des Mißerfolgs nicht länger ertragen konnte und den Befehl zum Rückzug gab. La Valette kaufte deshalb große Mengen haltbarer Lebensmittel in Italien, er ließ die Festungswerke verbessern und erweitern. Seine Agenten hatten berichtet, daß die Moslems hunderteinundachtzig Schiffe mit Kämpfern und Waffen ausgerüstet hatten. Nach Schätzungen der Agenten hatte Soliman zwischen dreißig- und vierzigtausend Mann aufgeboten. La Valette verfügte nur über siebenhundert Ritter. Wenn er die gegenüber den Rittern recht zurückhaltenden ursprünglichen Einwohner von Malta mobilisieren konnte, durfte er mit einer Verteidigungsstreitmacht von achttausend Mann rechnen. Mit großer Freude aufgenommen wurden tausend spanische Soldaten, die kurz vor der Ankunft der osmanischen Flotte in Malta an Land gingen.

Kapitäne schneller Handelsschiffe, die an der Insel vorüberfuhren, berichteten dem Großmeister, wie weit die riesige islamische Flotte noch entfernt war. Als die Masten der feindlichen Schiffe jeden Augenblick am Horizont im Osten auftauchen konnten, rief Jean Parisot de La Valette die Ritter in den Saal des Generalkapitels. Er betonte den religiösen Charakter der beginnenden Auseinandersetzung: »Es ist die große Schlacht zwischen Kreuz und Koran, in die wir nun ziehen. Ein gewaltiges Heer von Ungläubigen steht im Begriff, unsere Insel zu belagern. Wir sind die auserwählten Soldaten des Kreuzes, und wenn der Himmel das Opfer unseres Lebens verlangt, kann es keine bessere Gelegenheit geben als diese. Wir treten nun also, meine Brüder, zum heiligen Altar. Dort wollen wir unsere Gelübde erneuern und durch die Kraft unseres Glaubens an die heiligen Sakramente jene Todesverachtung erlangen, die allein uns unbesiegbar machen kann.«

Auch die islamischen Kommandeure hielten in diesen Stunden Ansprachen auf ihren Schiffen. Sie forderten die »Rechtgläubigen« auf, im Kampf gegen die »Ungläubigen« dem Feind niemals den Rücken zu zeigen: »Jeder, der ihnen in der Schlacht den Rücken zuwendet, wird den Zorn Allahs zu spüren bekommen. Seine Wohnung wird künftig in der Hölle sein.«

Am 8. Mai 1565 entdeckten die Wachtposten der Festungswerke von Malta die ersten feindlichen Schiffe. Signalschüsse alarmierten die Insel. Die Bauern trieben ihr Vieh auf den Weiden zusammen; in den Festungen waren Ställe dafür vorbereitet. Vorzeitig wurde die Ernte eingebracht; die Ritter wollten das Getreide nicht dem Feind überlassen.

Den Geschichtsquellen aus jenem Jahr ist zu entnehmen, daß sich der eingesessene Adel von Malta nicht an der Verteidigung beteiligte. Diese Familien lebten in der Stadt Medina – hier hat sich der alte arabische Name noch erhalten –, zehn Kilometer von den befestigten Plätzen der Johanniterritter entfernt. Sie waren nicht gefragt worden, als der Kaiser ihre Insel ein Vierteljahrhundert zuvor den fremden, heimatlosen Ordensleuten schenkte. Für diese Familien war der Orden eine Besatzungsmacht, die der Insel ihren Willen aufzwang. Die Ritter hatten ihrerseits nie etwas unternommen, um sich mit dem angestammten Adel Maltas auszusöhnen. Wollte einer der jungen Männer in den Orden aufgenommen werden, dann wurde er zurückgewiesen. Nach Meinung der Adligen wäre der islamische Angriff auf Malta niemals erfolgt, wenn sich nicht gerade hier der dem Sultan so sehr verhaßte Johanniterorden niedergelassen hätte. Die beleidigten Männer rührten jetzt keine Hand, um den bedrängten Rittern zu helfen, zumals sie überzeugt waren, daß sie von den Soldaten des Sultans nach dem islamischen Sieg verschont werden würden. Schließlich hatte auch diese Insel einmal dem Islam gehört. Sie glaubten schon allein deshalb an eine bevorzugte Behandlung durch die Moslems, weil auch sie das Wort »Allah« sprachen, wenn sie ihren Gott benannten, auch wenn damit der christliche Gott gemeint war.

Die Landung der Belagerungstruppen begann am 19. Mai. Die Kommandeure hatten dafür nach langen Diskussionen um den besten Landeplatz eine Bucht im Süden, Marsasirocco, gewählt. Während der vielstündigen Debatte war die Flotte einmal um die ganze Insel herumgefahren. Entscheidungen fielen deshalb so langsam, weil Sultan Soliman mehrere Männer mit der Befehlsgewalt über Flotte und Heer ausgestattet hatte. Ein bewährter Offizier, Mustapha Pascha, war für dieses Unternehmen als Oberbefehlshaber der Armee eingesetzt; Admiral Piali, fünfunddreißig Jahre alt, sollte ihm gleichberechtigt zugeordnet sein. Überwacht wurden die beiden von einem Korsaren namens Dragut Rais, einem hochangesehenen Piratenkapitän, der auf eigene Rechnung, aber im Auftrag des Osmanischen Staates, den christlichen Schiffsverkehr im Mittelmeer zu unterbinden suchte. Seine Gegner sagten von ihm, er sei eine »wandelnde Seekarte«; er kannte alle Buchten und Untiefen, wußte Bescheid über Wind und Strömung. Aus seinen Siegen entstanden Legenden. Selbst die christlichen Kapitäne nannten ihn »Das gezogene Schwert des Islam«. Dragut Rais hatte den Johannitern längst den Hafen Tripolis an der nordafrikanischen Küste abgenommen, den sie gemäß dem Auftrag Karls V. hätten verwalten und verteidigen sollen. Achtzig Jahre alt war der Korsar bereits, doch noch immer kommandierte er selbst sein Geschwader, noch immer ging er den Jüngeren im Kampf voran.

Die Angreifer versuchten zunächst, das Außenfort St. Elmo zu nehmen, das den »Großen Hafen« am Fuß der Ritterfestungen im Nordosten der Insel schützte. Mustapha Pascha und Admiral Piali waren überzeugt, daß dieses Außenfort rasch fallen würde, schon innerhalb weniger Tage; Dragut Rais hingegen war skeptisch und behielt recht. St. Elmo widerstand einunddreißig Tage lang der Belagerung. Tag und Nacht dauerte die Beschießung durch die schweren Batterien der Moslems. Über fünfzehntausend Geschosse zertrümmerten die Mauern des Außenwerks. Achttausend seiner Kämpfer verlor Mustapha Pascha während dieses einen Monats. Ein Blutzoll, der nicht wiedergutzumachen war. Als der Heereskommandeur schließlich auf den eroberten Ruinen von St. Elmo stand, erblickte er drüben über dem Hafen die Mauern und Wälle von St. Angelo, der Hauptfestung des Johanniterordens, und er begann zu zweifeln, ob er diese Insel als Sieger verlassen würde.

Daß der unbequeme Kontrolleur Dragut Rais zu diesem Zeitpunkt nicht mehr lebte, stimmte Mustapha Pascha kaum heiterer. In der Nähe des Korsaren hatte der Einschlag einer Kanonenkugel große Splitter von einem Felsen losgeschlagen, und einer hatte Dragut Rais so unglücklich am Kopf oberhalb des rechten Ohres getroffen, daß er schwer verwundet liegenblieb. Er hielt sich noch so lange am Leben, bis sich der Fall des Außenwerks St. Elmo abzeichnete.

Nach den Kriegsregeln jener Zeit hatte der lange Widerstand der Verteidiger jegliches Recht auf Gnade zum Erlöschen gebracht. Es war üblich, daß sich eine Festung ergab, wenn das Mauerwerk Breschen aufwies. Nach diesem Grundsatz hätte St. Elmo schon in den ersten Tagen des Angriffs kapitulieren müssen. Doch der Kampf um Malta wich weit ab vom Üblichen. Der Großmeister hatte der Auseinandersetzung die weltanschauliche Dimension gegeben, als er gesagt hatte: »Es ist die große Schlacht zwischen Kreuz und Koran, in die wir ziehen.« Mustapha Pascha hatte davon erfahren. Er ließ jetzt, nach dem ersten Sieg, den in St. Elmo aufgefundenen toten Rittern die Köpfe abschlagen; die Körper aber wurden in Kreuzform auf Bretter genagelt. In der Nacht trieben die verstümmelten Leichen auf dem Wasser des Hafens hinüber zu den christlichen Festungen. Großmeister La Valette befahl sofort die Hinrichtung aller islamischen Gefangenen durch Enthauptung. Die Artillerie der Johanniterritter schoß die Köpfe hinüber ins Lager des Mustapha Pascha.

Auf den Wällen der Hauptfestung St. Angelo – sie war jetzt den Angriffen ausgesetzt – waren morgens die Laute der betenden Moslems und die Ansprachen der Vorbeter zu hören, die für den eben beginnenden Tag zur Schlacht riefen: »Dies ist der Heilige Krieg zwischen Rechtgläubigen und Christen. Das Paradies ist dem sicher, der mit dem Gesicht zum Feind gewandt fällt.« Die Schilderungen des Paradieses beschrieben den Genuß von kühlem Wasser, von Wein und von schönen Frauen.

Auch die christlichen Ritter bekamen Schilderungen zu hören, die den Kämpfern das Sterben leichtmachen sollten. Allerdings sprach der Großmeister mit zurückhaltendem Pathos: »Was könnte ein rechter Ritter sich glühender wünschen, als in Waffen zu sterben! Was paßt für ein Mitglied des Ordens vom heiligen Johannes besser, als das Leben in der Verteidigung des Glaubens hinzugeben?«

Mustapha Pascha konzentrierte die Feuerkraft seiner Geschütze auf die Christenfestung. An manchen Tagen, wenn der Wind aus Süden wehte, konnten die Bewohner des hundert Kilometer entfernten Syrakus das Dröhnen hören. Die Gewichte der Geschosse betrugen sechzig, achtzig und zweihundert Pfund. Schiffsladungen voll solcher Kugeln hatte die Armada des Mustapha Pascha mitgebracht. Doch verließ sich die islamische Führung wie bei allen Belagerungen bisher nicht auf die Wirkung der Artillerie allein. Sie setzte Mineure ein, die Stollen unter die Wälle des Gegners trieben. Direkt unter den Befestigungsanlagen wurden diese Stollen mit Sprengstoff gefüllt und zur Explosion gebracht. Elitetruppen der Belagerer warteten auf den Augenblick der Sprengung, um die durch den Einsturz von Mauern und Wällen entstehende Verwirrung zu nützen und über die Mauertrümmer in die Bresche einzusteigen. Für die Männer hinter den Mauern gab es kaum ein Mittel zur Abwehr der feindlichen Mineure. In den Kellern der Festungswerke waren zwar, legte man das Ohr an den Boden, die Geräusche der Schaufeln und Hacken zu hören, doch war die genaue Position der Grabenden kaum festzustellen. Nur mit Glück trafen die Gegenstollen der Verteidiger auf die islamischen Mineure, ehe die Explosion ausgelöst wurde.

Die christlichen Herren des europäischen Festlandes – insbesondere Don Garcia de Toledo, der Vizekönig von Sizilien, und Philipp II. von Spanien – zögerten mit der Entsendung eines Ersatzheeres. Sie hatten Malta eigentlich schon abgeschrieben. Der Vizekönig fragte sich, warum er seine Truppen verzetteln sollte, die er bei dem zu erwartenden Angriff auf Sizilien dringend selbst benötigen würde. Er schickte vertröstende Botschaften nach Malta – soweit es überhaupt noch möglich war, Schiffe durch den Riegel der islamischen Flotte vor der Insel zu navigieren.

Der Großmeister war klug beraten, daß er den Vertröstungen und Versprechungen des Vizekönigs nicht glaubte. Er sagte seinen Rittern, wie es um die belagerte Insel wirklich stand: »Ich will euch, meine Brüder, offen mitteilen, daß wir auf nichts anderes hoffen können als auf die Hilfe des allmächtigen Gottes, die einzig wahre Hilfe. Er, der uns bis jetzt bewahrt hat, wird uns nicht verlassen und nicht in die Hand der Feinde unseres heiligen Glaubens geben.«

Jean Parisot de La Valette wunderte sich über die politische Kurzsichtigkeit des Vizekönigs. Wie konnte Don Garcia de Toledo hoffen, Sizilien zu verteidigen, wenn die Flotte des Islam erst eine Basis auf Malta besaß? Die einzig mögliche Verteidigung von Sizilien war, die Insel der Ordensritter zu halten. War das kleine Malta erst islamisch, dann drohte Sizilien und ganz Italien Gefahr.

Versprachen die Vorbeter der Moslems ihren Gläubigen den Einzug ins Paradies nach dem Tod im Kampf, so stellte der Großmeister den christlichen Rittern und allen Kämpfenden auf der Seite des Kreuzes vollkommenen Ablaß in Aussicht, wenn sie im Gefecht mit den Moslems starben. Papst Pius IV. hatte wenige Wochen zuvor eine Bulle erlassen, die eine derartige Belohnung für alle verhieß, die gegen die »ungläubigen Mohammedaner« kämpften und dabei ihr Leben verloren. Pius IV. – sein ziviler Name war Giovanni Angelo Medici – wollte durch das Versprechen der Vergebung aller Sünden denselben Anreiz zur äußersten Anstrengung im Kampf schaffen, den Mohammed durch die Verkündung der Öffnung des Paradieses für Märtyrer seinen Anhängern gegeben hatte. Dem Kommandeur der Verteidiger von Malta kam die päpstliche Bulle gelegen. Die Ritter, denen jeder Zweifel fremd war, stellten sich fortan mit noch größerer Todesverachtung auf die Mauern der Festung.

Obgleich Don Garcia de Toledo, der im Auftrag des spanischen Herrschers in Sizilien regierte, selbst keine Anstrengungen unternahm, um der bedrängten Insel zu helfen, änderte sich die Haltung seines Hofes. Aus Nordeuropa trafen Adlige ein, die darauf drängten, nach Malta übergesetzt zu werden, um die »Ungläubigen« zu vertreiben. Der Heroismus der Verteidiger begeisterte manchen jungen Ritter, auch wenn er nicht zum Johanniterorden gehörte. Der Vizekönig mußte bemerken, daß seine Taktik, Malta in Vergessenheit geraten zu lassen, nicht zum Erfolg führte. Je länger der Konflikt dauerte, desto größer wurde die Sympathie für den Orden auf der Mittelmeerinsel. Die Herrscher überall in Europa, die den Angriff der Moslems zunächst aus ihrem Bewußtsein verdrängt hatten, machten sich nun Gedanken über die Konsequenzen eines islamischen Erfolgs. Königin Elisabeth I. von England notierte sich: »Wenn die Türken Malta einnehmen sollten, dann lassen sich die Gefahren für die übrige Christenheit noch gar nicht abschätzen.«

Ein Ritter, der die Hölle der Belagerung überlebte, hinterließ eine Beschreibung der Kämpfe, aus der die Gewalt der Beschießung deutlich wird: »Ein Sturm aus Stein und Metall ging auf die Festung nieder und legte die steinernen Bauwerke bald in Trümmer. Den ganzen Tag und sogar die ganze Nacht hindurch setzte der Feind ununterbrochen sein Feuer fort. Simon de Sousa, ein portugiesischer Ritter, wurde, während er ohne Rücksicht auf die eigene Sicherheit an der Ausbesserung einer Bresche arbeitete, durch eine Kanonenkugel getötet, die ihm den Kopf abriß.« Derselbe Tagebuchschreiber berichtet über das Resultat der Arbeit islamischer und christlicher Mineure, die gegeneinander Stollen in den Boden trieben, die durch die Explosion jeweils mehrerer Zentner Pulver im Bereich des Feindes großen Schaden anrichteten: »Im Umkreis der zertrümmerten Wälle ist der gesamte Boden durchlöchert von den Minen des Gegners und unseren Gegenminen, daß man wie auf der Kruste eines Vulkans geht.«

Der Großmeister wurde in diesen Wochen zum Herz des Widerstands. Er war auf den Wällen zu sehen, wenn es den islamischen Mineuren gelungen war, ein Mauerstück zum Einsturz zu bringen, oder wenn die Elitetruppe der Janitscharen durch die Bresche zu dringen versuchte. Er verbreitete Mut, auch wenn ihm schließlich nur noch die eine Parole blieb: »Für einen Christen kann es kein höheres Ziel geben, als für seinen Glauben, für Jesus Christus zu sterben.« Jean Parisot de La Valette brachte das Wunder fertig, daß die wenigen Verteidiger Tag für Tag und Woche für Woche standhielten. Häufig glaubten die islamischen Kämpfer, der Sieg sei da, doch jedesmal wurden sie wieder aus den Breschen hinausgetrieben.

Mustapha Pascha und der ihm beigeordnete Admiral Piali, die beide mit einem raschen Sieg gerechnet hatten, trieben ihre Männer im Abstand von nur wenigen Tagen immer wieder gegen die Mauern von St. Angelo vor. Obgleich durch zahlreiche Breschen zerklüftet, boten die Steinwälle den Verteidigern immer noch ausreichenden Schutz. Als der zweite Monat der Belagerung zu Ende ging, sah sich Mustapha Pascha gezwungen, gegen den Defätismus seiner Soldaten und Offiziere anzukämpfen. Selbst in seiner Gegenwart war mehrfach die Bemerkung zu hören gewesen, daß es wohl nicht Allahs Wille sei, die Moslems zu Herren über die Insel Malta zu machen.

Doch während Offiziere und Mannschaften nur in einem baldigen Abbruch der Kämpfe eine Chance sahen, ihr Leben zu retten, mußten die obersten Kommandeure damit rechnen, das ihre bei der Rückkehr an den Hof des Sultans zu verlieren. Es war Sitte geworden, erfolglose Truppenchefs, die Feldzüge und Seeschlachten abbrachen, im Beisein des Sultans zu erdrosseln. Mustapha Pascha und Admiral Piali mußten daher darauf bedacht sein, unter allen Umständen einen Sieg zu erringen.

Doch der Tod verringerte mit jedem Tag die Hoffnung: Männer des Mustapha Pascha starben nicht nur in den Zweikämpfen auf den Mauern von St. Angelo, sie gingen auch im Lager an Epidemien zugrunde, die nicht einzudämmen waren. Überdies war die Ernährung der Truppe schwierig geworden; die Belagerer litten empfindlicher an Hunger als die Belagerten. Die Lebensmittelzufuhr aus Nordafrika war unterbrochen. Christliche Seefahrer störten den Nachschub: Südlich von Malta lauerten sie den islamischen Transportschiffen auf und kaperten sie häufig. Diese Seefahrer handelten meist auf eigene Rechnung; sie waren Piraten, wie die Kapitäne des Johanniterordens selbst.

In der zweiten Hälfte des Monats August spürten der Großmeister und seine Ritter, daß die Schlagkraft der Moslems zu erlahmen begann. Weit weniger Kugeln prasselten gegen die Mauern von St. Angelo; die Zahl der Brandgeschosse, die über die Mauern hinweg auf die Häuser in der Festung geschleudert wurden, nahm ab. Jean Parisot de La Valette schloß daraus, daß die Moslems sparsamer mit Kugeln und Pulver umgehen mußten. Er kannte aber auch aus eigener Erfahrung die Verschleißquote der Geschütze. Zwei Monate lang waren die Kanonen ohne Unterbrechung im Einsatz, ihre Rohre zerbarsten. Doch trotz all dieser Schwierigkeiten konnten Mustapha Pascha und Admiral Piali nicht an einen Abzug aus Malta denken. Sie überlegten, welche Maßnahmen erforderlich wären, um die Belagerung von St. Angelo auch den Herbst und den Winter über durchzuhalten.

Don Garcia de Toledo machte sich unter dem Druck der kampfbereiten Freiwilligen mit dem Gedanken vertraut, daß er wohl oder übel ein Ersatzheer für die belagerte Insel werde aufstellen müssen. Er scheute die hohen Kosten der Ausrüstung und der Ernährung einer derart großen Zahl von Männern, wie sie für diese militärische Aufgabe nötig war. Schlug der Einsatz fehl, das war jetzt seine Überlegung, dann war auch mit großer Wahrscheinlichkeit Sizilien für das Christentum verloren. Die Aufstellung eines zweiten Heeres, zur eigenen Verteidigung, konnte er nicht organisieren. Deshalb zauderte er, sein Kampfpotential in Malta zum Einsatz zu bringen, das möglicherweise überhaupt nicht zu halten war. Doch Tausende kampfbereiter Männer erzwangen die Bereitstellung von Schiffen und Nahrungsmitteln. Am 25. August des Jahres 1565 liefen achtundzwanzig Schiffe mit zehntausend Mann aus den sizilianischen Häfen aus und nahmen Kurs auf Malta. Zwölf Tage später betraten die Truppen den Boden der Insel.

Admiral Piali versuchte zu keiner Stunde, die kleine Seestreitmacht des Vizekönigs von Malta fernzuhalten. Da er dreimal mehr Schiffe besaß als Don Garcia de Toledo, wäre ein Abwehrerfolg kein Problem gewesen. Zudem hatte sich die christliche Flotte selbst unnötig gefährdet, indem sich ihre Befehlshaber ihrem Ziel nur mit spürbarem Zaudern näherten. Ihre Zweifel, ob sie die Besatzung von St. Angelo noch lebend antreffen würden, waren immer größer geworden. Die kleine Flotte umkreiste die Insel in gewagten Fahrmanövern. Spätestens zu diesem Zeitpunkt hätte Admiral Piali einen Angriff ausführen lassen müssen. Doch die Christen blieben unbehelligt.

Mustapha Pascha reagierte auf die Nachricht von der Ankunft der Entsatztruppe mit dem Befehl an seine Truppen, Malta zu verlassen. Den Versuch, die christlichen Kämpfer am Betreten der Insel zu hindern, machte er nicht.

Die Glocken von St. Laurentius verkündeten den Rittern das Ende der Belagerung. Der Tag Mariä Geburt war angebrochen, und so wurde Maria einbezogen in den Dank, den der Großmeister aussprach: »Zum letzenmal haben wir vor drei Monaten eine Glocke gehört, die uns nicht zum Kampf gerufen hat. Wir danken Gott dem Herrn und seiner gebenedeiten Mutter für die Gnaden, die sie haben auf uns niederströmen lassen.«

Der Gottesdienst war noch nicht zu Ende, als Jean Parisot de La Valette die Nachricht erhielt, das islamische Heer habe begonnen, die Schiffe wieder zu verlassen. Ganz offensichtlich hatte Mustapha Pascha erst zu diesem Zeitpunkt begriffen, daß die Entsatztruppe keineswegs übermächtig war. Er hatte sich auf die Angaben des Flottenchefs verlassen, der jedoch mit Absicht übertrieben hatte, weil er daran interessiert war, mit seinen Schiffen den Weg nach Hause anzutreten, noch ehe die Herbststürme das Meer aufpeitschten. Admiral Piali protestierte denn auch mit schroffen Worten gegen den Befehl, die Kämpfer wieder an

Land zu setzen. Der lautstarke Streit ließ sich vor den Offizieren nicht verbergen, und bald erfuhr auch die Truppe von der Uneinigkeit der Führung. Der letzte Rest der Kampfbereitschaft verflog. Bewußt langsam verließen viele der islamischen Streiter die Schiffe.

Mustapha Pascha, der in dieser Endphase des Kampfes ein hohes Maß an Tapferkeit bewies, konnte die Niederlage nicht aufhalten. Die neuangekommenen Christen zerschlugen, von frischer Kampfkraft und ungebrochenem Eifer angetrieben, unaufhaltsam den Widerstand ihrer Gegner. Noch einmal erlitten die Moslems hohe Verluste. Kriegsteilnehmer auf der christlichen Seite schätzten die Zahl der Männer, die Mustapha Pascha insgesamt verloren hatte, auf zwanzigtausend. Nur ein Drittel der ursprünglichen Truppenstärke brachte der Kommandeur wieder nach Konstantinopel zurück.

Dort war die Nachricht von der Niederlage bald bekannt geworden – lange ehe der schwerfällige Verband der Flotte die Heimat erreichte. Sultan Soliman zeigte sich zunächst zornig, doch im Laufe der Wochen wurde er durch neue Projekte abgelenkt: durch die Planung von Aktionen, die den Christen zeigen sollten, daß der Islam auch nach dieser Niederlage Anspruch auf die Beherrschung der Welt erhob. Rache an Malta wollte er später nehmen. Für die nächste Zukunft sollte der Krieg in Ungarn wieder Bedeutung erlangen. Doch dem Herrscher war kein Erfolg mehr beschieden. Er starb schon im folgenden Jahr während der Belagerung von Szigetwar in Ungarn.

# »Der Kampf von damals ist noch nicht zu Ende.« Das islamische Libyen will auf Malta Fuß fassen

Als traurig bezeichnet der Präsident der Republik Malta die Geschichte der von ihm repräsentierten Insel. Daß sie bis zum Jahre 1814 vom christlichen Ritterorden beherrscht wurde, ist für ihn die Ursache der schlimmen Vergangenheit. Die Tafel am Palace Square in La Valetta, die an den Abzug der Christenritter erinnert, gilt ihm als Beweis, daß die Bevölkerung damals aufgeatmet hat. Der Text der Tafel: »Die Liebe der Menschen von Malta und die Stimme Europas vetrauen diese Insel dem großen, unbesiegten Britannien an.«

Die Besetzung durch die Ordensmänner, so meint Präsident Anton Buttigieg, hatte dazu geführt, daß sich auf den 316 Quadratkilometern der Insel Moslems und Christen in unversöhnlichem Kampf gegenüberstanden, daß Malta zum Brennpunkt der Auseinandersetzung zwischen den zwei Religionen wurde: »Die Ritter haben, getrieben von religiösem Eifer, im Glauben, ihre Pflicht gegenüber Gott erfüllen zu müssen, die Moslems erschlagen. Die Ritter waren überzeugt, damit den Himmel erringen zu können. Die Moslems wiederum haben die Christen erschlagen in der Hoffnung, dadurch werde sich ihnen der Weg ins Paradies öffnen. Wir, Christen und Moslems, müssen Gott bitten, daß er uns diesen schrecklichen Irrtum verzeiht und daß er uns, in dieser Zeit, mehr Erleuchtung möglich macht.«

Der Präsident sprach diese Worte bei der Eröffnung eines Seminars, das sich mit dem islamisch-christlichen Dialog befaßte. Wissenschaftler und Theologen aus beiden Religionen trafen sich im Januar 1980 auf Einladung der libyschen Regierung in Valetta, der Hauptstadt Maltas. Präsident Buttigieg erinnerte an die Maxime, die Papst Johannes XXIII. im Umgang der Christen mit den Moslems beachtet wissen wollte: »Wir müssen uns an die gemeinsamen Gedanken und an die gemeinsamen religiösen Tatsachen erinnern – wir müssen vergessen, was uns trennt.« Vergessen werden müsse auch, so sagte der Präsident, daß Malta das Bollwerk des Christentums gegen den Islam und der wichtigste Umschlagsplatz für arabische Sklaven war, die nach Europa weiterverkauft wurden. »Besinnen wir uns darauf, daß Malta zweihundert Jahre lang, bis zum Jahr 1090, eine arabische Insel war, daß unsere Sprache auf arabische Wurzeln zurückgeht.«

Anton Buttigieg hätte einen anderen überzeugenden Faktor der Gemeinsamkeit erwähnen können: Das gebräuchliche Wort für Gott ist »Allah«, auch wenn der christliche Gott gemeint ist. Das Fazit des Präsidenten am Ende der Tage des Dialogs: »Malta ist die ideale Brücke, auf der sich Christentum und Islam treffen können.« Vierhundertundfünfzehn Jahre nach der Belagerung der Insel durch die Moslems öffnet sich Malta dem friedlichen Bemühen der Moslems.

Der bedeutendste der islamischen Werber ist der libysche Präsident Moammar Al Kathafi. Im Dezember 1974 besuchte er die Insel zum erstenmal. Anlaß bot die Einweihung des libyschen Kulturzentrums in Valetta. Das Kulturzentrum, das die Aufgabe hat, über Libyen und den Islam zu informieren, für Libyen und den Islam Verständnis zu wecken, ist damals eingezogen in ein Gebäude, das die Briten geräumt hatten und das dem einstigen Großmeisterpalast und heutigen Parlamentsgebäude genau gegenüberliegt. Der Platz des Kulturzentrums ist von Bedeutung, und Kathafi registrierte mit Befriedigung, daß dem Nachbarn Libyen damit hoher Respekt gezollt werde.

Moammar Al Kathafi ließ bei diesem Besuch das Thema anklingen, das er von nun an vielfach variieren wird: »Im Namen Allahs, des Allbarmherzigen. Wir nordafrikanischen Moslems grüßen unsere Brüder, die Menschen von Malta. Uns verbindet eine gemeinsame Erbschaft und ein gemeinsames Schicksal. In der Vergangenheit waren wir verbunden, in der Zukunft werden wir verbunden sein. Wir wollen Schulter an Schulter miteinander für die Zukunft arbeiten. Die Eröffnung dieses Kulturzentrums ist ein erster Schritt in diese Zukunft.«

Weit zurück griff Moammar Al Kathafi in der Suche nach der gemeinsamen völkischen Basis: »Unsere Vorfahren, die der Nordafrikaner und die der Menschen von Malta, kamen aus der gleichen Gegend. Dieses Kulturzentrum wird den Beweis dafür liefern. Unsere Vorfahren waren Angehörige des alten Kulturvolks der Phönizier. Die Erbauer der Städte von Malta gehörten zum Volk derer, die eine hohe Kultur der Städtebaukunst im Libanon, in Libyen und in Tunesien entwickelt hatten. Wir haben also einen gemeinsamen Ursprung. Die Vergangenheit, ob sie weit zurück liegt oder erst eben vorübergezogen ist, enthüllt unsere Verbundenheit. War Nordafrika Schauplatz eines Krieges, dann blieb auch Malta nicht verschont. War Malta von Krieg überzogen, dann war auch Nordafrika betroffen. Kriege haben uns beide, die Menschen in Malta und die in Nordafrika, mit Not und Zerstörung überzogen.«

Der libysche Präsident zog daraus die Konsequenz, daß die Europäer und die Leute von Malta keine Gemeinsamkeit besitzen – und er hat nicht unrecht. So glücklich auch die Menschen der Insel im Jahre 1814 waren, daß die Christenritter sich nicht länger halten konnten, so sehr mußten sie bald mit Enttäuschung feststellen, daß die Engländer auch nichts anderes waren als eine Besatzungsmacht. Die Menschen auf Malta wurden hineingezogen in Kriege, die von den Europäern gegeneinander geführt wurden: Die Angriffe der deutschen und italienischen Luftflotten im Zweiten Weltkrieg waren gegen die Präsenz der Engländer auf der Insel gerichtet – die Menschen von Malta aber wurden ihre Opfer.

»Die Vorgänge während des Zweiten Weltkriegs hier auf der Insel beweisen eindeutig, daß Malta eine besetzte Insel war. Wer besetzt ist, steht mit dem Besatzer nicht auf dem Fuß der Gleichberechtigung. Der Westen war der Kolonisator; die Leute von Malta waren die Kolonisierten. Die Europäer sind auch auf Malta als Imperialisten aufgetreten.«

Die Insel war zu diesem Zeitpunkt, als Moammar Al Kathafi diese Worte sprach, seit zehn Jahren offiziell ein unabhängiger Staat, doch noch immer befanden sich britische Armeebasen in Malta. Für Großbritannien war der Wert dieser Basen gering. Wirklichen Profit von der Anwesenheit englischer Soldaten hatte nur Malta; ein Drittel des Staatshaushalts stammte aus dem Finanzbeitrag, den die Regierung in London für die Erlaubnis zum Unterhalt der Basen bezahlte. Die Inselregierung hatte mehrfach beschlossen, die Engländer um Abzug von Malta zu bitten, doch jedesmal war sie sich der finanziellen Konsequenzen bewußt geworden: Die Abreise der fremden Truppen hätte Staatsbankrott bedeutet, und den wollte niemand in Kauf nehmen, um nationalistischen Ehrgeiz zu befriedigen.

Während seines ersten Aufenthalts im Jahre 1974 auf Malta begann Moammar Al Kathafi mit gezielten Attacken gegen die Präsenz der Briten. Solange die imperialistischen Truppenverbände sich mitten im Mittelmeer befänden, sagte der libysche Präsident, so lange sei dieses Meer nicht als freies Gewässer zu betrachten. Von Bedrohung sprach Moammar Al Kathafi; alle freien Völker im Mittelmeergebiet seien von dieser Bedrohung betroffen. Mit Beredsamkeit schilderte er den Unterschied zwischen Libyen und Großbritannien: »Libyen ist mit einem Kulturzentrum auf der Insel vertreten, die Engländer mit einer Truppenbasis, mit bewaffneten Soldaten. Unsere Anwesenheit steht im Zeichen des Friedens – die der Engländer im Zeichen des Krieges, der Beherrschung anderer. Solange die Engländer da sind, ist Malta nicht frei, ist der gesamte Mittelmeerraum nicht frei.«

Moammar Al Kathafi versprach der Regierung von Malta Hilfe, wenn sie sich ernsthaft bemühen wolle, die Engländer von der Insel zu verjagen. Während langer Unterhaltungen mit den Politikern in Valetta erzählte er ausführlich, wie rasch es ihm gelungen sei, die imperialistischen Amerikaner zum Verlassen der starken Luftwaffenbasis »Wheelus« in Libyen zu zwingen. Seine Revolution habe er im Jahre 1969 auch deswegen gemacht, weil er begriffen hätte, daß kein Volk sich ungestört entwickeln könne, das Fremde mit Gewehren, Panzern und Flugzeugen auf seinem Territorium dulde.

Die Regierung der Insel konnte sich dem sanften Druck und der libyschen Überredungskunst nicht entziehen: Sie ließ den Vertrag über die britische Truppenpräsenz zum 31. März 1979 auslaufen. Moammar

Al Kathafi hatte unbeschränkte Finanzhilfe versprochen, wenn sich Malta aus dem Bündnis mit England löste.

Einen Tag, ehe die letzten englischen Soldaten die Mittelmeerinsel verlassen sollten, traf der Libyer auf dem Flughafen Luqa ein. Hunderte von jungen Menschen jubelten ihm zu, die dichtgedrängt auf dem Balkon des Flughafens standen. Ununterbrochene Spaliere säumten die Straße, durch die Al Kathafi zu fahren hatte. Die Menschen auf dem Balkon und die an der Straße brachten ihre Begeisterung in arabischen Worten zum Ausdruck. Die meisten waren mit Sonderflugzeugen aus Libyen herübergebracht worden und bildeten das Vorkommando für Moammar Al Kathafi. Dazu gehörten auch die Reiter, die in wehenden arabischen Gewändern und waffenschwingend auf weißen Pferden die Wagenkolonne begleiteten.

Einige der Begeisterten aber lebten ständig auf Malta; sie waren Studenten des »Libyan Higher Institute of Technology«, das sich im Süden der Insel beim verlassenen Militärflughafen Hal Far befindet. Dort werden ständig etwa tausend Libyer ausgebildet. Diese Studenten leben in den Baracken, die von den britischen Soldaten geräumt worden sind. Um diesen Libyern die Teilnahme am Empfang für ihren Präsidenten zu ermöglichen, hatte die libysche Regierung auf dem Fährschiff »Toletela« eine Reihe von neuen Bussen aus Tripoli bringen lassen.

Mit Erstaunen sahen die Menschen von Valetta die Veränderung ihrer Stadt. Da fuhren junge Männer in Geländefahrzeugen mit libyschen Kennzeichen durch die Straßen; sie brüllten arabische Slogans durch Megaphone; sie schwenkten die grüne Fahne des Islam. Mancher Bürger hatte den Eindruck, die Moslems hätten jetzt Grund, die Revision des Ausgangs der Belagerung von 1565 zu feiern: Die Moslems schienen als Sieger eingezogen zu sein.

Der libysche Präsident war von einer beachtlichen Journalistengruppe umgeben, zu der auch Fernsehteams gehörten. Mit der Präsidentenmaschine waren sie eingeflogen worden. Sehr zum Ärger der Kollegen aus Malta wurden die libyschen Journalisten und Kameramänner auf dem Boden Maltas bevorzugt behandelt. Während die ansässigen Berichterstatter von Al Kathafi ferngehalten wurden, konnten sich die Libyer ganz in seiner Nähe bewegen. Die Libyer durften direkt hören, was Al Kathafi sagte; die Malteser mußten die Worte des Staatsgastes an seinen Lippen ablesen. Al Kathafi sprach wiederum von der Gemeinsamkeit der Vergangenheit und vom gemeinsamen Weg in die Zukunft. Er redete vom Sieg über den Imperialismus der Europäer. Der Abzug der Briten sei ein wichtiger Schritt im Kampf um die Befreiung des Mittelmeeres. Der nächste Schritt aber müsse die Befreiung Italiens von allen fremden Machtzentren sein. Am gleichen Ort hatte er früher schon gesagt: »Ich werde jede Gruppe unterstützen, die für dieses Ziel kämpfen will. Und wenn die italienischen Parteien kein Interesse an der Freiheit haben, werden wir andere Leute finden.«

Die Leute von Malta konnten nur staunen über das Organisationstalent der so überraschend zahlreichen Gäste. Sie zogen das Linienschiff »Garnata«, das ständig Tripoli mit Malta und französischen und italienischen Häfen verband, aus seinem Routendienst und verwendeten es als Hotelschiff für achthundertfünfzig Libyer, die auf der Insel keine Unterkunft mehr gefunden hatten.

Die Anhänger der »National Party« auf Malta sehen mit Sorge auf den Kurs der regierenden »Malta Labour Party«. Sie glauben nicht, daß Ministerpräsident Dom Mintoff die von ihm propagierte Neutralitätspolitik wirklich befolgen will; sie fürchten seine Annäherung an die Moslemstaaten Nordafrikas. Die Rechtfertigung ihrer Zweifel sehen sie in einem Riesenposter, das im libyschen Kulturzentrum dem Besucher sofort ins Auge springt: Es zeigt Nasser, Kathafi und Mintoff als Kameraden im Kampf um die gleichen Ziele. Die »National Party« hält Kontakt zu den christdemokratischen Parteien Europas, erhofft sich von ihnen Unterstützung in der Abwehr einer Gefahr, die 415 Jahre zuvor von der Insel ferngehalten worden war.

Der libysche Präsident aber verfügt über ein wirtschaftliches Argument, das stärker ist als alle anderen: Er hat versprochen, Malta bekomme Öl und Kraftstoffe zu niedrigen Preisen. Die Menschen von Malta sollten gerade soviel für Öl und Benzin bezahlen müssen wie die libyschen Verbraucher. Dom Mintoff, der Regierungschef von Malta, vertraute auf das Wort des Moammar Al Kathafi. Doch als die Engländer abgezogen waren, mußte Dom Mintoff enttäuscht feststellen, daß bald keine Rede mehr war von der Lieferung des »subsidized oil«, des verbilligten Öls. Al Kathafi hatte sein erstes Ziel erreicht – die Engländer waren fort aus Malta –, weitere Opfer wollte er jetzt nicht mehr bringen.

Dr. Alex Sceberras Trigona, der International Secretary des Ministerpräsidenten, legte im Juni 1980 Wert auf die Feststellung, Dom Mintoff verfolgte eine Politik der Balance zwischen Europa und dem islamischen Nordafrika. Als Beispiel nannte er eine Episode aus dem Ablauf des letzten Kongresses der Labour Party von Malta: »Da gab es zwei Grußadressen zu verlesen. Eine war von Moammar Al Kathafi gekommen, eine von Willy Brandt. Beide haben gleich lautstarken Beifall erhalten.«

# Einem Regensburger schuldet das Abendland Dank
# Die Seeschlacht von Lepanto

Um die Zeit, als Malta belagert wurde, befahl Papst Pius IV. die Verstärkung der Festungsanlagen aller Küstenstädte und Häfen des Kirchenstaates. Auch die Engelsburg wurde für den Ernstfall vorbereitet – unter gewaltigem Kostenaufwand. Die Gegner, die der Papst fürchtete, waren die Kapitäne und die Besatzungen der islamischen Galeeren; er sorgte sich vor einer Landung der Moslems im Zentrum des Christentums.

Die Angst des Papstes war durchaus gerechtfertigt. Die von keinem christlichen Schiff behinderte Fahrt der Flotte des Islam nach Malta galt als Beweis für die unumschränkte Seeherrschaft der Moslems im gesamten Mittelmeer. Die Aktionen der Johanniter erregten zwar den Zorn des Sultans, doch änderten sie nichts daran, daß das Mittelmeer als islamisches Meer gelten konnte. Für den Sultan waren die Überfälle, verübt von den Galeeren aus Malta, nur ärgerliche Nadelstiche. Seine Schiffe aber jagten den Menschen auf dem Festland Schrecken ein.

Die Küstenstriche der Mittelmeerländer hatten ihre Erfahrungen gemacht. Geschwader der islamischen Flotte waren oft genug vor den Häfen aufgetaucht. Ehe die Bewohner die Vorgänge recht begriffen, war ihnen meist schon der Fluchtweg abgeschnitten. Den Männern drohte das Schicksal, als Rudersklaven auf Galeeren festgekettet zu werden; die Frauen wurden meist auf die Sklavenmärkte gebracht. Kaum eine europäische Küstenregion war verschont geblieben, nicht einmal die Häfen Spaniens, die weit im Westen lagen.

Wurden die Bewohner nicht ausgeplündert und entführt, dann mußten sie sich zu ständigen Tributzahlungen verpflichten. In regelmäßigem Abstand wurden diese glücklicheren Opfer von den Galeerenkapitänen besucht und unter Drohungen zur Ablieferung von Geld und Waren gezwungen. Wer Tribut zu zahlen hatte, mußte sich als direkter Untertan des islamischen Sultans fühlen, selbst wenn ein christlicher König sich Herr über Land und Menschen nannte. Wurde dem Tributzahler Schutz gegen Plünderungen durch Piraten geboten, war der Betroffene bald auch bereit, zu versichern, er glaube an den Gott der Moslems und unterwerfe sich ihm.

Dragut Rais, der später auf Malta den Tod fand, stand mit seinem Geschwader im Dienst des Sultans. Er gehörte zu denen, die Tribut einsammelten – auf eigene Rechnung und auf Rechnung seines Herrn. Über weite Teile Nordafrikas herrschte er, ohne fürchten zu müssen, daß ihm Sultan oder Großwesir Vorschriften machten, solange er um die Verbreitung des Islam besorgt war und mit seinen Zahlungen nicht in Rückstand kam. Alle Versuche der christlichen Geschwader, dem regierenden Piraten Nordafrika abzunehmen, mißlangen. Niederlage auf Niederlage demoralisierte die Truppen aus Europa, die allmählich an die Unbesiegbarkeit Dragut Rais' glaubten.

Als er schließlich tot war, fand er Nachfolger: Kapitäne, die der Korsar noch selbst ausgebildet hatte, übernahmen die Geschwaderführung. Selbst als auch Soliman der Prächtige nicht mehr lebte, der immer wieder die Forderung nach einer starken Flotte gestellt hatte, hielten die Geschwaderchefs im eigenen Interesse die Schiffe in gutem Zustand. Über Jahrzehnte hin blieb die Bedrohung der europäischen Küsten durch die islamische Flotte eine schwere Last für die Herrscher Spaniens und des Kirchenstaats.

Die Venezianer aber fühlten sich geborgen. Geschmeidig hatten ihre Diplomaten gute Beziehungen zur Hohen Pforte gepflegt. Der Doge nahm Demütigungen hin, um seine Handelsplätze zu bewahren. An den Schmähungen des Islam beteiligten sich die venezianischen Politiker nie. Sie sahen ihren Staat als Brücke zwischen der christlichen und der islamischen Welt. Am 27. März 1570 aber war das Erwachen bitter. Vor dem Rat der Republik erschien eine Delegation prächtig gekleideter Moslems, die im Auftrag des Sultans den Dogen aufforderte, Zypern abzutreten. Die Anhörung der Forderung und die Beantwortung durch den Dogen dauerten kaum eine Viertelstunde. In diesem kürzesten aller diplomatischen Empfänge, die jemals im Dogenpalast stattgefunden hatten, wurde der Delegation mitgeteilt, Venedig sei zum Kampf für seine Insel Zypern entschlossen.

Der Doge und die Senatoren wußten, daß Zypern verloren war, wenn Venedig auf sich selbst gestellt blieb. Verbündete mußten helfen. Der Papst war der erste mögliche Partner, den die venezianischen Diplomaten ansprachen. Pius V., als Oberhaupt der Gläubigen besorgt um eine Verminderung des christlichen Gebiets insgesamt, zeigte sich sofort bereit, für Zypern Opfer zu bringen. Obgleich sonst nicht als großzügig bekannt, wollte er doch für diese gute Sache seine Kassen öffnen lassen. Mit der finanziellen Zusage des Papstes als Trumpf im diplomatischen Spiel gelang es den Diplomaten Venedigs, den spanischen König als Verbündeten zu gewinnen. Philipp II. wollte zum Kampf gegen die islamische Expansion seine Flotte zur Verfügung stellen. Allerdings blieb ein wichtiges Problem ungelöst: Über die Frage, ob der Oberbefehlshaber des venezianischen Flottenverbandes Spanier oder Venezianer sein sollte, wurde keine Einigung erreicht. Der Fall wurde noch komplizierter, als auch Pius V. ein Schiffskontingent zur Verfügung stellen wollte – und ganz selbstverständlich das Kommando für einen Mann aus den mit ihm verbundenen großen Familien Italiens forderte.

Die Frage des Kommandos blieb offen, doch die militärische Entwicklung auf Zypern drängte zu raschem Handeln. Längst hatten sich die Truppen des Sultans auf der Insel festgesetzt, die wichtige Stadt Nicosia war in der Hand der Moslems. Schiffe aus Venedig und Spanien sollten in einer improvisierten Aktion der bedrängten venezianischen Garnison Entlastung bringen. Doch der Flottenverband geriet in der Nähe von Rhodos in einen Sturm und verlor fünfzehn Galeeren. Die übrigen Schiffe waren beschädigt. Zu ihrer Ausbesserung fuhr der venezianische Verband in den Hafen Candia auf Kreta ein.

Die mißlungene Ausfahrt löste zwar Streit aus zwischen den Flottenführern der beteiligten Mächte, doch ihr schlimmes Ende führte nicht zum Bruch des Bündnisses. Philipp II. war sich bewußt, daß Spanien seit vielen Generationen die Verpflichtung übernommen hatte, den Einfluß des Islam auf Europa zu reduzieren und seinen Herrschaftsbereich insgesamt zu verkleinern. Nachdem die Wiedereroberung der Iberischen Halbinsel abgeschlossen war, wollte Philipp seine persönliche Macht auf die nordafrikanische Küste ausdehnen – unter Hinweis auf die Berufung Spaniens, dem christlichen Glauben zum Sieg zu verhelfen.

Die Sicherung nordafrikanischer Eroberungen war jedoch nicht möglich, solange die Nachfolger des Dragut Rais das westliche Mittelmeer beherrschten. Die spanischen Schiffe auf den Transportwegen zwischen Spanien und dem Maghreb durften nicht länger der Gefahr ausgesetzt sein, von islamischen Geschwadern aufgegriffen zu werden. Die Flagge des Halbmonds sollte aus den Seebereichen westlich der Linie Sizilien, Malta, Tripolis verschwinden. Mit diesem Ziel im Sinn führte Philipp II. die Verhandlungen über die befristete Vereinigung seiner Flotte mit den Verbänden des Papstes und der Venezianer. In das Aktionsgebiet der gemeinsamen Seestreitkräfte mußte auf Verlangen des spanischen Monarchen die Region von Algier und Tunis einbezogen werden.

Erst im Hochsommer des Jahres 1571, fünfzehn Monate nach dem für Venedig und für das Christentum beleidigenden Auftreten der islamischen Delegation im Dogenpalast, konnte das Dokument zur Gründung der »Heiligen Liga« unterzeichnet werden. Befehlshaber der gemeinsamen Flotte wurde ein junger Mann, der am 24. Februar 1545 in Regensburg als Sohn der Tochter eines Gürtlermeisters geboren worden war. Der Vater dieses Sohnes der Bürgertochter Barbara Blomberg war lange Zeit unbekannt geblieben.

Die ersten Lebensjahre sind nicht dokumentiert. Sicher ist nur, daß der Junge nur kurze Zeit bei seiner Mutter lebte. Geheimnisvolle Briefe waren in Regensburg eingetroffen, die den Magistrat veranlaßten, das unehelich geborene Kind nach Flandern zu schicken; dort kümmerte sich zunächst der Kammerdiener des Kaisers um das kleine Wesen. Er erhielt schließlich Weisung, das Kind wieder herzugeben: Ein kaiserlicher Hofmusikant aus Spanien, der den Dienst des Kaisers verließ, nahm den Jungen in seine Heimat mit. Einige Jahre blieben die geheimnisvollen Weisungen aus. Der Junge lebte mit der Familie des ehemaligen Geigers nicht in Madrid, sondern in einem recht armen Dorf, und auch die Lebensumstände der Familie waren äußerst bescheiden.

Ohne Erklärung wurde das Kind der Musikerfamilie wieder genommen: Eine Kutsche hielt im Dorf, und der Junge wurde zum Einsteigen aufgefordert. So verschwand er aus dem Leben seiner Pflegeeltern. Bei Hofe war der Wechsel in bessere Kreise beschlossen worden. Die kinderlose Gräfin Quijada ersetze fortan die Mutter, ohne zu wissen, wer der Junge war. Um die Vergangenheit des Achtjährigen kümmerte sich in der gräflichen Familie niemand mehr; er selbst war der Meinung, die Gräfin sei seine echte Mutter. Vom kaiserlichen Hof war der Wunsch ausgesprochen worden, der Junge möge auf die Priesterausbildung vorbereitet werden. Doch zeigte sich bald, daß er sich mehr für das Militär als für den geistlichen Stand interessierte. Die Gräfin aber machte sich und dem Jungen keine Hoffnung, daß die Entscheidung umgestoßen werden könne. Da es häufig vorkam, daß sich der König und seine Minister in die Erziehung der Kinder adliger Familien einmischten, wunderte sich auch in diesem Fall niemand; schließlich gehörte der Graf Quijada zu den engsten Vertrauten Kaiser Karls V.

Geronimo ist der Name des Jungen. Er wird der künftige Graf Quijada sein. Daß ihm ein Bischofssitz vorbestimmt ist, daran zweifelt niemand. Da verändert ein Ereignis die Weltgeschichte und das persönliche Schicksal des nun zehnjährigen Geronimo. Kaiser Karl V. sieht sein Herrscheramt seit langem nur noch als schwere Bürde. Sie ist ihm jetzt unerträglich geworden; er entscheidet sich daher, den Rest seines Lebens ohne die Last der Verantwortung im Kloster St. Just zu verbringen. Der Graf Quijada wird aufgefordert, mit in die Einsamkeit zu gehen. Auch Geronimo lebt von nun an drei Jahre lang in dem einfachen Haus, das innerhalb des Klosterkomplexes dem Grafen zugeteilt ist.

Mit dem Tod des Kaisers beginnt die Veränderung für Geronimo. König Philipp II., nun der Herrscher von Spanien, ruft den Grafen Quijada und den Jungen in die Hauptstadt. Die Audienz endet als Überraschung für alle Beteiligten, denn der König hält diese kurze Ansprache: »Hört Uns an, Granden von Spanien! Dieser Knabe ist ein Habsburgersproß, ein Sohn Kaiser Karls, und somit Unser leiblicher Bruder. Nach Don Carlos, Unserem Sohn und Nachfolger, ist Don Juan d'Austria von heute ab der erste Kavalier und Grande Unseres Reiches.«

Ursache der königlichen Bekanntmachung waren einige Sätze, die Philipp im Testament Karls V. entdeckt hatte. Der Kaiser hatte in diesem Dokument die Herkunft des Geronimo erklärt: »Während ich in meinem Witwerstande in Deutschland lebte, gebar mir eine nicht verheiratete Frau einen Sohn, der den Namen Geronimo bekam. Nun habe ich Grund zu wünschen, daß dieser, wenn man ihn im Guten dazu bestimmen kann, das Kleid eines reformierten Ordens anlege. Doch soll man ihn dazu weder zwingen noch überreden. Besteht er auf einem weltlichen Beruf, so ist mein Wille und Befehl, daß man ihm jährlich 20000 bis 30000 Dukaten aus den Einkünften Neapels auszahle, und zwar aus den Erträgen von Grundstücken. Welche Lebensweise der Genannte auch wähle, so befehle ich meinem Sohn und dem Infanten, ihn zu ehren und ihm mit gebührender Achtung zu begegnen.«

König Philipp hält sich zuerst an die Weisung seines Vaters, Don Juan d'Austria – so wurde Geronimo fortan genannt – sei zum Geistlichen auszubilden. Doch als der junge Mann sich durch Flucht dem höfischen Zwang zu entziehen versucht, da gibt der König, der gegenüber dem eigenen Sohn Carlos kalte Härte beweist, den temperamentvollen Bitten nach. Im Jahre 1568 wird Juan d'Austria zum Oberbefehlshaber der spanischen Mittelmeerflotte ernannt.

Obgleich er sich dem König gegenüber loyal verhielt, geriet er in die Wirren der Hofintrigen. Don Carlos, der Sohn des Königs, rebellierte gegen den Vater, konspirierte mit dem Ausland und bemühte sich, in seine Winkelzüge auch den Halbbruder seines Vaters hineinzuziehen. Don Carlos starb schließlich in der Haft, in die ihn sein Vater zum Schutz des Staates hatte nehmen müssen. Ganz verschwand der Argwohn des Monarchen nie, Don Juan sei in die üblen Konspirationen des Don Carlos verwickelt gewesen. Daß die Bewohner Spaniens den jungen Mann liebten, ließ Eifersucht im Gemüt des argwöhnischen und häufig bösartigen Königs wachsen.

Der junge Mann drängte auf Chancen der Bewährung. Philipp II. übergab ihm das Kommando der Truppen, die in Andalusien einen Aufstand der Mauren niederzukämpfen hatten. Mit Geschick brachte Don Juan diesen Auftrag zu Ende. Mit jenem Feldzug war der Sohn Karls V. bekannt geworden als ein Mann, der Stehvermögen im Kampf gegen die »Ungläubigen« bewiesen und für das Christentum Ruhm geerntet hatte. Die Berichte über Don Juan d'Austria veranlaßten den Papst, diesen Feldherrn als Befehlshaber der Flotte vorzuschlagen, die von der »Heiligen Liga« zum Kampf gegen die Galeerengeschwader der Moslems ausgerüstet wurde. Philipp II. stimmte dem Vorschlag zu – nach langem Zögern.

Als Don Juan d'Austria das Kommando des mächtigen Flottenverbandes übernahm, da fand er Worte, die seinen Offizieren gefielen: »Diese Flotte, an deren Spitze zu stehen ich die Ehre habe, ist die schönste der Welt und gleichzeitig die mächtigste, die dem Halbmond bisher entgegengetreten ist. Auf uns ruhen die Augen der gesamten Christenheit. So bin ich denn entschlossen, sofort die türkische Flotte zu suchen und zu besiegen.« Er vergaß auch den Hinweis nicht, die Kämpfe um Malta seien ein Beweis dafür, daß die Flotte der Moslems und ihr Heer nicht unbesiegbar seien. Damals, im Jahre 1565, habe das Selbstvertrauen der osmanischen Feldherren schweren Schaden erlitten; ihr Glaube, Allah sei unbedingt auf ihrer Seite, sei erschüttert worden.

Zweifel wurden erst laut, als die christlichen Geschwader ihren Sammelplatz, den Hafen von Messina, bereits verlassen hatten. Meldungen trafen ein, der Gegner sei weit stärker, als bisher angenommen. Er besitze vielleicht doppelt so viele Galeeren. Mannschaften und Offiziere geben die Gerüchte weiter. Die Männer im Stab des Don Juan d'Austria werden unsicher und beginnen zu beraten, ob es klug sei, mit einer derartig riesigen Flotte eine Auseinandersetzung zu suchen. Die Erinnerungen werden wach an Seeschlachten mit ähnlicher Anfangskonstellation und schmählichem Ausgang. Der Oberbefehlshaber braucht Stunden, um in persönlichen Gesprächen mit kleinen Gruppen die Bedenken zu zerstreuen.

Die »Heilige Liga« war ein durch den Druck der Gefahr entstandener Zweckverband, der unter den traditionellen Spannungen litt, die zwischen den Ligapartnern bestanden. Don Juan d'Austria hatte sich mit diesen Spannungen auseinanderzusetzen. In einem Diziplinarfall hatte der Kommandeur des venezianischen Flottenteils gegen einen spanischen Offizier zu hart durchgegriffen. Die Spanier verlangten daraufhin, daß auf die Schiffe der Markusrepublik das Feuer eröffnet werde. Mit den »Teufeln aus Venedig«, die doch schon immer die Christenheit verraten hätten, wollten sie nicht mehr gegen die Ungläubigen kämpfen. Die spanischen Offiziere waren der Meinung, die Allianz mit den Venezianern bringe Unglück. Wieder war die Beredsamkeit des Kaisersohnes gefordert. Die Spannungen zwischen den Venezianern und den Spaniern konnte Don Juan d'Austria nicht abbauen, doch für den Augenblick ließen sie sich überbrücken. Don Juan setzte das Ziel, das alle Beteiligten erreichen wollten: Die Macht des Halbmonds auf dem Mittelmeer mußte gebrochen werden.

Der Oberbefehlshaber schilderte die Gefahren, denen das Abendland ausgesetzt war: »Nicht nur die Küsten sind bedroht durch die Galeeren der Barbaren, auch die heilige Stadt Rom liegt ungeschützt, den Moslems zur Beute preisgegeben. Das Grab des Petrus zu schänden, das ist die Absicht der Ungläubigen. Ist Rom aber gefallen, dann ist die Sache Christi verloren in Europa.« Es gelingt ihm, seine Männer zu überzeugen, daß die Rettung des Abendlandes von ihnen abhänge. Und wie Jean Parisot de La Valette, der Großmeister der Johanniter auf Malta, sieben Jahre zuvor, sagt auch Don Juan d'Austria: »Dies ist der Entscheidungskampf zwischen Kreuz und Koran.« Als Zeichen der Entschlossenheit zum Kampf läßt er auf den Bugaufbauten seines Schiffes ein Kreuz errichten.

Am 7. Oktober 1571 befindet sich die Flotte der Heiligen Liga nördlich des Golfes von Patras, der am Nordufer der Peloppones liegt und in seiner Verlängerung nach Osten Golf von Korinth heißt. Am Trennungspunkt der beiden Golfe liegt die kleine Stadt Lepanto. Sie wird der sich anbahnenden Schlacht den Namen geben.

Die Kapitäne schneller Aufklärungsschiffe melden an jenem 7. Oktober des Jahres 1571, der Feind befinde sich in der Nähe. Wieder werden übertriebene Zahlen für die feindliche Flottenstärke gemeldet. Einige Offiziere fordern, es solle darüber beraten werden, ob es überhaupt klug sei, die Attacke zu wagen. Don Juan d'Austria schneidet die Diskussion ab mit der schroffen Bemerkung, die Zeit für Diskussionen sei verstrichen, jetzt sei die Zeit für den Kampf gekommen. »Unsere Fahne zeigt den Heiland, der am Kreuz gelitten hat. Sollen wir nicht auch unser Opfer auf uns nehmen?« Der Papst hatte diese Fahne gestiftet. Sie bestand aus dunkelblauem Damast. Die Gestalt Jesu am Kreuz war mit silbernen Fäden daraufgestickt.

Das grüne Banner des Propheten, bestickt mit den Schriftzeichen der ersten Sure des Koran, wehte auf der Galeere des islamischen Befehlshabers Ali Pascha. Er hatte angeordnet, das Zentrum seiner Flotte zu einem Keil zu formieren, der sich auf die großen, mit Kanonen bestückten Schiffe zubewegen sollte, die Don Juan d'Austria vor der Hauptlinie seiner Flotte postiert hatte. Die Kanonen erzielten Treffer auf den Schiffen der Moslems, doch die Artillerieschiffe konnten den Gegner nicht aufhalten. Ali Paschas Stoßkeil glitt zwischen den Vorpostenschiffen hindurch und traf nach wenigen Minuten auf die Linie der christlichen Schiffe. Auf allerkürzeste Entfernung schossen jetzt die Buggeschütze. Ihre Geschosse rissen Masten und Aufbauten von den Decks, zertrümmerten Geschütze und zerfetzten Bedienungsmannschaften. Furchtbar waren die Auswirkungen der Einschläge für die Ruderer, die festgekettet auf den Bänken saßen, hilflos dem Feuer des Feindes ausgesetzt.

Sowohl Ali Pascha als auch Don Juan hatten ihre Steuerleute angewiesen, auf die Galeere des gegnerischen Befehlshabers zuzufahren. Erkennbar waren diese Schiffe an den prächtigen Flaggen, die religiöse Symbole trugen. Ali Paschas Steuermann fand sehr rasch den Weg zum Gegner. Mit großer Gewalt traf der Rammsporn seiner Galeere auf das Befehlsschiff der Ligaflotte. Da er sich weit in den Rumpf hineingebohrt hatte, waren beide Schiffe ineinander verhakt und konnten nicht mehr getrennt werden. Ihre Decks, die sich nebeneinander schoben, bildeten eine zusammenhängende Kampffläche für die Sodaten an Bord.

Der Rammstoß hatte den Rumpf beschädigt und viele Ruderer getötet, doch die Absicht des islamischen Befehlshabers, die Galeere seines Gegners zu zerbrechen, sie zum Sinken zu bringen, erfüllte sich nicht. Das Schiff hielt stand. Bald prallten weitere Galeeren gegen die Seiten der beiden verkeilten Fahrzeuge. Schlachtlinien existierten längst nicht mehr. Die schwerfälligen Schiffe befanden sich im Nahkampf. Die

Steuerleute waren darauf bedacht, die gegnerischen Galeeren durch harte Stöße so zu erschüttern, daß Masten brachen und Geschütze aus ihren Verankerungen gerissen wurden.

Die Soldaten des Don Juan warfen feurige Pechkränze auf die Decks der Gegner. Sie verspritzten brennende Flüssigkeiten. Rauch hüllte nach kurzer Zeit das hölzerne Schlachtfeld ein. Kaum mehr war zu erkennen, wer Feind war und wer Verbündeter. Im Rauchdunst stachen die Besatzungen auf den Gegner ein, schossen mit Pistolen, kämpften mit bloßen Händen. In den Erinnerungen der Beteiligten an dieser Seeschlacht ist zu lesen, ein furchteinflößendes Getöse sei zu hören gewesen. An den Nerven zerrte das Feldgeschrei der Moslems, die ihren Gegner mit dem Ruf »Allahu akhbar – Allah ist über allem« anpackten. In dieses Geschrei mischten sich der Donner der Geschütze und das Krachen der Einschläge; die Verwundeten brüllten; immer wieder war der unheimliche Laut splitternden Holzes zu hören. Einer der Offiziere schreibt später im Kloster Monte Cassino seinen Bericht über die Ereignisse dieses Tages. Er beginnt mit den Worten: »Die Hand, die schreiben soll, zittert mir, Furcht packt mich, die ich damals, als ich den großen Tag erlebte, nicht kannte.«

Zwei Stunden lang blieb der Kampf im Zentrum unentschieden; dort, wo die beiden Befehlshaberschiffe durch den Rammsporn der islamischen Galeere eng verbunden lagen, konnte keine der beiden Seiten einen Vorteil für sich erkämpfen. Die Entscheidung bahnte sich auf den Flügeln an. Für kurze Zeit sahen die türkischen Kapitäne, die an den Enden der im Zentrum längst aufgelösten Schlachtlinie kommandierten, einen greifbaren Erfolg vor sich. An zwei Punkten wichen Schiffe der Heiligen Liga zurück, um einem Flankenangriff zu entgehen. Sie gerieten damit in ungünstige Schußpositionen, waren aber selbst den Geschossen des Gegners preisgegeben. Eine Gruppe venezianischer Schiffe rettete die Situation für die Bedrängten auf dem linken christlichen Flügel. Bei ihrem Angriff verlor ein wichtiger Befehlshaber der Moslems sein Leben. Da keiner der Überlebenden die Kommandogewalt an sich riß, brach unter den Besatzungen verschiedener Schiffe Panik aus. Einige der Steuerleute setzten ihre Schiffe in Ufernähe auf Grund, um sich und den Kämpfern die Flucht im seichten Wasser zu ermöglichen.

Zweimal waren die Spanier von der Galeere des Don Juan aus bis zum mittleren Mastbaum auf Ali Paschas Schiff vorgestoßen, doch beide Male wurden sie durch den harten Einsatz ihrer Gegner wieder zurückgetrieben, wobei der Kampf für Minuten auf das spanische Deck verlagert war. Mit Hilfe von Verstärkungen, von Männern, die aus den nebenan verkeilten Galeeren herüberkletterten, gelang es, erneut das Deck des islamischen Befehlsschiffes zu erreichen. Ali Pascha wurde erschlagen. Damit war den Moslems auch dieses so wichtige Kampfschiff entrissen. Das grüne Banner des Propheten wurde niedergeholt und durch eine Fahne, die das Kreuz zeigte, ersetzt.

Das Siegesgebrüll der christlichen Seefahrer pflanzte sich von Galeere zu Galeere fort. Mit immer härterer Wucht attackiert, begannen die Moslems zu begreifen, daß diese Schlacht für sie verloren war. Im Handgemenge waren sie dem Gegner jetzt unterlegen.

Auf dem rechten Flügel der Christen hatten die Steuerleute beider Seiten die Taktik des Rammens vermieden. So lagen sich hier die Galeeren noch auf Abstand gegenüber. Diese Kampfzone stand unter dem Kommando des Genuesers Doria und des Gouverneurs von Algerien, Uluch Ali. Er hatte seinen steilen Aufstieg als Sohn eines christlichen Fischers aus Kalabrien begonnen und galt als würdiger Nachfolger des Dragut Rais. Sein Gegner Doria konnte in dieser Schlacht nur siegen, wenn er die Überlegenheit des Uluch Ali durch taktisches Geschick ausglich. Uluch Ali verfügte über dreißig Galeeren mehr als der Genuese. Er sah seine Aufgabe darin, den Gegner zu neutralisieren – nach Möglichkeit, ohne selbst den Kampf zu beginnen. So geschah es, daß die zwei Schiffsverbände in parallelen Bewegungen nebeneinander glitten, ohne sich gegenseitig zu belästigen. Weder die Christen noch die Moslems lösten auch nur einen Schuß.

Mancher Teilnehmer an der Seeschlacht von Lepanto hatte damals den Eindruck, Doria und Uluch Ali handelten im Einvernehmen, hätten miteinander abgesprochen, ihre Flottenverbände nicht zu gefährden. Dieser Eindruck konnte entstehen, weil sich Doria offensichtlich nicht an die Weisungen des Befehlshabers Don Juan d'Austria hielt. Der Genuese bot durch seine Zurückhaltung dem Feind die Chance zu einem kühnen Unternehmen: Uluch Ali brach plötzlich mit einem Teil seiner Galeeren aus der Formation aus und attackierte unter günstigem Winkel die christlichen Schiffsbesatzungen im Zentrum des Kampfes. Selbst wenn Doria daran gedacht hatte, die Moslems am Angriff zu hindern, so war ihm die Verwirklichung des Gedankens gar nicht möglich, da sich Uluch Ali von ihm wegbewegte.

Das islamische Geschwader traf auf maltesische Einheiten und päpstliche Schiffe. Innerhalb weniger Minuten waren die Besatzungen überwältigt. Uluch Ali hatte Grund zum Jubel, der rechte Flügel der Christenarmada brach zusammen. Wäre nicht zu diesem Zeitpunkt die Entscheidung im Zentrum bereits gefallen, hätte die Attacke des Uluch Ali das Schlachtglück zugunsten der Moslems wenden können.

Don Juan d'Austria, der in seinem Abschnitt gesiegt hatte, besaß freie Hand, um am rechten Flügel einzugreifen. Uluch Ali, der an diesem Tag die brillianteste Leistung auf islamischer Seite vollbracht hatte, mußte seine Kapitäne zur Flucht auffordern. Sie versuchten, ihre Beute zu retten; dazu wurden die eroberten Galeeren in Schlepp genommen. Langsam bewegten sich die schwerfälligen Schiffsgespanne vom Kampfplatz weg. Als Uluch Ali sah, daß Don Juan d'Austria zur Verfolgung entschlossen war, ließ er schließlich die Taue kappen. Ohne Beute gelang ihm die Flucht.

Am späten Nachmittag war die Seeschlacht entschieden. Die Soldaten der Heiligen Liga hatten hundert Galeeren der Moslems erobert. Zwischen Zwanzig- und Dreißigtausend lag die Zahl der Toten auf der islamischen Seite. Dreitausenfünfhundert Männer waren gefangengenommen worden. Die islamische Flotte hatte den größten Teil ihres Mannschaftsbestands und ihrer Seeoffiziere verloren.

Sultan Selim II. entnahm den Meldungen, die ihn erreichten, daß er seine ganze Flotte verloren hatte. Zu seiner Überraschung tauchte drei Wochen nach der Schlacht ein beachtlicher Mastenwald am Horizont vor seiner Hauptstadt auf. Uluch Ali hatte zu den bei Lepanto entkommenen Galeeren noch Geschwader hinzugefügt, die bei Zypern stationiert waren. Dazuhin waren alle Kapitäne, die auf islamischen Schiffen seinen Kurs kreuzten oder ihm begegneten, aufgefordert worden, ihm nach Konstantinopel zu folgen. Dem Sultan berichtete er, daß er allein durch sein taktisches Geschick ein Unentschieden in der Seeschlacht erreicht habe; der Beweis dafür liege in der großen Zahl von Schiffen, die wieder in die Heimat zurückgekehrt seien. Selim II. gab zu, er habe sich wohl in der Beurteilung des Ausgangs der Schlacht getäuscht; die Berichte, die ihn erreicht hätten, seien falsch gewesen. Die Ernennung zum obersten Flottenchef war dem Gouverneur von Algerien sicher. Er durfte künftig den Ehrentitel »Schwert des Islam« tragen.

Daß Uluch Ali hatte entkommen können, nahm dem Sieg der christlichen Flotte die wahre historische Auswirkung. Der Sultan konnte weiterhin in der Überzeugung leben, seine Seemacht werde gefürchtet. Die Flucht des wagemutigen Mannes samt Schiffen war möglich gewesen, weil auch die Verluste der Christen beachtlich und schmerzlich spürbar waren. Zehntausend Männer hatten ihr Leben gelassen. Die meisten der Kapitäne waren gefallen – keines der Mitglieder alter venezianischer Familien, die in der Ligaflotte dienten, hatte den Kampftag überlebt. Die Johanniterritter waren alle erschlagen worden. Fast alle Generäle waren verwundet; auch Don Juan d'Austria litt unter Blessuren. Die Überlebenden, zu schwach und zu entschlußlos, unterließen die Verfolgung. Jeder war dankbar, diesen Tag überstanden zu haben; keiner verspürte Lust zu weiteren Kämpfen. Selbst wenn die Männer ihre Schwächen überwunden hätten, wären ihre stark beschädigten Schiffe zur Verfolgung eines kühnen Feindes wenig geeignet gewesen. So konnte Uluch Ali die Chance zur Täuschung seines Herrn nutzen.

Der Bluff lohnte sich. Uluch Ali konnte als »Retter der islamischen Flotte« Forderungen stellen. Er verlangte die Verwirklichung eines Neubauprogramms für zweihundert Galeeren. Er verzichtete künftig auf die Bogenschützen an Bord und ließ sich die Erlaubnis geben, dafür die doppelte Zahl an Kanonen als bisher auf den Kampfschiffen unterzubringen. Mit diesen Neuerungen zog Uluch Ali die Konsequenzen aus der Niederlage von Lepanto.

Im Sommer des Jahres 1572 ließ sich die reorganisierte Flotte des islamischen Staates wieder auf dem Mittelmeer sehen. Ihr Befehlshaber vermied zwar die Konfrontation mit der Armada der Heiligen Liga, doch er demonstrierte den islamischen Völkern Nordafrikas, daß sie mit seinem Schutz rechnen konnten. Er verhinderte dadurch die Realisierung christlicher Eroberungspläne.

Als der Rat der Markusrepublik erkennen mußte, daß die Gefahr einer islamischen Beherrschung des Mittelmeers zwar verringert, aber nicht erloschen war, hielt er es für klug, mit dem Sultan einen Sonderfrieden zu vereinbaren. Am 7. März des Jahres 1573 verzichtete Venedig auf Zypern. Der Kampf der Heiligen Liga, der eigentlich der Bewahrung Zyperns dienen sollte, war nutzlos gewesen. Fast genau drei Jahre nach dem Erscheinen der Moslemdelegation, die vom Rat der Republik den Verzicht auf Zypern gefordert hatte, gab Venedig nach. Der christliche Dreibund, die Heilige Liga, zerbrach schon vorher. Frankreich, das diesem Bündnis stets feindlich gesinnt war, gratulierte dem Flottenchef des Islam für seine meisterhaften Operationen und wünschte ihm Glück für seine zukünftigen Pläne. Es war der Regierung in Paris nicht unbekannt, daß Uluch Ali ganz Nordafrika in seiner Hand zu einer Verwaltungseinheit zusammenfassen wollte. Seine Absichten überstiegen sogar die Grenzen des Mittelmeeres: Auf ägyptischem Gebiet sollte das Land zwischen Suez und dem Mittelmeer durch einen Kanal für Schiffe überwindbar werden.

Uluch Ali hatte dem Sultan das Projekt empfohlen mit dem Hinweis, dadurch werde die Vertreibung der Portugiesen aus dem Indischen Ozean möglich. Er versprach Siege zum Preise Allahs, des Propheten und des Sultans. Doch Murad III., der Nachfolger Selims II., war zwar Christenhasser, ihm fehlte aber die Energie, um seine Gefühle in Taten zu verwandeln. Die Tage verbrachte er im Harem. Sein wichtigster Ratgeber war seine Mutter. Sie sorgte dafür, daß der Großwesir Sokolli, der die Projekte des Flottenbefehlshabers immer unterstützt hatte, schließlich erdolcht wurde. So verlor Uluch Ali seine Stütze am Hof des Sultans. Er lebte in einem prächtigen Gebäude außerhalb von Konstantinopel am Schwarzen Meer, als ständiger Mahner, der bereit war, Opfer zu bringen. Wollte Murad III. weniger Geld ausgeben für die Flottenrüstung, dann stellte Uluch Ali sein privates Kapital zur Verfügung. Er gab nicht auf, daran zu erinnern, daß der Kampf um die Anrainerstaaten des Mittelmeers eindeutig Priorität für die Politik des islamischen Staates haben müsse. Sein Herr aber führte in Persien, das Unabhängigkeitsgelüste zeigte, einen Unterwerfungskrieg.

Gegen die Christen wandte sich Murad III. nur im eigenen Land. Waren bisher in der Hauptstadt vereinzelte Kirchen geduldet worden, so erzwang jetzt der Sultan ihre Umwandlung in Moscheen. Dieser Schritt veranlaßte sogar die französische Regierung zu einem wohlformulierten, aber erfolglosen Protest beim Großwesir. Dem Islam andere Völker zu unterwerfen, war nicht die Absicht des Sultans. Was er von seiner Armee hielt, demonstrierte Murad III. im Jahre 1582 wenige Tage nach dem so glänzend gefeierten Fest der Beschneidung seines Sohnes. Er zwang seine Elitetruppe, die Janitscharen, die Akrobaten und Ringer in ihre Reihen einzugliedern, die während der Lustbarkeiten dem Volk so sehr gefallen hatten. Die Janitscharen, bisher auf Disziplin bedacht, reagierten auf diese Zumutung durch Nachlässigkeit in ihrer Pflichterfüllung.

So blieben die Anstrengungen des Uluch Ali ohne Wirkung. Die wiederhergestellte Flotte verlor die Gefährlichkeit für die christlichen Mächte. Sie begannen um diese Zeit mit der Umstellung ihrer Geschwader auf andere Schiffstypen: In ihren Flotten verdrängten die Segelschiffe bald die Rudergaleeren, die seit der Seeschlacht von Salamis in Bauart und Fahrtechnik nur unwesentlich verändert worden waren – der Kampf im Sund von Salamis hatte im Jahre 480 vor Chr. stattgefunden. Die Türken aber behielten bis ins 19. Jahrhundert hinein die Galeeren bei.

Die christlichen Armeen wurden auch in ihrer Bewaffnung Veränderungen unterworfen, die sich vorteilhaft auswirkten. Waren die Bogenschützen den Soldaten mit Handfeuerwaffen bisher überlegen, wenn die Situation eine rasche Schußfolge erforderte, so verloren sie jetzt diesen Vorteil: Verbesserungen an den Gewehren erlaubten eine Verkürzung der zum Laden benötigten Pausen zwischen den einzelnen Schüssen. Obgleich Uluch Ali auf den Schiffen keine Bogenschützen mehr einsetzte, folgte die Armee seinem Beispiel lange Zeit nicht. Bevorzugten die Truppen des Abendlandes fortan leichte Feldgeschütze, so behielt die islamische Armee ihre schweren, unbeweglichen Riesenkanonen bei. Die technische Überlegenheit des Abendlandes begann sich abzuzeichnen, wenn sie auch noch nicht sofort auf dem Schlachtfeld spürbar wurde.

Mit der Seeschlacht von Lepanto hatte eigentlich die Epoche Solimans des Prächtigen ihren Abschluß gefunden. Sein Heer, seine Flottenchefs hatten eine Niederlage hinnehmen müssen. Seine Nachfolger hatten die Chancen vertan. Der Glanz seines Zeitalters war erloschen. Spürbar ist der Wandel nur aus der historischen Distanz: Die Seeschlacht hatte Hoffnungen der Moslems auf den Vorstoß nach Europa von Süden her vernichtet. Der Persönlichkeit des Don Juan d'Austria verdankte das Abendland, daß Italien und Spanien in den folgenden Jahren nicht mehr von umfangreichen islamischen Geschwadern behelligt wurde. Bei Lepanto war die islamische Energie vernichtet worden, zumindest fehlte sie bei künftigen Unternehmungen. Trotzdem blieb der Staat der Moslems für das christliche Europa eine Gefahr. Der Streit der Europäer untereinander war daran nicht unschuldig.

## Venedig – »Die Hure der Türken« Die christliche Front war sich selten einig

Eines Tages war das böse Wort von der »Hure der Türken« geprägt. Sein Autor blieb unbekannt. Es ging um an den europäischen Fürstenhöfen des 16. und 17. Jahrhunderts. Seine Wurzel jedoch wurde schon im Jahre 1453 gelegt. Am 29. Mai jenes Jahres war die verzweifelte Verteidigung des letzten Griechenkaisers Konstantin XI. gegen den islamischen Ansturm zusammengebrochen. Konstantinopel wurde zur Hauptstadt des islamischen Reiches der Osmanen.

Die Zeit des byzantinischen Kaisertums war mit dem Tod Konstantins XII. zu Ende. Vergeblich war die Hoffnung des Kaisers auf Hilfe aus dem Abendland gewesen. Als schmerzhaft hatte er empfinden müssen, daß seine eigenen Untertanen auch in den Wochen der Belagerung durch Sultan Mehmed II. die weströmische Kirche durch Ablehnung einer Union vor den Kopf stießen. Der Haß gegen das Lateinertum war auch in den Stunden der Not nicht erloschen. Der Vatikan behandelte fortan die Mitglieder der Ostkirche als Schismatiker, als Verworfene, denen das ewige Heil so wenig zuteil werden könne wie den Ungläubigen, den Moslems. Die Herrscher und Ritter des Abendlandes hatten für sich gute Gründe, um der Belagerungsschlacht von Konstantinopel fernzubleiben – doch sie wurden deshalb nicht zu Freunden der Türken.

Ein freundschaftliches Verhältnis zu Sultan Mehmed II. zu bewahren, obgleich der Vertreter der Republik Venedig während der letzten Phase der islamischen Attacke auf Konstantinopel ums Leben gekommen war, das war dem Lagunenstaat vorbehalten. Die Administration von Venedig ließ verlauten: »Nach wie vor bestehen zwischen dem Emir Mehmed und der Signoria Friede und Freundschaft.« Der Grund für die Beteuerung lag in der Erkenntnis, daß die für Venedig so wichtigen Handelsplätze in der Levante dem Zugriff des Sultans ausgesetzt waren. Venedig lebte vom Osthandel; der Verlust der Märkte hätte Staatsbankrott bedeutet. Um die Handelsrechte zu sichern, war die Republik bereit, jährlich Tributsteuern an den Sultan zu zahlen. Mehmed II. ließ keinen Zweifel daran, daß er trotz der hohen Beträge, die Venedig zahlte, den Frieden mit San Marco als einen besonderen Erweis seiner Gnade betrachtete. Pflichtschuldig zeigte Venedig seine Zufriedenheit, als es den Moslems gelang, im Jahre 1529 bis Wien vorzustoßen – auch Frankreich verbarg damals seine positive Haltung zu Mehmed keineswegs, wurde doch damit die Position Karls V. geschwächt.

Um die Freundschaft zum islamischen Staat nicht zu gefährden, fügte sich die Markusrepublik während der Belagerung der Johanniterfestungen auf Malta dem Wunsch der Hohen Pforte, allen Schiffen des Ordens die Benutzung venezianischer Hoheitsgewässer zu verwehren. Praktisch wirkte sich das Verbot nicht hinderlich für die Ordensgaleeren aus, sie waren während des Vierteljahres der Belagerung ohnehin aus dem Seeverkehr gezogen. Trotzdem war die Maßnahme bedeutungsvoll: Sie markierte die Position der Venezianer in der Auseinandersetzung zwischen Christentum und Islam.

Die Nachgiebigkeit Venedigs gegenüber der Führung des islamischen Staates wurde zur einkalkulierbaren Tradition in der Politik des Mittelmeerraumes. Der Doge nahm sogar Blamagen hin, um seinen Partner nicht zu verärgern. Der venezianische Geschwaderkapitän Giovanni Capello kaperte im Jahre 1638 auf offener See, aber in venezianischem Hoheitsgebiet die Galeere »Cigala«; das Schiff gehörte algerischen Piraten, die sich als Moslems auf die Autorität des Sultans beriefen – und von ihm die Genehmigung zur Piraterie erhalten hatten. Auf die Nachricht, die Algerier seien überfallen worden, protestierte der Sultan beim Vertreter des Dogen von Venedig an der Hohen Pforte. Ohne Zögern gab der Rat von Venedig die Galeere »Cigala« frei und zahlte dazuhin eine Entschädigung von einer Viertelmillion Dukaten an den Sultan, weil seine Hoheitsrechte verletzt worden seien.

Entgegenkommen und Vorsicht nützten jedoch der Republik gar nichts, als sie hineingezogen wurde in einen Konflikt, der – in den Augen des Sultans – den doppelten Boden venezianischer Politik enthüllte. Von nun an genossen die Venezianer keine Sonderstellung mehr. Schuld daran trug der Ritterorden, den Venedig einst mit dem Embargo bedroht hatte. Der Johanniterorden, gestärkt durch den erfolgreichen Abwehrkampf des Jahres 1565, sah sich weiterhin der Aufgabe verpflichtet, den Moslems die Beherrschung des Mittelmeers streitig zu machen. Die Schiffe des Ordens lauerten einzeln fahrenden Galeeren auf, wobei sie mit Vorliebe im Seegebiet um die Insel Rhodos, ihrer früheren Basis, Beute suchten. Gerade dort stießen sechs Ordensgaleeren am 26. September 1644 unter dem Kommando des Johanniteradmirals Boisbaudrand de Chambres auf einen türkischen Schiffsverband, der eine der Frauen des Sultans und ihren Sohn in den ägyptischen Hafen Alexandria bringen sollte. Sie waren zu frommem Zweck unterwegs – der Sultan hatte ihnen die Pilgerfahrt nach Mekka erlaubt. Den Schiffen war anzusehen, daß sie mit wertvollem Gut beladen waren. Der Sultan hatte seiner Frau tatsächlich reiche Geschenke an die regionalen Herrscher in Ägypten und auf der arabischen Halbinsel mitgegeben. Dieser Versuchung konnten die Ordensritter nicht widerstehen. Sie griffen den türkischen Verband an.

Die Begleitung der Sultansfrau verteidigte die türkischen Schiffe mit heroischem Einsatz. Es gelang den Moslems sogar, den Ordensadmiral zu erschlagen, doch schließlich siegten die Johanniter. Sie fuhren nach ihrem Erfolg nicht sofort in Richtung Malta, sondern nahmen Kurs auf Kreta, legten in einigen Häfen an, die unter der Aufsicht der Venezianer standen, und verkauften dort Teile der Beute. Den Sklavenhändlern auf Kreta boten die christlichen Ritter die Sultansfrau und deren Dienerinnen an; der erzielte Preis soll beachtlich gewesen sein.

Der Verwaltung des islamischen Staates war bekannt, daß zwischen dem Johanniterorden und den venezianischen Kaufleuten in der Levante enge Geschäftsbeziehungen im Menschenhandel bestanden. Der Zorn der Berater des Sultans war wegen dieser Hehlerei der Venezianer im Verlauf der letzten Jahre angeschwollen, da der Hof in Konstantinopel eine Zunahme des Geschäfts auf den Sklavenmärkten registrierte. Immer mehr Johannitergaleeren fingen islamische Frauen und Männer ein, um sie den venezianischen Handelsorganisationen zum Weiterverkauf zu überlassen. Der Zorn der Regierung in Konstantinopel hatte bisher zu keinem Ergebnis geführt: die Freundschaft zu Venedig war nicht aufgekündigt worden, der Vertreter Venedigs in Konstantinopel bekam keine Vorwürfe zu hören. Doch jetzt, da eine Frau des Sultans Beute geworden war, entschloß sich die Führung des islamischen Staates, den Venezianern zu zeigen, daß sie nicht auf Kosten der Moslems Geschäfte machen konnten. Der Sultan wollte zwar mehrere Wochen lang nicht glauben, daß Venedig ihm seine Frau nicht mit einem Ehrengeleit zurückschicken werde. Er war bereit, der venezianischen Delegation dafür eine Belohnung zu geben. Doch Venedig rührte sich nicht. Von seiner Frau erhielt der Sultan keine Nachricht mehr; sie blieb verschollen. Wahrscheinlich war sie über verschiedene Märkte der Levante weiterverkauft worden – ein Schicksal, das sich schon tausendfach wiederholt hatte. Nur weil die Frau des Sultans betroffen war, wurde dieses Schicksal zur Beleidigung für den mächtigen Herrscher am Goldenen Horn.

Bald bemerkten die Kaufleute und Diplomaten der Markusrepublik in Konstantinopel, daß die islamische Flotte gerüstet wurde. Auf ihre besorgten Anfragen aber erhielten sie die Antwort, der Sultan habe sich entschlossen, das Versprechen des früheren Soliman wahrzumachen, die Insel Malta den Christen zu entreißen. Da in Konstantinopel eine Verärgerung nicht direkt spürbar wurde, beruhigte sich der Argwohn des Gesandten Venedigs wieder. Der Wesir Mehmeds erkundigte sich dazuhin im Auftrag des Sultans in aller Freundschaft, ob die islamische Flotte zur Erleichterung ihrer Aufgabe Kreta als Stützpunkt verwenden könne. Kreta, das den Venezianern gehörte, liegt auf halbem Weg zwischen Konstantinopel und Malta; die türkischen Flottenkommandeure sahen darin den idealen Platz zur Bereitstellung von Vorräten und Geschützen für eine effektvolle Belagerung der Johanniterinsel.

Aus dieser Anfrage schlossen die Diplomaten der Markusrepublik, daß sie vom Wesir Mehdi eine korrekte Antwort erhalten hätten. Der

Vertreter Frankreichs besaß allerdings präzisere Informationen, und er versuchte, seinen Kollegen aus Venedig zu warnen. Doch er stieß auf Unglauben. Die Warnung konnte den Dogen nicht veranlassen, die starke Flotte der Markusrepublik in den Gewässern der Levante zusammenzuziehen. Im Gegenteil: Um den Aufmarsch der Moslemflotte nicht zu behindern, holte der Doge die Mehrzahl seiner Schiffe heim. Daß der Handelspartner Malta von den Türken vernichtet werden sollte, belastete das Gemüt der Venezianer nicht.

Mit Interesse verfolgte Venedig die Fahrt der islamischen Riesenflotte, die 378 Schiffe umfaßte. Im Frühjahr 1645 glitt sie langsam an den Inseln Limnos, Lesbos, Chios und Samos vorüber. Die Venezianer nahmen an, die Schiffe würden beim 36. Breitengrad eine Wendung nach Westen vollziehen, in Richtung Malta, das auf dem 36. Breitengrad liegt. Die 378 Schiffe behielten jedoch ihren Südkurs bei. Am 20. Juni 1645 landeten sie bei Kap Spada an der Nordküste der Insel Kreta. Dort entstiegen Truppen, Zehntausende von Kämpfern, den Bäuchen der Schiffe. Der Krieg des islamischen Staates gegen Venedig hatte begonnen. Die offizielle Kriegserklärung folgte erst Tage später.

Die Überraschung war gelungen, und sie wurde von den Moslems hervorragend genützt. Innerhalb weniger Tage hatten sie ihren Brückenkopf auf Kreta vergrößert. Die Forts und Dörfer in der Nähe des Landeplatzes fielen nach nur geringem Widerstand in ihre Hand. Noch ehe aus Venedig Direktiven über die Kriegsführung eintrafen, war die Insel Kreta bis auf die Hauptfestung Candia gefallen.

Mit diesem Schlag hatte Venedig nicht gerechnet. Die Nachrichten vom Verlust der Festungen auf Kreta trafen das Bewußtsein der stolzen Venezianer als schmerzhafte Schocks. Daß manches Fort erst nach heldenhaftem Widerstand von den Moslems genommen werden konnte, wurde nur als geringer Trost empfunden. Zwar entstanden Heldenlegenden, doch sie konnten den Verlust der Handelsplätze nicht aufwiegen. Der Doge und der Große Rat waren entschlossen, das türkische Heer wieder von Kreta zu vertreiben. Sie wußten aber auch, daß die Kräfte Venedigs für diese Anstrengung nicht ausreichten, und Hilfe vom christlichen Europa zu erwarten, wäre allerdings pure Illusion gewesen.

Die venezianischen Politiker sahen als Realisten den Zustand Europas in seiner ganzen Erbärmlichkeit: Weite Landstriche waren entvölkert, Städte verarmt und ausgestorben. Seit bald dreißig Jahren litt Mitteleuropa unter dem Krieg der religiösen Blöcke gegeneinander. Die prächtigen Heere der ersten Kriegsjahre waren zerschlagen und demoralisiert. Kein Herrscher, kein Feldherr besaß die Autorität, den bedrängten Venezianern auf Kreta zu helfen. Männer mit politischer Einsicht wiesen damals immer wieder darauf hin, daß man die Zurückhaltung der islamischen Heere im Südosten Europas, im österreichisch-ungarischen

Gebiet, nur als Fügung des Himmels betrachten konnte. Das Chaos in Zentraleuropa, die militärische Schwäche aller Staaten dieses Gebietes, hatte den Sultan nie veranlaßt, den im Jahre 1606 in Szitva Török unterzeichneten Frieden zu brechen. Einer entschlossen geführten islamischen Attacke hätte Europa wenig entgegenzusetzen gehabt.

Die venezianischen Diplomaten, die ausgesandt wurden, um spanische oder französische Hilfe für den letzten Stützpunkt auf Kreta zu mobilisieren, bekamen vertröstende Versprechen, aber keine Zusagen mit auf den Weg nach Hause. Venedig sah sich gezwungen, selbst Streitkräfte anzuwerben. Bald waren die Werber auf dem italienischen Festland unterwegs. In elenden Baracken untergebracht, wurden die angeworbenen Männer – viele waren auch mit üblen Mitteln erpreßt worden – auf der Lidoinsel für den Dienst in der belagerten Festung Candia vorbereitet. Unter ihnen befanden sich auch Deutsche, denn die Agenten Venedigs suchten menschliche Beute sogar im süddeutschen Raum einzufangen, obgleich gerade dort der Krieg noch besonders spürbar war, der seit 1618 die Bevölkerung Mitteleuropas quälte.

In den Qualitäten der Seefahrt war Venedig dem islamischen Reich überlegen: Da sich nicht eine angestammte und alteingesessene Bevölkerung gegen einen Aggressor wehrte, sondern eine Macht, die ebenfalls – wie der Aggressor – auf Nachschub aus der weit entfernten Heimat angewiesen war, mußte die Partei im Vorteil sein, die den Seeweg kontrollierte und rasch Verstärkung herbeiholen konnte. Venedig beherrschte die Organisation der Versorgung seiner Levantefestung. Rechtzeitig trafen die Angeworbenen in Candia ein, und es gelang ihnen, die Stadt zu halten. Venedig sicherte sich einen Brückenkopf auf Kreta.

Jahre vergingen. Mit dem Frieden von Münster begann für Mitteleuropa eine Phase relativer Ruhe. In dieser Friedenszeit konnte Venedig viele nun arbeitslos gewordene Krieger anwerben, doch die Herrscher in Europa zeigten sich noch immer verschlossen, wenn die venezianischen Gesandten an den gemeinsamen Auftrag aller christlichen Staaten erinnerten, die »Ungläubigen« zu züchtigen und nach Möglichkeit zu vernichten.

Der Johanniterorden von Malta bot sich als Verbündeter an, obgleich das Verhalten Venedigs während der Belagerung Maltas nicht ganz hundert Jahre zuvor noch in frischer Erinnerung war. Der Orden sah in diesem Krieg eine gute Gelegenheit, auf ganz legale Weise Beutezüge zu unternehmen. Die Galeerenkapitäne der Johanniter aber benahmen sich häufig undiszipliniert. Sie provozierten die Wut des Gegners, der dann mit brutaler Härte die Schiffe der Markusrepublik verfolgte. Dabei war der Nutzen, den die Johannitergaleeren der belagerten Festung Candia brachten, nur gering.

Der Brückenkopf Candia konnte gehalten werden, weil der Sultan inzwischen zu der Einsicht gekommen war, daß er seinen Ehrgeiz doch besser im Angriff auf den Südosten Europas gegen die christlichen Nationen befriedigen konnte. Zwanzig Jahre lang blieb Candia eine umzingelte Festung, doch noch immer in der Hand der Venezianer. So lange war es allerdings auch nicht möglich gewesen, den Belagerungsring zu sprengen und die Insel Kreta für Venedig zurückzugewinnen. Die Zeit der Ruhe aber war zu Ende, als im Spätsommer 1665 der Großwesir Achmed Küprülü selbst das Kommando an der Belagerungsfront übernahm. Er brachte bewährte Mineure mit, denen die Aufgabe gestellt wurde, Sprengkammern unter die Bastionen der Festung Candia zu treiben. Durch gewaltige Detonationen sollten Breschen in die Mauern geschlagen werden. Vom Tag der Ankunft des Großwesirs an schoß auch die Artillerie der Belagerungstruppe wieder mit größerer Heftigkeit. In dieser kritischen Zeit wurde deutlich, daß die venezianische Soldatenführung während der langen Jahre des Wartens an Qualität verloren hatte.

Ein Deutscher, der sich für Candia hatte anwerben lassen, schrieb die folgende bittere Bemerkung nieder: »Die Generalität lernt es schwer, mit ihrem kostbaren Material, mit dem Soldatenblut, umzugehen. Es ist unverantwortlich, daß man das unschuldige und redliche Volk so auf die Schlachtbank führt. Die Infanterie, als die Seele und das Leben der Festung, wird vorsätzlich in den Tod geschickt.« Der Schweizer Artilleriegeneral Werdmüller, der das Fort San Andrea zu kommandieren hatte, beklagte sich bei der Staatsführung in Venedig, daß es Unfug sei, eine derartige Festung dem Befehl eines Mannes zu unterstellen, der bisher nur bei der Reiterei gedient habe. Viele Chancen, so schreibt Werdmüller, seien vertan worden. Er drückt sich drastisch aus: »Der Hase ist im Busch verschwunden, während der Hund pißt.« Obgleich Werdmüller durchaus nicht als Mann mit Neigungen zum Pessimismus gelten kann, empfindet er die Zukunft des Christentums in der Levante als bedrohlich: »Ich sehe einen Sturm herannahen, der, wenn Gott nicht wunderbar vorsieht, uns alle entwurzeln wird, denn wir stehen hier wahrlich nicht auf gutem Boden.«

Ein Augenzeuge auf osmanischer Seite war der christliche Sklave Maksud. Er berichtet aus dem Jahr 1667: »Da wurden Schanzen aufgeworfen, die Stadt berennet und die Belagerung betrieben, dergleichen noch niemand hatte gesehen und vielleicht auch niemals mehr sehen wird. Es wurden dabei die Kräfte des ganzen Osmanischen Reiches eingesetzt und angespannt, die Rüstung vieler Jahre verwendet, immer Ergänzungen von frischen Truppen anstelle der Erschlagenen nachgesetzt. Jeder Zollbreit des Bodens mußte mit dem Blut vieler Helden auf beiden Seiten gewonnen werden. Wenn die Wälle durch Schüsse zum Einsturz gebracht und überstiegen waren, so wurden im selben Augenblick von den Belagerten neue Wälle aufgeworfen, und auf diese Weise wurden die Osmanen, die beim Sturmlaufen eine Belohnung für ihre Opfer und Mühen zu finden hofften, fast zur Verzweiflung gebracht.«

Der Augenzeuge Maksud schildert auch die Beziehung zwischen Führung und Mannschaft im islamischen Heer: »Weil der Sultan die Schwierigkeiten voraussah, die sich bei der Belagerung von Candia ergeben würden, hatte er befohlen, durch das ganze Kriegsheer bekanntzumachen, daß keiner von ihnen wieder lebendig vor sein Angesicht kommen solle, bis Candia erobert sei. Dies aber hätte leicht den Untergang des ganzen Reiches veranlassen können; die Absicht war aber, die Soldaten anzustacheln. Die Soldaten murrten jedoch, weil sie, matt durch die Hitze im Sommer und durch die Kälte im Winter, sehen mußten, daß bisher wenig ausgerichtet war. Sie sagten, es sei sinnlos, die Kräfte des ganzen Reiches bei der Belagerung einer unüberwindbaren Festung aufzuopfern. Allem Anschein nach werde der Kampf nur unternommen, um die Elitetruppen vollständig aufzureiben. Der Wesir hatte seine Befehle vom Sultan empfangen. Er konnte nicht, weil die Soldaten das wollten, die Belagerung aufheben. Er trieb sie deshalb durch Geschenke und Drohungen dazu an, ihre Pflicht zu erfüllen. Vornehmlich aber besänftigte er die aufrührerischen Gemüter durch seine Beredsamkeit. In dieser Kunst war er allen Moslems überlegen. Er sprach im übrigen durch seine Worte und durch sein Beispiel Mut zu.«

In jenem Jahr 1667, in dem der Christensklave Maksud die Belagerung von Candia erlebte, wurde Clemens IX. zum Papst gewählt. Sein Vorgänger, Alexander VII., war in Resignation über die Zukunft des Christentums gestorben. Clemens IX., ein energischer Mann aus dem Hause Rospigliosi, war überzeugt, daß der Feind des christlichen Glaubens abgewehrt werden könne. Er gab sich Mühe, die Kräfte des Abendlandes zusammenzufassen, und bot seine Dienste an, um dem Streit der christlichen Fürsten untereinander ein Ende zu bereiten. Candia war für diesen Papst der geographische Punkt, an dem sich der christliche Glauben bewähren sollte – der Streit zu Hause mußte überwunden werden, damit der Außenposten auf Kreta gehalten werden konnte. Doch weder die Herren noch die Soldaten zeigten Begeisterung, wenn das Problem anstand, militärische Einheiten nach Candia zu schicken. Der Franzose de la Houssaye begründete damals die Abneigung des Militärs, unter dem Feldzeichen von San Marco zu dienen: »Die Mühe, die Venedig hat, Soldaten zu seiner Verteidigung zu finden, liegt in der Sklaverei, in der sie von Venedig gehalten werden. Die Unglücklichen stürzten sich oft lieber in die Arme der Türken, als daß sie im Dienst Venedigs bleiben.« Wählerisch sein durfte die veneziansiche Heeresverwaltung nicht: Ob sich Mörder, Diebe oder Gotteslästerer für den Dienst in Candia meldeten, war ihr gleichgültig. Die Loyalität dieser Männer gegenüber der Republik blieb meist auf ruhige Zeiten beschränkt. Unter dem Druck der Angriffe zerbrach die Bindung an Venedig. Die Moslems aber boten jedem, der zu ihnen kam, eine Belohnung.

Die Zahl der Überläufer war tatsächlich groß. Da schlichen sich nicht nur einfache Soldaten durch die Breschen in den Mauern davon, um türkischen Dienst anzunehmen – auch Festungsingenieure und Offiziere wechselten zu den Moslems über. Sie nahmen Pläne für die Verteidigungsanlagen mit und gaben Geheimnisse der Pulverzusammensetzung preis. Die Offiziere, zermürbt durch die lange Dauer des Eingesperrtseins in der belagerten Festung, konnten die Moral ihrer Kämpfer nicht mehr festigen.

Doch noch immer war die Verbindung nach Venedig offen. Die islamische Flotte konnte nicht verhindern, daß Schiffe den Hafen Candia anliefen und auch wieder verließen. Die Galeeren aus Venedig kämpften sich mit Geschick durch das Sperrgeschwader, das vor Candia lag. Die türkischen Kapitäne waren der Taktik der venezianischen Seeleute nicht gewachsen. Um die islamischen Schiffe bei der Aufgabe der Hafensperrung zu unterstützen, beschossen auch Batterien an Land die Einfahrt nach Candia, was sich häufig als wirkungsvoll erwies. Viele der venezianischen Schiffe erreichten den Zielhafen beschädigt, doch sie kamen in der belagerten Festung an. Lebensmittel trafen ein, neuangeworbene Soldaten, Nachrichten aus Europa – und Wein. Die Berichte sprechen davon, daß auch in der letzten Kriegsphase in Candia keine Not geherrscht habe. Die siebentausend Menschen in der Festung litten selten Mangel. Allein das Brennholz war knapp, das zum Kochen und Heizen benötigt wurde.

»Du sollst Dein Haupt nach Candia tragen«, diese Verwünschung war bei Offizieren und Mannschaften der Moslems gebräuchlich geworden. Nach fast einem Vierteljahrhundert der Belagerung von Festungswällen, die uneinnehmbar schienen, waren die Gräben von Candia für die Moslems zum schlimmsten Platz auf der Erde geworden. Auch in Venedig selbst sank die Lust, sich weiterhin für die längst nutzlose Stadt auf Kreta einzusetzen. Der Krieg fraß die Staatskasse leer und behinderte zugleich das Levantegeschäft.

Doch Papst Clemens IX. erlahmte nicht, Koalitionen gegen die Moslems zu schmieden, auch als die Kriegsbereitschaft in Venedig nachließ. Große Hoffnung setzte er auf den französischen König Ludwig XIV., der allerdings seinerseits Wert auf gute Beziehungen zur Hohen Pforte legte. Der König hütete sich, in das Abenteuer des Kretakrieges hineingezogen zu werden. Er gab zwar die Genehmigung, daß unter den Adligen seines Landes Kämpfer für Candia angeworben wurden, doch verbot er diesem Gefechtsverband, unter dem Zeichen des französischen Staates, dem Lilienbanner, nach Kreta zu fahren: Sie mußten eine Phantasiefahne vor sich hertragen. Der Wesir des islamischen Staates verstand das Zeichen, das Ludwig XIV. geben wollte – die Freundschaft zwischen Frankreich und dem Osmanischen Reich blieb bestehen.

Der Einsatz der französischen Ritter endete wenig ruhmreich. Die sechshundert Männer unternahmen todesmutig einen Frontalangriff gegen das Grabensystem der Türken. Durch Verrat war der Zeitpunkt der Attacke bekannt geworden; die islamischen Streiter erwarteten den Ausfall mit der gezogenen Waffe in der Hand. Keinen Augenblick gab es für die Franzosen die Chance eines Erfolgs. Als schließlich, viel zu spät, wieder zum Rückzug geblasen wurde, lebte nicht einmal mehr die Hälfte der am Angriff Beteiligten. Die überlebenden Franzosen verließen die belagerte Festung wenige Tage später. Doch waren sie damit dem Unglück noch nicht entronnen – die meisten der Flüchtigen starben während der Schiffsreise an der Pest.

Neue Verhandlungen mit Frankreich zogen sich in die Länge. Clemens IX. wollte sich nicht mehr allein auf diesen Partner verlassen, der zu hohe Bedingungen an seine Hilfszusagen knüpfte. In Deutschland warben jetzt die Abgesandten des Papstes wieder Truppen an, diesmal aber nicht auf der Basis von Absprachen zwischen Werbern und einzelnen Kämpfern. Der Papst wies seine Beauftragten an, sich an die Herren der deutschen Bistümer, aber auch an weltliche Landesfürsten zu wenden. Der Appell hatte Erfolg, sogar bei den niedersächsischen Welfen, die evangelisch waren.

Inzwischen war es den Moslems gelungen, sich näher an die Hafeneinfahrt heranzukämpfen; sie erreichten die Schiffe dort schon mit gewöhnlichen Gewehrkugeln. Die Verluste der Entsatztruppe waren deshalb bereits bei der Ankunft schwer. Trotzdem war es noch immer möglich, wenn auch unter erschwerten Bedingungen, Candia zu erreichen. Französische Einheiten, die wenige Wochen später in den Gewässern um Kreta eintrafen, wurden mit gutem Erfolg zur Nachtzeit an Land gebracht. Die Franzosen entschlossen sich, zur Entlastung der bedrängten Stadt sofort einen Ausfall aus der Festung zu unternehmen. Sie wollten den Moslems zeigen, daß christlicher Rittermut türkischer Bravour noch immer überlegen sei. Mit den Truppen, die sich den Franzosen anschlossen, umfaßte die Einheit, die den Angriff durchführen wollte, rund sechstausend Mann. Der Angriff gelang. Die zentral postierten Batterien der Belagerer wurden erobert. Ihr Pulvermagazin fiel in die Hand der Franzosen. Die zurückweichenden Türken gaben ihre Zelte samt Inhalt – meist Kriegsbeute – den Anstürmenden preis. Der Sieg schien errungen zu sein. Auf den Wällen von Candia brach Jubel aus. Man meinte, daß die Festung, wenn nicht die ganze Insel Kreta, für das Christentum gerettet sei.

Doch der Jubel erstarb, als aus dem eroberten Pulverlager Flammen aufschossen und unter Donnergetöse der Luftdruck einer furchtbaren Explosion spürbar wurde. Die Ursache des Unglücks konnte später nicht mehr festgestellt werden. Die venezianischen Kommandeure vermuteten, einer der französischen Soldaten habe sich wohl eine Pfeife angezündet; ein Funke müsse die Detonation ausgelöst haben. Überhaupt wurde von den Venezianern beanstandet, daß die neuangekommenen Franzosen, die zwar mit beachtlicher Disziplin angegriffen hatten, nach der Flucht der Moslems nur noch daran dachten, das Eigentum der Flüchtenden in den Zelten zu plündern. Der Zusammenhalt der Truppen war im Augenblick der Explosion des Pulverlagers bereits zerbrochen. Der laute Knall und die Druckwelle lösten Panik aus. Instinktiv suchten die Plünderer nach Sicherheit: Sie rannten in die Festung zurück.

Die Führung der islamischen Kämpfer reagierte schnell. Sie führte die Reiterreserve heran, die den Flüchtenden schwere Verluste beibrachte. Der Herzog von Beaufort, der zweitwichtigste Kommandeur der Franzosen, wurde im Gewühl des Kampfes abgedrängt und von seiner Begleitung getrennt. Niemand hat ihn mehr gesehen.

Die Sieger müssen davon gehört haben, daß die Christen Nachforschungen anstellten, um das Schicksal des Herzogs von Beaufort zu erfahren, denn der Großwesir schickte fünf Säcke voll abgeschlagener Christenköpfe in die Festung mit dem Hinweis, die Christen sollten doch selbst nachsehen, ob sich der Kopf des Herzogs darunter befinde.

Trotz der enttäuschten Hoffnungen sahen die Befehlshaber von Candia ihre Sache nicht als verloren an. Eine christliche Flotte näherte sich der Insel Kreta; der Kommandeur hatte es sich zur Aufgabe gemacht, dem »wahren Glauben« endlich zum Sieg zu verhelfen. Die Mehrzahl der Galeeren gehörte dem Papst, zumindest waren viele von Rom angeworben worden. Als die Flotte schließlich ihre Geschütze gegen die Bastionen der Moslems einsetzen wollte, explodierten die Pulvervorräte eines der wichtigen Schiffe; die Galeere wurde von der Wucht der Detonation zerrissen und versank. Mit Entsetzen sahen die Besatzungen der anderen Schiffe dem tödlichen Feuerwerk und dem Untergang zu. Zwar wurde, als der Rumpf des zerstörten Schiffes im Wasser verschwunden war, die Beschießung aufgenommen, doch bei den Kanonieren war der Glaube an den Erfolg geschwunden; sie gaben sich geringe Mühe. Die Dürftigkeit des Geschützfeuers löste Entmutigung bei den Belagerten aus. Das Ende der christlichen Präsenz auf Kreta bahnte sich an.

Die Demoralisierung führte zu Mißtrauen hinter den Wällen der Festung Candia. Die Franzosen hatten zwar militärisch nichts erreicht, doch sie traten gegenüber den venezianischen Offizieren recht herrisch auf. Die Venezianer erinnerten sich daran, daß Frankreich eigentlich durch einen Freundschaftsvertrag an die Hohe Pforte gebunden war. Unter den venezianischen Offizieren wurde sogar der Gedanke diskutiert, ob diese Franzosen nicht vielleicht im Bund mit den Moslems stünden, um sich mit ihnen schließlich die Herrschaft über Kreta zu teilen. Eine Waffenbrüderschaft konnte nicht mehr wiederhergestellt werden. Verärgert über das Mißtrauen, entschlossen sich die Franzosen, die Insel wieder zu verlassen. In größter Unordnung vollzog sich die Abfahrt der Schiffe. Sechzig Männer ertranken, da ihre Boote im Hafenbecken kenterten. Der Kommandeur der Franzosen rechtfertigte sich später so: »Die venezianischen Befehlshaber hatten den Platz schon lange übergeben wollen. Das zeigt sich schon daran, wie schnell der Generalkapitän alsbald nach meiner Abfahrt mit dem Großwesir einig wurde. Venedig hatte gar kein Interesse mehr an der Verteidigung einer Festung, die nur noch Geld kostete. Auch konnte es seine dalmatinischen Besitzungen nur durch einen raschen Friedenschluß vor einem türkischen Angriff retten.«

Nach den Franzosen besetzten auch andere europäische Kontingente im Hafen liegende Schiffe. Offiziere, die ihren Männern auszuharren befahlen, wurden bedroht und fügten sich schließlich dem Willen der Truppe. Der Generalkapitän, der oberste venezianische Kommandeur, berichtete an diesem Tag dem Flottenchef vor Candia, der ein Verwandter von Papst Clemens IX. war: »Soeben meldet mir der Führer des päpstlichen Bataillons, daß seine Männer nicht mehr weiter dienen wollen, um sich nicht zum Lohn für alle ausgestandenen Strapazen noch vom Türken den Kopf abschneiden lassen zu müssen. Soweit ist es also schon gekommen! Wenn die Nachwelt jemals imstande sein wird, sich ein Bild vom Zustand der Festung, von unseren Leiden und der gänzlichen Hoffnungslosigkeit auf Besserung zu machen, so wird sie auch begreifen, warum wir unterliegen müssen. Die Fortdauer des Lebens kann mir in Zukunft nur ein Grund zu immerwährenden Tränen sein, wenn ich an die Gefahren denke, die der gesamten Christenheit nach dem Fall dieser unglücklichen Festung bevorstehen.«

Der Generalkapitän nahm wenige Stunden nach der Ausfertigung dieses Schreibens durch einen Parlamentär Verbindung zum Großwesir Ahmed Köprülü und zu einem anderen Würdenträger, dem Pascha von Damaskus, auf. Am 8. September 1669 wurde die Kapitulationsurkunde aufgesetzt. Der Generalkapitän stimmte darin der Deportation aller christlichen Einwohner von Candia nach Dalmatien zu. Der venezianischen Besatzung wurde die Mitnahme einiger Kanonen gestattet. Der Abzug der Soldaten konnte unter Beachtung aller Ehrenrituale geschehen.

Viereinhalb Jahrhunderte lang hatte Venedig die Insel Kreta beherrscht; jetzt wurde sie islamischer Besitz. Nach fünfundzwanzig Jahren des Kampfes um Candia mußte das Christentum diesen Brückenkopf aufgeben. Um den religiösen Aspekt des Sieges zu betonen, ließ der Großwesir gleich in den ersten Stunden nach dem Abzug der Christen die Kirche von Candia in eine Moschee umbauen.

Clemens IX. erlitt in der Nacht vom 25. zum 26. Oktober 1669 einen Schlaganfall. Nur wenige Stunden zuvor hatte er die Nachricht vom Verlust der Bastion Candia erfahren. Am 9. Dezember starb dieser Papst, der seine ganze Existenz der Rettung von Kreta gewidmet hatte.

Einen gültigen Friedensvertrag erhielt Venedig nicht, doch blieb der Waffenstillstand in Kraft. Der Grund lag darin, daß die islamischen Heere Aufgaben im Südosten Europas zugewiesen bekamen. Fünfzehn Jahre nach der Niederlage von Candia aber wuchs bei den führenden Männern der Markusrepublik der Wunsch nach einem Rachefeldzug. Die Offiziere, die einst auf Kreta gekämpft hatten und die seither mit der psychologischen Bewältigung dieser Niederlage rangen, ließen sich vom ehemaligen Generalkapitän des Candiafeldzugs, dem sich die höchsten Staatsämter geöffnet hatten, für einen Kreuzzug der venezianischen Republik gegen die Moslems begeistern. Kreta kam als Ziel nicht in Frage; es lag viel zu weit von der Lagunenstadt entfernt. Dafür sollten die Städte an der Küste von Dalmatien geplündert werden. Es kam darauf an, Erfolge verkünden zu können, um die Popularität der Staatsführung, die seit der Niederlage gesunken war, wieder anheben zu können.

Die Zeit der Seeherrschaft Venedigs schien wiederzukehren, als es der Flotte am 21. September 1687 gelang, bis Athen vorzudringen. Zwar war die Stadt zu jener Zeit ganz unbedeutend, doch lebte sie in der Phantasie der Menschen des Abendlandes als mächtige Metropole fort. Die Landung bei Athen wurde in Neapel als Sieg gefeiert. Schon drei Tage später ergab sich die islamische Besatzung auf dem Burgberg. Ihre Pulvervorräte waren durch einen Volltreffer, den die venezianische Artillerie mit viel Glück ins Ziel gebracht hatte, detoniert. Durch diese Explosion wurde allerdings der Haupttempel der Athena, das Parthenon, zerstört.

Möglich waren diese Vorstöße der Venezianer deshalb, weil die Moslems ihre ganze Kraft anspannen mußten, um die christlichen Heere im Südosten Europas zum Stehen zu bringen. Der Sultan hatte schon geglaubt, der Weg nach Zentraleuropa sei offen, da folgte die bittere Enttäuschung. Ein Höhepunkt zog den Niedergang nach sich. Die Venezianer jubelten darüber, doch auch ihre Kraft war geschwunden. Sie waren militärisch zu Land und auf See künftig immer deutlich schwächer als der islamische Feind. Die Erfolge an den Küsten, teuer erkauft, nützten dem Levantehandel nichts mehr. Venedig träumte noch von einst – und begann, sich auf seine künftige Rolle als Pfleger der Idee vom ewigen, heiteren Karneval vorzubereiten.

Längst fand der gewinnbringende Welthandel auf den Routen nach Amerika und rings um Afrika statt. Venedig wurde zum abgelegenen Ort in einem Winkel des Mittelmeers. Es hatte an den bedeutenden ökonomischen Entwicklungen der Menschheit keinen Anteil mehr.

Ausgezehrt in der Konkurrenz mit dem Islam, besann sich die Markusrepublik auf die vergnüglicheren Seiten der irdischen Existenz.

Der böse Ruf, die »Hure der Türken« zu sein, ging auf Frankreich über. Nicht unbeteiligt an dieser Verlagerung war die venezianische Propaganda, die den unrühmlichen Abzug der französischen Kämpfer von Kreta auf diplomatischen Kanälen und reichlich ausgeschmückt an allen Häfen Europas verbreiten ließ. Ludwig XIV. erhielt den Spottnamen »der kleine Türke«. Berechtigung erhielt dieser Name, als Ludwig XIV. die Moslemheere veranlaßte, ein zweites Mal den Sturm auf Wien zu wagen. Der König selbst empfahl dem Feldherrn Kara Mustapha, die Hauptstadt des Staates der Habsburger einzunehmen. Der französische Monarch erhoffte sich die Vernichtung des bisherigen Konkurrenten um die Vormacht in Europa. Den Gedanken an weitere Konsequenzen eines islamischen Sieges schob Ludwig XIV. beiseite.

## »Dieses herrliche Land Österreich hat uns Allah geschenkt.« Die Moslems greifen ein zweites Mal nach Wien

Das Zitat, das Österreich als Geschenk Allahs an die Moslems bezeichnet, ist dem Kriegstagebuch des Großwesirs Kara Mustapha entnommen. Am 13. Juli des Jahres 1683 war Kara Mustapha vor der Festung Wien angekommen, mit einem Heer, das mehr Kämpfer zählte als der Truppenverband, den Sultan Soliman vor mehr als einhundertfünfzig Jahren zur selben Stadt geführt hatte. Der Schreiber des Kriegstagebuchs notierte: »Allah sei Lob und Preis, daß dank der segensreichen Gottergebenheit des siegreichen Großwesirs nun die Hand auf ein solches Land gelegt worden und dieses zum Tummelplatz der Pferde des islamischen Heeres geworden ist. Den Kennern der Geschichte ist es klar wie der helle Tag, und es bedarf für sie keiner weiteren Erörterung, daß noch unter keinem anderen Feldherrn solche Großtaten der Eroberung geschaut worden sind.« Dem Feldzug war ein Brief des Sultans Mehmed IV. vorangegangen, der zu den gröbsten Schreiben gehört, die jemals von einem Staatsmann an einen anderen geschickt worden sind:

»Von Allahs Gnaden verpfänden Wir, Mehmed, glorreicher und allmächtiger Kaiser von Babylonien und Judäa, vom Orient und vom Okzident, König aller irdischen und himmlischen Könige, Großkönig von Arabien und Mauretanien, Gebieter und Herr vom Grabe des gekreuzigten Gottes der Ungläubigen und ruhmgekrönter König von Jerusalem, Dir, dem römischen Kaiser, und Dir, dem polnischen König, und allen Euern Anhängern Unser heiligstes Wort, daß Wir im Begriffe sind, Eure Ländchen mit Krieg zu überziehn.

Und führen Wir mit Uns dreizehn Könige mit einer Million und dreihunderttausend Kriegern an Fußvolk und Reiterei und werden, Kaiser, Dein Ländchen mit solchem Heere, von dem weder Du noch Deine Anhänger je eine Vorstellung gehabt, ohne Gnade und Barmherzigkeit zu Hufeisen zertreten und dem Feuer und dem Schwerte überantworten lassen.

Vor allem befehlen Wir Dir, in Deiner Residenzstadt Wien Uns zu erwarten, damit Wir dort Dich köpfen können, und tue auch Du, kleines Königlein von Polen, desgleichen! Sammt allen Deinen Anhängern werden Wir Dich vertilgen und Gottes allerletztes Geschöpf, soweit es nur ein Ungläubiger ist, von der Erde verschwinden lassen. Groß und Klein werden Wir zunächst der grausamsten Marter aussetzen und dann dem schändlichsten Tode überantworten. Dein lächerliches Reich will Ich Dir fortnehmen und von der Erde fortfegen Dein ganzes Volk.

Dich und den König von Polen werden Wir so lange leben lassen, bis Ihr Euch werdet überzeugt haben, daß Wir alles Angekündigte erfüllten. Dies zur Beachtung.

Gegeben in Unserer Haupt- und Residenzstadt Stambul, in Unsrem vierzigsten Lebensjahre und im achtundzwanzigsten Unserer Allmächtigen Regierung.

Mehmed.«

Schon einmal hatte ein Sultan in überheblichem Ton an einen Habsburger geschrieben. In guter Erinnerung war der Feldzug jenes Sultans gegen Wien bei den Moslems nicht geblieben.

Die Leistung des Sultans Soliman, der im Spätsommer 1529 Wien erreicht hatte, war inzwischen von den islamischen Historikern mit kritischem Sinn beschrieben worden: Sie rätselten über den Entschluß des Sultans, die Belagerung abzubrechen; eine vernünftige, den Sultan entschuldigende Antwort fanden sie nicht. Die Legende aber hatte den Mißerfolg längst der Disziplinlosigkeit der Moslems zugeschrieben: Der Sieg sei bereits errungen gewesen, von den Wällen habe man den Schrei »Allahu akhbar« – Allah ist über allem – gehört, da hätten die islamischen Krieger zu plündern begonnen, sie seien unvorsichtig geworden. Die Christen aber seien in diesen Minuten, als jeder einzelne ihrer Gegner für sich Beute machen wollte, aus der Panik wieder zur Besinnung gekommen; sie hätten sich zum Gegenangriff gesammelt. Die Legende erzählt, der Stephansdom sei den Christen schon entrissen gewesen, als die Niederlage der Moslems begann.

Mit der Realität hat diese Legende nichts zu tun, doch sie bietet Erklärungen an für das eigentlich Unerklärliche. Der »goldene Apfel« war damals nicht in die Hand der Moslems gefallen; sie hatten versagt, als es ihr Auftrag war, Wien der islamischen Welt, dem »Dar al Islam«, einzugliedern. Die Erklärung lautet: Vom Egoismus befallen, hatte damals jeder nur noch an sich gedacht, hatte sich nicht mehr der Gemeinschaft untergeordnet. Als Leitsatz der Truppenführung galt das arabische Sprichwort: »Niemand soll nach dem Honig greifen, solange die Bienen nicht beseitigt sind.« Die Lehre dieses Sprichworts war nicht beachtet worden, deshalb hatte Allah die Niederlage verhängt. Solimans Heer durfte nicht siegen. Vor dem Zorn Allahs über die Disziplinlosigkeit, über den Egoismus der Moslems sei Soliman geflohen.

Auf der Flucht, so erzählt die Legende, sei dem Sultan damals der Prophet Mohammed im Traum erschienen. Die Traumerscheinung habe verkündet, daß der Zorn Allahs so lange die Moslems verfolge, bis ein Sühneopfer von vierzigtausend Widdern dargebracht werde. In seiner Verzweiflung beriet sich Soliman mit seinen Befehlshabern. Sie waren der Meinung, die Aussage des Propheten sei nicht im wörtlichen Sinne zu verstehen – in Wirklichkeit sei gemeint, daß der Märtyrertod von vierzigtausend islamischen Kämpfern Allah aussöhnen werde.

Die Legende berichtet, Soliman habe beim Abbruch der Belagerung vierzigtausend Kämpfer auf das linke Donauufer geschickt, mit dem Auftrag, ein heraneilendes Christenheer aufzuhalten. Die Brücken über den Fluß seien hinter den vierzigtausend abgebrochen worden. Keiner habe den Kampf mit den Christen überlebt. Mit dem Tag ihres Todes endete die Zeit des Unglücks für den Sultan; der Platz, wo die vierzigtausend begraben liegen, sei von Allah besonders gesegnet. Wer sich dort in der Nacht vom 26. Oktober aufhalte, könne den Ruf »Allah! Allah!« hören. Befinde sich ein Ungläubiger dort, komme er im Feuerregen um.

Die Legende verschönt nicht nur die Niederlage, sie wird auch zum Ansporn für den erneuten Versuch, den »goldenen Apfel« dem Islam zu sichern. Stärker als die Regel »Das Land, das der Huf des Sultanpferdes berührt hat, gehört dem Islam« ist der Grundsatz, Begräbnisstätten von Märtyrern nicht in der Hand von Ungläubigen zu lassen. Sultan Mehmed IV. hatte die Verpflichtung in sich verspürt, den Platz, wo die vierzigtausend gestorben und beerdigt worden sind, dem islamischen Reich einzugliedern. Doch im Gegensatz zu Soliman, der selbst den Feldzug kommandiert hatte, überließ Mehmed IV. die Aufsicht über diesen »Ritt zum goldenen Apfel« seinem Großwesir Kara Mustapha.

Daß die Erinnerung an die Ereignisse des Jahres 1529 mächtig war, ist dem Kriegstagebuch des islamischen Heeres aus dem Jahr 1683 zu entnehmen. Vom Tag der Ankunft des Großwesirs vor Wien, das Datum ist der 13. Juli, berichtet der Kriegsschreiber: »Der Großwesir suchte den Ort auf, an dem die Zeltburg des verewigten Sultans Soliman aufgeschlagen worden war, als er im Jahr 936 der Hidschra (1529 n. Chr.) zur Belagerung Wiens hierher gekommen war. An dieser Stelle hatte der Christenkönig eine mächtige Mauer ziehen und einen prachtvollen Garten mit hohen Bauwerken anlegen lassen. Zum Andenken hatte der irrgläubige Ferdinand, der damalige Kaiser der Deutschen, genau nach der Anlage des großherrlichen Prunkzeltes ein wunderschönes Schloß, einen herrlichen Palast erbauen und statt mit Blei mit vergoldetem Kupfer decken lassen, so daß einem, wenn die Sonne darauf scheint, die Augen geblendet werden. Und jeder der auf ihn folgenden Könige hat dann dort mannigfache hohe Lustbauten errichtet. Die Wandverkleidung und die Säulen im Schlosse sind aus buntem Porphyr und aus weißem Marmor, und der Garten davor ist mit den verschiedenartigsten Blumen geschmückt. Äpfel gibt es dort und Birnen sowie Feigen, Datteln und Apfelsinen, schöne Haine mit Palmen und Zypressen und Mauern aus lebendem Laubwerk, die eine Höhe von zwei Lanzenlängen haben, so daß man weder von drinnen heraussehen, noch von draußen hineinsehen kann. Für alles das sind zweifellos hohe Summen Geldes aufgewendet worden. Dorthin also begab sich nun der Großwesir, um ein wenig Ruhe zu genießen.«

Der Tagebuchschreiber übertrieb in seiner Schilderung. In der Tat war in den Jahren nach 1529 an der Stelle, wo Soliman sein Hauptquartier aufgeschlagen hatte, ein palastartiger Bau entstanden, den die Wiener das »Neugebäude« nannten. Mauerreste davon sind heute noch auf dem Gelände des Wiener Krematoriums zu sehen. In keiner der Beschreibungen des Gartens beim Neugebäude sind jedoch Schilderungen eines derart südlich orientierten Pflanzenwuchses zu finden. Der Tagebuchschreiber dürfte wohl arabische Vorstellungen vom Paradies auf den Platz, den einst der Fuß des Sultans Soliman berührt hatte, übertragen haben.

Wien hatte sich in den einhundertfünfzig Jahren seit der ersten Belagerung durch die Moslems verändert. Die Stadt war hinausgewachsen über die alte Mauer und den alten Graben. Die früheren Vorstädte waren einbezogen in den Siedlungskern. Bastionen umgaben die Festung Wien, ein Komplex von Mauern, Forts und Gräben, der an Abwehrmöglichkeiten dem System von Wällen und Toren von 1529 weit überlegen war. Allerdings hatten sich auch Können und Kriegsmaterial der Angreifer verändert. Mit der Stärke der Mittel zur Abwehr eines Angriffs war auch die Raffinesse der Werkzeuge zur Erstürmung von Bollwerken gewachsen.

Der Großwesir war voll Vertrauen, diesmal Angriffswaffen in genügender Zahl nach Wien mitgebracht zu haben. Im Gedächtnis der islamischen Krieger waren die Schwierigkeiten haften geblieben, unter denen Soliman einst zu leiden gehabt hatte. Da er damals den Feldzug schon in einer Schlechtwetterperiode begonnen hatte, war ein Teil seiner schweren Geschütze auf dem langen Weg von Istanbul nach Wien zurückgeblieben. Kara Mustapha hatte dagegen für gewaltige Feuerkraft gesorgt. Im Vertrauen auf seine Waffen schrieb er an die Kommandeure der Festung: »Entweder Islam oder Tribut!« – entweder Bekenntnis zum Glauben an Allah und an den Propheten oder Auslösung durch Geldzahlungen. Nur diese Alternative wollte Kara Mustapha den Belagerten lassen. Zweifel am Gelingen dieses Griffs nach dem »goldenen Apfel« gab es nicht.

Eindrucksvoll ist die Liste der Herkunftsländer, aus denen sich die Verbände des islamischen Heeres rekrutierten: Die Soldaten kamen aus Syrien, dem Irak, aus Ägypten und dem Sudan. Die eigentlichen Türken waren weit in der Minderheit – und trotzdem gaben die Angegriffenen diesem Heer den Sammelnamen »die Türken«.

Der Großwesir benutzte die ersten Belagerungstage zu Erkundigungsritten: »Am späten Vormittag bestieg der hochmächtige Großwesir seinen windschnellen Renner, um die Umgebung der Festung in

Augenschein zu nehmen. Er ritt durch den Strom zu der Insel hinüber, deren Brücke abgebrannt worden war, begab sich dort zu dem herrlichen Park, der als Kaisergarten bezeichnet wird, besichtigte ihn und ruhte dann eine Weile. Darauf besah er sich durch das Fernrohr die Festung und die große Brücke über die Donau. Dann ritt er ohne die geringste Besorgnis etwa auf Flintenschußweite an der Festung vorbei, überquerte das Wasser an der gleichen Stelle, wo er hergekommen war und an der man inzwischen in aller Eile eine Brücke geschlagen hatte, und traf zur Zeit des Nachmittagsgebets wieder in seiner hohen Zeltburg ein.«

»Möge Allah der Allerhabene es gewähren, daß die Festung Wien, dieses Ziel der Sehnsucht der Großen Herrscher, dank der frommen Tatkraft und gottergebenen Willensstärke des Großwesirs erobert und dem Reich des Islam einverleibt werde.« Diesen Wunsch notiert der Tagebuchschreiber am fünften Tag der Belagerung. Der Sieg schien sich anzukündigen. Der Großwesir hielt sich in den Gräben auf, die bis unter die Bollwerke heranreichten. Dort wollte er die Stunde des Sieges abwarten, denn der Sturmlauf gegen die Bollwerke tobte mit großer Wucht. Doch die Verteidiger wehrten jeden Angriff erfolgreich ab. Enttäuscht mußte der Großwesir in seine Zeltburg zurückreiten.

Gefangene, die vor den Großwesir geführt wurden, sagten meist aus, in der Stadt herrsche Not, die Menschen seien am Verhungern. Es ist anzunehmen, daß solche Aussagen deshalb gemacht wurden, weil die Gefangenen sich retten wollten. Wie die Erfahrung zeigte, ließ der Großwesir Gefangene am Leben, die ihm angenehme Mitteilungen machten; alle anderen wurden geköpft. Die so gesammelten Informationen waren von geringem Wert. Der Großwesir lebte in der Illusion, aus Hunger würden sich die Belagerten bald ergeben.

Kara Mustapha wandte auch bei dieser Belagerung die bewährte Taktik der islamischen Heere an: durch Explosion von Sprengkammern unter den Mauern in die Wälle Breschen zu schlagen. Der Tagebuchschreiber notierte am 23. Juli: »Eine Stunde vor Mitternacht waren zwei Minen zur Sprengung bereit. Die eine sprengte die vor ihr befindlichen Palisaden in die Luft und schickte hundert oder zweihundert der Ungläubigen in das ewige Feuer der Hölle. Im Anschluß daran unternahmen die Freiwilligen dort einen Sturmangriff und erlegten eine Anzahl von Feinden, worauf die Ungläubigen in hellen Haufen wie die wildgewordenen Schweine gegen die Streiter des Islam ausfielen. Die zweite Mine verschüttete zweihundert bis dreihundert Ungläubige. Es entbrannte bei dieser Gelegenheit ein derartig heftiger Kampf, daß von dem Krachen der Kanonen und Flinten Erde und Himmel erbebten.«

Obgleich Wien sich weiterhin standhaft wehrte und die Kapitulation auf sich warten ließ, waren die Tage reich an Erfolgen für den Großwesir. Ringsum unterwarfen sich die Dörfer, boten Tribut an und erbaten sich Schutzbriefe. Am 29. Juli bettelte die Stadt Preßburg um gnädige Schonung. Der Großwesir konnte sich als Beherrscher der österreichischen Südostregion fühlen. Seine Berichte mußten dem Sultan gefallen.

Die Bewohner von Götzendorf, einer Siedlung, die drei Wegstunden von Wien entfernt lag, hatten sich geweigert, den islamischen Herrscher als ihren Herrn anzuerkennen. Der Großwesir schickte eine Truppe nach Götzendorf, die den Männern und Frauen dort zeigen sollte, wer in diesem Teil Österreichs das Sagen hatte. Das Kriegsbuch vermerkt die folgende Eintragung über den Vorgang der Unterwerfung: »Da dort der Graben im ganzen Umkreis voll Wasser war, die Brücken darüber von den Ungläubigen abgebrochen worden waren, und somit keine Möglichkeit bestand, das Dorf im Sturm zu nehmen, unterbreitete der Befehlshaber dem Großwesir schriftliche Meldung über die Lage, worauf ihm unverzüglich drei Geschütze und eine entsprechende Menge an Gerät und Munition zugesandt wurde. Noch bevor dieser Nachschub bei Götzendorf eintraf, konnte aber die Siedlung mit Allahs Beistand bezwungen werden. Die Ungläubigen wurden bis auf den letzten Mann umgebracht.«

Tag für Tag hielt sich der Großwesir selbst in den Gräben vor Wien auf. Er lobte und tadelte, verteilte Geschenke und sprach vom Auftrag, den Allah allen Moslems gegeben hatte. Zu Allahs Preis geschehe diese Belagerung; zu seinem Preis seien die Ungläubigen umzubringen. »Allah, der Allerhabene, zerschmettere die Ungläubigen und verleihe denen den Sieg, die an ihn und an den Propheten glauben« – mit diesen Worten schloß Kara Mustapha seine Gebete ab. Oft blieb er auch die Nacht hindurch auf, um den Augenblick nicht zu versäumen, in dem die Nachricht von der Erstürmung Wiens sein Lager erreichen würde.

Einen Monat nach Beginn der Belagerung waren die Anzeichen für eine baldige Kapitulation der Festung jedoch nicht größer geworden. Jeden Tag zerfetzten Sprengungen Teile der Bastionen, doch in der Nacht wurden die Breschen – wenn auch notdürftig – wieder geflickt.

Am 22. August besuchte der König von Siebenbürgen – er war ein Vasall des islamischen Herrschers – den Großwesir. Aller Pomp wurde aufgeboten: Musik, Feldzeichen, Ehrenwachen, Salutschüsse. »Dann wurde dem König die Ehre zuteil, dem gnädigen Großwesir den Rocksaum küssen zu dürfen und von ihm zum Platznehmen aufgefordert zu werden. Der König setzte sich jedoch nicht gleich nieder, sondern trat wiederum zum Großwesir hin und legte das Gesicht an den Saum seines Gewandes. Als ihn der Großwesir darauf nochmals einlud, sich zu setzen, verneigte sich der König und nahm Platz. Und zwischen verschiedenen Fragen und Antworten trat er neuerlich hin, küßte den Gewandsaum des gnädigen Großwesirs und führte so alle erforderlichen Zeremonien der Huldigung aus. Es wurden Kaffee, Scherbet und Wasserpfeifen gereicht, und dann wurde der König mit einem halblangen Zobelpelz auf Brokat bekleidet.«

Die Edelleute Ungarns machten ihre Aufwartung, darunter auch der Chef des Hauses Esterházy. Längst hatten sich die großen Familien dem islamischen Herrn unterworfen. Sie hatten sich der Alternative »Islam oder Tribut« gefügt – Moslems waren sie keine geworden, doch sie zahlten Tribut. Als dem islamischen Adel ebenbürtig wurden die ungarischen Magnaten trotzdem nicht betrachtet: Sie wurden nicht zum Sitzen aufgefordert. Diese Ehre war ihnen allerdings auch beim Kaiser des Deutschen Reiches selten widerfahren. Der ungarische Adel war den Habsburgern zwar tributpflichtig gewesen, um das Land hatten diese sich aber kaum gekümmert. Ob sie von Istanbul mit Forderungen konfrontiert waren oder von Wien, war den Edelleuten Esterházy, Draskovich und Násdady daher nahezu gleichgültig. Mit dem islamischen Herrscher hatten sie sich abgefunden; mehr Freiheit hätten sie auch vom Haus Habsburg nicht zu erwarten gehabt. Zwölf Jahre lag der Aufstand der Magyaren, die nicht den Moslems unterstanden, gegen die Wiener Herrschaft erst zurück. Graumsam waren die Mittel gewesen, mit denen die eigenständige Bewegung ausgelöscht wurde. Sämtliche Führer waren hingerichtet worden. Die islamischen Monarchen zeigten manchmal mehr Menschlichkeit.

»Wenn die Bevölkerung von Wien weiterhin an der Milde des Großwesirs zweifelt, wird sie sehr bald die fürchterlichen Folgen seines göttlichen Zorns zu spüren bekommen.« Ein Blatt Papier mit diesem drohenden Text wurde, an einen Pfeil geheftet, von einem Bogenschützen über die Mauer zu den Verteidigern geschossen. Niemand war bereit, der Aufforderung zur Kapitulation zu folgen. Auf Gnade konnten sie nicht hoffen. Wie die Soldaten des Großwesirs mit denen umgingen, die es gewagt hatten, Widerstand zu leisten, dafür gab es Beispiele. Hatte doch auch der südlich von Wien gelegene Ort Perchtoldsdorf, der sich kurze Zeit gewehrt hatte, vor der Kapitulation das Recht auf ungehinderten Abzug zugesprochen erhalten; doch kaum hatten die Männer die Waffen niedergelegt, da waren sämtliche Einwohner, auch Frauen und Kinder, erschlagen worden. Viertausend Menschen sollen dabei ihr Leben verloren haben.

Rechnet man die Bürgerwehren und Hilfskorps ein, so war die Zahl der Verteidiger etwa gleich groß wie 1529; doppelt so stark als bei der ersten Belagerung war allerdings das Heer der Angreifer. Schätzungen aus jener Zeit besagen, die Moslems seien zwanzigfach überlegen gewesen. Ernst Rüdiger Graf von Starhemberg war der militärische Chef in der Stadt. Für die Mobilisierung der Bevölkerung war Bürgermeister Andreas von Liebenberg zuständig.

Immer wieder gab es Fälle der Kommunikation zwischen den Kämpfern draußen vor den Wällen und denen, die drinnen belagert waren.

Da mußte die Militärpolizei des Großwesirs feststellen, daß einige Bäkker des islamischen Heeres – sie waren zwangsverpflichtete Kärntner – Brot auch in die Festung lieferten. Ein Nebentürchen in den Bastionen ermöglichte den Transport über die Fronten. Wenige Tage nach diesem Vorfall wurden vier Männer ertappt, als sie Wein tranken. Um einige Flaschen des ihnen verbotenen Getränks zu bekommen, hatten sie den Verteidigern Lebensmittel und Waffen angeboten. Über die Mauer hinweg war der Austausch zustande gekommen. Jeder der vier Männer wurde mit zweihundert Stockschlägen bestraft. Die Weinlieferungen für die Stadt aber kamen wiederum von außen. Das Transportpersonal des islamischen Heeres machte dabei Geschäfte. In der sechsten Woche der Belagerung wurden neun Fuhrleute von der Militärpolizei aufgegriffen, als sie Weinfässer an einen nur selten umkämpften Abschnitt der Bastionen heranrollten; von dort sollten die Fässer mit Flaschenzügen auf die Mauern hochgehoben werden.

»Möge der urewige Herr im Himmel die Ungläubigen mit Stumpf und Stiel von der Erdoberfläche vertilgen.« Diesen Wunsch notierte der Schreiber des Großwesirs Kara Mustapha in jenen Tagen häufig. Die Disziplin im Lager der Moslems ließ nach. Die hochgemute Stimmung, die zu Beginn der Belagerung geherrscht hatte, war der Gleichgültigkeit gewichen. Die Dörfer und Städte rings im Land waren längst unterworfen. Von dort trafen keine Erfolgsmeldungen mehr im Lager der Moslems ein. Der ganz große Erfolg aber, die Einnahme des »goldenen Apfels«, blieb aus.

Der Großwesir war nicht unschuldig an dieser Resignation seiner Offiziere und Mannschaften, zögerte er doch mit dem Befehl zum geballten Sturm auf die Festung. Die Legende vom Ausgang der Belagerung Wiens durch Sultan Soliman muß bei diesem Zögern als wichtiger psychologischer Faktor gesehen werden: Soliman, so sagt die Überlieferung, habe zwar stürmen lassen, doch im Sieg sei bei den Kämpfern die Beutelust derart übermächtig geworden, daß sie nicht mehr an die Gefahren dachten; der Egoismus habe das Gemeinwohl aller Moslems vernichtet. Da Allah deswegen die Strafe der Niederlage verhängt habe, wollte Kara Mustapha diesmal den Streitern des Islam nicht die Chance zum hemmungslosen Beutemachen geben. Der Befehl zum Sturm schloß aber immer die Genehmigung ein, die gestürmte Stadt zu plündern. Der Hintergedanke für den Großwesir war, daß eine durch Belagerung erzwungene Kapitulation ihn zum alleinigen Besitzer der Beute machte. Ob er davon Teile weitergab oder nicht, diese Entscheidung hing dann von seiner Gnade ab.

In manchen Nächten konnte der Großwesir von seinem Zelt aus leuchtende Raketen über der belagerten Stadt sehen. Sie stiegen auf vom Turm der Stephanskirche und sanken langsam herab. In einer Nacht zählten die Offiziere des Großwesirs hundert solcher Raketen.

Kara Mustapha war wegen dieser Zeichen beunruhigt. Die Raketensignale mußten jemandem gelten, der sich außerhalb der Festung befand; ihm sollte irgend etwas signalisiert werden. Doch diesen Adressaten kannte der Großwesir nicht. Seine Reiter waren weit im Land zu Erkundungsstreifen unterwegs gewesen. Nirgends waren sie auf Militärverbände gestoßen, die zum Entsatz der belagerten Festung unterwegs sein konnten. Und doch mußte da jemand sein, drüben über dem Kahlenberg – so dachte Kara Mustapha –, der aus den Signalen Schlüsse ziehen sollte. Die geheimnisvollen Umstände brachten Unruhe in den Stab der Berater des Großwesirs. Daß da überhaupt niemand war, um die Zeichen zu deuten, das konnte Kara Mustapha nicht wissen. Die Männer in der belagerten Stadt aber ahnten es.

Verantwortlich für den Einsatz der Festung Wien war der Herzog von Lothringen, ein Schwager des Kaisers. Er konnte nicht einmal damit rechnen, von den Reichsfürsten soviel Unterstützung zu bekommen wie einst Ferdinand im Jahre 1529, denn die Landesherren waren zerstrittener als damals. Wieder überwog die Meinung, die Gefahr sei nicht groß und der Krieg überhaupt unnötig und sogar gefährlich, da er nur eine Bedrohung Zentraleuropas nach sich ziehen würde.

Frankreich, das dem Sultan gut zugesprochen hatte, Gebiete in Ungarn und Österreich zu unterwerfen, wollte die Situation zum eigenen Vorteil nützen. Je schwächer das Reich war, desto mehr Ansprüche konnte Ludwig XIV. stellen. Einer seiner reisenden Diplomaten hatte schon ein Jahr zuvor unter Alkoholeinfluß gesagt: »Mein Herrscher wird noch einige Zeit innehalten und lavieren, sobald aber der Türke erscheine, werde Frankreich aus allen Ecken auf einmal losbrechen und vielleicht bis Böhmen vordringen.«

In Paris hatte der Beginn der Belagerung von Wien Jubel ausgelöst. Der Kurfürst von Preußen hatte sich durch die französischen Absichten bedroht gesehen, deshalb war er in einer klugen, aber wenig ehrenvollen Kehrtwendung seiner Politik einen Allianzvertrag mit Frankreich eingegangen – dem Reich im Türkenkrieg zu helfen, war ihm deshalb unmöglich. So war der Kaiser zunächst auf die militärischen Kräfte seiner eigenen Länder angewiesen. Seit dem 31. März 1683 konnte er sicher sein, daß ihm wenigstens Polen half. Nach Abschluß dieses Hilfsvertrags zwischen dem Kaiser und dem Polenkönig Johann Sobieski hatte der französische Herrscher den Sultan zum raschen Feldzug gedrängt; noch ehe Johann Sobieski mit seiner Ausrüstung fertig war, sollte Österreich bereits zerschlagen sein.

Von dieser Zuversicht der deutschen Fürsten war der Großwesir Kara Mustapha vor Wien genau informiert. Er wußte auch, daß der Herzog von Lothringen Truppen zusammenzog. Seine Wachen fingen häufig Boten ab, die bedrängende Meldungen an den Chef des Entsatzheeres bei sich trugen. Waren die Schriften entziffert, dann konnte Kara Mustapha solche Beschwörungen lesen: »Keine Zeit mehr verlieren, lieber gnädiger Herr, keine Zeit mehr verlieren.« Der Großwesir konnte sicher sein, daß ihm niemand mehr die Beute wegnehmen würde.

Warnungen beachtete Kara Mustapha nicht. Als ihm von Gerüchten berichtet wurde, irgendwo sei ein Entsatzheer für Wien auf dem Weg, das nur noch auf den ungläubigen Polen Sobieski warte, da antwortete er ungnädig: »Ich kenne dieses Entsatzheer schon, das da kommen soll. Dreitausend oder viertausend Polen mit fünftausend oder zehntausend Deutschen. Was ist das schon?« Wenn die Zahlen gestimmt hätten, dann wäre die Zuversicht des Großwesirs berechtigt gewesen. Doch der Herzog von Lothringen kommandierte vierundachtzigtausend Kämpfer. Bei kluger Taktik seiner Unterführer konnte die Überlegenheit des islamischen Heeres überspielt werden, obwohl Kara Mustapha über mehr als doppelt soviel Kriegsleute verfügte.

Der König von Siebenbürgen gehörte zu den Warnern. Nachdem er vom Großwesir den »halblangen Zobelpelz mit Brokat« überreicht bekommen hatte, gab Kara Mustapha folgende Analyse der Situation ab: »Allah sei gepriesen! Wir sind also hierher gekommen, haben Wien eingeschlossen und unter Feuer genommen. Allenthalten werden den Ungläubigen ihre Mauern, ihre Schweineställe, ihre Bastionen zerschossen, die Festungsmauer ist bereits erreicht. Wir erhoffen die Eroberung, so Allah, der Erhabene, es will, in den allernächsten Tagen.«

Die Antwort des Königs von Siebenbürgen war wenig ermutigend: »Gegen Eure Truppen, Euer Kriegsgerät und Eure Munition ist kein Wort zu sagen. Selbst wenn sämtliche Könige der Ungläubigen sich vereinigen würden, so könnten sie doch niemals über eine derartige Menschenmasse verfügen. Sie sind Euch nie gewachsen. Aber Wien ist eine überaus starke Festung. Ja, wenn Ihr sie gleich bei Eurer Ankunft ohne weiteren Aufenthalt durch Sturm oder Kapitulation hättet einnehmen können, das wäre eine schöne Sache gewesen. Jetzt aber wird die Eroberung immer schwieriger, je länger sich die Belagerung hinzieht. Eine solche Unmenge an Menschen und Tieren schafft auf die Dauer Probleme. Sie essen und trinken. Und diejenigen, die bereits Beute gemacht haben, verschwinden. Mangel und Hungersnot werden ausbrechen. Dazuhin habe ich Nachricht, daß der Kaiser an die Könige der Christenheit Briefe um dringende Hilfe ausgesandt hat. Ihr hättet Wien liegen lassen müssen, um die aus Stein erbaute Brücke zu erreichen, die zwei Tagereisen oberhalb von Wien an der Donau liegt. Von dort aus hättet Ihr das Land der Deutschen ganz bezwingen können. Der Festung Wien wäre nur noch die Kapitulation übriggeblieben.«

Der König von Siebenbürgen verließ die Zeltstadt des Großwesirs wieder. Doch seine Worte hatten Unruhe hinterlassen. Die Offiziere im Heer des Islam begannen die Gefahr, die von Norden her drohte, anders einzuschätzen als ihr Befehlshaber. Am 8. September – fast zwei Monate dauerte die Belagerung schon – nahmen die Vorposten der ägyptischen Truppen einen Mann gefangen, der Nachrichten vom christlichen Heer an die Festung bei sich trug. Aus ihnen war zu entnehmen, daß der Herzog von Lothringen bereits jene steinerne Brücke über die Donau erreicht hatte, die der König von Siebenbürgen als so wichtig erwähnt hatte. Ein zweiter Gefangener – der Kriegstagebuchschreiber des Großwesirs bezeichnet ihn verächtlich als »Hutträger« – bestätigt an diesem 8. September die Gefahr. »Möge Allah, der Allerhabene, dem Heere des Islam Kraft und Sieg verleihen und die Feinde des Glaubens mit Niederlage und Vernichtung schlagen!« So zuversichtlich wie noch Tage zuvor klingen die Worte der Eintragung nicht mehr.

Der Großwesir und seine Berater legten sich auf eine Taktik fest, die Aussicht auf Erfolg hatte. Der Verfasser des Kriegstagebuchs vermerkte sowohl die Beschlußfassung als auch die daraus resultierenden Anweisungen in seinen Papieren: »Nachdem der Großwesir die Gräben verlassen hatte, erschienen der edle Wesir Husein Pascha und der edle Wesir Kara Mehmed Pascha, der Oberst der Artillerie und andere Kommandeure in der Zeltburg des Großwesirs, wo eine einstündige Beratung stattfand. Es wurde einstimmig beschlossen, daß beim Anrücken der Feinde des Glaubens die Leute in den Gräben unbeirrt in ihren Abschnitten bleiben, sämtliche Paschas jedoch mit den berittenen Truppen den Ungläubigen entgegenzureiten haben. Sie haben den Kampf mit den Ungläubigen aufzunehmen. Wenn wir mit Allahs, des Allerhabenen, Gunst den Feind zurückzuwerfen und schlagen, so haben wir die Festung sicher in der Hand. Danach bestieg der erhabene Großwesir sein Pferd, um die Anmarschwege der Ungläubigen zu erkunden. Sie nahmen die Wege, auf denen die Ungläubigen zu erwarten waren, in Augenschein.«

Am 10. September, um die Mittagszeit, traf die Nachricht bei Kara Mustapha ein, das feindliche Heer sei nur noch drei Wegstunden entfernt. »Darauf befahl der Großwesir, sein gesamtes Gefolge möge sich mit Pauke und Fahne einsatzbereit halten.« Ein Gefangener, der in der Nacht eingebracht wurde, öffnete dem Großwesir die Augen. Seine Aussage lautete: »Auf zwei Wegen rückt das christliche Heer an. Der König von Polen befindet sich mit einem Heer von vierzigtausend Mann bei ihnen. Auch der deutsche Kaiser ist dabei, mit dreißigtausend Mann Fußvolk und vierzigtausend Mann Reiterei. Sie führen zweihundert leichte und schwere Geschütze mit sich. Morgen wollen sie das Heer des Islam angreifen.«

# Der »goldene Apfel« entgleitet den Moslems
# Kara Mustapha verliert wegen der Niederlage sein Leben

Im Kriegstagebuch des islamischen Heeres ist nachzulesen, welcher Schrecken sich im Lager des Großwesirs verbreitete. Am Morgen des 12. September wurde gemeldet, das »Heer der unseligen Ungläubigen« sei mit zweihunderttausend Mann im Anmarsch über den Berg am Donauufer. Dann brach das Unglück über die Belagerer herein: »Die Ungläubigen hatten die Befestigungsanlagen auf dem Kahlenberg erreicht und tauchten nun mit ihren Abteilungen auf den Hängen auf wie Gewitterwolken, starrend vor dunkelblauem Erz. Mit dem einen Flügel gegenüber den Kampfverbänden aus der Walachei und der Moldau an das Donauufer angelehnt und mit dem anderen Flügel bis zu den äußersten Abteilungen der Tataren hinüberreichend, bedeckten sie Berg und Feld und formierten sich in sichelförmiger Schlachtordnung. Es war, als wälze sich eine Flut von schwarzem Pech bergab, die alles, was ihr in den Weg kam, erdrückt und verbrennt. So griffen sie an mit der eitlen Absicht, die Streiter des Islam von beiden Seiten zu umfassen.«

Unvorbereitet traf die Sturmflut das Moslemheer nicht. In Schlachtordnung empfingen die Verbände des Kara Mustapha den Gegner. Auf den ersten Angriff der Christen folgte der Gegenangriff.

Doch bald schon waren die Moslems abgedrängt von den Hängen des Kahlenberges und zurückgedrückt bis in die zerstörte Ortschaft Nußdorf. Der Schreiber des Kriegstagebuchs umriß die kritische Situation so: »Dann konnten die Schurken, die in dichtgedrängten Massen anstürmten, rechts und links durchbrechen und griffen nun die Streiter des Islam von allen Seiten an. Sie führten ihre Geschütze aufgeprotzt mit und überschütteten aus ihnen das Heer des Islam mit einem Hagel von Geschossen. Am Donauufer warfen sie die Truppen, die unter dem Befehl des Wesirs Ibrahim Pascha standen, auseinander und drangen in das Tal und gegen das großherrliche Heerlager vor. Auf dem linken Flügel standen Truppen aus Damaskus in schwerem Kampf, ohne daß ihnen der Tatarenkhan irgendwie zu Hilfe kam.«

Mit dem Beginn der Fluchtbewegung, die zuerst die Männer des Wesirs Ibrahim Pascha ergriffen hatte, wurde überall im islamischen Heer Verwirrung spürbar. Der polnische König ritt unbeirrt auf die Zeltburg des Großwesirs zu. Seine Entschlossenheit gab den Einheiten ringsum Mut. Unterdessen begann an den beiden Flügeln der Front der Widerstand abzubröckeln. Als die Flügel wichen, geriet auch das Zentrum in Gefahr. Nach sechs Stunden unentschiedenen Kampfes konnte auch der Großwesir den Zusammenbruch der Front nicht mehr aufhalten. Die Moslems flohen in ihre Zeltlager, um ihre persönliche Beute zu retten; auch der Großwesir ließ seine Habe einpacken. An die Männer in den Gräben erging der Befehl, ihre Stellungen vor der Festung zu verlassen. Der Tagebuchschreiber berichtet noch von einer verzweifelten Attacke, die Kara Mustapha gegen die »Ungläubigen« versucht habe: »Der Großwesir wollte lieber zugrunde gehen, als diesen Tag überleben.« Doch einer der Kommandeure beschwor den Großwesir: »Herr, seid gnädig! Es ist alles verloren. Aber Euer Leben ist die Seele des Heeres. Wenn Ihr euch opfert, so geht das ganze Heer des Islam zugrunde. Bitte, laßt uns doch aufbrechen.« Das Kriegstagebuch zeigt, daß mit dem Großwesir auch in der Stunde der Katastrophe in höflichen Sätzen geredet wurde.

Anderthalb Stunden vor Sonnenuntergang verließ der Großwesir Kara Mustapha sein Lager vor Wien. Über die Flucht notierte der Tagebuchschreiber: »Jedermann im Heer packte nur sein leichteres Gepäck zusammen und ließ seine sonstige Habe im Stich. So zogen sie ab, traurig und verstört. Sie retteten nur ihr Leben und vergossen blutige Tränen. Die Ungläubigen aber bemächtigten sich der Zelte, des Schatzes, der Munition und des Kriegsgeräts und sämtlicher Geschütze. Auch der Privatschatz des Großwesirs und sein ganzes sonstiges Eigentum blieben in seinen Zelten zurück. Alles fiel den verdammten Ungläubigen zu. Die armen Teufel, die noch in den Gräben waren, wurden entweder getötet oder in die Gefangenschaft abgeführt. Etwa zehntausend Mann, die vom Kampf um die Gräben völlig erschöpft und durch Schüsse aus Geschützen, Flinten und Mörsern oder durch Steinwürfe verwundet und kampfunfähig waren oder gar den Arm oder das Bein verloren hatten, wurden unverzüglich erschlagen.« Der Schreiber zog in der Nacht dieses Fazit: »Allah bewahre uns vor Unheil – es war das eine Niederlage und eine Katastrophe, wie sie das Reich seit seinem Bestand niemals erlitten hat.«

In völliger Unordnung zog sich das Heer des Islam nach Südosten zurück. Zum Glück für die Besiegten dachte das Christenheer nicht an Verfolgung. Das Entsatzheer und die endlich von der Belagerung befreiten Wiener hatten nur noch Interesse daran, Beute einzusammeln.

Nun mußten für die schmähliche Niederlage Schuldige gefunden werden. Kara Mustapha erfuhr, der Wesir Ibrahim Pascha habe als erster das Zeichen zum Rückzug gegeben und damit der islamischen Front die Stabilität geraubt. Die Hinrichtung dieses Befehlshabers, so beschloß Kara Mustapha, sei damit unumgänglich geworden. Am zweiten Tag des Rückzugs wurde in Raab das Urteil gesprochen, wie im Kriegstagebuch nachzulesen ist. »Vor dem Zelt des Großwesirs stieg Ibrahim Pascha in höchster Todesangst ab. Als er, zitternd wie ein welkes Blatt im Herbstwind, vor den Großwesir hintrat und ihm den Gewandsaum küßte, würdigte ihn dieser nicht der geringsten entgegenkommenden Bewegung oder Ehrerbietung, sondern fuhr ihn grimmigen Angesichts mit heftigem Tadel an: ›Ha, du gottloser alter Schurke! So lange habe ich dich nun vor den übrigen Wesiren unseres erhabenen Herrschers ausgezeichnet, indem ich sagte, du seist ihm ein eifriger und ergebener Diener. Jedesmal wenn ein Brief von dir kam, stand darin geschrieben, die Festung Wien sei leicht einzunehmen, habe nur eine schwache Besatzung und sei kaum befestigt, und das wüßtest du ganz zuverlässig, und es wäre durchaus zu raten und auch höchst verdienstvoll, einen Feldzug nach Wien zu unternehmen. Und nun hast du im Kampf gegen die Ungläubigen, ohne Widerstand zu leisten, als erster das Heil in der Flucht gesucht. Dadurch hast du die völlige Niederlage des islamischen Heeres verursacht.‹ Auf diese Vorwürfe hin brachte Ibrahim Pascha ein paar nichtssagende Einwände vor, aber es half ihm nichts. Noch zur gleichen Stunde wurde ihm der Weg ins Jenseits bereitet und das Tagebuch seines Lebens zugeklappt, um nie wieder geöffnet zu werden.« Diesem Bericht fügte der Tagebuchschreiber noch die Worte an: »Möge Allahs Barmherzigkeit ihm in reichstem Maße zuteil werden.«

Die Berater des Großwesirs ersparten sich die Analyse der Ursachen dieser Niederlage nicht. Schuld an der ersten Panik während des Angriffs der Christen, so lautete das Urteil der Berater, trug die übergroße Zahl von Händlern, die nach Wien mitgezogen waren, um Beute aufzukaufen und wieder zu verkaufen. Sie hatten sogar einen Sklavenmarkt eingerichtet, auf dem Christenmädchen für ein Spottgeld zu haben waren, da mehr menschliche Ware angeboten als gefragt war. Sobald die Händler die geringste Gefahr spürten, packten sie die bereits erworbene Beute eilig auf die Kamele, um alles Eigentum in Sicherheit zu bringen. Die Flucht der Händler blieb den Kämpfern nicht verborgen. Sie folgten rasch dem bösen Beispiel.

Die Aufspaltung der Kampfverbände beim Herannahen des christlichen Heeres wurde ebenfalls als negativer Faktor erkannt: Der Beschluß des Großwesirs und seiner hohen Offiziere hatte die direkt an der Belagerung beteiligten Kämpfer in den Gräben vor der Festung Wien belassen, die andere Hälfte sollte das Christenheer abwehren. Diese Zersplitterung nützte dem Entsatzheer. Als schlimmster Fehler aber galt – darin stimmte die Beurteilung des Großwesirs und seiner Offiziere überein –, daß Allah zu wenig gedankt worden sei für die unwiderstehliche Kraft und für die reiche Beute, die dem islamischen Heer zu Beginn des Feldzugs zugefallen war. Undankbarkeit, Hoffart und Gier nach Beute wurden als Ursache des Unheils erkannt. Dieser Meinung war auch der Sultan, der die Verantwortung dafür dem Großwesir zuschob. Er wurde am Hof in Stambul als der Schuldige erkannt.

Die Konsequenz des Urteils beschrieb der Kriegstagebuchschreiber des islamischen Heeres so: »Der Großwesir hatte bereits den Gebetsteppich für das Mittagsgebet ausbreiten lassen, sein Imam vollzog die einleitenden Riten, und der Großwesir erhob sich gerade, um das Gebet zu beginnen, als draußen auf der Straße Pferdegewieher laut wurde. Neugierig geworden, blickte der Großwesir durch das Fenster auf die Straße hinaus, und als er da den Janitscharenkommandeur und hinter ihm den Oberstkämmerer und den Hofmarschall herankommen sah, sagte er: ›Brich das Gebet ab, Imam Effendi. Es ist etwas geschehen.‹ Sich die Hände reibend, begann er im Zimmer auf und ab zu gehen. Die Ankömmlinge traten unverzüglich in das Palais ein und begaben sich nach oben. Sie gingen geradewegs in das Zimmer, in dem sich der Großwesir befand. Der Janitscharenkommandeur trat zu ihm hin und küßte ihm den Gewandsaum. ›Was gibt's?‹, fragte der Großwesir, und der Oberstkämmerer antwortete: ›Unser erlauchter Sultan fordert das dir anvertraute Reichssiegel, die heilige Fahne und den Schlüssel zur Ka'aba ab.‹ Dann fragte er: ›Ist mir der Tod bestimmt?‹ Der Oberstkämmerer antwortete: ›Gewiß, es muß sein. Allah möge dich im wahren Glauben sterben lassen.‹ Darauf erwiderte der Großwesir: ›Wie es Allah gefällt!‹ Der Gebetsteppich wurde wieder ausgebreitet. Alle, bis auf den Großwesir, verließen den Raum. Kara Mustapha verrichtete sein Mittagsgebet. Dann rief er die Henker herein. Den Gebetsteppich ließ der Großwesir beiseite schieben: Er sagte: ›Ich will, daß mein Leichnam mit Staub besudelt sei.‹ Den Vollbart hob Kara Mustapha selbst hoch, damit die Schlinge richtig angelegt werden konnte. Dreimal zogen die Henker an ihren Stricken, dann war der Großwesir tot.« Über die anschließenden Zeremonien schrieb der Mann, dem das Tagebuch des Heeres anvertraut war: »Nun entkleideten sie den Leichnam und trugen ihn hinunter in ein altes Zelt im Hof des Palais, wo sie ihn wuschen und in das Leichentuch hüllten und dann gleichfalls das Totengebet verrichteten. Nachdem er dann wieder in jenes Zelt gebracht worden war, häutete ihm der Henker im Sarg den Kopf ab. Schließlich trugen sie die Leiche fort und bestatteten sie im Hofe der Moschee gegenüber dem Palais. Allah sei seiner Seele gnädig.«

Kara Mustapha hat die Niederlage mit dem Leben bezahlt. Dennoch sah das Fazit des Kriegszuges von 1683 insgesamt für die Moslems günstig aus. Sie waren stolz darauf, daß sie das Land der Christen, der ungläubigen Teufel, verwüstet und Greueltaten begangen hatten: »So taten sich unzählige kriegstüchtige Männer aus dem großherrlichen Heere mit den beutejagenden Tataren zusammen und streiften mit ihnen zehn und zwölf Tagreisen weit in das Innere des deutschen Landes hinein. Bis an das Mittelmeer ritten sie, und bis an die Grenzen von Venedig und Rom dehnten sie ihre Raubzüge aus. Sie plünderten und zerstörten unterwegs die Dörfer, Städte, Siedlungen und Burgen. Sie machten die Männer nieder, führten die Frauen und Kinder in die Gefangenschaft ab, verbrannten die Wohnungen und die Saatfelder vollständig und verwüsteten und verheerten die Länder der Ungläubigen derart, daß sie auch nach hundert Jahren ihren früheren Zustand der Blüte noch nicht wieder erreicht haben dürften.«

Im Historischen Museum der Stadt Wien wird der Schädel des Mannes aufbewahrt, der im Jahre 1683 die Verantwortung für die Niederlage mit dem Tod eingelöst hat. Die Museumsleitung hütet sich allerdings, den Schädel des Kara Mustapha zu zeigen – sie fürchtet, daß die islamische Welt wütend reagieren könnte.

# Das Ende des Kalifats
## Die Moslems verlieren ihren religiösen Führer

Seit dem Jahre 632 unserer Zeitrechnung, seit dem Tode des Begründers ihrer Religion, hatten sich die Moslems darauf verlassen können, daß ein »Nachfolger des Propheten« ihnen sagt, was Recht und Unrecht ist, was dem Willen Allahs entspricht und was nicht. Da Staat und Religion nach Mohammeds Willen eine untrennbare Einheit bilden sollen, galt es als selbstverständlich, daß der mächtigste Herrscher der islamischen Welt für sich das Amt des Kalifen, der Prophetennachfolge beanspruchte. Da Mohammed selbst Staatschef und religiöses Oberhaupt gewesen war, stellte für seine Nachfolger niemand die Kombination von Kalifat und Sultanat in Frage.

Im November 1920 aber zerbrach diese Tradition. Am 10. November hielt Sultan Mehmed VI. zum letztenmal das Freitagsgebet in der Hauptmoschee von Istanbul ab; bei dieser Gelegenheit konnte er sich noch einmal als die wichtigste Persönlichkeit an der Spitze aller Moslems präsentieren. Wenige Tage später aber mußte Mehmed VI. Istanbul auf einem britischen Schiff als Flüchtling verlassen. Er behauptete zwar auch weiterhin, Träger des Kalifenamts zu sein, doch weder die Kolonialmächte noch die Moslems nahmen seine Beteuerungen ernst.

Das Ende des Kalifats war nicht überraschend eingetreten. Mit dem Zerfall des Osmanischen Reichs hatte sich parallel eine Aushöhlung des religiösen Amts vollzogen. Beides, Zerfall und Aushöhlung, hatte nach der Niederlage von 1683 vor Wien begonnen. Vier Jahre später schon war ganz Ungarn für den islamischen Staat verloren. Um diese Zeit fielen die letzten Reste der bei Wien geschlagenen Truppenverbände nach Istanbul zurück. Sie gehorchten keinen Befehlen mehr und plünderten sogar die eigene Hauptstadt. Im letzten Jahrzehnt des siebzehnten Jahrhunderts wollte Sultan Mustapha II. mit einem riesigen Heer, das er selbst kommandierte, noch einmal nach Zentraleuropa vorstoßen, doch nach Anfangserfolgen mußte er den Rückzug anordnen. Als besonders schmählich empfanden die Gläubigen, daß auf der Flucht vor den Österreichern sogar das Reichssiegel verlorenging. Mustapha II. starb schließlich einen brutalen Tod; Rebellen schlugen ihm den Kopf ab.

»Es kann keinen Zweifel darüber geben, daß das Blut, das auf beiden Seiten fließen wird, wie ein Fluch über Euch, Euere Kinder und Kindeskinder bis zum Jüngsten Gericht kommen wird.« Adressat dieser Worte, die Drohung und Beschwörung mischen, war der den Habsburgern dienende Feldherr Prinz Eugen von Savoyen. Als junger Mann hatte er 1683 vor Wien mitgekämpft, jetzt war er dreiunddreißig Jahre älter und bereitete sich wieder auf einen Krieg mit dem islamischen Heer vor. Sein Gegner war der Großwesir Damad Ali-Pascha, der als fanatischer Christenhasser galt. Damad Ali-Pascha hatte an seine Offiziere die Parole ausgegeben: »Greift die Ungläubigen ohne Gnade an.« Er erklärte den ausbrechenden Konflikt zum Heiligen Krieg zwischen Koran und Kreuz.

Anlaß des Streits war der Wunsch des Großwesirs gewesen, Österreich solle sich im Kampf zwischen dem Osmanenreich und Venedig neutral verhalten. Da Prinz Eugen, in Erinnerung an die Türkengefahr von 1683, vor jeder Stärkung der islamischen Macht Sorge hatte, gab er dem Kaiser den Rat, einen Verteidigungspakt mit der Markusrepublik abzuschließen, worin Großwesir Damad Ali-Pascha zu Recht einen Kriegsgrund sah.

Am 5. August 1716 wiederholte sich der Erfolg vom 12. September 1683 – diesmal bei Peterwardein. Diese Festung lag rund achtzig Kilometer Luftlinie von Belgrad entfernt an der Donau. Nach einer fünfstündigen Schlacht mit wechselhaftem Verlauf waren die islamischen Kämpfer einer taktischen Finte der Truppen des Herzogs von Württemberg nicht mehr gewachsen – sie flohen. Die Beute für die Kaiserlichen war bedeutender als damals bei Wien.

Prinz Eugen wurde als Retter der Christenheit vor den Ungläubigen gefeiert. Der Papst schickte dem Feldherrn einen Ehrendegen und einen geweihten Hut, der mit Hermelin gefüttert und mit einer den Heiligen Geist darstellenden Taube geschmückt war. Prinz Eugen fand für diese Geschenke nur Worte des Spotts.

Prinz Eugen hatte Erfahrungen gesammelt in den sich hinziehenden Kriegen mit dem islamischen Heer. »Ich fürchte die türkische Armee weniger als ihr erobertes Feldlager.« Diesen Satz sprach er vor den Kämpfern um Belgrad. Sobald die Plünderungen begannen, war die Disziplin häufig genug ausgelöscht. Die Moslems waren überzeugt, den »goldenen Apfel« Wien im Jahr 1529 nur deshalb verloren zu haben, weil die Plünderungen vorzeitig begonnen hatten. Prinz Eugen gab den Zutritt zum Lager der geflohenen Feinde erst frei, als sich keine feindliche Einheit mehr in Sichtweite befand. So blieb den Streitern des Islam am 18. August 1717 keine Chance, dem kaiserlichen Heer den Sieg abzujagen.

Der islamische Staat wurde danach von den Europäern nicht mehr geachtet. Mit Abscheu registrierte das Christentum, daß Istanbul zum Zentrum eines despotischen Systems geworden war. Einem italienischen Beobachter jener Jahre verdankt die Historie den folgenden Bericht: »Eines Morgens sah ich auf der linken Seite des Haupteingangs zum Sultanspalast eine Pyramide von Menschenköpfen. An einem anderen Tag wurde eine Anzahl von Gefangenen bei den sieben Türmen über das Geländer der Mauer geworfen, die an die Folterkammer grenzt. Unter diesen Gefangenen befanden sich mehrere Christen. Von der Straße aus kann man nackte und noch lebende Männer sehen, die man auf lange Stangen aufgespießt hat. Sie bleiben so lange hängen, bis sie tot sind.«

Langsam, aber stetig, verkleinerte sich das Osmanische Reich. Das Banat ging 1718 verloren, Teile von Bosnien 1778. Die Russen eroberten die Krim. Die Tataren, die jahrhundertelang für die islamischen Sultane in vielen Schlachten gekämpft hatten, unterwarfen sich der russischen Kaiserin. In Syrien und Palästina setzte sich der Autonomiegedanke durch, wenn auch zunächst nur für einige Jahre. Mosul und Basra wurden von den Persern eingenommen. Österreich annektierte die Bukowina, ohne daß sich das islamische Reich gegen diesen Rechtsbruch hätte wehren können. Kaiser Joseph II. erklärte erst danach den Krieg – als sich das Osmanische Reich in Abwehrkämpfe gegen Rußland verwickelt sah. Am 10. November 1789 vertrieben die Österreicher die Moslems aus Bukarest.

Nach dem Tod Josephs II. unterzeichnete Österreich mit Preußen am 27. Juli 1790 die Konvention von Reichenbad, die Österreich zum Friedensschluß mit dem Sultan und zur Beachtung der Unverletzlichkeit des Osmanischen Reiches zwang. Wie wenig respektiert die Autorität des Sultans war, zeigt die Landung der Franzosen in Ägypten. In Istanbul wurde dieser Schlag Napoleons als besonders bitter empfunden, waren doch über Jahrhunderte hin freundschaftliche Beziehungen zwischen den beiden Staaten gepflegt worden.

Ein Bündnis mit England sollte die Voraussetzung für die Vertreibung der Franzosen schaffen. Doch der Vertrag von 1799 erwies sich für den Sultan als wenig vorteilhaft. Die Engländer setzten sich am Nil fest, um dort eine dringend benötigte Verbindungsbrücke zwischen der heimatlichen Insel und dem indischen Kolonialreich zu schaffen.

Sultan Mahmud II., Sohn einer Französin aus dem Harem, kam zu der Einsicht, daß dem Osmanenstaat erst dann wieder Ansehen unter den Nationen beschieden sein werde, wenn militärische Erfolge errungen werden könnten. Um für diese Aufgabe besser gerüstet zu sein, wollte er ein Heer nach europäischem Vorbild aufbauen. Obgleich ein Teil der neuen Verbände aus den stehenden Janitscharentruppen rekrutiert wurde, brach am 14. Juni 1826 ein Aufstand der restlichen Einheiten der einstigen Elitetruppe aus. Mit gnadenloser Härte wurde er unterdrückt. Zehntausend Männer verloren dabei ihr Leben. Der Aufruf zur Vernichtung der letzten Verbände der ruhmreichen Truppe lautete: »Das Korps der Janitscharen war im Geiste der Eroberungen für den Glauben aufgestellt worden. Die Gunst des Himmels war dieser Truppe gnädig gewesen. Sie hatte Sieg auf Sieg errungen. Doch seit einem Jahrhundert ist die Disziplin untergraben, ihr Gehorsam gebrochen. Oh Volk Mohammeds, auf zur Vergeltung! Offiziere, Gläubige, Verteidiger des Glaubens, schart euch um den Sultan, um eine Armee zu schaffen und mit wissenschaftlichen Methoden ein Bollwerk zu errichten, an dem das ganze Arsenal der kriegerischen Erfindungen des christlichen Europa scheitern wird! Nur durch das Studium der Kriegskunst können wir zu erneuter Macht kommen. Es ist im Sinne des Koran und des Propheten, den Glanz des moslemischen Namens wiederherzustellen.«

Das Resultat der Vernichtung des Janitscharenkorps war die Schwächung der noch verbliebenen militärischen Kraft.

Von nun an war die Türkei – so nach und nach stimmte diese Bezeichnung ja wirklich, da sich die nichttürkischen Gebiete reduzierten – gegen Einmischungen machtlos. Rußland eroberte Rumänien. Gemeinsam zerstörten englische, französische und russische Schiffe die osmanische Flotte.

Ging das Reich zugrunde, so wuchs doch der Luxus in den Sultanspalästen. Abdul Meshid, der 1829 den Thron bestieg, ließ für den Bau einer prächtigen Residenz vierzehn Tonnen Blattgold verwenden. Die Badebecken seines Harems waren aus durchsichtigem Alabaster gefertigt. Der Kronleuchter im Tanzsaal wog mehr als vier Tonnen.

Die Herrscher regierten despotischer und brutaler als ihre Vorgänger zur Zeit der Eroberungen. Abdul Aziz, an der Macht seit 1861, ordnete an, daß alle Hofbeamten auf den Knien zu ihm rutschen mußten; sie hatten ihm auch die Füße zu küssen. Leicht war das Urteil der Verbannung oder der Inhaftierung ausgesprochen. Im Umkreis des Sultans zitterte man um sein Leben.

Abdul Aziz gab auch Befehl, alle Schulbücher umzuschreiben. Da lasen die Schüler fortan kein Wort mehr über die Niederlagen der Moslems; unerwähnt blieb das Christentum oder das historische Ereignis der Französischen Revolution. Der Herrscher der Gläubigen duldete keinen Widerspruch gegen solche Befehle.

Zu Beginn der siebziger Jahre des 19. Jahrhunderts warf Rußland die Frage auf, ob die Türkei überhaupt noch bestehen bleiben solle oder ob es nicht besser wäre, sie aufzuteilen. Die russische Führung stellte Bedingungen für den Fortbestand der Türkei, die als Erpressung gelten konnten. Am 24. April 1877 erfolgte die Kriegserklärung Rußlands an die Türkei. Die islamischen Truppen mußten sich bis in die Gegend von Istanbul zurückziehen. Den Frieden von San Stefano konnte Rußland allein diktieren. Von nun an besaß die Türkei fast keinen europäischen Boden mehr. Abdul Hamid II. verfiel über den schmählichen Ausgang des Krieges dem Wahnsinn. Ein System von Spitzeln sicherte ihm die Macht in der Hauptstadt. Mit schlimmen Strafen hatte zu rechnen, wer ihm als verdächtig auffiel.

Die Bevölkerung von Istanbul, besonders die Menschen mit Einsicht in die wirklichen Zustände am Hof, waren es satt, von Despoten regiert zu werden. Die Opposition gegen den Sultan formierte sich in der Partei der »Jungtürken«. Eine »Freiheitsarmee« bildete sich, der es schließlich gelang, die Hauptstadt einzunehmen und den Sultan gefangenzunehmen. Eine populäre Revolution hatte gesiegt.

Das Ende der osmanischen Herrschaft zeichnete sich ab. Die »Jungtürken« kontrollierten die Politik und zogen Sultan Mehmed V. sogar gegen seinen ausdrücklichen Willen in den Krieg hinein, den Deutschland und Österreich gegen die Alliierten führten. Dieser Krieg ging für die Türkei verloren. Innere Auseinandersetzungen und die Okkupation des Landes durch die Alliierten ließen eine Stabilisierung der Politik zunächst nicht zu. Nach vielen Schwierigkeiten trat am 1. November 1922 die »Große Nationalversammlung« zusammen, die das Sultanat für beendet erklärte. Damit war die Zeit der mächtigen Herrscher des Islam abgelaufen.

## Atatürk degradiert den Islam zur Privatsache
## Der Gedanke an die islamische Völkerfamilie erlischt

Wer den Wiederaufstieg des Islam in unserer Zeit verstehen will, der muß den Tiefpunkt der Bedeutung dieser Religion kennen. Das Erwachen des Islam konnte geschehen, weil in der unmittelbaren Vergangenheit Politiker wirksam gewesen sind, die den religiösen Gesetzen und Gewohnheiten jede Bedeutung für das menschliche Zusammenleben, für die Ordnung des Staates, nehmen wollten. Die Renaissance des Islam ist die Reaktion auf ihre Politik. Die Türkei, der Nachfolgestaat des theokratisch geführten Osmanischen Reiches, ist ein Lehrbeispiel dafür, wie wenig effektiv im islamischen Raum die Verdrängung der Religion auf Dauer sein kann.

Der islamische Staat war zerschlagen. Die Türkei, bisher Kern des Osmanischen Reiches, war klein gegenüber dem Riesengebilde, das die Sultane früherer Zeit zu verwalten hatten. Mit dem Ende des Ersten Weltkriegs hatte die Türkei auf zehn Millionen Menschen der slawischen Bevölkerungsgruppen verzichten müssen; dazuhin waren alle arabischen Provinzen verlorengegangen, die nun in mehr oder minder eigenständige Nationalstaaten aufgesplittert waren. Zum Glück waren im türkischen Freiheitskrieg gegen die griechischen Invasoren, die vom Chaos des osmanischen Zusammenbruchs hatten profitieren wollen, die rein nationalen Gebiete gerettet worden: Anatolien, die Stadt Istanbul, sowie das thrazische Hinterland bis Edirne. Dieses Territorium bildete die Basis für einen geschlossenen türkischen Nationalstaat, der unbelastet war vom Zwang, unbedingt eine Macht von überregionalem Format darstellen zu müssen.

Die Männer, die in der Ablösung des Sultanats an die Regierung gekommen waren, forderten, daß dieser Staat modern im westlichen Sinne sein müsse. Die Chance zur Modernisierung bestand tatsächlich, denn Rußland, das über ein Jahrhundert hin den osmanischen Staat bedrängt hatte, war in der Sowjetunion aufgegangen. Dieser Staat aber hatte eigene Sorgen und war gezwungen, die Türkei in Ruhe zu lassen.

Die Formel der Jungtürken für die Struktur des neu entstandenen Staates lautete: »Ein Türke ist Mitglied der türkischen Nation, der islamischen Völkerfamilie und der europäischen Zivilisation.« Mit dieser Formel sollten die positiven Werte der osmanischen Zeit hinübergebunden werden in eine Epoche, die sich an der europäischen Zivilisation orientiert. Doch mit dem Ende des Sultanats verlor sich der Gedanke, der Türke müsse unbedingt Mitglied der islamischen Völkerfamilie sein. Der Verlust der Aufsicht über die heiligen Stätten von Mekka hatte das Bewußtsein, der Träger der islamischen Idee zu sein, erlöschen lassen. So wurde der im Islam unfaßbare Gedanke diskutiert, ob es wohl möglich sei, Staat und Religion zu trennen.

Kemal Atatürk, »der Vater der Türkei«, der den Staat lösen wollte aus dem Traum der Vergangenheit, sah dann nicht einmal mehr die Notwendigkeit einer solchen Diskussion ein. Der Begriff der »muselmanischen Völkergemeinschaft« war ihm gleichgültig geworden. Um zu symbolisieren, daß die neue Türkei nichts mit der Tradition des islamischen Staates von einst zu tun hat, fand ein Wechsel im Standort des Regierungssitzes statt: Istanbul wurde zugunsten von Ankara aufgegeben. Das Schlagwort von »Kemalismus« wurde geprägt. Mit ihm war die forcierte Entwicklung der bisher traditionell orientierten eigenen Zivilisation nach dem Vorbild der europäischen Kultur umrissen. Getreu diesem Vorbild wurde der Faktor Religion ausgeklammert, die Trennung von Religion und Staat fand tatsächlich statt. Der Unterschied zwischen Moslems und Nichtmoslems, der durch die Jahrhunderte bestimmend für das Schicksal der Menschen gewesen war, verlor seine Bedeutung.

Kemal Atatürk hatte zunächst seine Reformidee als Geheimnis bewahren müssen. Die Eröffnung der Nationalversammlung wurde im islamischen Ritus gefeiert. Sie begann mit dem öffentlichen Gebet in der Haji-Bairam-Moschee von Ankara; dabei wurden, wie zur Zeit des Sultans, Hammel geschlachtet. Der Vorbeter rezitierte Koransuren. Atatürk gab sich den Anschein, als ob er die theokratische Autorität akzeptieren würde. Doch das Versteckspiel hinter traditionellen Ritualen, das sah er bald, war gar nicht nötig. Das Land war reif für die Reformen.

Als augenfälliges Zeichen der Modernisierung wurde 1925 der Fez abgeschafft. Die Bedeutung dieses Gesetzes läßt sich nur ermessen, wenn man weiß, daß der Fez im Staat des Sultans nur von rechtgläubigen Moslems, und natürlich vom Sultan selbst, getragen werden durfte. Nun sollte Rechtgläubigkeit nicht mehr als Auszeichnung gelten.

Kemal Atatürk selbst trug einen Panamahut. Demonstrativ behielt er ihn auf dem Kopf, wenn er mit der Bevölkerung in Dörfern und Städten über seine Reformen zu diskutieren hatte. Seine Argumente für die Notwendigkeit von Veränderungen lauteten so: »Es ist zwecklos, dem Strom der modernen Kultur und Zivilisation zu widerstehen. Völker, die mit einer mittelalterlichen Mentalität und mit primitiven Legenden marschieren, sind gegenüber der modernen Zivilisation dazu verdammt, entweder zu verschwinden oder in die Sklaverei zu geraten. Das türkische Volk aber ist entschlossen, als zivilisierte Nation bis in alle Ewigkeit zu leben.«

»Auf zum Okzident!« war das Schlagwort für die Politik des Kemal Atatürk. Der Turban verschwand, auf offizielles Geheiß, aus dem Straßenbild; er durfte fortan nur bei religiösen Zeremonien in den Moscheen getragen werden. Der gregorianische Kalender ersetzte die islamische Zeitrechnung. Die arabische Schrift wurde durch die lateinische ersetzt. Den Männern war fortan verboten, mehrere Frauen zu heiraten. Die Frauen erhielten Wahlrecht und durften den Schleier nicht mehr tragen.

Gegen den Schleier argumentierte Atatürk so: »Es ist unser männlicher Egoismus, der die Frauen dazu gezwungen hat, den Schleier zu tragen. Sicherlich liegt darin auch ein Zeichen unserer Achtung vor der Ehre und dem Schamgefühl der Frau. Aber vergessen wir nicht, daß unsere Kameraden Frauen ebenso bewußte und denkende Wesen sind wie wir. Unsere Frauen sollen ihr Antlitz offen der ganzen Welt zeigen, und sie sollen die ganze Welt mit offenen Augen betrachten.« Zur Diskussion stand sogar, ob auch für Frauen der Militärdienst eingeführt werden sollte; doch diese Idee wurde schließlich nicht weiterverfolgt.

Zur Zeit des Sultans war der Lebenskreis der Araber einbezogen in das Bewußtsein des »türkischen« Menschen. Der Wortschatz war voll von Begriffen, die der arabischen und persischen Sprache gehörten. Solche Worte wurden jetzt ausgemerzt und durch garantiert türkische Worte ersetzt, die dem Sprachbereich der anatolischen Bauern entnommen wurden. Die arabische Sprache blieb nur im Koran erhalten. Da es allerdings keinen Religionsunterricht an den Schulen mehr gab, war das Studium des Koran der privaten Initiative überlassen. Die Theologen gaben voll Entsetzen zu bedenken, daß die heranwachsende Generation nicht mehr in der Lage sei, den Koran zu lesen – sie würde den Kontakt zum Islam verlieren.

»Ich liebe dieses Buch, doch ich hasse die Prostitution, die damit getrieben wird.« Mit diesen Worten soll Kemal Atatürk den Abgeordneten des Parlaments den Koran vor die Füße geworfen haben. Er leugnete gar nicht, daß er eine unüberwindbare Abneigung gegen die Erscheinungsformen der islamischen Religion besaß. Er bezeichnete die Lehre des Propheten häufig als Aberglauben. Zu anderen Zeiten wieder bekannte er sich als Moslem, doch die Fragen des Glaubens waren für ihn Privatsache, hatten nichts zu tun mit dem Aufbau eines Staates. Atatürk gab die Schuld am Zerfall des Großreiches dem starren Festklammern an einer Ideologie, die für die neue Zeit nicht mehr paßte. Der völlige Verzicht auf den Islam sollte aus der Türkei ein Land machen, das sich gleichwertig neben die anderen Länder Europas stellen kann.

Diese Vorstellung war angeregt durch die Überlegungen, die Ziya Gökalp, einer der Denker der türkischen Nationalbewegung, ausgesprochen hatte. Gökalp war überzeugt, daß die Geschichte auf dem Weg zum Fortschritt sei – auf diesem Weg geschehe zu bestimmten Entwicklungsstufen die Trennung von Religion und Staat. In einer Primitivform der Gesellschaft, so analysierte Gökalp, regelt die Religion alle Angelegenheiten des menschlichen Gemeinwesens. Diese Primitivform müsse überwunden werden: »Wenn wir Erfolg haben wollen in unseren Anstrengungen, in die Reihe der modernen Nationen aufgenommen zu werden, ist die komplette Befreiung unserer gesamten Rechtskultur von allen Spuren der Theokratie und des Klerikalismus notwendig.« Die religiöse Rechtslehre, seit dem Propheten Mohammed für die Gläubigen des Islam als Gesetz verbindlich, verlor ihre Bedeutung.

Der gedankliche Gehalt der Kombination von Sultanat und Kalifat war, den Lebensraum der Gläubigen zu einer staatlichen Einheit zusammenzufassen, deren Ideologie – in der Doktrin der Untrennbarkeit von Religion und Staat – der Islam war. Die Denker zur Zeit des Untergangs des Sultanats begannen sich darauf zu besinnen, daß in Europa die Trennung der beiden Komponenten schon seit Jahrhunderten mit Erfolg vollzogen worden war und daß die europäischen Staatstheoretiker in ihrer Definition einer Nation der Religion kein Gewicht mehr gaben.

Bei aller logischen Einsicht in die Gedankenwelt der türkischen Nationalisten bleibt die Hinwendung zu Europa dennoch ein erstaunliches Phänomen. Bis in die Endzeit des Sultanats hinein waren die Europäer die Ungläubigen gewesen, die eigentlich bekämpft und zum rechten Glauben bekehrt werden sollten. Tief eingefressen war der geschichtlich gewachsene Haß gegen die Christen Europas. Der schmerzliche Prozeß der Demütigung durch die in ihrer Schlagkraft überlegenen christlichen Heere hatte den Haß noch verstärkt. Kemal Atatürk, der selbst in sich diesen Haß nicht spürte, stellte die Aufgabe, die Brücke zu den Europäern zu schlagen und ein freundschaftliches Verhältnis zu ihnen aufzubauen. Die Entfremdung durfte nicht länger anhalten, das war die Ansicht des Kemal Atatürk. Die Menschen in Europa waren die Erfolgreichen, sie brauchten sich nicht zu ändern. Die Veränderung mußte den Türken abverlangt werden. Sie hatten dem Vorbild zu folgen.

Sechs Prinzipien sollten die Lebengemeinschaft der Türken funktionsfähig machen:

1. Laizismus: Die Trennung von Kirche und Staat ist vollzogen.
2. Demokratie: Es war das Ziel der türkischen Republik, eine Demokratie im westeuropäischen Sinne zu werden.
3. Nationalismus: Die Türkei ist ein Nationalstaat nach dem Vorbild der europäischen Nationalstaaten.
4. Etatismus: Bis zu einem gewissen Grad wird die Volkswirtschaft vom Staat dirigiert, wobei der Privatinitiative bedeutender Spielraum gelassen wird. Der Staat greift ein, um eine rasche Industrialisierung des Landes zu ermöglichen. Die Formel für den Etatismus

lautet: »In dem gleichen Maße, in dem der Staat konstruktiv und schöpferisch wirksam in die ökonomischen Fragen eingreifen muß, wird der Staat die Privatinitiativen ermutigen und die bereits entstandenen Privatinitiativen regeln und kontrollieren.«

5. Revolutionarismus: Die Revolution schreitet permanent fort. Das Wachsen einer reaktionären Bewegung soll dadurch verhindert werden.
6. Republikanismus: Die republikanische Staatsform wird als die beste angesehen. Beharren an ihr schafft ein Bollwerk gegen theokratische Bestrebungen.

Mit der Realisierung dieser sechs Prinzipien war die Türkei ausgetreten aus der islamischen Völkerfamilie. Die Republik Türkei hatte die Struktur eines europäischen Landes bekommen. Der Staat beruhte nicht mehr auf göttlichem Gesetz, sondern auf dem Konsens der Betroffenen. Der Nachfolger Atatürks als politisch treibende Kraft der Türkei stellte den Grundsatz auf: »Türke ist, wer dies zu sein wünscht.«

Lautstark war die Kritik, doch gering war der handgreifliche Widerstand gegen die revolutionären Reformen. Die Mehrheit der Bevölkerung erkannte, daß nur die Modernisierung die Hoffnung bot, aus Armut und Rückständigkeit herauszukommen. Der Bestand der europäisch orientierten Türkei hing vom Erfolg der Reformen ab. Die Kritik, ein derartiger Einschnitt in die Substanz eines Volkes sei gar nicht möglich und gar nicht zu ertragen, mußte erlöschen, wenn die Türkei sich zum gesunden Staatswesen entwickeln konnte.

Atatürk reagierte auf die Kritik. Um sich eine Hausmacht und ein Propagandaforum zu schaffen, gründete er 1923 die Republikanische Volkspartei. Sie durfte schließlich als einzige Partei im Jahr 1927 an den Wahlen zur Nationalversammlung teilnehmen; sie war danach auch als einzige Partei in dieser Nationalversammlung vertreten. Sie war deshalb noch nicht antidemokratisch orientiert; Atatürk sah die Republikanische Volkspartei als Keimzelle im Demokratiesierungsprozeß. Soweit ging Atatürks Sympathie für Demokratie allerdings nicht, daß er oppositionelle Regungen geduldet hätte. Da er die Armee hinter sich wußte, konnte sich Atatürk diesen harten Standpunkt leisten.

Soweit die islamische Geistlichkeit und die in der Öffentlichkeit aktiven Moslems sich politisch bemerkbar machten, wurden sie als »religiöse Reaktion« abqualifiziert. Die »Republikanische Fortschrittspartei«, die beachtlichen Zulauf aus islamischen Schichten erhalten hatte, wurde in Mißkredit gebracht durch die Anklage, in den Kurdengebieten Unruhen angezettelt zu haben. Die führenden Köpfe der Partei wurden verhaftet und unter Anklage gestellt. Volkstribunale verurteilten einige Männer der Parteispitze zum Tode.

Die neue Türkei sollte durch ein Zweiparteiensystem geprägt werden – das war die Vorstellung ihrer Begründer. Doch schon bei der

Aufstellung von Konkurrenzparteien für die Republikanische Volkspartei traten Schwierigkeiten auf. Die islamische Geistlichkeit versuchte Einfluß auf die Neugründungen zu bekommen; sie sollten die Basis sein, um im Parlament für die Sache des Islam werben zu können. Kaum wurde die allgemeine Redefreiheit praktiziert, begann die Propaganda für die Religion hörbar und sichtbar zu werden. Sprachgewaltige Männer setzten sich für den Islam ein und mißachteten damit das Verbot der religiösen Betätigung. Einige von ihnen bezahlten ihren Mut mit dem Tod. Sie wurden an den Laternen der Galatabrücke in Istanbul aufgehängt.

Im Niedergang erwächst die Kraft zur Herausforderung in der Gegenwart

## Allah und der Prophet
## Der Weg der Türken zurück zum Islam

Als die europäisierte Türkei die Hilfe Europas am meisten benötigte, führten die Staaten, auf die es ankam, gegeneinander Krieg. Eine echte Partnerschaft war nicht mehr möglich. Die europäischen Staatsführungen versuchten zwar, mit der Regierung in Ankara Kontakt zu halten, doch war damit nur beabsichtigt, die Türkei jeweils für die eigene Seite als Partner zu gewinnen. Die Verbindungen nach Ankara waren vom Egoismus der Europäer geprägt.

Traditionelle, über Jahrhunderte gepflegte Bündnisse und bisher praktizierte Sympathiebeweise zerbrachen. Frankreich verlor an Einfluß – die Freundschaft zu Deutschland verstärkte sich. Die Türken aber hatten keinerlei Interesse daran, in einen Krieg hineingezogen zu werden. Im Ersten Weltkrieg war ihr Großreich zerfallen; zu ungefestigt war ihr Staat noch immer, um den Belastungen und Spannungen eines neuen Krieges gewachsen zu sein.

Der Zweite Weltkrieg brachte eine Illusion zum Platzen: Ursprünglich hatten die europäischen Staaten für die moderne Türkei Vorbild sein sollen, doch Nationen, die sich gegenseitig auszulöschen versuchten, konnten nicht länger beispielgebend sein. Sie zerschlugen sich die wertvollen Zeugnisse ihrer Kultur, sie handelten wie Barbaren. Die Hochachtung vor der westlichen Zivilisation zerbrach. Gelitten hat im Zweiten Weltkrieg auch der Respekt vor der christlichen Religion, zerstörten die Christen doch Kirchen, legten ehrwürdige Kathedralen in Schutt und Asche. Der moralische Wert dieser Religion konnte von außenstehenden Beobachtern fortan nur als gering angesehen werden.

Als Gegensatz kam es zu einer Besinnung auf den Wert der eigenen Religion. Bereits vor dem Zweiten Weltkrieg hatten sich viele religiöse türkische Familien mit einer demonstrativen Pilgerfahrt nach Mekka zu ihrem Glauben bekannt. Am Ende des Krieges waren die Moscheen wieder mit Gläubigen gefüllt, wenn der Muezzin freitags zum Gebet rief. Die Jugend wollte wieder wissen, welche Glaubenslehre im Koran zu finden ist. Der Staat gab der Entwicklung nach und genehmigte den Druck einer Islamischen Enzyklopädie, die denjenigen Informationen lieferte, die den arabischen Text des Koran nicht lesen konnten.

Wenig beachtet vom Ausland bahnte sich ein Meinungsumschwung an. Schon während des Krieges hatte die Regierung zeitweise erstaunliche Maßnahmen ergriffen, die nicht mehr zu vereinbaren waren mit dem Prinzip: die Religion sei Privatsache des einzelnen. Viele Männer, die sich nicht zum Islam bekannten, wurden im Jahre 1941 nach Anatolien gebracht; sie mußten dort Zwangsarbeit leisten. Die Lebensbedingungen waren durchaus den brutalen Umständen gleichzusetzen, unter denen die KZ-Häftlinge des Dritten Reiches zu leiden hatten. Die Männer waren Mißhandlungen ausgesetzt. Manche verloren ihr Leben.

Ein Jahr später wurden die Nichtmoslems einer Vermögenssteuer unterworfen, die ihnen ein Vielfaches dessen abverlangte, was ein islamischer Gläubiger zu zahlen hatte. Schlimmer waren die Diskriminierungen auch zur Zeit der fanatischen Osmanenherrscher nicht gewesen. Innerhalb von zwei Wochen waren die Beträge zu zahlen. Wer die Steuer nicht aufbringen konnte, wurde nach Anatolien deportiert. Betroffen von dieser Maßnahme waren in Konstantinopel nahezu zweitausend Personen. Eine der Grundsäulen der Republik, die laizistische Struktur des Staates, war durch solche Verwaltungsverordnungen in Frage gestellt. Die Religion konnte nicht länger Privatsache des einzelnen sein, wenn Moslems derart bevorzugt wurden. Eine Garantie für die Religionsferne des türkischen Staates war das Monopol der Macht, das die Republikansiche Volkspartei besaß. Sie wollte die Prinzipien des Kemal Atatürk nicht allzusehr verraten. Doch die Republikanische Volkspartei bekam Konkurrenz, so daß sie religiös nicht länger abstinent sein konnte.

Verantwortlich dafür, daß die Konkurrenz entstehen konnte, war die Regierung der Vereinigten Staaten von Amerika. Sie hatte an die Gewährung wirtschaftlicher Hilfe die Bedingung geknüpft, in der Türkei müsse ein Mehrparteiensystem eingeführt werden. Da die Staatsführung in Ankara auf die Hilfe angewiesen war, wenn die Türkei zahlungsfähig bleiben wollte, mußte sie auf die Bedingungen eingehen, obgleich abzusehen war, daß die neu entstehenden Parteien in die Hände der religiös orientierten politischen Kräfte fallen würden. Warnungen vor einem Wiedererstarken eines anti-westlich gefärbten Islam wurden in Washington als egoistische Machenschaften der Republikanischen Volkspartei abgetan. Die historischen Bezüge aktueller Politik wurden von der amerikanischen Regierung nicht beachtet – amerikanische Politiker jener Jahre glaubten überhaupt nicht an historische Bezüge. Die Regierung in Ankara mußte unter dem Druck der USA der Gründung der Demokratischen Partei zustimmen. Diese konstituierte sich im Januar 1946. Die Folgen sollten sich bald einstellen.

Brillante Strategen bildeten die Spitze der Demokratischen Partei. Sie agierten so lange, bis die von der Republikanischen Volkspartei gebildete Regierung einer Änderung des Wahlsystems zustimmte; künftig galt das Mehrheitswahlrecht, das den Kandidaten für gewählt erklärte, der in seinem Stimmbezirk die meisten der Stimmen auf sich vereinigte.

Diese Änderung brachte der Demokratischen Partei den gewünschten Erfolg. Im Mai 1950 errang sie 408 Sitze im Parlament; die Republikanische Volkspartei verfügte nur noch über 68 Sitze. In der Relation der absoluten Stimmenzahlen war dieses Verhältnis überhaupt nicht zu rechtfertigen: Für die Demokraten hatten 4,2 Millionen Wähler gestimmt, für die Republikaner immerhin 3,1 Millionen. Die Republikanische Volkspartei hatte an jenem Maitag über Nacht die absolute Macht verloren, die ihr mehr als siebenundzwanzig Jahre lang gehört hatte.

Die Demokratische Partei verdankte ihren Sieg den Stimmen der Mittelschicht. Diese hatte zwar einst durch die Annäherung der Türkei an Europa viel an Wohlstand und Selbstbewußtsein gewonnen, doch hatte sie inzwischen über die eigenen Traditionen nachzudenken begonnen. Mitverantwortlich für diesen Prozeß der Rückbesinnung war die Erfahrung, daß die Öffnung nach Westen und die Nachahmung westlicher Praktiken dem Land keineswegs den gewünschten Fortschritt gebracht hatten.

Da die von Washington gestellten Bedingungen erfüllt waren – dazu gehörte auch die Entsendung von Truppen nach Korea und der Entschluß, der NATO beizutreten –, traf Hilfe aus den USA ein, jedoch in viel zu geringem Umfang. Bevorzugter Partner der amerikanischen Regierung blieben die Staaten in Zentraleuropa. An die Ränder Europas flossen die Hilfsmittel nur spärlich. So blieb die Not, besonders der ländlichen Bevölkerung, bestehen. Auch die Regierung der Demokraten, geführt von Adnan Menderes, konnte daran nur wenig ändern.

Trotzdem erhielt Menderes die Unterstützung breiter Schichten der Bevölkerung, denn er hob wesentliche Verbote auf, die den Islam in den vergangenen Jahrzehnten aus dem Leben der Türken hatten verbannen sollen. Die Koranschulen wurden fortan staatlich gefördert, der Gebetsruf der Muezzin durfte wieder über Dörfern und Städten erschallen, die islamische Geistlichkeit erhielt politischen Einfluß.

Adnan Menderes, der Chef der Regierung, sprach davon, daß die Türkei wieder islamisch geworden sei. Er spekulierte über die Möglichkeit der Wiedereinführung des Kalifats für alle Moslems – wie einst getragen von den islamischen Kräften der Türkei. Die Folge solcher Parolen waren schwere Ausschreitungen gegen Angehörige der griechischen Minderheit in Istanbul und Smyrna. Christliche Kirchen brannten. Die Türken gewöhnten sich an den Gedanken, daß Menderes die Absicht verfolgte, den lange Zeit rein weltlich ausgerichteten Staat in eine Diktatur zu verwandeln, als deren Basis die Ideologie des Islam zu erkennen war.

Diesen Prozeß unterbrach die Armee durch ihren Putsch vom 27. Mai 1960. Die Rebellen nannten als Grund für die Absetzung des Adnan Menderes die Absicht, die Staatsform zu bewahren, die Kemal Atatürk begründet hatte. Verrat an seiner Revolution war der Hauptanklagepunkt im Hochverratsprozeß gegen die Führung der Demokratischen Partei. Die Verhandlungen endeten mit Todesurteilen. Der erhängte Körper des Adnan Menderes wurde öffentlich zur Schau gestellt.

Daß nur eine bestimmte Schicht der Armee sich durchgesetzt hatte, war an der nun einsetzenden Pensionsierungswelle im Offizierskorps abzulesen. Entlassen aus dem aktiven Dienst wurden 80 Prozent aller Generäle, 70 Prozent aller Obersten, 50 Prozent aller Oberstleutnante und 30 Prozent aller Majore. Die Entlassenen hatten zumindest Sympathie für Menderes und seine islamische Politik gezeigt.

Eine Zeit der Stabilisierung leitete der Putsch der Armee keineswegs ein. Radikale Tendenzen wurden spürbar. Linke Gruppen machten von sich reden, die einzureihen waren in den internationalen Ring des Terrorismus. Islamische Kräfte forderten lautstark und mit dem Nachdruck der Gewalt die Rückkehr die Türkei in die islamische Völkerfamilie. Das Offizierskorps, zerrissen zwischen Treue zu den Ansichten und Prinzipien des Kemal Atatürk, islamischen Neigungen und Tendenzen zum Marxismus-Leninismus, konnte die Ordnung im Staat nicht garantieren. Frühzeitig nach dem Putsch gab die Armeeführung zu erkennen, daß sie nicht für lange die Macht in der Hand behalten wolle. Die Rückkehr zu demokratischen Regierungsformen war gedacht als Schutz vor der Zerreißprobe, die zum Bruderkrieg unter den Offizieren hätte führen können.

In diese Zeit fällt die Gründung der Gerechtigkeitspartei. Getragen wurde sie von einem der Generäle, die nach dem Militärputsch von 1960 entlassen worden waren. Die erste programmatische Forderung der neuen Partei zielte auf die »gerechte Behandlung« der Zwangspensionäre aus dem Offizierskorps. Dazuhin sollte Freiheit erreicht werden für die inhaftierte Führungsspitze der Demokratischen Partei. Adalet Partisi war der türkische Name der Partei – sehr rasch wurde die Kurzform AP gebräuchlich. Diese Initialen erhielten durch die Bevölkerung bald eine ganz andere Interpretation: AP stand für »Allah Peygamber«, für »Allah und der Prophet«. Wie intensiv in den Gläubigen der Gedanke an die Religion, an die Göttlichkeit der Gesetze des Islam, an die Einbeziehung ihrer Führer in den Willen Allahs aufblühte, zeigt die Legendenbildung um die »Märtyrer«, die der »Willkür des Militärs« zum Opfer gefallen sind. Adnan Menderes, der Gehängte, – so berichtet eine der Legenden – reite jede Nacht auf einem weißen Schimmel durch die Luft zur Eyüp-Moschee am Ende des Goldenen Horns in Konstantinopel.

Für eine kurze Frist bekamen, nach den Wahlen vom Herbst 1961, die Chefs der Republikanischen Volkspartei die Chance zur Regierungsbildung und damit zur Propaganda für die Rückbesinnung auf das Reformwerk des Kemal Atatürk. Doch war den »Kemalisten« kein Glück beschieden. Gegen den Sog des Islam anzukämpfen, war den republikanischen Reformern zu dieser Zeit schon nicht mehr möglich. Im Oktober

1965 gaben 4,9 Millionen Wähler ihre Stimme der Gerechtigkeitspartei, die von Süleyman Demirel geführt wurde; die Demokratische Volkspartei hatte das Vertrauen von nur 2,6 Millionen Wählern errungen.

Die Armee, die sich trotz innerer Widerstände im Jahre 1960 zum Putsch für die Bewahrung der Prinzipien des Kemal Atatürk durchgerungen hatte, fand jetzt nicht mehr die Kraft, sich gegen die machtvolle Tendenz zur Islamisierung zu wehren. Gregor Manousakis – Wissenschaftler, Diplomat und Buchautor – zieht im Jahr 1979 das Fazit der Entwicklung in den sechziger Jahren mit dem Blick auf Gegenwart und Zukunft: »Nach dem Wahlsieg der Gerechtigkeitspartei war die islamische Bewegung in jeder Hinsicht die beherrschende Kraft des Landes. Die zentrale Frage in der türkischen Innenpolitik lautete nun nicht mehr, ob der Islam eine politische Rolle zu spielen habe und ob die Westausrichtung Atatürks das allein gültige Prinzip türkischer Politik sein dürfe, sondern wie weit die Restauration des Islam gehen sollte. Diese Frage – sie unterstreicht die Dynamik der islamischen Bewegung – hat zur Gründung von Parteien geführt, deren Ziel ausschließlich die Rechtsüberholung der Gerechtigkeitspartei mit Blick auf den Reislamisierungsgrad der Türkei ist. Das Feigenblatt des Bekenntnisses der Demokratischen Partei zu den Reformen Atatürks, das aus verständlichen Gründen auch von der Gerechtigkeitspartei bis zu einem gewissen Grad beibehalten wird, benötigen die neuen islamischen Parteien auf ihrem rechten Flügel nicht mehr. Der Islam brauchte nunmehr in der Türkei weder die Republikanische Volkspartei noch die Armee zu fürchten. Vielen von ihnen gelingt es nicht, über den Status einer politischen Sekte hinauszugelangen. Andere haben es jedoch bereits zu beachtlicher parlamentarischer Macht gebracht.«

Advokaten der Islamisierung sind vor allem Universitätsprofessoren, Industriemanager, Journalisten. Der Gründer der Nationalen Heilspartei ist Professor für Maschinenbau. Sein Name: Necmettin Erbakan. Er verlangt die Lösung der Türkei vom Westen und die Kündigung der Bündnisverträge; statt dessen soll die Orientierung in Richtung auf die islamische Welt erfolgen. Die Europäische Gemeinschaft ist für ihn kein Zweckverband von nationalen Wirtschaftseinheiten unterschiedlicher Kraft; er sieht in ihr eine Heilige Allianz der Christenheit, ein Instrument zur Verwirklichung von Kreuzzugsideen. Er sagt: »Was die Europäer durch die Kreuzzüge nicht erreicht haben, wollen sie sich durch die Wirtschaftsgemeinschaft holen.« Necmettin Erbakan glaubt, auch die NATO verfolge ähnliche Ziele. Im Kampf gegen diese »Kreuzfahrer des 20. Jahrhunderts« verlangt der Professor für Maschinenbau den Austritt der Türkei aus der Nato. Der Gedanke, sein Heimatstaat unterstütze die Ziele der christlichen Allianz auch weiterhin, ist ihm unerträglich.

Die Nationale Heilspartei ist die extremste islamische Gruppierung in der Türkei. Bei den Wahlen im Oktober 1973 fielen ihr 48 Mandate zu; sie nahm damit der Gerechtigkeitspartei Sitze weg. Der Technokrat Erbakan bekam in der Regierung das Industrieministerium zugesprochen, auf das er persönlich Wert gelegt hatte. Keine Möglichkeit ließ er aus, um für sein Programm Propaganda zu machen. Erbakan fand zündende Parolen, die von der Bevölkerung begierig aufgenommen wurden, versprachen sie doch die Kombination der Ideale von Fortschrittsstreben und Beharrung in traditionellen Glaubensvorstellungen: Erbakan strich nichts ab von den Plänen für den wirtschaftlichen Fortschritt der Türkei und verband sie mit dem Versprechen, der Religion ihre Bedeutung als staatstragende Ideologie wiederzugeben. Der Islam war damit befreit von dem Odium, Bollwerk fortschrittsfeindlicher Kräfte zu sein.

Necmettin Erbakan fand Gehör, wenn er proklamierte, die Türkei könne innerhalb eines Vierteljahrhunderts zu den führenden Industrienationen der Welt gehören – wobei er, als guter Moslem, nicht vergaß hinzuzufügen: »Insch'allah! – So Allah es will!« Erbakan versprach, die Türkei werde ein Bauplatz für Fabriken und Moscheen. Damit umriß er die zwei Komponenten seines Programms: Fortschritt für die Menschen im Vertrauen auf die Hilfe Allahs.

Erbakan mußte wissen, daß die Staatskassen der Türkei leer waren. Da war weder Geld für Fabriken noch für Moscheen zu finden. Doch der Industrieminister dachte nicht daran, das Konzept zu modifizieren oder vor der Öffentlichkeit einzugestehen, daß die Verwirklichung der guten Absichten vorläufig nicht möglich sei. Erbakan versprach den einzelnen Regionen weiterhin Industrialisierung und weckte Hoffnungen; er legte Grundsteine für Fabriken, die dann nie weitergebaut wurden.

Gemessen wurden die Erfolge der Arbeit des Industrieministers an seinen Parolen und Versprechungen. Da klaffte ein riesiger Unterschied. Das Land konnte sich durch Parolen allein nicht aus der Armut befreien. Die Wähler reagierten hart. Bei den Abstimmungen vom Juni 1977 verlor die Heilspartei die Hälfte der Abgeordnetensitze im Parlament. Die Republikanische Volkspartei hatte wieder an Prestige gewonnen; mit 41 Prozent der Wählerstimmen erntete sie ein gutes Resultat. Die Gerechtigkeitspartei lag mit 37 Prozent knapp hinter den Republikanern. Insgesamt waren die Religiösen die Gewinner der Wahl vor der Partei, die das Staatsideal des Kemal Atatürk verwirklichen wollte.

Im Dezember 1977 brachte der Zusammenbruch der Regierung die Volkspartei an die Macht. Zu diesem Zeitpunkt war das Problem, ob der Islam die Ideologie des Staates sein solle oder nicht, für den Regierungschef kaum brennend. Terrorismus war die Plage der Türkei geworden; dazu kamen wirtschaftliche Schwierigkeiten wie niemals zuvor. Die Verschuldung des Staates gegenüber dem Ausland wuchs. Doch Hilfe aus Europa brachte keine entscheidende Wendung. Der Staat, der die

Erbfolge des Riesenreichs der Sultane in bewußter Reduzierung auf den nationalen Kern des Türkenlandes angetreten hatte, zeigte Krankheitssymptome, die an der Rettung zweifeln ließen. Selbst überzeugte »Kemalisten« glaubten nur noch in seltenen Momenten an die Rezepte, die ihnen Kemal Atatürk hinterlassen hatte. Damals, zu Beginn der Republik, so meinen viele Türken, seien Fehler begangen worden. Hätte Atatürk der Religion ihren Platz gelassen, wäre der religiöse Druck in unserer Zeit nicht möglich geworden. Atatürk habe zu sehr den Atheisten in sich herausgestellt, den Mann, der sich weigerte, das Haupt in Richtung Mekka zu neigen.

Die Enttäuschung ist der Nährboden für die Bewußtseinsänderung, von der die islamische Bewegung Nutzen zieht. Daß der Wunsch nach Anlehnung an die islamische Völkerfamilie trotzdem noch nicht zu einer breiten Strömung im Bewußtsein der Türken geworden ist, hängt damit zusammen, daß die Araber gegenüber dem türkischen Volk auf Distanz gehen. Nach ihrer Meinung waren sie jahrhundertelang von den Mächtigen in Istanbul unterdrückt und in ihrer eigenen Entwicklung gehemmt worden. In ihrer Sicht gilt die Epoche des osmanischen Staates nicht als Glanzzeit des Islam. Sie behaupten, die Sultane hätten mit Absicht beigetragen zur Vernichtung des arabischen Kulturerbes. Die Reaktion auf die Vergangenheit verhindert eine rasche Annäherung heute.

Doch spielt noch ein zweiter Faktor eine Rolle: Die Türkei gehört zu den Staaten, deren Wirtschaft unter dem Druck des Ölpreises stöhnt, den die arabischen Ölproduzenten festgelegt haben. Könnte die Türkei in der Preisfrage mit Entgegenkommen rechnen, dann wäre der Schrei nach Aufnahme in die islamische Völkerfamilie sicherlich mit bedeutend größerer Lautstärke zu hören.

Die Türkei ist Mitglied des Nordatlantikpakts, des westlichen Verteidigungsbündnisses, deshalb sind die Vorgänge in diesem Land bedeutungsvoll für Europa und für den Westen insgesamt. An einen Austritt aus der NATO denken nur die Extremisten der Linken und der Rechten. Tief eingeprägt in das Bewußtsein der Politiker hat sich die Erinnerung an die zahllosen Kriege, die Rußland in den vergangenen Jahrhunderten gegen die Türkei geführt hat. Für Necmettin Erbakan und seine Nationale Heilspartei gibt es kaum eine Chance in ihrem Bemühen, diese Erinnerung auszulöschen. Daß die Sowjetunion im August 1946, nach Aufkündigung eines zwanzig Jahre alten Nichtangriffspaktes, die Forderung auf sowjetische Präsenz an den Meerengen gestellt hat, ist ebenfalls unvergessen. Die Politiker werden von der Erkenntnis geleitet, daß der Austritt aus der NATO die Sowjetunion dazu verleiten könnte, sich an die Forderung von damals zu erinnern.

Belastet wurde das Verhältnis der Türkei zur NATO vor allem durch die Ereignisse auf Zypern nach dem 20. Juli 1974: Türkische Truppen brachten damals einen großen Teil der Insel unter ihre Kontrolle. Die Vereinigten Staaten reagierten mit totalem Waffenembargo. Dieser Schritt wurde in Ankara als Affront betrachtet. Mit Hilfe der Bundesrepublik konnte die Türkei die aus dem Embargo resultierenden Schwierigkeiten überwinden.

Nicht zu lösen ist für absehbare Zeit das Problem des »türkischen Dualismus«, der Spannung zwischen der weltlichen Orientierung und dem Willen, der Religion ihr Recht zu geben. Kemal Atatürks Weg ist nicht zu Ende gegangen worden; der Schöpfer des Kemalismus ist zu früh gestorben. Den Religiösen ist es möglich geworden, ihre Positionen wieder aufzubauen. Zwischen diesen beiden Polen entwickelt sich das politische Leben.

Da sich die beiden Pole gegenseitig neutralisieren, können Extreme entstehen. Der Terrorismus von links und rechts ist möglich, weil weder der Kemalismus noch die Religion zur dominierenden Kraft für die Menschen der Türkei wurde. Den konstitutionellen Ordnungsrahmen bilden die Regeln der parlamentarischen Demokratie. Er ist allerdings veränderbar, er kann geöffnet werden. Kommen die Mehrheitsverhältnisse gemäß demokratischer Praxis zur Geltung, dann wirkt sich die zahlenmäßige Überlegenheit der Bevölkerung Anatoliens aus. Sie ist traditionell orientiert. Die Kemalisten kennzeichnen diese Haltung mit dem Begriff »Sehnsucht nach rückwärts«. Die Mehrheit im Parlament wird sich gegen Reformen wenden, wird Fortschritt, auch wenn er organisch zu wachsen verspricht, zu verhindern versuchen. Die Gefahr besteht, daß die Reformer – mit dem Argument, nur so könne der Weg in die Zukunft gesichert werden – die Geduld verlieren und zum Mittel der Revolution greifen.

Der Schwebezustand, in dem die Türkei zu leben hat, läßt Anarchie, Terror und Inflation wuchern. Die Handelsbilanz ist negativ – besonders seit den Ölpreiserhöhungen des Jahres 1979; die zerrüttete Wirtschaft kann den Weg des Landes in die Armut nicht aufhalten. Das Kriegsrecht, so gewalttätig es auch praktiziert wird, schafft keine Erlösung aus dem Kreislauf des Untergangs. Der Nährboden ist geschaffen für diejenigen, die sagen, die Rezepte für ein besseres Leben, für Ordnung im Staat, biete allein der Islam.

Ayatollah Khomeini, der Vorkämpfer für die Bedeutung des Islam, ist der Meinung, die Vorgänge in der Türkei müßten im Zusammenhang mit der islamischen Befreiungsbewegung insgesamt gesehen werden. Wenn er davon spricht, daß er die islamische Revolution des Iran in andere Länder exportieren wolle, dann hat er durchaus auch die Türkei im Auge – schließlich hatte Khomeini dort elf Monate im Exil gelebt.

# Afrika, »der islamische Kontinent«
# Der Islam überzeugt die Afrikaner

Ob die Geschichte von der Begegnung einiger Fulbefamilien mit islamischen Siedlern wahr ist, bleibt ungewiß. Sie soll sich jedenfalls im 19. Jahrhundert ereignet haben, im westafrikanischen Küstengebiet, südlich des 15. Breitengrads. Islamische Familien, so erzählt diese Geschichte, hatten ihre Dörfer am Ufer des Senegal verlassen, um am Oberlauf des Gambia nach besserem Boden zu suchen. Sie unterbrachen ihre Wanderung zur Zeit des Fastenmonats Ramadan im Siedlungsgebiet der Fulbestämme. Die Moslems wurden von den Großfamilien, denen der Islam bisher fremd war, gastfreundlich aufgenommen. Jeden Morgen wurden die Frauen und Männer der Fulbe allerdings aufgeschreckt durch den Gebetsruf »Allahu akhbar« – Allah ist über allem, der vielfältig aus der kleinen Zeltstadt der Moslems in die Stille der frühen Stunden klang. Da die Fulbefamilien das Gebetsritual der Moslems nicht kannten, rätselten sie über die Ursache des für sie sonderbaren Geschreis. Zu fünf verschiedenen Zeiten des Tages waren die lauten Schreie, waren die fremden, unverständlichen Worte zu hören. Die Männer der Fulbe dachten schließlich, die Moslems seien untereinander derart zerstritten, daß sie mehrmals am Tag in Wortgefechten gegeneinander stritten. Weil sie friedliche Menschen waren, so sagt diese alte afrikanische Geschichte, hätten die Ältesten unter den Fulbemännern darüber beraten, wie sie selbst dem Streit der Gäste ausweichen könnten. Nach ihrer Meinung mußte dieser ständige Hader sich auch auf sie selbst auswirken, mußte übergreifen auf ihre Gesellschaft. Derartigen Spannungen aber fühlten sie sich nicht gewachsen; sie beschlossen daher, der Gefahr auszuweichen. In einer Nacht verluden sie ihr bewegliches Eigentum auf ihre Tragtiere und verließen ihre Strohhütten mit der Absicht, flußaufwärts, in gehörigem Abstand von den Fremden, neue Häuser zu bauen. Nicht lange danach sind jedoch auch die Fulbe Moslems geworden.

Diese Geschichte zeichnet Entwicklungsphasen der Begegnung zwischen Moslems und den Menschengruppen in Afrika nach, die bisher noch keine Kontakte zur Lehre des Islam gehabt hatten. Kein Unterschied trennt die Abläufe von erzählter Geschichte und Realität: Der Phase anfänglicher Verblüffung der Andersgläubigen folgte der Entschluß, auf Distanz zu gehen; sehr rasch aber konnte jeweils von den Moslems das Mißtrauen abgebaut werden. War der Kontakt erst einmal wiederhergestellt, war auch bald Interesse für den islamischen Glauben geweckt. Am Ende dieser jeweiligen Entwicklungsphase durfte der Islam häufig einen Sieg verzeichnen: Die Zahl derer, die sich zu Allah und dem Propheten bekannten, nahm zu. Der Stamm Fulbe, der den Ritualen der Moslems gegenüber zuerst skeptisch gewesen sein soll, war am Ende des 19. Jahrhunderts eine der wichtigsten ethnischen Gruppen in Afrika, die sich zur Gemeinschaft der Moslems zählten.

Im 11. Jahrhundert unserer Zeitrechnung war dem Islam der erste Vorstoß in die Region südlich der Sahara gelungen. Die Missionare des Islam waren nicht auf den bequemeren Kommunikationswegen, über den Atlantik oder durch das Niltal, in das Land der schwarzen Völker gekommen, sondern durch das »Meer des Sandes«, durch die Sahara, die sich nicht als trennende Leere zwischen bestehenden Siedlungsgebieten erwies. Durch Mauretanien und die libysche Wüste führten Karawanenwege, die von islamischen Arabern kontrolliert wurden. Die handeltreibenden Moslems waren tüchtige Propagandisten ihres Glaubens. Sie sorgten dafür, daß um das Jahr 1080 im Gebiet der heutigen Staaten Obervolta und Ghana nach den Vorbildern in Marokko und den afrikanischen Küstengebieten des Mittelmeeres Moscheen erbaut wurden. Die Missionare, die vor allem Kaufleute waren, stammten in jener Zeit durchweg aus den wichtigen Berberfamilien Nordafrikas.

Nicht als Eroberer kamen die arabischen Moslems zu den Menschen der zentral-afrikanischen Regionen, sondern als Privatleute mit Überzeugungsgewalt. Hinter ihnen stand keine staatliche Macht, die mit dem Mittel der Religion expansive Gelüste befriedigen wollte. Die Missionare wollten Handel treiben – am liebsten mit Angehörigen des eigenen Glaubens. So versuchten sie, ihre Partner zu überzeugen, daß der im Koran festgelegte Glaube den Weg zum Glück der Menschen weise.

Die Annahme der islamischen Religion, die Anerkennung des einen und allmächtigen Gottes, die Unterwerfung unter den Willen dieses Gottes, erwies sich bald als effektives Regierungsinstrument in der Hand von schwarzen Männern, die ihren Einfluß über andere festigen wollten: Durch die Klammer des Islam banden sie Großfamilien zusammen, fanden sie Gemeinsamkeit für zerstrittene Sippen. Der Islam wurde zur Ideologie starker afrikanischer Staaten im 11. Jahrhundert. Damals erstreckten sich vom Atlantik bis zum Nil zwischen dem 10. und 20. Breitengrad Reiche, die von islamischen Herrschern regiert wurden. Beispiele sind die alten Reiche von Ghana und Mali. Mit ihrem Zerfall starben auch der Einfluß des Islam und die durch ihn geprägten Kulturen rasch wieder ab. Die Region der einst mächtigen Staaten wurde das Opfer brutal geführter Bruderkriege.

Erst im 19. Jahrhundert wurde eine neue Epoche islamischer Ausdehnung eingeleitet. In Westafrika organisierten sich die ethnischen Gruppen Fulbe und Mandingo in Staatsform und begannen, ihre Macht auszuweiten. Die Fulani, ganz besonders aggressive Stämme, versuchten, die Zone zwischen den heutigen Staaten Senegal und Nigeria zu unterwerfen. Die Chefs dieser ethnischen Gruppen bekannten sich zum Islam. Führten sie Eroberungsfeldzüge, dann unter der Parole, dies sei ein Heiliger Krieg, der dem Glauben an Allah nütze. Diese Kriege, die in Wahrheit der Erweiterung persönlicher Macht dienten, wurden in Westafrika erst allmählich durch die Kolonialmächte beendet. Als sie die Küsten der westafrikanischen Flüsse beherrschten, vollzog sich die Verbreitung des Islam durch behutsame Methoden. Sie hatten sich in der Vergangenheit schon bewährt.

Obgleich Ostafrika sehr nahe am arabischen Kernland des Islam liegt, stieß hier der erste Eroberungssturm auf hartnäckigen Widerstand. Das christliche Königreich Nubien mit der Hauptstadt Dongola erwies sich über Jahrhunderte hin als starkes Bollwerk gegen den Islam; erst im 15. Jahrhundert unserer Zeitrechnung zerbrach es unter dem Druck der islamischen Nachbarstaaten. Da die Ausbreitung der Religion des Propheten Mohammed in der Nord-Süd-Richtung nicht möglich war, wichen die Moslems – ohne sich einer gemeinsamen Strategie bewußt zu sein – in die Küstengebiete von Ostafrika aus. In Ost-West-Richtung durchdrangen sie den Kontinent. Mit den Händlern aus Arabien kam der neue Glaube ins Land. Geschäft und Religion begannen sich zu vermischen. Diese Partnerschaft erwies sich dann auch im Osten Afrikas als besonders wirkungsvoll für den Islam.

Kaufleute richteten Warenlager und Wohncamps ein am Westufer des Roten Meeres, am Horn von Afrika, auf der Insel Sansibar, die dem heutigen Staat Tansania vorgelagert ist. Die Händler waren glaubensstarke Männer, die ihre Gebete vorschriftsmäßig verrichteten und für den Freitagsgottesdienst auf eine Moschee nicht verzichten wollten. So entstanden aus den Handelsplätzen in wenigen Monaten Glaubenszentren, die die Kunde vom Islam weit in das afrikanische Land hinein ausstrahlten. Viele der Moslems heirateten Frauen aus den Stämmen, mit denen sie Handel trieben. Aus Ehen zwischen islamischen Kaufleuten und Bantufrauen erwuchs ein ganz neues Volk und eine ganz neue Sprache – Swahili. Das Wort läßt sich übersetzen mit »die von der Küste«; gemeint ist beides, Menschen und Sprache, die von der Küste gekommen sind.

Trotz der islamischen Durchdringung der Siedlungsgebiete entstanden auf dem Festland von Ostafrika keine Staaten, die sich an dieser Religion als Ideologie orientiert hätten. Die Insel Sansibar bildet eine Ausnahme. Der Name leitet sich vom arabisch-persischen Wort Sandschabar ab, das »Negerland« bedeutet. Seit dem 10. Jahrhundert war die Insel von Arabern besiedelt, doch da sie im Bereich der Handelsrouten lag, die von den Schiffen der europäischen Kolonialmächte befahren wurden, geriet sie sehr früh in die Fänge fremder Mächte. Am 28. Januar 1499 legte Vasco da Gama als erster der Afrika-Umsegler in Sansibar an. Wenige Jahre später war die Insel gegenüber Portugal tributpflichtig. Die Engländer, die Franzosen und später auch die Deutschen gründeten Handelsniederlassungen in Sansibar. Da keiner der Interessenten einen Anspruch auf die Kontrolle der Insel durchsetzen konnte, schlossen sie in der Mitte des 19. Jahrhunderts gemeinsam einen Vertrag, der die Unabhängigkeit von Sansibar garantierte, wobei allerdings der Besitzanspruch des Sultanats Oman nicht angetastet wurde; der Sultan von Oman sah sich noch bis 1862 als Patron der Insel.

Richard Burton, der britische Afrikaforscher, besuchte um diese Zeit die Insel. Er beschreibt sie so: »Die Silhouette unterscheidet sich kaum von der jeder anderen arabischen Stadt, nur die Minaretts fehlen. Trotzdem ist der Sultan ein guter Moslem.« Er erteilte Burton und einigen anderen Engländern die Erlaubnis, von Osten aus die inneren Gebiete Afrikas zu erforschen – mit dem Hintergedanken, schließlich seine eigene Machtsphäre nach Westen ausdehnen zu können. Für ihn gab es keinen Zweifel daran, daß die neuen Untertanen den Islam anzunehmen hatten.

Die Moslems stießen im Westen und im Osten Afrikas durchaus nicht auf religiöse Leerräume. Wir haben uns angewöhnt, die menschlichen Gesellschaften des Schwarzen Kontinents als heidnisch zu bezeichnen, soweit sie nicht für das Christentum gewonnen werden konnten. Wenig Beachtung findet in diesem Urteil, daß diese Heiden feste Vorstellungen von der Ordnung ihrer Welt und ihrer Beziehung zu göttlichen Mächten besaßen und noch immer besitzen. Bedeutendster Wesenszug ihrer religiösen Denkgebäude ist der Begriff der »Eingliederung«. Er beeinflußt das Wissen um den Menschen, um seine Beziehung zur Natur, zu seiner Geschichte und zu seiner Zukunft. Mit »Eingliederung« ist gemeint, daß der Mensch ganz eng in die Natur eingegliedert und ebenso eng und mit den Naturgewalten verbunden ist. Die Natur, die Elemente, die Menschen und alle Dinge besitzen Seelen, die in ihrer Qualität allerdings unterschiedlich sind. Da diese Seelen sich verstehen, braucht der Mensch nicht damit zu rechnen, daß ihm die Natur feindlich gegenübersteht. Im Gegenteil, sie ernährt den Menschen, erhält und beschützt ihn. Der Mensch muß darauf achten, diese Natur nicht zu verletzen; er hat auch die Seele der Natur zu respektieren. Hält sich der Mensch an dieses Gesetz, werden ihn die unsichtbaren Wesen, die ihn umgeben, belohnen und behüten. Von diesen unsichtbaren Wesen kann der Mensch Hilfe in kritischen Lagen erwarten. Sich mit ihnen gutzustellen, ist für die Existenz des Menschen notwendig. Gefährlich wird jeder Ausbruch aus der Harmonie der Natur; ist die Harmonie gestört, sind Katastrophen nicht zu vermeiden.

Die Grundlage dieses Denkgebäudes ist die Annahme, daß kein Unterschied besteht zwischen natürlichen und übernatürlichen Phänomenen der Welt, zwischen Materie und Geist. Die Natur selbst ist weder Geist noch Materie; sie ist Lebenskraft. Von ihr sind die Menschen abhängig, wie jedes andere Geschöpf der Zugehörigkeit zur Ordnung dieser Welt. Der Mensch faßt daher Vertrauen zu ihr.

Die Empfindung der Geborgenheit ist wiederum der Grund für die kollektiven Zeremonien, die in den ursprünglich afrikanischen Religionen tief verankert sind. In großen Gruppen wird getanzt und gesungen. Häufig dienen die gemeinsamen Rituale einem ganz praktischen Ziel: Die übernatürlichen Kräfte werden angerufen. Sie sollen Regen auf die Erde schicken, die Frauen fruchtbar machen, Krankheiten heilen. Tänze und Gesänge haben den Zweck, die Aufmerksamkeit der übernatürlichen Kräfte auf die bestimmte Gruppe zu lenken. Elemente der Magie mischen sich in die Religion.

Die traditionellen afrikanischen Religionen kennen die organisierte Hierarchie des Klerus nicht; die Geistlichkeit, wie sie von den christlichen Kirchen gepflegt wird, ist ihnen fremd. Der Kreis der Priester ist offen für den, der sich um Zugang bemüht. Jeder, der stark, intelligent oder mit besonderen körperlichen Vorzügen ausgestattet ist, kann Vortänzer oder Vorbeter werden, wobei graduelle Unterschiede an Einfluß und Glaubwürdigkeit entstehen können. Die Vortänzer und Vorbeter gehören zu den niederen Stufen der Wissenden – sie sind zu jung für die hohen Würden. Die Alten, denen ein Höchstmaß an Weisheit zugeschrieben wird, sind meist als den übernatürlichen Kräften besonders nahestehend angesehen.

Diese Grundzüge sind nahezu allen traditionellen Religionen Afrikas eigen. Trotzdem darf nicht von einer einheitlichen Religion der schwarzen Bewohner dieses Kontinents gesprochen werden. Jede Gesellschaftsgruppe versucht Besonderheiten zu bewahren, entwickelt ihre eigene Dynamik, hütet sich jedoch meist, eine feste Dogmatik zu formulieren. Die geographischen Strukturen, in denen eine Gesellschaftsgruppe lebt, sind bei der eigenständigen Entwicklung von Bedeutung. Im Gebiet der Küste von Guinea bildeten sich Religionen von dogmatischer Vielfalt: Sie beziehen Mythen ein, Helden aus der Vergangenheit der Völker, sie lösen die übernatürlichen Kräfte in bestimmte, namentlich benannte Gottheiten auf. Die Vielfalt konnte entstehen, weil sich gerade in diesem Küstengebiet die Elemente mehrerer Kulturen vermischten.

Am deutlichsten ausgeprägt ist in der Region von Guinea der politische Faktor afrikanischer Religionen – sie sind bereits in der Frühstufen ihres Wachstums beherrschende Ideologie gesellschaftlich zusammengefaßter Gruppen. Wer zu einer staatsähnlichen Formation gehört, der bekennt sich auch zur entsprechenden Ideologie. Da die Emotion der Zusammengehörigkeit in den Stämmen übermächtig ist, wird sich kein Mitglied der Gemeinschaft entziehen. Außenseitern bleibt keine Chance. Das Wissen um dieses Prinzip ist fast zum Instinkt geworden für die afrikanischen Menschen.

In der Gruppe aber gilt das Gesetz, das alle bindet. Zuständig für die Gesetzgebung sind die religiösen Männer; sie wiederum fühlen sich gebunden durch Traditionen, die frühere religiöse Männer geschaffen haben. Das Gesetz bildet einen schlichten Verhaltenskodex für den einzelnen, der das Zusammenleben der Gemeinschaft möglich macht. Verboten ist in allen Religionsgruppen der Diebstahl und – fast in allen – der Totschlag. Meist bemüht sich das Gesetz, die Familienbindung abzusichern. Die Zahl der Vorschriften ist, sicher mit Absicht, klein gehalten.

Strafen für Vergehen gegen das Gesetz spricht in vielen afrikanischen Religionen ein allmächtiger Gott aus. Ihm sind wiederum andere, weniger mächtige Götter zugeordnet. Diese unzähligen Gottheiten werden meist angefleht, wenn der Mensch Wünsche hat. Die Kontrolle darüber, wie der einzelne Mensch sein Leben führt, ist aber dem einen höchsten Gott gegeben. Dieser Gott ist Schöpfer, Spender der Ernte, Gewährer der Fruchtbarkeit und Herr über Leben und Tod.

Die Menschen der Küstenregion von Guinea glauben an einen »ewigen, unendlichen Gott, der das Universum erschaffen hat«; die Sorge um die Erde überläßt er zweitrangigen Gottheiten. Im Westen von Kamerun wird Gott Nyambe verehrt als allmächtiger Lenker des Lebens. Der Gott des Stammes der Ubangi hat die Macht zu vollbringen, was er will, doch handelt er in großer Güte; er wird als treusorgender Vater gesehen. Die Menschen, die an den großen Seen von Zentralafrika leben, haben Respekt vor einem übermächtigen Gott, dessen Sinne alles wahrnehmen, was auf der Welt vorgeht. Der Gott der Nilotenstämme gilt als universeller Geist, der unteilbar, aber auch unsichtbar ist; an ihn wendet sich der Mensch jedoch nur mit existenzentscheidenden Anliegen.

Die Analyse afrikanischer Religionen zeigt, daß sie einen monotheistischen Kern besitzen, der jedoch verschleiert wird durch die Beigabe von zwar gottähnlichen, aber doch letztlich sekundären Phänomenen.

Der Monotheismus der afrikanischen Völker ist als Ergebnis eines Reifeprozesses zu sehen: Aus der großen Zahl der Götter schälte sich ein Gott als Träger der Weltidee heraus; nach und nach wurden die übrigen Erscheinungen der ursprünglichen Göttergemeinschaften in ihrem Wert für den Menschen reduziert.

Mit dieser Beschreibung ist die religiöse Basis der afrikanischen Völker umrissen, der sich die Propagandisten des Islam gegenübersehen. Die Auseinandersetzung mit ihr endet nicht in einer Verzerrung des islamischen Glaubensinhalts und nicht in Veränderungen in der religiösen Substanz der schwarzen Afrikaner. Der gemeinsame Nenner der afrikanischen Religionen und des Islam ist der Glaube an den einen, allmächtigen Gott. Islam bedeutet Hingabe – der Afrikaner ist gewohnt, sich Gottheiten zu unterwerfen.

Der Glaubenssatz »Es gibt nur den einen Gott« wurde von den Zuhörern der Propagandisten verstanden; er war ihnen ja bereits vertraut. Auch die Forderung nach dem Verzicht auf alle Nebengottheiten war nicht neu. Je deutlicher in einer Glaubensgemeinschaft der Prozeß der Distanzierung von den Nebengottheiten vorangeschritten war, desto leichter fiel ihren Mitgliedern der vollständige Verzicht auf sie.

Der Glaube Mohammeds findet deshalb ohne Zwang Anhänger unter den schwarzen Völkern Afrikas. Ihre religiösen Ansichten stehen nicht im Gegensatz zu denen des Islam. Im Gegenteil: Ins Bewußtsein der Afrikaner eingepflanzt ist die Gewißheit, daß die Gesetze, nach denen sich der einzelne zu richten hat, eine religiöse Wurzel haben müssen. Die Gesetze werden – das ist die Ansicht der Moslems und der Anhänger traditioneller Religionen in Afrika – nicht vom Menschen gemacht. Sind aber die religiösen Gesetze verbindlich für alle, dann ist die Grundlage bereitet für die Einheit von Religion und Staat. Mohammed hat diese Einheit gefordert – seine Forderung wird in Afrika verstanden.

Ist ein afrikanischer Stamm bereit, sich zum Islam zu bekehren, so müssen seine Mitglieder nicht damit rechnen, einschneidenden Änderungen unterworfen zu werden. Die in der traditionellen Ordnung erlaubte Vielehe braucht bei der Annahme des Islam nicht aufgegeben zu werden. Die Rolle des Familienvaters wird nicht angetastet, da auch der Islam der männlichen Leitperson Rechte gibt. Eine revolutionäre Neufestlegung der Besitzverhältnisse bringt die Konversion zum Islam nicht.

Die Propagandisten des Islam waren und sind zumeist Männer, die einen praktischen Beruf ausüben. Sie sind Händler, die mit Grundbesitzern Geschäfte machen, die in kommerzielle Beziehungen treten zur städtischen Bevölkerung, zum festansässigen Teil der Menschen einer Gegend. Manchmal, in unserer Zeit, zählen auch Techniker oder landwirtschaftliche Berater zu diesen Propagandisten – eine religiös orientierte Ausbildung haben sie alle nicht genossen. Manchmal gehören sie ordensähnlichen spirituellen Gemeinschaften des Islam an, dann sind sie besser gerüstet für die freiwillig übernommene Aufgabe, für den Islam zu werben. Doch auch die Laien haben die Chance, erfolgreich zu sein, da die Lehre des Propheten überaus einfach zu vermitteln ist: Die schöpfende und lenkende Kraft ist Allah; durch den Mund des Propheten hat Allah den Menschen seine einfachen und einleuchtenden Gesetze erlassen. Das Verständnis schwieriger gedanklicher Konstruktionen wird vom Moslem nicht verlangt.

Daß manche der Negerherrscher, die in der Kolonialzeit als unwissend galten, über die Religionen Islam und Christentum Bescheid wußten, bezeugt der britische Afrikaforscher Clapperton, der in der ersten Hälfte des 19. Jahrhunderts Menschen und Gebiete um den Niger zu ergründen versuchte. Voll Entrüstung berichtete er nach London, einer der Sultane, ein Moslem, habe es gewagt, die Dreieinigkeit lächerlich zu machen; dieser Sultan habe, wider besseres Wissen, die Dreieinigkeit als »Vater, Sohn und Onkel« umschrieben. Der Spaß des Sultans kennzeichnet die mißliche Situation des Christentums in Afrika auch heute noch.

Als problematisch, im Verhältnis zur Aufgabe des islamischen Propagandisten, müssen die Bemühungen christlicher Missionare eingestuft werden, die ebenfalls Menschen aus den traditionellen Glaubensgemeinschaften zu sich herüberziehen wollen. Wenn die Christen ihren Glauben unverfälscht lehren, müssen sie auf die besondere Stellung Jesu Christi zwischen Gott und Mensch hinweisen, müssen die Symbolkraft seines Opfertodes erklären, müssen Einsicht in den Begriff der Gnade Gottes vermitteln, der jeweils von Missionaren unterschiedlicher Kirchenzugehörigkeit differenziert wird.

Die unterschiedliche Kirchenzugehörigkeit der christlichen Glaubensvermittler hat sich durchweg als Vorteil für die islamischen Propagandisten erwiesen. Da der Kern ihrer Lehre nie durch abweichende Meinungen gefährdet war, blieben sie von internem Streit verschont. Auf der christlichen Seite aber konkurrierten Missionare gegeneinander, weil sie die Menschen nicht für das Christentum allgemein bekehren wollten, sondern für ihre ganz bestimmte Ausprägung des Glaubens. Sie konkurrierten nicht nur, sie stritten miteinander und versuchten, durch Schmähungen den Ruf der Konkurrenten zu zerstören, um ihnen die Bekehrungsarbeit zu erschweren. Wie zersplittert sich das Christentum den Afrikanern präsentierte, zeigt das Beispiel Ghana. Dort arbeiteten im Jahr 1960 folgende Kirchenorganisationen, um die Menschen für die Lehre Jesu Christi zu gewinnen: die Römisch-katholische Mission, die Evangelische Kirche, die Schottische Mission, die Presbyterianer, The Christian Council, The Evangelists, die Billy-Graham-Mission, The Assembly of God. Klagten die Missionare seit Jahrzehnten, der Islam und nicht das Heidentum blockiere den Weg christlicher Bekehrung in Afrika, so verfielen sie einem verständlichen Irrtum – die Aufspaltung unter den Missionaren selbst war der größte Feind ihrer Arbeit.

Die Verbreitung des Islam auf dem schwarzen Kontinent ist dazuhin gerade in unserer Zeit durch ein psychologisches Moment von großer Wirkung vorangetrieben worden: Die Mehrheit der Bevölkerung sieht in der christlichen Religion den Glauben der fremden Eroberer – der Islam aber konnte sich als die Ideologie der jungen, nationalistischen Bewegungen präsentieren. Die christlichen Missionare waren im Gefolge der Eroberer nach Afrika gekommen, als Angehörige einer anderen Rasse, als personeller Bestandteil der Besatzungsmacht. Selbst ein bei uns so angesehener Mann wie Albert Schweitzer bleibt in den Augen der Schwarzen der Vertreter der arroganten weißen Rasse, die den

Schwarzen ihren Willen aufzwang. Sie sahen im Weißen mit Tropenhelm nicht den uneigennützigen, menschenfreundlichen Helfer, sondern den christlichen Missionar, der die Interessen der Weißen vertrat.

Als die Kolonialzeit zu Ende ging, verloren die Missionare den Schutz der Besatzungsmacht. Mit dem Abzug der fremden Truppen sahen sich die Missionsstationen als bedrohte Inseln in einer fremden Kultur. Selbst wenn solche Stationen während der Kolonialzeit nicht von bewaffneten Soldaten bewacht worden sind, so genügte doch das Ansehen, unter dem Protektorat der Kolonialarmee zu stehen, im allgemeinen für die Sicherheit der Missionare. Zwar mußte der einzelne in exponierter Situation immer damit rechnen, Opfer eines Gewalttäters zu werden, doch war die Hoffnung berechtigt, daß sich der Gegner im entscheidenden Augenblick für sich selbst und für seine Sippe vor der Revanche der mächtigen Weißen fürchtete. Als die Angstbarriere fiel, mußten sich die Missionare an vielen Plätzen, zumeist weitab von den Städten, bedroht fühlen.

Gleichzeitig erlosch auch die Überzeugungskraft der christlichen Mission in Afrika. Während der Kolonialzeit konnte mit der Annahme des Christentums ein Vorteil verbunden gewesen sein – der Bekehrte war künftig Partner der Mächtigen. Sich am Ende der Kolonialzeit zum Christentum zu bekennen, wurde als unklug, als verderblich bezeichnet.

Die Führer der Moslems aber hatten sich frühzeitig nationalistische Parolen zu eigen gemacht. Sie kämpften für die Befreiung des afrikanischen Kontinents – zumindest hatten sie Propaganda dafür gemacht. Pater Jean-Marie Gandeul, einst Pfarrer in Tansania und seit 1975 in Rom am Päpstlichen Institut für Studien des Arabismus und Islam tätig, hat an Ort und Stelle die historisch bedeutsame Phase erlebt, in der sich Nationalismus und Islam verbanden. Er ist sogar der Meinung, die Ausdehnung des Islam sei schon zur Kolonialzeit bemerkenswert gewesen und habe nicht erst am Ende der Fremdherrschaft eingesetzt. Pater Gandeul sagt als Zeuge: »Binnen kurzem wurde der Islam zum Gütezeichen einer Religion, die den Fremden Widerstand leistet. In der Tat herrschte zwischen den muslimischen Kreisen und den europäischen Verwaltungen eine gewisse Spannung, ein stummes gegenseitiges Mißtrauen. Dies galt als Bestätigung für die Meinung, daß der Islam antieuropäisch sei, und die öffentliche Meinung schloß daraus, daß er proafrikanisch sei. In dieser Atmosphäre breitete sich die muslimische Religion sehr stark aus. Man nimmt sogar an, daß die Geschwindigkeit ihrer Expansion damals – zu Beginn und in den ersten Jahrzehnten der Kolonisation – ihren Höhepunkt erreichte.«

Die Dichter der Haussa-Stämme im Norden von Nigeria – sie umfassen dort etwa zehn Millionen Menschen – haben Verse geschaffen, die Ausdruck sind für die enge Verbindung von Islam und anti-europäischer Propaganda. Ein Beispiel:

Was den Europäer angeht, so ist er nur am Gewinn interessiert,
um die Moslemgelehrten zur Seite zu schieben
und Euch alle dazu zu zwingen, die Gesetze nicht mehr anzuwenden,
die Gott durch unseren Propheten gesandt hat.
Wisset, daß es nichts gibt, das mehr als ein Europäer zu hassen ist.

Es ist anzunehmen, daß sich eine knappe Mehrheit der Bewohner des westafrikanischen Staates Nigeria zum Islam bekennt. Aus dem Griff der britischen Aufsicht löste sich Nigeria im Jahr 1960. Mit diesem Schritt brachen jedoch die Spannungen auf zwischen den Stämmen, die im Staatsgebiet von Nigeria zusammengefaßt sind. Die Spannungen waren meist religiös bedingt. Der islamische Norden wehrte sich gegen die weltlich orientierten Gesetze, die von den Stämmen in Südnigeria gefordert wurden. Die Moslems setzten sich gegen die Gründung einer Republik nach westlichem Vorbild zur Wehr. Der Staat ihrer Vorstellung sollte sich dem Gesetz des Propheten beugen.

Die »Gesellschaft der Islamischen Studenten« von Nigeria wollte den Islam zur bestimmenden Kraft im Staate machen. Ihren Standpunkt formulierte sie so: »Wir fordern eine totale Anwendung der islamischen Rechtslehre sowohl als gesetzliches System als auch als Lebensweise. Die Rechtslehre kann weder eingeschränkt noch aufgeteilt werden. Die Moslems verlangen also nichts weniger als eine totale Anwendung der islamischen Rechtslehre und ihre vollständige Integration in die Verfassung.«

Diese Forderung wird vom Haussadichter Sa'adu Zungur in Poesie umgegossen:

Wenn der Glaube schwach wird,
dann gibt es kein Gutes mehr auf der Welt,
denn der Islam allein ist das Heilmittel gegen alles Böse.
Allah möge uns vor allen Leiden bewahren,
in der kommenden und in dieser Welt.
Mögen sie gehört werden, unsere Gebete,
und auch die Gebete unserer Häuptlinge,
und daß die islamische Rechtsordnung die Grundlage der Regierung ist:
Die Vorbereitung für eine gesetzmäßige Regierung
mit Gerechtigkeit und ohne die im Islam verbotenen Übel.

Indien wird von Sa'adu Zungur als böses Beispiel dargestellt. Dieser Staat leide, weil er kein religiös denkendes Staatsoberhaupt besitze und seinen Glauben verraten habe:

In der Regierung Indiens liegt die Warnung,
in der Regierung der Republik.
Wo sind heute die großen Häuptlinge Pakistans oder Indiens?
Der Nizam, der Maharadscha, der Rajah, alle.
Es gibt nur noch das Weinen, keiner lacht.
Vorher gab es mehr als fünfhundert Häuptlinge,
jetzt sind sie alle zerstreut, keiner blieb.
Es ist so, als hätten sie nie existiert,
Ihr habt gehört vom Bösen einer Republik.

Von beachtlichen Erfolgen der islamischen Propagandisten berichtet Dr. J. Spencer Trimingham, Professor für Arabistik an der Universität Glasgow, schon 1957: »Der Islam dringt von Norden her nach Süden vor. Er hat die Zonen des Sudangürtels längst überschritten. Die heidnische und auch die christliche Bevölkerung ist nur zu bereit, diesen Glauben anzunehmen.«

Daß die Propagandaparolen der Moslems, auch wenn sie mit Vehemenz vorgetragen werden, allerdings nicht immer zum raschen Erfolg führen, ist am Beispiel des Senegal zu belegen. Dort gelang es der französischen Kolonialmacht, eine einheimische intellektuelle Schicht heranzubilden, die sich eine afrikanische Staatsideologie ausdenken sollte, ohne jedoch allzusehr aus dem Denkrahmen des französischen Vorbilds auszubrechen. Staatspräsident Leopold S. Senghor ist der Repräsentant dieser vom Protektor Frankreich geförderten Schicht. Er ist als Christ aufgewachsen und blieb diesem Glauben treu. Das Land, das er zu regieren hat, wird von Moslems, Christen und Anhängern der traditionellen afrikanischen Religionen bewohnt – wobei die Christen die Minderheit bilden. 80 Prozent der Bevölkerung bekennen sich zum Islam, doch haben sie sich noch nicht zum Protest durchgerungen gegen die christliche Oberschicht. Von Unterdrückung der Moslems kann allerdings auch keine Rede sein. Senghor räumt ein, daß sich Spannungen ergeben durch das religiöse und politische Gewicht der Moslems: »Ich bin praktizierender Katholik, und die Mehrheit der Bevölkerung von Senegal ist muslimisch. Das führt gelegentlich zu Differenzen, aber es war immer möglich, sie zu beseitigen.« Die Ideologie, die Leopold S. Senghor den Menschen seines Staates empfahl, wird von ihm selbst als die Zusammenfassung der kulturellen Werte der Schwarzen Welt gesehen. Um Bestand zu haben, mußte sie die Anerkennung sowohl der christlichen als auch der islamischen Bevölkerungsteile finden, wenn er für seinen Staat die Bedrohung der Existenz durch religiös-ideologischen Streit verhindern wollte. Die Basis seiner Lehre ist der Gedanke, daß die afrikanische Großfamilie bewahrt werden müsse – im Unterschied zu den Gebräuchen der Europäer, deren Interesse sich auf den ganz engen Kontakt der eigenen Familie konzentriert.

Teil dieses Gedankens ist die in Afrika übliche Solidarität der einzelnen Generationen, worin sogar Solidarität zu den Toten eingeschlossen ist; der Respekt vor den Toten der eigenen Großfamilie gebietet, daß die Ansichten, die sie einst geäußert haben, auch weiterhin beachtet werden müssen.

Staatspräsident Senghor hält die Verherrlichung der Jugend in Europa für wenig nachahmenswert. Seine Kritik gilt auch den atheistischen Tendenzen in der Geisteshaltung der Europäer. In seiner Ideologie, die für die Afrikaner gültig sein soll, hat Gott durchaus seinen Platz. Damit ist sowohl die Lehre des Kommunismus als auch die Praxis des westlichen Säkularismus verurteilt. Beide Ideologien müssen, so meint der Staatspräsident von Senegal, vom afrikanischen Menschen ferngehalten werden.

Der Blick auf Senghors Gedankenwelt zeigt, daß sie tiefgreifend vom Islam beeinflußt ist. Das Verhältnis zu Gott wird nicht der privaten Sphäre zugeordnet, den Lebensbereichen, die jeder mit sich selbst auszumachen hat. Eindeutig wird gesagt, der Staat und der einzelne existieren in der Bindung an Gott. Die Trennung von Religion und Staat, die der Islam verurteilt, ist durch diese Aussage unmöglich geworden. Erkauft ist damit das Zugeständnis der Moslems, mit weiteren Forderungen zurückhaltend zu sein.

In Gabun ist der Erfolg des Islam eindeutiger. Von der politischen Kraft der Lehre des Propheten Mohammed überzeugt, ist Omar Bongo, der Präsident dieses westafrikanischen Staates, Moslem geworden. Bongo glaubt, daß diese Religion den Afrikanern angemessen ist, daß sie geeignet ist, afrikanische Traditionen weiterzuführen. Präsident Omar Bongo erhofft sich durch den Islam eine Stärkung des Gefühls der Zusammengehörigkeit der Afrikaner. Das Christentum, so meint er, habe die Spaltung gebracht, der Islam müsse die Menschen dieses Kontinents wieder zusammenführen.

Gestützt wird diese Hoffnung durch die Erkenntnis, daß es in vorkolonialer Zeit keine Klassenunterschiede innerhalb der afrikanischen Stämme und Völker gegeben habe. Dieser Ansicht stimmte auch Präsident Touré von Guinea zu, in dessen Land 65 Prozent der Bewohner Moslems sind; er warf den Kolonialmächten vor, sie hätten die Trennung der Menschen in Klassen aus ihren Staaten auch nach Afrika gebracht. In den Jahrhunderten vor der Ankunft der Engländer, Franzosen, Italiener und Deutschen war nach dieser historischen Sicht der Herrscher ein Mann, der in Übereinkunft mit den Menschen seines Volkes regierte; vor ihm aber waren alle Mitglieder des Volkes gleichberechtigt. Die Moslems weisen darauf hin, daß in der einigen islamischen Gemeinschaft die Gleichberechtigung der Glieder der Gesellschaft als hoher, aber auch als selbstverständlicher sozialer Wert angesehen werde. Die christliche Religion könne, da sie als Verbündete der Kolonialisten aufgetreten sei, nicht als geeignet zur Begründung einer stabilen Gemeinschaft der Afrikaner angesehen werden – allein dem Islam sei es möglich, die sozialen Folgen der Kolonialzeit zu beseitigen.

Beispiele aus den letzten Jahren zeigen jedoch, daß in einer islamischen Gesellschaft durchaus auch Klassenunterschiede entstehen können. Im Senegal haben sich islamische Bruderschaften gebildet, als deren Kern Personen gelten, die den Ruf haben, besonders heilig zu sein. Analog zur Struktur mittelalterlicher Orden in Europa vollzog sich die Entwicklung dieser Bruderschaften: Es gelang ihnen, Land in Besitz zu bekommen – sie wurden Großgrundbesitzer. Anhänger, die sich aus geistigen und geistlichen Gründen darum bemühten, den Bruderschaften nahezustehen, wurden dazu veranlaßt, als Abhängige auf den Feldern zu arbeiten. Statt Gleichberechtigung wurden Formen der Leibeigenschaft gepflegt, die mit der Lehre des Propheten nicht zu rechtfertigen waren.

Die politische Bedeutung der islamischen Bruderschaften im Senegal mußte von den Politikern der ersten Jahre nach dem Abzug der Kolonialmacht anerkannt werden. Die Bruderschaften vereitelten jeden Versuch einer Reform der Landverteilung. Die abhängigen Landarbeiter, die Stimmrecht besaßen, votierten bei Abstimmungen so, wie es ihnen von den Herren der Bruderschaft vorgesagt worden war. Da diese geistlichen Führer keine Landverteilung und keine Genossenschaften dulden wollten, veranlaßten sie die Abhängigen, dagegen zu stimmen. Die Zahl der Abhängigen war groß, insgesamt stellten sie einen beträchtlichen Anteil der Stimmberechtigten. So wurde die Regierung gezwungen, auf ihre Sozialisierungsabsichten zu verzichten.

Nicht immer haben afrikanische Regierungen mit diesen Schwierigkeiten zu kämpfen. Algerien, ein afrikanisches Land, das seit der Frühzeit des Islam diesem Glauben zuzuordnen ist, hat weitgehende Übereinstimmung erzielen können zwischen sozialistischen und islamischen Ansichten. In der Nationalen Charta Algeriens wurde im Jahr 1976 bei nur geringem Widerstand vereinzelter religiöser Kreise der sozialistische Charakter des Staates festgelegt.

Die Geschmeidigkeit des islamischen Glaubens in ökonomischen Fragen macht diese Spannweite der Zustimmung zwischen Kapitalismus und Sozialismus möglich. Als Grundvoraussetzung für ein »Ja« zu einem politischen und ökonomischen System gilt den Moslems allein das Bekenntnis der führenden Köpfe dieses Systems, daß Allah und nicht die Prinzipien des dialektischen Materialismus diese Welt regieren. Die Abgrenzung zum Marxismus, zum Kommunismus bleibt erhalten. Mit denjenigen politischen Programmen, zu deren Prinzip es gehört, die Religion »als Opium fürs Volk« zu klassifizieren, werden sich Moslems auch in großer Not nicht befreunden.

Daß die radikalen Formen des Sozialismus in Afrika nicht Fuß fassen können, dafür wollen die wohlhabenderen islamischen Staaten selbst sorgen. Am 21. Juli 1973 ist die Gründung der »Islamic Development Banc« beschlossen worden. Hauptträger sind die islamischen Ölstaaten. Durch dieses Institut sollen die finanziellen Hilfsmaßnahmen für die afrikanischen Nationen gesteuert werden, wobei daran gedacht ist, vor allem den Ländern mit islamischen Mehrheiten zu helfen.

Die Grundsätze, nach denen Unterstützung gewährt wird, sind von der Wirtschaftsabteilung der »Islamischen Konferenz« ausgearbeitet worden, in der alle islamischen Staaten vertreten sind: Sie folgen den allgemeinen Prinzipien dieses obersten Gremiums der islamischen Welt. Mitformuliert wurden diese Prinzipien von Sheikh Mohammed Al-Tuhamy, jenem aus Ägypten kommenden Experten in Islamfragen (vgl. S. 19f.). Er gehört zu den prägenden Persönlichkeiten der »Islamischen Konferenz«, dem höchsten gemeinsamen Gremium der islamischen Welt. Sheikh Mohammed Al-Tuhamy betont nachdrücklich, daß die Missionierung Afrikas zu den Schwerpunkten der Politik der Gemeinschaft der islamischen Staaten zählt. »Afrika«, so sagte er, »ist ein islamischer Kontinent.«

Ein Blick auf die Zahlen der Statistik macht deutlich, daß Afrika zumindest auf dem Weg dazu ist, ein islamischer Kontinent zu werden. Die Schrift ›Statistical and Comparative Survey of Islam in Africa‹, herausgegeben im Jahre 1906 durch Reverend Ch. R. Watson in London, gibt die Zahl der Moslems in Afrika mit 59 Millionen an, bei einer Gesamtzahl von 164 Millionen. Der prozentuale Anteil der Moslems betrug damals 36 Prozent. Der um die Arbeit und die Erfolge der christlichen Mission sehr besorgte Herausgeber dieser statistischen Übersicht war bei der Zusammenstellung der Zahlen am Beginn unseres Jahrhunderts überzeugt, daß sich das religiöse Kräfteverhältnis in den kommenden Jahrzehnten zugunsten des Christentums verändern werde. Doch fünfzig Jahre später – die zweite Hälfte des Jahrhunderts hatte gerade begonnen –, da war nicht nur ein Drittel, sondern mehr als die Hälfte der Bewohner Afrikas der islamischen Glaubenswelt zuzuordnen. Die Gesamtbevölkerung war auf 253 Millionen angewachsen – davon bekannten sich 126 Millionen zum Islam.

Die Tendenz ist eindeutig: Der Islam rückt in Afrika von Nord nach Süd vor. Verbunden damit ist das Ende des »Eurozentrismus« dieses Kontinents: Der christliche Glaube hat ihn mit Europa verbunden – durch den Islam gewinnt Afrika seine Eigenständigkeit. Papst Johannes Paul II., der im Frühjahr 1980 afrikanische Staaten besuchte, bekam diese wachsende Eigenständigkeit der Afrikaner sogar bei katholischen Geistlichen zu spüren: In ihren Ritualen und Gebräuchen sind sie durchaus nicht immer bereit, Anweisungen aus Rom zu folgen – sie besinnen sich auf afrikanische Traditionen.

Während der Tagung der Islamischen Konferenz von Islamabad im

Frühjahr 1980 betonte der Außenminister des Staates Gambia, Al Haj Lamin Kiti Jabang, den islamischen Charakter des afrikanischen Kontinents: »Unsere Feinde behaupten zwar das Gegenteil, doch es nützt nichts. Afrika wird von Moslems bewohnt. Sie bilden die Mehrheit der Bevölkerung. Das ist die Wahrheit!«

# »In Amerika ging ein islamisches Volk verloren.« Die Neger der USA auf dem Weg zum Islam

Die christlichen Sklavenhändler, die im 17. und 18. Jahrhundert schwarze, menschliche Ware aus Westafrika nach Nordamerika zu transportieren hatten, wunderten sich häufig, daß ihr lebendiges Transportgut seltsame Rituale ausführte: Wenn die Neger nicht durch Fesseln behindert waren, wenn sie nicht zu eng gepfercht in den Laderäumen lagen, dann warfen sie sich zu bestimmten Stunden des Tages zum Gebet nieder, und alle bemühten sich, in eine Richtung zu blicken; der Fixpunkt ihres Blicks war die Stelle, wo morgens die Sonne aufgegangen war. Gebete in einer fremden Sprache waren dabei zu hören, die nichts mit den afrikanischen Idiomen zu tun hatte. Das Gehabe der Neger störte die Wachen meistens; durch Drohungen und Peitschenhiebe trieben sie die Betenden auseinander. Den heidnischen Unsinn wollten sie nicht dulden. Daß es sich um islamische Bräuche handelte, nahmen sie gar nicht zur Kenntnis. Dazuhin wurden die Sklaven nicht als menschliche Wesen angesehen, denen eine religiöse Eigenständigkeit zugebilligt werden konnte.

Elijah Muhammad, der wichtigste Führer der schwarzen Moslems in den USA von den dreißiger Jahren unseres Jahrhunderts an bis zu seinem Tod im Jahre 1975, beschrieb den Vorgang der Unterdrückung des traditionellen Glaubens der aus Afrika entwurzelten Neger so: »Diese Menschen glaubten an den Islam. Sie waren aus einer gläubigen islamischen Gesellschaft herausgerissen worden. Die Menschen der westafrikanischen Küstengebiete und der weiten Landstriche in den Flußtälern hatten sich damals schon Allah und seinem Propheten unterworfen. Diese Gläubigen wollten auch in der Gefangenschaft dem Islam treu bleiben. Doch die Sklavenhändler gaben sich alle Mühe, den Sklaven sogar die rudimentärsten Kenntnisse des Islam auszutreiben. Hauptsächlich wurde dabei die Taktik verfolgt, die Familien auseinanderzureißen, die Menschen aus den verschiedenen Sprachgruppen zu mischen, so daß Verständigung untereinander zunächst gar nicht und dann nur über die englische Sprache möglich war. So wurde jede Bindung an die Kultur Westafrikas zerstört. Wenn religiöse Rituale erlaubt waren, dann nur die christlichen. Die Menschen lebten in der ständigen Angst vor Prügeln. Sie wurden moralisch zerstört, so daß die Sklaven schließlich nur von dem einen Wunsch besessen waren, in möglichst vielen Bereichen ihre Herren zu kopiern, in der Hoffnung, durch die Nachahmung ein wenig mehr Anerkennung zu finden. Die Herren wollten ihnen das ›Heidentum‹ austreiben; die Sklaven mußten sich fügen. Über die Religion des Islam und über den Propheten Mohammed – der Friede und der Segen Allahs möge auf ihm ruhen – wurde nur im Ton höchster Verachtung gesprochen. Alle Verehrung aber sollte konzentriert sein auf den gekreuzigten Jesus Christus und die Dreieinigkeit Gottes. Die Käufer, das ist aus vielfältigen Quellen zu ersehen, nahmen nur Sklaven an, die überhaupt nichts vom Islam mehr wußten. Die Sklavenhändler achteten deshalb besonders darauf, daß keiner der Schwarzen seine Mitbrüder mit dem, was er noch wußte, vertraut machte. Wer auch nur versuchte, als islamischer Missionar unter den Sklaven aufzutreten, dessen Leben wurde ausgelöscht. Konsequent wurde diese Taktik durchgehalten, so daß bis zum Anfang des 18. Jahrhunderts christlicher Zeitrechnung die islamische Religion aus den Köpfen und Herzen der Neger ausradiert war. Die amerikanische Öffentlichkeit sah im Islam nur noch eine primitive, fanatische und abergläubische Religion, die eine Gefahr für die zivilisierte Menschheit darstellte.«

In den Jahren nach dem Ersten Weltkrieg begannen sich die Neger der Vereinigten Staaten ihrer Situation bewußt zu werden. Sie begriffen, daß sie nie damit rechnen konnten, von den Weißen als halbwegs gleichberechtigt anerkannt zu werden. Sie befanden sich in großer Gefahr, durch Resignation weiterhin am Rand der menschlichen Gesellschaft verharren zu müssen. Einige erkannten, daß sich an diesem Tiefpunkt die Chance bot, das Selbstbewußtsein ihrer schwarzen Brüder zu stärken, wenn nicht gar Gefühle eines eigenen Nationalismus zu erregen. Ein Druck war von den Predigern der schwarzen Selbständigkeit genommen: Sie mußten nun wenigstens nicht mehr um ihr Leben fürchten, wenn sie davon sprachen, daß die Religion der Weißen nicht die Religion der Schwarzen zu sein brauche – die Sklaverei war ja schließlich abgeschafft worden. Da entstand die Universal Negro Improvement Association, die in den Ghettos der Schwarzen den Protest gegen die unwürdigen Lebensbedingungen zum Ausdruck brachte. Ein Marokkaner gründete in den zwanziger Jahren in New York den Moorish Science Temple, dessen Prediger sich bewußt und offen zum Islam bekannten – und dafür verspottet wurden.

Elijah Muhammad, der diese Zeit der ersten mühsamen Ansätze islamischen Denkens in den USA erlebt hatte, schreibt darüber: »Aus dem Mittleren Osten, aus Afrika und aus anderen Teilen der Welt kamen Moslems in die Vereinigten Staaten, um die schwarzen Menschen zum Islam zu bekehren. Doch der Erfolg war in jenen Jahren gering. Sie konnten nicht mehr als eine Handvoll schwarzer Bürger vom Wert des Islam überzeugen. Vielfältig waren die Ansatzpunkte, um mit den Massen ins Gespräch zu kommen, doch gelang es nicht, das Gemüt und den Verstand der Menschen zu treffen. Gemüt und Verstand der Nachfahren der Sklaven von einst waren zu sehr noch gefesselt von den Ketten, die ihren Vätern und Müttern einst angelegt worden waren. Die christlichen Ideen in den Köpfen waren der Ausdruck dieser Ketten. Die Situation war teuflisch für die schwarzen Menschen.«

In einem Land, in dem Arbeit knapp war, bekamen die Schwarzen nur im Ausnahmefall gute Arbeitsplätze. Armut, Verzweiflung und Verbrechen prägten das Leben in den Negerghettos. Die schwarzen Menschen waren zwar nach dem Gesetz längst aus der Sklaverei befreit, und doch hatten sie sich kein besseres Los eingehandelt: Sie waren weiterhin abhängig von den Weißen. »Dumm, faul und brutal« – so sah das generelle Urteil der Weißen über die Neger aus. Die auf ihre Demokratie und auf die Gleichheit vor dem Gesetz so stolzen Vereinigten Staaten waren vom Klassendenken beherrscht; die Gleichheit galt nicht für Neger.

Im Jahr 1930 faszinierte ein Mann die Schwarzen von Detroit, der sich selbst wechselnde Namen gab: Professor Fard, Wali Fard, Wallace Fard Muhammad. Imam Khalil Abdel Alim, ein Mitglied des Rats der Imame in der Westlichen Welt, sagt über die geheimnisvolle Erscheinung: »Er imponierte den einfachen Menschen, weil er vorgab, Zauberkräfte zu besitzen. Manches, was er machte, erschien uns ein lächerlicher Trick zu sein, doch so erreichte er es, daß viele ihm glaubten. Im Jahr 1932 oder 1933 wollte er seine Anhänger überzeugen, daß der Erfolg einer islamischen Missionierung vom bedingungslosen Zusammenhalt aller Getreuen abhänge. Er hat sich ein Haarbüschel aus dem Bart gezogen und verlangte von seinen Anhängern, jeder von ihnen solle sich ebenfalls ein solches Haarbüschel ausreißen. Dann wurden alle Haare aufeinandergelegt. Dann hob der Mann, der sich damals gerade Wallace Fard Muhammad nannte, sein Haarbüschel hoch und konnte damit sämtliche Haare in die Höhe heben. So eng, sagte er, müßten die Gläubigen zusammenhalten. Das war die Zeit der Depression damals. Eine eigentümliche Stimmung des Aberglaubens herrschte; diese Stimmung verstand er auszunützen. Die Leute waren schließlich der Meinung, Wallace Fard Muhammad sei ein Heiliger. Manche hielten ihn sogar für die Verkörperung Gottes.« Er selbst gab sich mehrmals die Bezeichnung »Erhabener Herrscher des Universums«.

Seinen schwarzen Zuhörern imponierte Wallace Fard Muhammad mit der Voraussage, die seit Jahrhunderten andauernde Vorherrschaft der Weißen würde zu Ende gehen. Er nannte dafür ein ganz konkretes Datum: Im Jahre 1984 beginne das Zeitalter der schwarzen Männer; von diesem Zeitpunkt ab müßten sich die Weißen unterwerfen. Mit dem Ende der weißen Vorherrschaft sei dann auch die Macht des Christentums gebrochen, das nichts anderes darstelle als die Religion der Weißen. Das Christentum sei von ihnen erfunden worden. Die Weißen hätten sich damit ein effektives Werkzeug zur Unterwerfung der anderen Rassen geschaffen. Wallace Fard Muhammad ließ keinen Zweifel daran, daß er den Untergang des Christentums beschlossen habe.

Dieser Mann lehrte auch das Wissen vom Koran und von den geistigen Werten des Islam. Er sagte den Schwarzen, daß ihre Vorfahren einst die Kleider der Moslems getragen, daß sie sich an die Lebensregeln des Koran gehalten hatten. Er wollte sie vorbereiten auf den Schritt der eigentlichen Bekehrung.

Auf seinem Wirken baute Elijah Muhammad auf, der sich 1934 um die religiöse Erziehung der Schwarzen in den Slums der amerikanischen Städte kümmerte. Wallace Fard Muhammad selbst hatte ihn zu seinem Propheten bestimmt, zum Verkünder der Überlegenheit der schwarzen Rasse. Elijah Muhammad verkündete den Glauben an den einen, einzigen und allmächtigen Gott. Er beschloß, den behutsamen Weg einzuschlagen, um die Elendsviertel dem Islam zu öffnen. So verlangte Elijah Muhammad, der bislang Mr. Elijah Poole geheißen hatte, die strikte Einhaltung der Korangesetze. Wer sich zu ihm bekannte, dem war fortan der Alkoholgenuß untersagt, der durfte nicht mehr rauchen, keine Drogen einnehmen und auf keinen Fall Ehebruch begehen; auch der Genuß von Schweinefleisch wurde untersagt. Eine eigene islamische Polizeitruppe, »Fruit of Islam« genannt, sorgte für die Überwachung. Wer Gesetze übertrat, wurde aus dem Kreis der Gläubigen ausgeschlossen – für immer, so wie er auch für immer aus dem Kreis der Anwärter auf das Paradies ausgeschlossen sein sollte.

Elijah Muhammad sah im Islam die für Schwarze vorherbestimmte Religion. Obgleich kein Weißer Neigung zeigte, der Gemeinde dieses Propheten anzugehören, sperrte Elijah Muhammad vorsorglich die Aufnahme von Weißen. Es sei sein Wille, so sagte er, daß alle Weißen ins Verderben geschickt würden – nehme einer von ihnen den Islam an, dann sei er vom ewigen Feuer befreit. Diese Befreiung aber gönne Elijah Muhammad den Weißen nicht. Sowieso müsse angenommen werden, daß ein Weißer nur aus List und Verstellung die Bekehrung vortäusche.

Seinen radikalen Standpunkt der absoluten Feindschaft zur weißen Rasse formulierte Elijah Muhammad so: »Der weiße Mann ist der Teufel. Er ist die Ursache aller Schlechtigkeit und aller Übel auf der Welt. Der Teufel aber kann nicht gebessert werden. Er kann nur ausgerottet werden, und das muß auf diesem Planeten geschehen. Die Geschichte lehrt uns, daß wir uns mit dem Teufel nicht zusammentun können. Wir müssen uns deshalb auch aus seinem politischen System fernhalten. Es wird uns aufgezwungen, doch wir können uns wehren. Wir wissen, welche Hölle die Weißen uns Schwarzen bereitet haben. Jeden Schwarzen, der mit den Weißen zusammenarbeitet, erkläre ich des Hochverrats für schuldig, denn er ist blind für die Leiden seines eigenen Volkes.«

Bekannte sich ein Schwarzer zum Islam, dann wurde ihm von Elijah Muhammad ein neuer Name gegeben. Der bisherige Familienname wurde abgelegt, weil er einst von den Herren der Sklaven einem Vorfahren des jetzt Bekehrten statt eines islamischen Namens zugesprochen worden war. An die Stelle der »slavemaster's names« der Neger sollten »holy names« treten, Namen, die im Islam Bedeutung haben. Elijah Poole selbst hatte durch seine Namensänderung in Elijah Muhammad ein Beispiel gesetzt.

Die Zahl der Moslems in den Ghettos der Schwarzen wuchs in den Jahren vor dem Zweiten Weltkrieg beständig. Zwar konnte Elijah Muhammad nicht von einer Massenbewegung sprechen, doch glaubte er gute Wurzeln dafür gelegt zu haben. Seine Arbeit wurde jedoch im Jahre 1941 unterbrochen: Die Regierung der Vereinigten Staaten konnte nicht dulden, daß Elijah Muhammad seine Anhänger dazu aufrief, sich der Wehrpflicht zu entziehen; sie ließ den Moslemführer verhaften. Elijah Muhammad blieb bis zum Jahr 1946 im Gefängnis.

»Wir müssen etwas für uns selbst tun!« Das war die Parole, die Elijah Muhammad nach der Gefängniszeit predigte. Er folgte damit der Lehre des Propheten, der gesagt hatte, Allah helfe dem Volk, das sich selber helfen wolle. Er entwickelte ein Finanzierungssystem, das den Familien die Möglichkeit bot, Handwerksbetriebe zu eröffnen, sich Läden einzurichten. »Selbsthilfe« und »Selbstentwicklung« – das waren die Zauberworte, die das Tor zur besseren Zukunft für die Menschen der Negerslums öffnen sollten. Den Höhepunkt dieser Bewegung bildete die Forderung: »Wir müssen uns selbst erziehen.«

Im Blickfeld dieser Erziehung befand sich immer das religiöse Weltbild, das sich Elijah Muhammad aufbereitet hatte. Er sprach zu seinen Anhängern häufig über die frühe Geschichte der menschlichen Rasse. Eine Legende, die er erzählte, weil er sie für wahr hielt, ist heute unter den schwarzen Bürgern der USA noch lebendig: »Die ersten Menschen auf der Erde waren Schwarze. Mekka war ihre Hauptstadt. Vor etwa sechstausendsechshundert Jahren waren zwei Drittel der Menschen zufrieden; ein Drittel aber war unzufrieden. Jakub nannte sich einer der unzufriedenen Menschen. Er glaubte zu wissen, wie man Menschenrassen züchtet. Da er seine Unzufriedenheit immer laut aussprach und dafür bei den Unzufriedenen Verständnis fand, wurde er mit 59999 Unzufriedenen auf die Insel Patmos verbannt. Aus Wut über diese Verbannung beschloß Jakub eine Rasse von Teufeln zu züchten, die ausgebleicht, weiß sein und denen alle edlen Charaktereigenschaften fehlen sollten. Er wußte, daß im Schwarzen auch ein brauner Samenkern sein mußte, daß bei schwarzen Menschen, die sich paarten, hin und wieder eines der Kinder etwas hellhäutiger war. Er schrieb nun vor, immer die Hellhäutigen untereinander zu paaren, bis die Haut immer farbloser wurde. Jakub war längst gestorben, da gab es braune Menschen auf Patmos, schließlich rote – und nach sechshundert Jahren war die Rasse der weißen Teufel gezüchtet. Die Schwarzen in Mekka begriffen die Gefahr, die ihnen drohte. Sie trieben die Weißen nach Europa.

Dort lebten sie jahrtausendelang in Höhlen – bis sie schließlich doch Gewalt über die Schwarzen bekamen.« Elijah Muhammad und seine Anhänger – so klein ihre Zahl auch war – erreichten durch solche Legenden, daß das völkische Bewußtsein der Neger in den USA wuchs. Sie wurden sich ihrer afrikanischen Abstammung bewußt und empfanden sich immer stärker als kolonisiertes Volk, das von den Weißen ausgebeutet wurde, das bereitzustehen hatte als Reservoir an Arbeitskräften für die niedrigsten Tätigkeiten. Die Bewegungen, die aus den Bewußtseinsveränderungen entstanden, brachten während der sechziger Jahre für die Weißen bedrohliche Unruhen und Gewalttätigkeiten. Obgleich die islamischen Gruppen an Agitation und Gewalt kaum beteiligt waren, gab die amerikanische Öffentlichkeit den Moslems die Hauptschuld an den Ereignissen. Sie wurden als die hauptsächlichen Antreiber der Unruhen angesehen. Elijah Muhammad war enttäuscht über die falsche Einschätzung seiner Haltung durch die weiße Bevölkerung der USA, hatte er doch gerade in diesen Jahren – milder geworden durch Alter und Erkenntnis – den Standpunkt durchgesetzt, die islamischen Neger sollten dazu beitragen, daß alle gesellschaftlichen Kräfte der USA friedlich miteinander leben könnten. Die Konfrontation, das sah er ein, konnte für die Neger keine Erleichterung ihrer Situation bringen.

Der Sohn des Elijah Muhammad beschreibt Tätigkeit und Denken seines Vaters so: »Der würdige Elijah Muhammad sagte: ›Wir müssen dem Volk zeigen, was wir können. Fortschritt entsteht nicht durch Gerede.‹ So hörte er auf, über religiöse Mystik zu predigen, und begann selbst, praktisch zu arbeiten. Er sagte: ›Wir müssen ins Geschäftsleben einsteigen wie die Weißen. Wir müssen uns selbst die Arbeitsplätze schaffen.‹ Er hatte in dieser Phase aufgehört, die Weißen als Teufel zu beschimpfen. Nur manchmal ließ er sich noch dazu hinreißen, wenn ein Fall bekannt wurde, daß ein Schwarzer irgendwo schlecht behandelt worden war. Er verlangte von seinen Anhängern, sie sollten die Gesetze unbedingt einhalten, auch wenn die Weißen gerade darin weniger auf Sorgfalt bedacht wären. Selbst als die Schwarzen während der Rassenunruhen der sechziger Jahre häufig mit Gewalt bedroht wurden, und wenn auch die Bedrohung seine eigenen Leute betraf, so predigte er Disziplin und Zurückhaltung. Wurden uns die Räume gekündigt, die unsere Gebetsorte waren, in denen wir uns trafen, so verlangte Elijah Muhammad geduldige Suche nach neuen Räumen. Elijah Muhammad hatte die Taktik geändert. Zum Freund der Weißen war er keineswegs geworden. Trotz aller Anpassung an die gesellschaftlichen Gegebenheiten der Vereinigten Staaten sprach er nie von Integrierung des Volkes der Neger, von Aufgabe ihrer Identität. Die Schwarzen waren etwas Besonderes und sollten etwas Besonderes bleiben. Seine Vision war, daß diese Schwarzen der ›Nation des Islam‹ angehören. Dieser Begriff kennzeichnete in seiner Sicht das auserwählte Volk.«

Malcolm Little, ein noch junger Neger, hörte im Gefängnis von der Lehre des Elijah Muhammad. Ihn sprach zunächst der Appell an das Selbstbewußtsein der Neger an; ihm gefiel, daß da einer seiner Rasse aufstand und den Weißen vorwarf, sie würden die Schwarzen mit Absicht im Elend halten. Er, der kleine Verbrecher, fühlte sich ganz persönlich als Opfer der Weißen und schließlich auch des Christentums.

Malcolm Little hatte in seiner Zelle Zeit, nachzudenken, auch über die religiösen Aspekte der Lehre des Elijah Muhammad. Die Besinnung auf die Werte des Islam imponierte ihm; er erkannte diese Religion als die wahre Ideologie der Schwarzen an. Er selbst sagte: »Die Entscheidung fiel für mich sehr rasch. Ich war immer ein Mann schneller Entschlüsse und vor allem radikaler Entschlüsse. Deshalb empfand ich bald, daß für mich nur intensive Hingabe an den Islam möglich war. Ich verstand mein bisheriges Leben plötzlich nur als Vorbereitung und Training, damit ich Schüler des würdigen Elijah Muhammad werden konnte. Er lud mich ein, bei ihm in Chicago zu leben. Dort lehrte er mich das Wissen um den Islam. Ich wurde hineingetaucht in das Meer religiöser Kenntnis. Ich lernte die Ordnung kennen, die Allah den Menschen vorgeschrieben hatte. Meine Bewunderung für Elijah Muhammad wuchs. Sie wurde fast zur Anbetung. Nie hatte ich Angst gehabt, auch nicht vor einem Mann, der die Pistole gegen mich zückte. Doch diesem religiösen Mann stand ich so hilflos gegenüber, als ob ihm die Gewalt der Sonne gegeben worden wäre.«

Malcolm Little legte, wie es allmählich Brauch geworden war, in der Stunde des Bekenntnisses zu Allah und zum Koran seinen »slavemaster's name« ab und nannte sich künftig Malcolm X. Das »X« sollte den verlorenen islamischen Namen symbolisieren, den die Vorfahren einst getragen hatten.

Dieser islamische Negerführer trennte sich in der Folgezeit von Elijah Muhammad. Sein Vertrauen war erschüttert worden, als er feststellen mußte, daß mehrere der Sekretärinnen der Gemeinde durch Elijah Muhammad schwanger geworden waren. Derartiges hielt Malcolm X mit dem islamischen Moralkodex für nicht vereinbar. Elijah Muhammad stritt allerdings die Schuld an den Schwangerschaften ab. Er bezichtigte sogar Malcolm X, der Vater der Kinder zu sein.

Im Jahr 1964 gab sich Malcolm X nicht mehr mit dem Wissen um den Islam zufrieden, das in den Vereinigten Staaten gelehrt wurde. Er machte eine Pilgerfahrt nach Mekka, an den Ort des Ursprungs dieser Religion. Aus der Erkenntnis, die er dort gewann, hielt er fortan die Legende von der Entstehung der weißen Rasse für Unsinn – und diesen Standpunkt vertrat er offen. 1965 wurde Malcolm X von Schwarzen ermordet.

Elijah Muhammad starb am 25. Februar 1975. Kurz vor seinem Tode noch hatte er gesagt, daß niemand ihm als Führer der schwarzen Moslems nachfolgen werde. Doch darin täuschte er sich. Schon am Tag nach seinem Tod bestimmten die einflußreichen Mitglieder der islamischen Gemeinde Wallace Deen Muhammad zu ihrem Imam, zu ihrem geistigen Haupt: den Sohn des verstorbenen Elijah Muhammad. Wie er sagt, habe er das Amt übernommen, um zu verhindern, was sein Vater prophezeit habe, daß nämlich das Volk der Neger in den USA künftig führerlos bleibe und seine Identität verliere.

Malcolm X beschrieb Wallace Deen Muhammad so: »Schon bei der ersten Begegnung in Chicago empfand ich, daß eine starke geistige Kraft von ihm ausging, daß er überzeugend argumentieren kann, daß er ein Mann ist von außerordentlicher Gläubigkeit.«

In seinem Lebenslauf unterscheidet er sich nicht von anderen Amerikanern: Er hatte bei der Müllabfuhr gearbeitet, als Hähnchenbrater, Anstreicher, Fensterputzer, Teppichreiniger, Lebensmittelverkäufer, als Arbeiter bei der Suppenfabrik Campbell's; zuletzt war er Schweißer im Stahlkonzern Bethlehem Steel gewesen. Um seine geistige Erziehung kümmerte er sich selbst, als er im Federal Correctional Institute Sandstone eine Haftstrafe von vierzehn Monaten wegen Wehrdienstverweigerung abzusitzen hatte. Mit dem Vater und mit den Führern der Moslemgemeinde hatte Wallace Deen Muhammad nicht immer im Frieden gelebt. Er sah deutlich, daß sein Vater und dessen Vorgänger Wallace Fard Muhammad zu viel Phantasie in ihren religiösen Gedanken entwickelt hatten. Wallace Deen Muhammad verkennt die Bedeutung des Islam für den Zusammenhalt der Neger nicht, doch will er die Botschaft des Propheten auch den anderen Rassen, die in den USA leben, öffnen. In seiner Antrittspredigt betonte er die Universalität der Lehre des Propheten: »Man nennt uns zwar Schwarze Moslems, doch ich sage, Moslem zu sein hat nichts mit der Hautfarbe zu tun. Sich zum Islam zu bekennen ist auch den Weißen bei uns und in Europa möglich. Wir betonen ausdrücklich, daß wir keine Rassisten sind. Vor allen Dingen sind wir nicht der Meinung, daß unsere Rasse den anderen überlegen ist.« Konsequent löste er das Verbot der Aufnahme von Mitgliedern anderer Bevölkerungsgruppen ab durch bewußte Ansprache der Menschen westindischer Abstammung und der Weißen.

Hatte sein Vater seit dem Ende des Zweiten Weltkriegs Moschee und Geschäft eng miteinander verwoben, so hob der Sohn diese Verbindung auf. Die spirituelle Führung wurde befreit vom Zwang, die finanzielle Basis der Moslemgemeinde selbst erarbeiten zu müssen; die Gemeindeglieder sollten für die Existenz des Imams sorgen. Die Trennung von Moschee und Geschäft war auch deshalb notwendig geworden, weil die islamische Gemeinde der USA stark verschuldet war. Elijah Muhammad hatte sich letztlich doch besser auf die Erzählung von Geschichten als auf das Big Business verstanden.

Elijah Muhammad hatte seine Gemeinde »Nation of Islam« genannt.

Der neue Moslemführer gab ihr den Namen »World Community of Islam in the West«, womit er zum Ausdruck bringen wollte, daß die Moslems des Westens, in den Vereinigten Staaten, sich zur Gesamtheit der Moslems rechnen, zur weltweiten Gemeinde des Islam.

Wallace Deen Muhammad verlangte die Anerkennung der islamischen Religionsgruppierung durch amerikanische Behörden – und sie wurde ihm zugesprochen. Damit hatte die Moslemgemeinde der USA den Schritt in die Öffentlichkeit getan. Sie konnte aufräumen mit dem Verdacht, eine Geheimorganisation zu sein, die finstere Ziele verfolge und die Terror praktiziere.

Schon bald danach nahm der Bürgermeister der Stadt Georgia im Staat Atlanta an einem islamischen Gottesdienst teil und bat die Moslems, ihm bei der Behebung der Probleme in dieser Stadt zu helfen. Der Bürgermeister von New York City bestellte einen seiner hohen Beamten zum Verbindungsmann zwischen Stadtverwaltung und islamischer Gemeinde. Auch der Bürgermeister von Los Angeles zeigte sich interessiert an einer engen Kooperation mit Geistlichkeit und islamischer Gemeinde. Für Wallace Deen Muhammad, der sich als Moslemführer Imam Muhammad nennt, stellten solche Aufnahmen normaler Beziehungen den Beweis dafür dar, daß der Islam Wurzeln geschlagen hat bei der Bevölkerung der Vereinigten Staaten. Doch Optimismus leitete die Phantasie fehl: Die Bürgermeister suchten den Kontakt nicht aus Respekt für den Islam, sondern aus purem Eigennutz – sie bewarben sich um die Gunst derer, die eben vielleicht doch Schwierigkeiten machen konnten oder zumindest Schwierigkeiten zu verhindern wußten.

Die Öffnung des Islam für alle Menschen und zugleich das Selbstbewußtsein des Imams dokumentieren diese Worte: »Allah hat meinen Verstand so geleitet, daß ich die Allgemeingültigkeit unseres Glaubens begriffen habe. Nicht nur die Menschen mit schwarzer Hautfarbe sind aufgerufen, den Islam anzunehmen. Allah hat mich begreifen lassen, daß wir uns mit der ganzen Menschheit identifizieren müssen. Ich will nicht der schwarze Bruder der übrigen Menschheit sein. Das müßt ihr begreifen. Sagt den Fahnenträgern des schwarzen Nationalismus, daß ich nicht der schwarze Bruder bin, sondern der Bruder aller Menschen. Wer mich nicht haben will als menschlichen Bruder, der soll herunterspringen von der Erde und im Weltall draußen verrecken.«

Freilich blieben dem Imam Stunden der Enttäuschung nicht erspart, in denen er erfahren mußte, daß er die Weißen in den Vereinigten Staaten nicht von der göttlichen Kraft des Islam überzeugen konnte. Seine Hoffnung, aus dieser Religion die bindende Klammer schmieden zu können, die Weiße und Schwarze zusammenzwingt, ist schwach geworden. Er sagt: »Die schwarzen Menschen in der westlichen Welt – ich selbst auch – haben sich auf der Suche nach einer Antwort, die der quälenden Frage ein Ende macht, warum uns die Weißen hassen, ihr

Gehirn zermartert. Was haben unsere Vorfahren denn getan, daß sie diese Haßgefühle erzeugt haben? Mit Hunden und Katzen geben sich die Weißen ab, sie küssen diese Tiere sogar, doch uns können sie nicht riechen, uns halten sie sich vom Leib. Eine Erklärung dafür haben wir erst gefunden, als der Islam uns den Verstand erhellte. Neid, das ist meine Erkenntnis, ist die Ursache des Hasses und der Ablehnung. Als die Weißen einst aus ihren Höhlen in Europa krochen, da waren sie die Wilden, die erkennen mußten, daß es hochzivilisierte farbige Völker gab, die in Frieden und Wohlstand lebten. Diese Reichen und Zivilisierten, das waren unsere Vorfahren. Sie ritten auf schwarzen Hengsten, trugen seidene Kleider, dufteten nach kostbaren Ölen. Mit Würde bewegten sie sich, sie waren stolze Herren eines Landes, in dem das Leben im Überfluß gedieh. Neidisch sahen die Weißen auf diese himmlischen Lebensbedingungen. Mit Gift im Herzen verließen sie ihre kahlen und kalten Höhlen. Von böser Wut getrieben, fielen sie über uns her, entschlossen, uns zu töten oder zu Sklaven zu machen. Sie brachten es fertig, uns zu unterwerfen. Doch sie profitierten nicht von unserem früheren Reichtum. Sie stritten sich untereinander. Sie töteten sich gegenseitig.«

So bekommt die Legende von der Entstehung der weißen Rasse wieder neues Leben. Als die Zeugung der Weißen schließlich gelungen war, da lebten sie in Europa – Wallace Fard Muhammad hatte diese Theorie gelehrt. Der gegenwärtige Imam der Moslems in den USA glaubt an sie. Nach seinem Willen sollten die Weißen wieder zurück in die »Höhlen Europas«.

Die Erkenntnis, daß der Haß nicht ausgelöscht werden könne zwischen Weiß und Schwarz, löst im Bewußtsein des Imams der amerikanischen Moslems wieder eine stärkere Konzentrierung auf die Interessen der Moslems aus. Der Wille zur Einordnung in die Gesamtheit aller menschlichen Wesen verblaßt. Unter dem Vorzeichen, die schwarzen Menschen seien Angehörige der edelsten aller Rassen, predigt der Imam die Überlegenheit des Islam und der Neger: »An den Schulen und Universitäten der Vereinigten Staaten lehrt man die Geschichte der schwarzen Menschen in der Sicht der Weißen, und dabei fällt kein Wort vom Islam. Die Lehrer vergessen ganz einfach, daß die effektivsten Regierungen in Afrika einst islamische Regierungen waren. Die Religion, die unsere Vorfahren hierher nach Amerika brachten, war der Islam. Die konfuse, unnatürliche Religion, die man uns in der Sklaverei beibrachte, lehrte uns, bescheiden zu sein, uns zu unterwerfen. Wenn wir unsere Freiheit wieder erringen wollen, müssen wir das Joch der christlichen Kirche loswerden. Die christliche Kirche hielt uns im Gefängnis. Heute, Brüder und Schwestern, hat uns Allah die Kraft gegeben, das Gefängnis zu zerbrechen, in das uns die Weißen gesperrt haben. Sie nannten uns Neger, Farbige und Afro-Amerikaner. Diese Namen lehnen wir ab. Ich schlage vor, daß wir uns als ›Bilalianer‹ bezeichnen. Ich fordere euch auf, mit ›Bilalianer‹ zu antworten, wenn man euch darauf anspricht, was ihr seid. Diese Bezeichnung leitet sich von Bilal ab. Er war ein schwarzer äthiopischer Sklave. Er war der erste Muezzin des Propheten Mohammed. Wenn Bilal Verse aus dem Koran aufsagte und wenn er zum Gebet rief, dann lobten ihn die Gläubigen. Er repräsentierte im Kreis des Propheten die afrikanischen Völker. Ihr glaubt vielleicht, wir hätten nicht genug Kraft, um den neuen Namen ›Bilalianer‹ auch durchzusetzen. Der eine und allmächtige Gott hat uns mit neuem Leben erfüllt – er gibt uns auch die Kraft und die Autorität, uns selbst einen Namen zu geben. Die beste Lösung sehe ich allerdings darin, daß alle Menschen sich Moslems nennen. Dieser eine Name ist der würdigste von allen. Wenn sich alle Menschen zum Islam bekennen, dann werden die Probleme der Welt geringer sein. Wir müssen warten, bis es Allah gefällt, das Licht der Weisheit auch denen zukommen zu lassen, die bisher noch im Dunkeln leben.« Diese Zeit scheint noch nicht angebrochen zu sein.

Das Wachstum der islamischen Gemeinde in den USA zu registrieren, ist schwierig, da keine Behörde die Religionszugehörigkeit registriert. Das Islamic Center in Washington nennt im März 1980 die Zahl von drei Millionen amerikanischer Moslems; diese Zahl bezieht sich allerdings auf das Jahr 1978. The World Community of Islam in Chicago gibt für das Jahr 1980 3,7 Millionen an und schätzt, daß es fünf Jahre zuvor nicht mehr als siebenhunderttausend Moslems gegeben habe; demnach sei ein beachtliches Anwachsen in der jüngsten Vergangenheit zu verzeichnen. Allerdings muß hinzugefügt werden, daß insgesamt über zweiundzwanzig Millionen Neger in den USA leben. Die Prozentzahl der Moslems unter ihnen ist also keineswegs überwältigend. Trotzdem sieht Imam Kalil Abdel Alim, einer der Imame – der geistlichen Führer – in den USA, Grund zum Jubel: »Zehntausende von Koranexemplaren werden jetzt gebraucht, weil die Gemeinden wachsen. In Los Angeles, New York, Chicago, Philadelphia und Washington entstehen Schulen, in denen der Koran gelehrt wird. Diese Schulen sind überfüllt, so groß ist der Zulauf.«

Wallace Deen Muhammed selbst gibt sich skeptisch: »Natürlich würde ich es gern sehen, wenn viele afrikanische Amerikaner den Islam annähmen. Doch ich glaube nicht an die Bekehrung der Massen, solange der Sinn der Amerikaner auf materielle Werte ausgerichtet ist. Die Menschen glauben, der Freiheit nachjagen zu können. Islam aber heißt Hingabe und bedeutet somit das Gegenteil der maßlosen Freiheit, die derzeit als Ideal gilt.«

# Cassius Clay wird Mohammed Ali
## Die Herausforderung der Weißen durch den schwarzen Boxer

»Ich glaube an den Islam. Das heißt: Ich glaube, daß es keinen Gott gibt außer Allah. Ich glaube, daß Mohammed sein Prophet ist. Ich glaube an die Religion, zu der sich siebenhundert Millionen dunkelhäutiger Bewohner von Asien und Afrika bekennen.«

Drei Tage nach dem gewonnenen Kampf gegen Sonny Liston sprach der schwarze Boxer Cassius Clay während einer Pressekonferenz dieses Glaubensbekenntnis. Er sei überzeugt, so sagte Cassius Clay, daß er diesen Sieg nicht nur der gründlichen Vorbereitung, seiner schnellen Reaktion, sondern auch der Hilfe Allahs zu verdanken habe. Seinen »Sklavennamen« Cassius Clay legte er ab und nannte sich fortan Mohammed Ali. »Warum soll ich einen Namen behalten, der mir von einem Sklavenhalter vererbt worden ist?« Die Weißen, die ihm bei dieser Pressekonferenz zuhörten, glaubten Zeuge einer neuen, publicitywirksamen Marotte des Negers zu sein. Sie täuschten sich.

Mohammed Ali war damals, im Jahr 1964, zweiundzwanzig Jahre alt. Die Zeit davor, so sagt er, bestand aus Erfolgen und Demütigungen. Er hatte Goldmedaillen und wichtige Kämpfe gegen prominente Boxer gewonnen – und doch bekam er zu spüren, daß er ein Schwarzer ist. Er litt darunter, daß er, selbst wenn er die Goldmedaille vorwies, nicht in die Restaurants der Weißen eingelassen wurde, daß ihn die angesehenen Männer seiner Geburtsstadt Louisville auf Distanz hielten: »Louisville war eine Stadt mit strenger Rassentrennung. Es roch nicht nur nach Whisky und Pferden, sondern ebenso penetrant nach der alten Sklavenzeit im Süden. Auch meinen weißen Förderern haftete dieser Geruch an. Sosehr sie sich auch bemühten, zu mir ›nett‹ zu sein, so sehr erinnerten sie mich doch daran, daß sie einem System angehörten, dem ich entfliehen wollte. Ich war für sie nichts als ein guttrainiertes Rennpferd, eine Kampfmaschine.«

Cassius Clay empfand die Entwurzelung der Schwarzen in den USA als bitter: Aus der afrikanischen Heimat gerissen, war ihnen die Aufnahme in den Kreis der freien Bürger Amerikas verwehrt. Sie versuchten die Weißen zu imitieren, ohne von ihnen akzeptiert zu werden. Ihr geistiges Leben bestand aus schmählicher und schwächlicher Kopie dessen, was ihnen die Weißen vormachten. Daß die Sensiblen unter den Schwarzen den Mangel an eigenständigem Denken spürten und bedauerten, machte den Erfolg der islamischen Bewegung möglich. Cassius Clay gehörte zu diesen Sensiblen. Er berichtet: »Es war im Jahre 1959, als ich zum erstenmal erfuhr, daß es in Amerika Moslems gab. Ihr Führer war Elijah Muhammad. Ich hatte es eines Tages äußerst eilig, zu einer Eisbahn an der 13th Street und Broadway in Louisville zu kommen. Da fiel mir trotz der Eile ein junger Schwarzer auf, der eine Zeitschrift schwenkte und dabei rief: ›Muhammad speaks! Lesen Sie Muhammad speaks!‹ Der Mann verkaufte die Zeitung der Schwarzen Moslems. Normalerweise gehe ich an Zeitungsverkäufern vorbei, doch diesem Mann kaufte ich ein Exemplar ab, steckte es in die hintere Hosentasche und ging zur Eisbahn. Erst danach fiel mir ein, daß ich das Blatt mir mal ansehen wollte. An die Einzelheiten, die ich damals las, erinnere ich mich nicht mehr, wohl aber an den starken Eindruck, den die Lektüre auf mich machte. Die Zeitschrift sprach sich mutig gegen die Ungerechtigkeit und gegen die Unterdrückung aus, unter denen die Schwarzen zu leiden hatten. Da las ich Dinge, die ich bis dahin nur gedacht oder empfunden hatte, über die ich aber mit niemand reden konnte. Auch eine Zeichnung war in der Zeitschrift abgebildet. Es war die Karikatur eines Sklaven, der Moslem ist und der in islamischer Gebetsstellung mit ausgebreiteten Händen die Worte spricht: ›Oh Allah! Oh Allah!‹ Ein weißer Sklavenhalter tritt mit erhobener Peitsche auf ihn zu: ›Zu wem betest du, boy?‹ Der Schwarze senkt demütig den Kopf und antwortet: ›Ich bete zu Jesus, Boß. Zu Jesus Christus, unserem Herrn und Heiland.‹ Der Sklavenhalter läßt die Peitsche sinken und sagt: ›Na gut, dann bete nur schön weiter zu Jesus!‹ Diese Karikatur erregte meine Neugier. Bis dahin war ich immer der Meinung gewesen, die christliche Religion sei der einzige wahre Glaube auf der Welt. Ich war mit neun Jahren im baptistischen Glauben getauft worden, hatte die zehn Gebote auswendig gelernt und wußte auch, was Nächstenliebe sein sollte. Doch da sie mir nie in Wirklichkeit begegnet war, fiel es mir nicht schwer, auch einmal einem anderen Glauben nachzuspüren.«

Die Gelegenheit dazu ergab sich erst im Jahr 1961, als Cassius Clay bereits Profiboxer war. Von einem anderen Schwarzen war er überredet worden, in einem islamischen Betraum die Predigt anzuhören. Cassius Clay hatte zuerst nur wenig Lust und blieb doch bis zum Ende der Predigt: »Nur Schwarze befanden sich im Betraum. Der Geistliche sprach über die Befreiung der Schwarzen, über einen gottgesandten Führer, der den Schwarzen Einigkeit bringen kann. Er erklärte eindringlich, daß die Schwarzen ihre Identität wiederfinden müßten. Was ich da hörte, entsprach genau meinen Gefühlen und meinen Wünschen. Auch ich verlangte Gleichberechtigung für mein Volk.«

Cassius Clay wandte sich direkt an den Moslemführer Elijah Muhammad und bat um Schriften, die ihn in diese Religion einführen konnten. Die Überzeugung wuchs, daß der Islam die Kraft besitze, um den Schwarzen der USA die verlorene Würde wiederzugeben. Cassius Clay glaubt fest daran, daß seine Vorfahren in Afrika Moslems waren, bis sie in die USA verschleppt wurden. Die Verbindung zu diesen Vorfahren, davon ist Mohammed Ali überzeugt, ist durch den Übertritt zum Islam wiederhergestellt.

Der Kampf war schwer, selbst für diesen weltberühmten Mann, die Anerkennung der Namensänderung durchzusetzen. Die Behörden zeigten kein Verständnis; hartnäckig schickten sie Steuerbescheide und Wahlunterlagen weiterhin an Mr. Cassius Clay. Die meisten Amerikaner, die durchaus stolz waren auf seine Leistungen als Boxer, hielten den Religionswechsel weiterhin entweder für Schwachsinn oder für einen Publicitygag. Bösartige schickten Drohbriefe, andere prophezeiten Attentate. Mohammed Ali hatte sich in einer Zeit der hysterischen Attacken gegen die »Black Muslims« zum Islam bekannt. 1959 und am Beginn der sechziger Jahre sahen die Weißen den Ursprung aller Gewalt in den Lehren und Praktiken der schwarzen Moslems. In den Städten gründeten die Weißen Organisationen, die – unter dem Vorwand, die Ordnung hüten zu wollen – die Schwarzen terrorisierten.

Elijah Muhammad hatte damals Grund, Klage zu führen: »Dieses Leid müssen wir tragen. Es ist unbegreiflich, daß die amerikanische Regierung nicht in der Lage ist, uns vor Überfällen und Mord zu schützen. Die amerikanische Regierung ist Herr der Meere, Gebieter der Luft, Eroberer des Weltraums, Beherrscher des Landes, Erforscher der tiefen Ozeane, doch für Gerechtigkeit kann sie nicht sorgen. Die uns lynchen, die wohnen gleich nebenan, in der nächsten Straße, und dennoch werden sie nicht ihrer gerechten Strafe zugeführt. Die Botschaft, die ich euch bringe, ist nicht für Feiglinge. Diejenigen, die mir folgen, müssen bereit sein, dem Stachel und den Beleidigungen jener standzuhalten, die da kommen, um zu ermitteln und zu schnüffeln.«

Die Ermittler und die Schnüffler kamen auch zu Mohammed Ali. Er hatte sich geweigert, in die Armee einzutreten – den Einziehungsbefehl beachtete er gar nicht –, weil sein geistiger Führer Elijah Muhammad die amerikanische Beteiligung am Krieg in Vietnam verurteilt hatte mit dem Argument, es handle sich um einen vietnamesischen Bürgerkrieg, und es könne nicht Sache der USA sein, der einen oder anderen Seite zum Sieg zu verhelfen. Zu dieser Zeit aber führte die Einberufung fast immer zum Einsatz in Vietnam. Zwar war für die islamischen Schwarzen von Elijah Muhammad die Wehrdienstverweigerung nicht zwingend vorgeschrieben, doch Mohammed Ali folgte seinem geistigen Vorbild aufs Wort: »Ich will nur den Frieden. Den Frieden für mich und für die Welt. Ich glaube an Allah. Ich glaube, daß dies der richtige Weg zur Rettung der Welt ist.«

Die Verweigerung des Wehrdienstes brachte Mohammed Ali Schikanen ein. Wieder wurde ihm Behördenpost unter dem Namen Mr. Cassius Clay zugestellt; mit penetranter Sturheit sprachen ihn die Vorsitzenden der Untersuchungskommissionen, die in seinem Fall zu entscheiden hatten, mit dem verhaßten »slavemaster's name« an. Er bekam Briefe, die ihn als Niggerschwein beschimpften, der sich vor seiner Pflicht drücke, während Tausende von Vietnamkämpfern für Amerika gefallen, verkrüppelt oder erblindet seien. Obwohl Mohammed Ali wußte, daß ihm ein bequemer Dienst bei der Armee beschieden sein würde – als Boxweltmeister hätte er wahrscheinlich die Front nie zu sehen bekommen –, gab er dem Druck nicht nach.

Malcolm X hatte eine böse Definition des Negers ausgesprochen. Mohammed Ali hielt sie für korrekt, doch er wollte ein Beispiel setzen dafür, daß diese Definition nicht für alle Zeit zu stimmen brauchte. Sie lautet: »Der Neger läßt sich vom Weißen überall hinjagen wie ein Wachhund. Er ist gut trainiert. Man jagt ihn gegen die Japaner, und er beißt die Japaner. Man hat ihn auf die Deutschen gehetzt, auf die Koreaner. Er wird jeden beißen, auf den man zeigt.« Mohammed Ali forderte die Weißen heraus – er wollte nicht, daß sich die Schwarzen noch länger als Wachhunde mißbrauchen ließen.

Die Weigerung, sich einziehen zu lassen, quittierte die Boxkommission des Staates New York mit der Wegnahme der Boxlizenz. Damit war der Boxring für Mohammed Ali überall gesperrt. Am 25. Juni 1967 wurde er wegen Wehrdienstverweigerung zu fünf Jahren Gefängnisstrafe verurteilt. Der Staatsanwalt hatte diese Höchststrafe mit dem Argument gefordert: »Wir müssen diesen Mann mit der vollen Wucht der Strafe treffen. Wenn er fast ungeschoren durchkommt, werden alle Schwarzen den Wunsch haben, aus denselben Gründen wie Cassius Clay Moslem zu werden.« Die Strafe wurde ausgesprochen, doch der Haftantritt verzögerte sich; schließlich wurde das Urteil im Juni 1970 wieder aufgehoben.

Der Sache des Islam in den Vereinigten Staaten haben diese Vorfälle genützt: Für viele Schwarze war Mohammed Ali zum Vorkämpfer einer Befreiung der Schwarzen geworden. Sie begriffen, daß er die Kraft dazu dem Glauben an Allah verdankte.

Während der drei Jahre, in denen Mohammed Ali nicht boxen durfte, gebrauchte er die Zeit, um Vorträge zu halten, um seinen Glauben zu propagieren, um Geldgeber zu finden für die Moslemgemeinde der Vereinigten Staaten.

Einer, der Millionen gab, war der libysche Präsident Moammar Al Kathafi. Mohammed Ali besuchte ihn schon bald nach dem erfolgreichen Abschluß der Revolution gegen König Idris Al Senussi. Der Besucher war überrascht, daß der libysche Präsident außerordentlich gut Bescheid wußte über den Kampf der Schwarzen um Gleichberechtigung in den Vereinigten Staaten und um die Funktion, die der Islam in diesem Kampf übernommen hatte. Mohammed Ali führte im Gespräch mit Moammar Al Kathafi Klage gegen die reichen Ölländer: »Unsere dollarschweren Islambrüder im Osten haben mit Taubheit auf unsere Bitten reagiert. Sie hielten ihre Hände fest verschlossen. Wohl weil unser Wissen um Allah und den Propheten in ihren Augen dem Wissen eines Säuglings gleicht.« Von Moammar Al Kathafi erhielt Mohammed Ali diese Antwort: »Wenn die Christenheit Millionen ausgeben kann, um den Versuch der Christianisierung des Nahen Ostens zu machen, dann sollten wir mindestens gleichviel ausgeben, um den Amerikanern den Islam zu bringen.«

Mohammed Ali gehört zu den Optimisten, die an ein rasches Wachstum des Islam in den USA glauben: »Bis in die Mitte der achtziger Jahre werden wir die Zahl von zwanzig Millionen erreicht haben.« Es hat nicht den Anschein, als ob er recht behalten sollte.

# Andalusia Libre
## Südspanien besinnt sich auf seine islamische Vergangenheit

Alejandro Rojas Marcos ist knapp vierzig Jahre alt; seine Gestalt ist klein und drahtig. Ein leicht angegrauter, kurzgeschorener Bart umgibt sein Gesicht. Hinter seinem Schreibtischplatz in einem winzigen Büro der Zentrale der »Andalusischen Partei« in Sevilla hängt ein Messingteller, reich verziert mit arabischen Schriftsymbolen – ein Geschenk des libyschen Präsidenten Moammar Al Kathafi.

Alejandro Rojas Marcos spricht schnell, aber mit scharf betonten Konsonanten. Er ist engagierter Redner für die Sache Andalusiens, für die Freiheit der spanischen Südprovinzen, für ihre Autonomie. Er sagt: »Die Existenz des andalusischen Volkes ist keine Erfindung der Andalusier von heute. Unser Volk lebt seit Jahrtausenden. Es ist eines der ältesten Völker Europas. Doch es ist der kolonialen Ausbeutung ausgeliefert. Wir werden kulturell, ökonomisch und sozial kolonisiert. Im 15. Jahrhundert hat diese Kolonisierung begonnen. Die katholischen Könige wollten den Unterschied verschwinden lassen zwischen ihrem Lieblingsland Kastilien und unserem Andalusien. Wir sind zwar eine reiche Provinz Spaniens, doch wir sind abhängig von den spanischen Völkern aus dem Norden. Um diese Abhängigkeit loszuwerden, kämpfen wir. Hier herrscht ein quasi feudaler Zustand, weil der Boden denen aus dem Norden gehört. Das muß sich ändern!«

Die Kolonisierung, so meint Alejandro Rojas Marcos, habe im 15. Jahrhundert begonnen – und er denkt dabei an ein konkretes historisches Ereignis: an den Verlauf der Reconquista, der »Wiedereroberung« Südspaniens, durch die »katholischen Könige«, die der Herrschaft des Islam in Andalusien ein Ende bereiteten. Als die Moslems das Land verlassen mußten, das ist der Standpunkt dieses führenden Mannes der »Andalusischen Partei«, da ging die Freiheit des südspanischen Volkes zugrunde.

Alejandro Rojas Marcos will an die Zeit erinnern, als die Provinz Andalusien vom Islam beherrscht wurde. Für ihn galt diese Zeit nicht als schreckliche Geschichtsperiode: »Unter den Moslems erlebte Andalusien den größten Glanz. Wir waren ökonomisch und kulturell reich. Achthundert Jahre lang hatten wir eine gemeinsame Geschichte mit dem Islam. Die Erinnerung daran lebt.«

Die Grundlage der »Partido Andaluz« ist die Sozialistische Partei Andalusiens; sie bildet die Basis für den »Andalucismo«, der im Parteiprogramm als »Gefühl der Identität mit der arabischen Welt« definiert wird: »Acht Jahrhunderte des gemeinsamen Weges lassen sich nicht auslöschen; sie haben unübersehbare Markierungspunkte hinterlassen, trotz der Kolonisation durch die Kastilier. Die Andalusier spüren ihre Vergangenheit in der Seele.« Um die Haltung des Alejandro Rojas Marcos verstehen zu können, ist die Kenntnis der Geschichte Spaniens notwendig.

Im Jahre 711 hatte »die arabische Vergangenheit« Südspaniens begonnen: mit der Landung der Streitmacht des Feldherrn Tarik auf jener Landspitze, die heute Gibraltar heißt. Das Westgotenreich brach zusammen, weil seine Herrscher keine Basis in der Bevölkerung gefunden hatten. Die Araber wurden vielfach als Befreier begrüßt. Die iberische Halbinsel fiel ihnen fast mühelos im Handstreich zu. Von besonderer Hilfe bei der Organisierung der Gebietsverwaltung waren die von der bisherigen christlichen Herrschaft unterdrückten Juden; sie machten es möglich, daß die islamischen Herren in der Südwestecke Europas festen Fuß fassen konnten.

Die iberische Halbinsel hätte dennoch nur der europäische Ableger der islamischen Provinzen in Nordafrika bleiben können, verwaltet von Militärgouverneuren, wenn nicht um die Mitte des achten Jahrhunderts ein Mann die Macht an sich gerissen hätte, der das Format zum klugen und entschlossen handelnden Herrscher besaß.

Daß dieser Mann überhaupt nach Spanien kam, hing mit einer Revolution in Damaskus zusammen, in der Hauptstadt des islamischen Reiches. Dort hatte im Jahre 749 der Clan der Abbassiden über die herrschende Familie Umaja gesiegt. Die Umajaden hatten ein Jahrhundert lang, seit dem Tode des Propheten Mohammed, das ständig wachsende Reich der Moslems regiert – die Revolution der Abbassiden, die sich unaufhaltsam von Osten, vom Zweistromland um Euphrat und Tigris her ausgebreitet hatte, fegte sie aus dem Kalifenpalast von Damaskus.

Abu al Abbas, der erste Kalif der Abbassiden, war mit der bloßen Übernahme der Regierung nicht zufrieden; er hatte sich vorgenommen, die Familie Umaja auszurotten. Die Bluttat geschah während eines »Versöhnungsbanketts«, zu dem Abu al Abbas alle männlichen Mitglieder der Umajadenfamilie eingeladen hatte. Als die achtzig Männer auf den Kuß des Kalifen warteten, mit dem sie den Abbassiden gleichberechtigt geworden wären, traten Bewaffnete in den Saal und schlugen den Mächtigen die Köpfe ab.

Zwei der Männer aus der Familie der Umaja waren argwöhnisch gewesen; an die Versöhnung hatten sie nicht geglaubt. Als die Leichen im Bankettsaal des Kalifen gezählt wurden, da fiel auf, daß die beiden nicht zum Versöhnungsfest gekommen waren. Abu al Abbas befahl, die beiden zu suchen und zu erschlagen. Keiner der Umajaden durfte am Leben bleiben.

Die zwei, die noch lebten, waren Brüder. Sie suchten zunächst als einfache Kämpfer Unterschlupf im Abbassidenheer. Als sie sich nicht mehr sicher fühlten, verbargen sie sich in Dörfern. Da jeder mit dem Todesurteil bedroht war, der ihnen sein Haus öffnete, konnten sie nirgends bleiben.

Abdel Rahman hieß der Ältere der beiden Brüder. Er kam auf den Gedanken, in die Randzonen des islamischen Reiches zu fliehen; seine Hoffnung war, daß er dort unerkannt als Offizier akzeptiert werden würde. Doch als der jüngere Bruder aufgespürt und erstochen wurde, erkannte Abdel Rahman, daß wohl keine Chance für die Flucht nach Osten bestand. Er setzte seine Hoffnung daher auf den Westen.

Abdel Rahmans Mutter war einst als Tochter eines tributpflichtigen Berberfürsten in den Harem des Kalifen gekommen. Daß sie ihm von den Verwandten in Nordafrika erzählt hatte, daran erinnerte sich der letzte Überlebende aus der Umajadenfamilie jetzt, in einer ausweglos scheinenden Situation. Zusammen mit einem treuen Anhänger des nahezu ausgerotteten Clans suchte Abdel Rahman den Weg nach Ägypten, immer von der Furcht getrieben, von besonders diensteifrigen Gefolgsmännern des neuen Kalifenhauses getötet zu werden.

In Tunesien fand der Flüchtling die Familie der Mutter, doch er begriff bald, daß er zwar aufgenommen, aber auch für politische Zwecke eingespannt werden würde. Dabei war sicher nichts für Abdel Rahman zu gewinnen; er ritt deshalb weiter. Von Al Andalus hatte er gehört, von einem Land, das zwar islamisch, aber noch nicht in der Hand eines festen Statthalters war; dort bestand die Möglichkeit, daß die Truppen bereit waren, einem Enkel des letzten Umajakalifen zu huldigen.

Abdel Rahman schickte seinen Begleiter in die Garnisonsstädte Südspaniens. In der Tat fand dieser Mann fünfhundert syrische Reiter, die, fünf Jahre nach der Ermordung des Umajaclans, noch immer zornig über das traurige Ende ihrer einstigen Herrscherfamilie waren. Sie wollten Abdel Rahman, den Überlebenden, zu ihrem Kommandeur bestimmen. Der ebenfalls syrische Gouverneur, der nach dem erfolgreichen Abschluß der Abbassidenrevolution sehr rasch die Fahne gewechselt hatte, sollte abgesetzt werden.

Jemenitische Offizierskreise halfen dem Kalifenenkel, als schließlich um die Herrschaft gekämpft wurde. Trotzdem mußte Abdel Rahman eine List anwenden, um den Weg freizumachen zur wichtigen Stadt Cordoba, dem Sitz des Gouverneurs: Der Umajade ging zum Schein auf ein Waffenstillstandsangebot ein, brach jedoch die Abmachungen sofort und ließ den Gegner heimtückisch überfallen. Jetzt war der Gouverneur nicht mehr in der Lage, Widerstand zu leisten. Abdel Rahman zog in Cordoba ein und ließ sich zum Kalifen ausrufen.

Der Abbassidenherrscher in Damaskus wollte diese Erhöhung eines Umajaden nicht dulden. Er beorderte Truppen aus Afrika hinüber auf die Iberische Halbinsel; sie hatten den Auftrag, Al Andalus wieder dem

Abbassidenreich einzugliedern. Doch es gelang den Kämpfern Abdel Rahmans, den Angriff abzuwehren. Die Köpfe der erschlagenen Feinde ließ der Herr von Cordoba einsalzen und in Säcken nach Damaskus schicken. Die Abbassidenkalifen mußten zur Kenntnis nehmen, daß ihnen Al Andalus nicht mehr gehörte.

Das Jahr 777 brachte noch einmal Gefahr aus dem Norden. Auf dem Reichstag von Paderborn war dem Frankenkönig und späteren Kaiser Karl dem Großen berichtet worden, eine Wiederholung der islamischen Attacken gegen das Frankenreich sei nicht auszuschließen, das christliche Europa müsse – so wie damals in den zwanziger Jahren des Jahrhunderts und wie im Jahre 732 – mit Beutezügen der Moslems gegen reiche Städte und Klöster rechnen. Karl ließ sich zum Feldzug überreden, um der vermeintlichen Gefahr zu begegnen. Doch der Krieg verlief nicht nach Plan. Während der Belagerung von Saragossa erfuhr der König von bedrohlichen Umtrieben des Sachsen Widukind, worauf er einen schnellen Rückzug befahl. Die Nachhut des kaiserlichen Heeres – sie wurde vom bretonischen Grafen Roland kommandiert – wurde in den Pyrenäen vernichtet. Im Rolandslied lebt die heroische Version des militärischen Debakels weiter.

Klug, grausam und falsch war Emir Abdel Rahman. Mit diesen Eigenschaften sicherte er die Existenz seines Staates. Daß er mit seinen Methoden erfolgreich war, zeigte sich am steigenden Wohlstand von Cordoba. Für die Untertanen, die politisch keine Rolle spielten, war Abdel Rahman gerade der Herrscher, den sie sich wünschen konnten. Gewerbe und Handel blühten in der stabilen Ordnung. Vom Wohlstand waren auch diejenigen nicht ausgeschlossen, die sich im islamischen Staat weiterhin zum Christentum oder zum jüdischen Glauben bekennen wollten.

Für die Moslems entstand als Bethaus die »Mezquita« von Cordoba, die Moschee. Sie fasziniert die Besucher noch heute durch ihren originellen Säulenwald, der die Halle abstützt und das formenreiche, mit roten Keilsteinen verzierte Bogengewölbe trägt. Jahrhundertelang war diese Moschee die größte der Welt. Der Orangengarten im Hof der Moschee ist gedacht als irdisches Abbild des Paradieses: Die Bäume spenden Schatten; das Plätschern der Brunnen erzeugt das Gefühl der Kühle. Zur Zeit Abdel Rahmans wuchsen dort allerdings keine Orangenbäume – sie kamen erst im Verlauf des 11. Jahrhunderts nach Spanien. Abdel Rahman hatte Olivenbäume anpflanzen lassen.

In wenigen Jahren wuchs Cordoba zur Großstadt an. Eine Million Menschen soll dort gewohnt haben. Unvorstellbar ist die Zahl für den, der das heutige Cordoba als mittlere Stadt geringer Bedeutung kennt. Eine halbe Million handgeschriebener Bücher, so berichten die Chronisten, sei in der Bibliothek der Stadt aufbewahrt worden. Cordoba wurde zur Attraktion für die Wissenschaftler Europas. Die schreibende deutsche Nonne Roswitha von Gandersheim fand diese Worte für die Stadt: »Der strahlende Schmuck der Erde, überall vor Reichtum glänzend.«

Den Höhepunkt an Pracht erlebte Cordoba unter dem Enkel des ersten Umajakalifen in Europa, unter Abdel Rahman III. Ihm fehlten die harten Charaktereigenschaften des Vorfahren; er hat die Grundsätze der Toleranz praktiziert. Obgleich er das Christentum durchaus gelten ließ, sah Abdel Rahmann III. es als seine Pflicht an, bei der Übernahme des Kalifenamtes dem Deutschen Kaiser die Bekehrung zum Islam zu empfehlen. Die Gesandtschaft, die den delikaten Auftrag zu erfüllen hatte, mußte am Kaiserhof drei Jahre lang warten, bis Otto I. ihr eine Antwort zukommen ließ. Mit den islamischen Delegierten ritt ein Mönch zurück nach Cordoba – er trug in seinem Gepäck eine Schmähschrift, die er auf Befehl des Kaisers dem Kalifen zu übergeben hatte; sie enthielt eine üble Verunglimpfung des Glaubens der Moslems. Diesem Mönch wurde in Cordoba mitgeteilt, er müsse wohl neun Jahre lang warten, bis ihm eine Audienz beim Kalifen gewährt werde.

Der Name des mutigen Mannes, der wohl wußte, daß er wegen des unverschämten kaiserlichen Schreibens in Gefahr war, umgebracht zu werden, war Johannes von Görz. Er wartete geduldig. Nach etwa drei Jahren änderte der Kaiser seine Meinung: Er wollte die Schmähschrift zurücknehmen und sie durch ein Schreiben mit Vorschlägen für einen Friedensvertrag zwischen dem deutschen Kaiserreich und dem islamischen Kalifat im Westen Europas ersetzen. Er schickte deshalb einen zweiten Gesandten ab, der Johannes von Görz ablösen sollte.

Eine Chronik aus jener Zeit berichtet: »Als sich der neue Gesandte am Hof vorstellen wollte, da sagte Abdel Rahman: Nein, bei meiner Seele, ich möchte zuerst den früheren Gesandten sehen, der so lange Geduld bewiesen und meinem Willen getrotzt hat. Als aber einige Hofbeamte den Mönch aufsuchten, fanden sie ihn mit ungekämmtem Haar und mit einer rauhen Kutte bekleidet. So konnte er nicht vor den Augen des Kalifen erscheinen. Abdel Rahman ließ ihm zehn Pfund Silber zukommen, damit er sich ein würdiges Gewand kaufen konnte. Johannes nahm das Silber an, doch er verteilte es unter die Armen. Dem Kalifen ließ er sagen, er verachte das Geschenk keineswegs, doch zwinge ihn die Ordensregel, nur die einfache Kutte zu tragen, die er am Leibe habe. Abdel Rahman ließ sich beeindrucken. Er empfing den Mönch mit großer Freundlichkeit.«

Am 16. Januar 929 nahm Abdel Rahman III. den Titel »Fürst der Gläubigen« an, und er meinte damit nicht nur die Gläubigen auf der iberischen Halbinsel. Er sah sich als den Mächtigsten und Würdigsten aller islamischen Herrscher seiner Zeit; so hielt er den Anspruch für berechtigt, Oberhaupt aller Moslems zu sein. Mit diesem Schreiben wurde die Übernahme der Verantwortung für die Glaubensdinge den Statthaltern in Städten und Dörfern mitgeteilt: »Wir halten es für angebracht, uns den Titel ›Fürst der Gläubigen‹ zu geben. Er muß auf allen Schreiben vermerkt sein, sowohl auf denen, die wir absenden, als auch auf denen, die wir bekommen. Jeder, der diesen Titel außer uns beansprucht, ist ein Verbrecher. Befiehl dem Vorbeter in der Moschee deines Ortes, daß er diesen Titel benützt, wenn er meinen Namen nennt.«

Als »Fürst der Gläubigen« beanspruchte Abdel Rahman III. einen Palast, der seine Größe widerspiegeln sollte. Im Südwesten der Stadt entstand er, zehn Kilometer von Cordoba entfernt, dort, wo die Hügel der Sierra de Cordoba sanft werden. Das Grundkapital für den Bau der Palaststadt stammte aus dem ererbten Vermögen einer Frau aus dem Harem des Kalifen. Sie hatte ursprünglich bestimmt, daß die Goldbarren zum Rückkauf von Moslems verwendet werden sollten, die als Gefangene der Christen in den Gebieten nördlich der Pyrenäen leben mußten. Als sich herausstellte, daß es dort gar keine islamischen Gefangenen gab, die auszulösen gewesen wären, wurde das Gold für den Palastbau freigegeben. Die Pläne wucherten allerdings schon nach kurzer Zeit derart aus, daß ein Drittel des Staatshaushalts für ihre Realisierung ausgegeben werden mußte – das private Gold reichte nicht mehr aus, um die zehntausend Arbeiter zu bezahlen, die Steine meißelten, Ziegel brannten, Holz zurichteten, Mauern hochzogen und Goldverzierungen anbrachten. Berichte aus jener Zeit erzählen vom gewaltigen Aufwand. So übertrieben sie auch klingen, man muß ihnen wohl glauben: »Abdel Rahman ließ täglich sechstausend Granitsteine bearbeiten, dazu noch Blöcke für Straßenpflasterung und Fundamente. Aus Tunis und Karthago kam Marmor per Schiff den Guadalquivir herauf. Für das Schlafgemach des Kalifen wurden Skulpturen aus Syrien besorgt; sie bestanden aus rotem Gold.«

Nach seiner Lieblingsfrau al Zahra benannte Abdel Rahman III. den prächtigen Bau – Al Zahra heißt Blume –, und so benannte er schließlich die ganze Stadt: »Medina al Zahra«, die Stadt der Blume. Über dem östlichen Eingang der Palaststadt wurde eine Statue der Lieblingsfrau aufgestellt, obgleich seit Anbeginn des Islam den Moslems die bildliche Darstellung von Lebewesen verboten ist. Daß später über »Medina al Zahra« Unglück hereinbrach, führten besonders gläubige Männer auf diese Mißachtung der Glaubensvorschrift zurück. Sicher trug ihre Propaganda schuld an der Zerstörung der Palaststadt durch aufgehetzte Söldnertruppen, die acht Jahrzehnte nach Baubeginn die Pracht zerschlugen. Das Trümmerfeld, das heute noch zu sehen ist, zeugt von der Vernichtung, aber auch von der Größe der »Medina al Zahra«.

Der Chronist Ibn Arabi hat die eindrucksvolle Schilderung der Erlebnisse einer fränkischen Delegation in der Stadt der Blume hinterlassen: »Die Pracht, die sie zu sehen bekamen, erfüllte die Franken mit Furcht. Quer durch die Stadt hatte der Kalif den Boden auf dem Weg der

Franken mit Teppichen auslegen lassen. Truppenspaliere standen rechts und links. Die Männer hatten die Schwerter gezogen und hielten sie Spitze an Spitze, so daß sie einen überdachten Gang bildeten. Allah allein weiß, wie ihnen zumute war, als sie unter den Schwertern durchgehen mußten. Unmittelbar vor der Empfangshalle waren Boden und Wände mit Brokat drapiert. An besonders auffälligen Stellen des Wegs saßen Kammerherren auf Prunksesseln. Sie hatten prachtvolle Kleider an und sahen aus, als ob sie Könige wären. Die Franken fielen jedesmal, wenn sie einen solchen Kammerherrn sahen, auf die Knie, weil sie ihn für den Kalifen hielten. Jedesmal aber wurde ihnen bedeutet: Kopf hoch, das ist nicht der Fürst der Gläubigen, das ist nur einer seiner Sklaven. Die Franken erreichten schließlich einen offenen Platz, dort saß der Kalif, in alte und dazuhin billige Gewänder gekleidet. Auf der Erde kauerte der Fürst der Gläubigen. Ein Koran, ein Schwert und ein brennendes Feuer waren vor ihm zu sehen. Die fränkischen Gesandten, die zögerten, wurden angehalten, vor dem ärmlich gekleideten Mann niederzufallen. Noch ehe sie ein Wort sagten, fuhr sie der Kalif an: ›Allah hat auch eingeladen, dieses Buch als euer Bekenntnis anzunehmen.‹ Und er wies dabei auf den Koran. ›Wenn ihr dieses Bekenntnis verweigert, dann werdet ihr damit hingerichtet‹ – und er zeigte auf das Schwert. ›Wenn ihr gerichtet seid, dann droht euch dieses‹ – und er meinte das brennende Feuer. Der Kalif entließ die Franken, ohne daß sie ein Wort hätten vorbringen können.«

In den Regierungsjahren des Kalifen Abdel Rahman III. lebten Mathematiker, Astronomen und Mediziner von hoher Qualität in Cordoba. Nirgends in Europa waren mehr Gelehrte anzutreffen. Selbst Istanbul konnte mit Cordoba an Größe, Reichtum und an Konzentration des Wissens nicht wetteifern. Aufschlußreich ist die Statistik, die in alten Berichten zu finden ist. Sie gibt Auskunft über den Bestand an Gebäuden in Cordoba: Es gab 213000 feste Häuser für das Volk und für den Mittelstand; den Höflingen und anderen Beamten standen 60000 Häuser zur Verfügung; eingekauft wurde in 80000 Läden jeder Art; die Gläubigen konnten 471 Moscheen aufsuchen. Die Straßen waren gepflastert und nachts durch Fackeln erleuchtet. Auf Anregung der Mediziner wurden Hygienevorschriften beachtet: Für die Ableitung des Schmutzwassers war gesorgt. Die Menschen konnten sich in 300 Bädern reinigen; Kranke wurden in 50 Hospitälern behandelt. Diese Einrichtungen besaß Cordoba zu einer Zeit, als in Europa geistige Finsternis herrschte.

Diese Blüte der Kultur war möglich, weil im islamischen Spanien, das die ganze iberische Halbinsel umfaßte, die Menschen und die Staatsverwaltung als wohlhabend gelten konnten. Grundlage des Wohlstands waren Landwirtschaft und Handwerk. Die Moslems hatten es verstanden, den Ackerbau durch Einsatz eines wohldurchdachten Bewässerungssystems zu intensivieren; die Technik dazu hatten sie aus ihren Heimatländern mitgebracht. Ackerboden, der bisher trocken lag, konnte fruchtbar gemacht werden. Unbekannte Nutzpflanzen waren von den Arabern im Lauf der Jahre seit der Eroberung aus Afrika herübergebracht worden. Dazu zählten Orangenbäume, Zuckerrohr, Baumwollsträucher und die Reispflanze. Der Agrarstaat Andalusien produzierte mehr Lebensmittel und Waren als jeder andere der islamischen Staaten.

Wie stark die Kultur der Moslems die Haltung und das Denken der christlichen Urbewohner der iberischen Halbinsel beeinflußte, ist den Schriften des christlichen Autors Alvar zu entnehmen, der im Jahre 854 diese Beobachtungen notierte: »Unsere christlichen jungen Männer haben sich Beredsamkeit angewöhnt. Sie verschlingen die Schriften der Moslems und loben sie über alle Maßen. Von den Schönheiten der christlichen Bücher wissen sie gar nichts. Sie haben keine Ahnung mehr vom Christentum. Sie pflegen auch ihre Sprache nicht mehr. Alle reden arabisch. Manche können sogar in dieser Sprache Gedichte verfassen.« Mehrere Autoren jener Jahre betonen die schrankenlose Bewunderung der christlichen Bevölkerung für die Fertigkeiten der islamischen Herren.

In den ersten Jahren nach dem Jahrtausendwechsel begann die Periode des Zerfalls. Das Jahr 1008 ist geprägt durch den Beginn von Kriegen machthungriger Männer gegeneinander. Viele griffen nach der Macht in Cordoba: Mancher besaß sie für einige Monate, wenige konnten bei ihrem Sturz auf eine jahrelange Regierungszeit zurückblicken. 1031 machte ein Dutzend Minister in Cordoba Schluß mit dem endlosen Streit: Sie erklärten das Kalifat für erloschen. Es sollte fortan keinen »Fürsten der Gläubigen« in Spanien mehr geben.

Im Kampf der Könige gegeneinander waren auch die Unterschiede und Eigenheiten der Stämme Arabiens aufgebrochen, die nahezu drei Jahrhunderte lang vom kollektiven Geist der gemeinsamen Zivilisation aufgesogen worden waren. Jetzt stritten sich die Berber unterschiedlicher Abstammung; jetzt sahen sich die Jemeniten von den Syrern bedroht. Die vom Propheten Mohammed geschaffene und für immer geforderte Einheit aller Araber zerfiel. Jeder der regionalen Könige betrachtete sich und seinen Stamm als überlegen, forderte für sich die Macht.

Es war den Moslems nie gelungen, die ganze iberische Halbinsel zu erobern. Die Könige von Leon und Kastilien hatten immer die Unabhängigkeit bewahren können, selbst wenn sie tributpflichtig geworden waren. Von hier drohte dem islamischen Staat Gefahr. Langsam weitete sich der Machtbereich des christlichen Königs nach Süden aus. 1085 eroberte Alfons VI., Herrscher des Landes an der Nordküste, die Stadt Toledo im Zentrum Spaniens. In Andalusien löste die Nachricht vom Verlust der beherrschenden Stadt einen Schock aus. Die Gefahr aus dem Norden brachte die regionalen Herrscher auf den Gedanken, Hilfe aus Afrika zu holen, die dortigen Fürstengeschlechter zu Verbündeten zu machen.

Die Hilfe aus Afrika war kräftig und effektiv, doch sie hatte eine Nebenwirkung, die eigentlich zu erwarten war: Die afrikanischen Heerführer wollten das fruchtbare Land nicht mehr verlassen; sie entmachteten die überkommenen Könige. Innerhalb weniger Jahre hatten sie die Kultur von Al Andalus in sich aufgenommen und weiterentwickelt, mit neuer Raffinesse versehen. Zeichen der Baukunst jener Jahre ist die Giralda in Sevilla – einst der Turm der Moschee, heute der Turm der Kathedrale: ein Bauwerk, dem filigrane Fassadenkunst einen hohen Grad an Leichtigkeit gibt. Selten ist ein derartig harmonisches Verhältnis zwischen dem Ausmaß des Bauwerks und der Verzierung erreicht worden.

Ein halbes Jahrhundert nach der Fertigstellung dieses Turms endet die islamische Zeit für Sevilla. Seit dem Jahre 1248 erschallt kein Ruf des Muezzins mehr von der Giralda. Die christlichen Eroberer legten Wert auf die Feststellung, der wahre Glaube habe triumphiert; und sie haben schließlich, wenn auch drei Jahrhunderte später, den Turm mit einer Figur abgeschlossen, die den »Sieg des Glaubens« darstellen soll. Daß diese Figur als Wetterfahne dient – daher die Bezeichnung Giralda, die mit Wetterfahne zu übersetzen ist –, war von den Bauherren damals keineswegs ironisch gemeint.

Sevilla war vom christlichen König Ferdinand III. mit Hilfe der Truppen eines arabischen, islamischen Herrschers erobert worden. Dieser Herrscher beanspruchte für sich den Titel Sultan. Seine Hauptstadt war Granada. Nicht die Sympathie für den christlichen König oder für das Christentum überhaupt hat den Sultan dazu bewogen, gegen die Glaubensbrüder zu kämpfen, sondern die realpolitische Erkenntnis, daß er gegen die kombinierte Streitmacht von Leon, Kastilien, Navarra und Aragon nicht bestehen konnte. Er bot Tributzahlungen und Hilfe an.

So sehr hatte sich die Situation auf der iberischen Halbinsel verändert: Waren noch zwei Jahrhunderte zuvor die christlichen Staaten bereit, für die Erlaubnis ihrer bloßen Existenz Geld zu bezahlen, so erkaufte sich jetzt der letzte islamische Herrscher in Andalusien durch hohe Zahlungen eine relative Unabhängigkeit. Zwei Jahrhunderte lang konnte das islamische Geschlecht der Nasriden so einen Staat auf iberischem Boden bewahren, in dem die Gesetze Allahs galten.

Die Anerkennung der christlichen Überlegenheit fiel den stolzen Moslems nicht leicht. Bedrückend war für die Herrscher, daß sie verpflichtet waren, gegen die Glaubensbrüder zu kämpfen. Nachdem fünfhundert der besten Kämpfer Seite an Seite mit den Christen sechzehn Monate lang Sevilla belagert hatten, ritten sie voll Schwermut in ihre Bergstadt zurück, hatten sie doch zusehen müssen, wie der Islam in

Sevilla seine Bedeutung verlor, wie die christlichen Symbole dominierten. Als die fünfhundert Kämpfer bei der Heimkehr nach Granada bejubelt wurden, hielt sich der Sultan die Ohren zu – er wollte vor allem die Hochrufe nicht hören, die ihn als Sieger feierten. Er sah diesen Sieg nicht als Ruhmestat eines Moslems – und doch glaubte er, mit der Hilfe für die Christen wiederum Allahs Willen erfüllt zu haben, war doch der islamische Staat um Granada, die letzte Bastion des Glaubens an Allah und an den Propheten, vertraglich abgesichert, anerkannt von den Mächtigen im Norden. Der Sultan soll damals, als die Jubelschreie nicht enden wollten, gesagt haben: »Es gibt keinen Sieger außer Allah.« Dieser Satz blieb künftig der Wahlspruch des Monarchen von Granada; er ist häufig in den Schriftbändern zu lesen, die als Zierde die Wände der Sultansburg Alhambra schmücken.

Alhambra heißt »die Rote«. In der Tat strahlen die Mauern, wenn das Sonnenlicht zur Mittagszeit nicht zu gleißend brennt, einen rötlichen Schimmer aus. Umrahmt von Gärten und wildem Gebüsch steht die Alhambra auf dem Hügel über der Stadt. Bei klarem Wetter wird der Anblick durch den weißglitzernden Riegel der Sierra Nevada gekrönt, deren dreitausendvierhundert Meter hohe Schneefelder im Südosten der Stadt liegen.

Die Fachleute der Kunstgeschichte nennen den Baustil des Alhambrapalastes »das maurische Rokoko«; sie stufen die Bauten ein als Ausdruck einer dekadenten Kultur, die in diesem Reservat Granada entstehen konnte. Die Herrscher hatten sich ein Paradies geschaffen, das nach außen durch trutzige Mauern abgeschirmt wurde. Die Maße der Räume wirkten elegant, die Wasserspiele anmutig; das Spiel von Licht und Schatten belebte die Höfe. Hier wurden Poesie und Musik gepflegt. Ein Fest folgte dem anderen.

Den Männern und Frauen drunten in der Stadt war kein Grund zur Klage gegeben, denn Granada, unbehelligt in seinem Winkel vor den Bergmassiven, lebte von einer ausgeglichenen wirtschaftlichen Substanz, die nicht durch kriegerische Unternehmungen ausgezehrt wurde. Aus sicherem Abstand hörten die Stadtbewohner von den Intrigen droben in der Alhambra, mit denen sich die Herrscherschicht beschäftigte; die Machtkämpfe wurden häufig mit der Waffe ausgefochten.

Glück hatte Granada, weil die christlichen Herrscher in Spanien zumeist uneins und zerstritten waren und deshalb ihre Kampfkraft nicht konzentriert einsetzen konnten. Diese Situation änderte sich mit einer Heirat: 1469 entschlossen sich Ferdinand von Aragon und Isabella von Kastilien, ihre Staaten zu fusionieren. Künftig konnten sich die Moslems nicht mehr darauf verlassen, daß Aragon und Kastilien zum entscheidenden Zeitpunkt doch entgegengesetzte Ziele verfolgten. Da die christliche Partei einig war, wurde der Zwist in der islamischen Herrscherschicht für die Existenz des unabhängigen Staates Granada gefährlich.

Sultan Abu al Hasan Ali war in jener Zeit das Oberhaupt der Familie. Sein Interesse galt der Poesie und der Liebe zu den Haremsfrauen. Zwei der Frauen nahmen seine Phantasie besonders gefangen: Aisha, die ihm den Sohn Abu Abdallah geboren hatte, und Isabella de Solis, die Tochter eines christlichen Gouverneurs, die im Harem den Namen Soraya trug. Sie soll blond und von außergewöhnlicher Schönheit gewesen sein; auch sie brachte einen Sohn zur Welt.

Soraya fürchtete, der Sohn der Aisha werde später, nach dem Tod von Sultan Abu al Hasan Ali, das Amt des Staatschefs übernehmen, während ihr Sohn nur Untergebener werden konnte. Durch kunstvoll entworfene Verleumdung, die Aisha zum Vorwurf machte, sie unterstütze Gruppen von Adligen, die den Sultan verdrängen wollten, gelang es Soraya, den Argwohn des Herrschers zu entfachen. Aisha und Abu Abdallah wurden daraufhin vom Sultan in den Torre de Comares verbannt. Der Junge konnte sich später an den zusammengeknüpften Schals seiner Mutter aus dem Turm herablassen. Seine Flucht gelang. Abu Abdallah – die spanischen Historiker nennen ihn in der hispanisierten Version seines Namens Boabdil – wurde zum letzten Herrscher islamischen Glaubens in Granada.

Die Möglichkeit, die lästige Bindung an die katholischen Könige aufzubrechen, schien noch einmal im Jahr 1479 gegeben: Das Heer von Kastilien und Aragon bekam den Auftrag, den christlichen Staat Portugal zu unterwerfen. Der Sultan rechnete damit, daß dieser Eroberungszug lange dauern würde, daß die Kräfte der christlichen Staaten auf Jahre hinaus gebunden seien. Er meinte seine Handlungsfreiheit wiedergefunden zu haben und teilte seinem bisherigen Lehensherrn mit, er habe die Tributzahlungen eingestellt. Der König mochte nicht glauben, daß der bisher so vertragstreue Sultan derart kühne Mitteilungen schickte. Ein Gesandter sollte in Granada die Sachlage klären. Als dieser sich auftragsgemäß nach dem Verbleib der Tributgelder erkundigte, erhielt er die stolze Antwort: »Sage deinem Herrn, daß die arabischen Fürsten tot sind, die den Ungläubigen Steuern bezahlten. Die Münzen, die ich jetzt an die Ungläubigen austeile, sind Hiebe mit Schwertern und Stiche mit Lanzenspitzen.«

Den Hochmut des Sultans hätte der katholische König, dem der Portugalfeldzug wichtig war, vielleicht noch hingenommen, doch daß der Gesandte verspottet wurde, weil er, nach einer Provokation, gesagt hatte, er glaube an die unbefleckte Empfängnis der Jungfrau Maria, konnte nicht geduldet werden. Der christliche Glaubenskrieg gegen die Moslems wurde ausgerufen.

König Ferdinand brauchte jedoch zunächst gar nicht mit den Waffen einzugreifen, um seinen Gegner zu schwächen. Abu Abdallah, der junge Mann, der aus dem Torre de Comares geflohen war, wurde ihm als Gefangener vorgeführt. Der König sah die Chance, diesen Sohn des Sultans für seine Zwecke einzusetzen: Er ließ ihn frei und schickte ihn, nach Abnahme des Lehenseides, in die Heimat zurück.

Abu Abdallah nahm seinem Vater die Macht weg; dann mußte er sich jedoch mit einem Onkel auseinandersetzen, der sich nicht so leicht aus seiner einflußreichen Position abschieben lassen wollte. Während dieser internen Auseinandersetzung wurde die Rüstung des Heeres von Granada vernachlässigt. Niemand achtete auf die Kriegsvorbereitungen des katholischen Königs. Nicht einmal dessen erfolgreiche Überfälle auf kleinere Festungen wurden zur Kenntnis genommen. Der Sultan und seine Rivalen ließen erst am 11. April 1491 von ihrem Streit ab – als das christliche Heer bereits vor Granada stand, um die Alhambra zu belagern.

Die Lebensmittelvorräte reichten für den Sommer und Herbst gerade aus. Der Sultan rechnete damit, daß der Feind noch vor Winterbeginn wieder abziehen würde, um sich im eigenen Land, in sicheren Quartieren vor schlechtem Wetter zu schützen. Doch Ferdinand und Isabella – beide waren im Heerlager anwesend – hatten für ihre Kämpfe feste Häuser bauen lassen; sie waren entschlossen, vor Granada zu überwintern.

Eine zweite Hoffnung des Sultans zerschlug sich: Keiner der afrikanischen Fürsten rührte sich, um dem bedrängten Glaubensbruder zu helfen; niemand wollte sich für die Verteidigung des islamischen Glaubens in Europa einsetzen. Am Neujahrstag 1492 beriet sich Sultan Abu Abdallah im »Saal der Gesandten« auf der Festung Alhambra mit seinen Adligen. Von Hunger geplagt gaben die Anwesenden dem Herrscher den Rat, das Angebot König Ferdinands zur ehrenvollen Kapitulation zu akzeptieren. Nur einer unter ihnen, ein Offizier, dessen Name in den Chroniken mit Musa angegeben wird, soll diese aufrüttelnde und vorausschauende Rede gehalten haben: »Glaubt ihr wirklich, daß sich die Kastilier an Versprechen halten? Sie werden unsere Moscheen entheiligen. Schlimmeres noch wird geschehen. Schon ist der Gestank verbrannten Fleisches aus Sevilla und Malaga bis hierher gedrungen. Die Scheiterhaufen werden bald entzündet, die uns bei lebendigem Leib zu Asche brennen werden.« Doch auch diese Rede riß niemand aus der Lethargie hoch.

Kampflos verließ Sultan Abu Abdallah am 2. Januar 1492 die Festung. Ein dicker Schneemantel lag an diesem Tag auf der Alhambra. Nach Übergabe der Schlüssel zur Alhambra zog Abu Abdallah mit seiner Truppe nach Südwesten ab, in Richtung auf das Meer. Die Legende erzählt, Abu Abdallah habe mit Tränen in den Augen aus der Ferne noch einmal auf die rotschimmernden Mauern und Türme der Alhambra zurückgeschaut. Seine Mutter Aisha aber soll ihm zornig und verächtlich zugerufen haben: »Du kannst ruhig weinen wie ein Weib über den Verlust der Festung, hast du doch auch, wie ein Weib, auf den Kampf verzichtet.«

König Ferdinand hatte der Bevölkerung Schonung versprochen, und er hielt sein Wort. In Granada selbst lebten nur Moslems und einige Juden; Arabisch war ihre Sprache. Sie durften ihren Glauben behalten. Die Moscheen wurden nicht in christliche Kirchen verwandelt. Weiterhin war der Ruf des Muezzins von den Minaretten zu hören. In Rechtsstreitigkeiten war das islamische Gesetz anzuwenden. Wer dem Sultan nach Afrika folgen wollte, dem stand die Auswanderung frei – er hatte sogar das Recht, wenn er sich in Afrika nicht wohl fühlte, innerhalb von drei Jahren wieder zurückzukehren.

König Ferdinand hatte guten Grund, die islamischen Untertanen tolerant zu behandeln. Waren sie doch ausgezeichnete Handwerker und Bauern; vor allem aber waren sie gute Steuerzahler. Der christlichen Geistlichkeit aber mißfiel die praktizierte Religionsfreiheit. Die Geistlichen verlangten, daß zumindest wirksam für die Bekehrung der »Ungläubigen« geworben werden müsse. Gemäß den Kapitulationsbedingungen war derartige Propaganda nicht gestattet. Unter dem Druck des Klerus gestand König Ferdinand zu, daß wirtschaftliche Privilegien künftig nur an bekehrte Moslem vergeben werden dürften. Er ließ seinen Beamten freie Hand, das kastilische Idiom als Amtssprache in Granada einzusetzen und das Arabische zu verdrängen.

Ferdinand hatte seine tolerante Haltung aus politischen Gründen aufgegeben: Die Entdeckung Amerikas im selben Jahr, in dem die Alhambra den Christen zufiel, löste eine befohlene Wanderbewegung nach Übersee aus. Die Ausbeutung der Schätze des neuen Kontinents war nur möglich, wenn Soldaten und Administratoren die mit Beschlag belegten Gebiete absicherten. Geistliche wurden gebraucht, um die Eingeborenen für das Christentum zu gewinnen. Dem König – besessen von der Idee, ein Reich zu begründen, in dem die Sonne nicht mehr unterging – fehlten die tüchtigen Männer im eigenen Land. Die iberische Halbinsel war nicht so volkreich, um dem König die Möglichkeit zu geben, alle personellen Probleme zu lösen. In dieser Situation befiel den Monarchen die Sorge, die Moslems könnten die Schwäche ausnützen; sie könnten versuchen, die christliche Herrschaft wieder nach Norden abzudrängen. Ferdinand durfte den Moslems keine Hoffnung auf eine Neubegründung des islamischen Staates lassen. Er gab dem Drängen des Kardinals Cisneros nach, der die Zwangsbekehrung der Moslems forderte.

Sieben Jahre waren seit der Besetzung der Alhambra und dem Zusammenbruch des Sultanats vergangen, da wurden in Granada Bücher verbrannt und Moslems zu Zwangstaufen getrieben. Die Verwendung der arabischen Sprache, die von den Christen als geheimes Verständigungsmittel der Moslems betrachtet wurde, sollte unterbleiben. Die Zwangschristianisierung und Kolonisierung, von der Alejandro Rojas Marcos sprach, der Sozialistenchef Andalusiens, begann im Jahr 1499.

Zwei Jahre später, als die Bekehrungsmaßnahmen mit aller Härte durchgeführt wurden, leisteten die Moslems Widerstand. Sie hatten bisher immer noch an die Einhaltung der Kapitulationsbedingungen geglaubt und den Druck auf die Gläubigen für den willkürlichen Übergriff des lokalen Kommandeurs gehalten. Jetzt begriffen sie, daß ihnen systematisch der islamische Glaube ausgetrieben werden sollte. Doch ihre Wehr nützte nichts. Der Aufstand in Granada brach rasch zusammen. Die Konsequenz der islamischen Niederlage war hart: Wer sich nicht dem Aufruf zur Taufe fügte, der mußte innerhalb von zehn Wochen unter Zurücklassung des Eigentums aus Spanien wegziehen.

Verständlich war die Härte der christlichen Obrigkeiten, wenn sie im Zusammenhang der historischen Ereignisse gesehen wird. Spanien war nicht mehr eine isolierte Halbinsel im Westen Europas, beherrscht von regionalen Monarchen – Spanien gehörte dem Kaiser, dem mächtigsten Mann in Europa. Sein Name: Karl V. Durch seine Mutter, die wiederum eine Tochter von Ferdinand und Isabella war, hatte er das Erbrecht auf Spaniens Herrschaft erhalten. Ihm war aber auch Österreich untertan, das in jener Zeit vom islamischen Ansturm aus den Ebenen Ungarns bedroht war. Der Stoß der Reitertruppen des Sultans Soliman war auf Wien gerichtet. Der Kaiser sah seinen Staat an zwei entscheidenden Stellen gefährdet: am Ostrand und am Westrand. Für die Bedrohung waren in beiden Fällen Angehörige derselben Religionsgruppe verantwortlich. Die Moslems, im Sprachgebrauch »die Ungläubigen« genannt, führten eine Zangenbewegung gegen den christlichen Staat aus – so glaubten die Berater des Kaisers die Situation darstellen zu müssen.

Mit der Reitertruppe des Sultans Soliman sich zu messen, war eine schwierige, gefahrvolle Aufgabe; als leichter wurde die Beseitigung der islamischen Gefahr in Andalusien angesehen. Nirgends durfte auch nur ein Rest islamischen Denkens übrigbleiben. So sahen sich auch die Zwangsgetauften nicht von der Verfolgung verschont, denn die Inquisitoren vermuteten, daß in den Köpfen dieser Männer und Frauen noch immer der Glaube an Allah verankert sei. Da das islamische Gesetz einer Person, die zum Bekenntnis eines anderen Glaubens gezwungen worden ist, die Religionsausübung im geheimen erlaubt, waren die Inquisitoren voll Argwohn, jeder ehemalige Moslem würde heucheln, wenn er das christliche Glaubensbekenntnis spreche. Denunziationen waren von der Obrigkeit erwünscht: Wer einen anderen wegen heimlicher Ausübung islamischer Rituale anzeigte, konnte mit Belohnung rechnen. Der Denunzierte aber entkam den Fängen der Inquisitoren nicht mehr. Durch Folterungen wurden Geständnisse erpreßt; das Urteil lautete meist auf Verbrennung. In Granada wurde die letzte Moschee, in der Hunderte von Männern und Frauen mit ihren Kindern für ihren islamischen Glauben demonstrieren wollten, mit Pulverladungen gesprengt.

Unmittelbar nach der Belagerung von Wien im Jahre 1529 steigerte sich die Verfolgung der Moslems. Die Parole hieß fortan »limpieza de sangre« – Reinheit des Blutes. Wer sich um ein staatliches oder kirchliches Amt bewarb, der mußte nachweisen, daß er weder arabischer noch jüdischer Abstammung war. Nur wer einen von fremdem Blut reinen Stammbaum besaß, konnte fortan in Spanien etwas gelten. Die Menschen arabischen Blutes, auch die getauften, sahen für sich eine Zukunft nur noch in der Auswanderung. Insgesamt verließen in jenen Jahrzehnten über drei Millionen Menschen die iberische Halbinsel. Die Moslems wanderten zurück nach Afrika, von wo sie einst gekommen waren.

Für Spanien wirkte sich die Vertreibung der Moslems verheerend aus. Niemand pflegte mehr die kunstvollen Bewässerungsanlagen; die Ackerböden vertrockneten und verwandelten sich in Steppenstriche. Da die besten Handwerker auswanderten, verarmten die Städte. Es nützte dem Lande nichts, daß aus den Kolonien Gold in die Paläste und Kirchen transportiert wurde. An Edelmetall war Spanien reich, an intellektueller und kreativer Potenz dagegen arm. Nicht ganz ein Jahrhundert nach der Besetzung der Alhambra von Granada wurde die als unüberwindlich geltende Armada, die Seeflotte Spaniens, durch englische Seeleute geschlagen. Die Reconquista, die Wiedereroberung Spaniens für den christlichen Glauben, hat der iberischen Halbinsel wenig Glück gebracht.

Diese Erkenntnis bildet die Grundlage der separatistischen Bewegung für ein freies Andalusien. Diese Bewegung ist in erster Linie gegen die »Kolonisierung von Andalusien durch Kastilien« gerichtet. Doch eng damit verbunden ist der Vorwurf an die christliche Kirche, als Religion der Kolonisatoren gewirkt zu haben und Schuld zu tragen an der geistigen und materiellen Verarmung Andalusiens. In »Andalusia libre«, so meint der Sozialist Alejandro Rojas Marcos, könne versucht werden, die Folgen der Irrtümer von einst auszulöschen.

## »An diesem großen Tag sind wir zurückgekehrt.« Nach 700 Jahren wieder islamischer Gottesdienst

Die katholische Kirchenverwaltung hatte Widerstand geleistet, doch als die über einhundert Moslems vor der Tür des Gotteshauses standen, da ließen die Vikare ihre Einwände fallen. Sie hatten die Mezquita für die Gläubigen des Islam nicht öffnen wollen, weil der Papst nur wenige Wochen zuvor in Istanbul nicht die Erlaubnis erhalten hatte, in der Hagia Sophia zu beten. Dem christlichen Kirchenführer war von den Moslems der Zugang in den einst christlichen Bau verweigert worden – jetzt sollte den Moslems die einst islamische Mezquita von Cordoba verschlossen bleiben. Durchhalten konnten die Vikare ihren Standpunkt deshalb nicht, weil die Stadtverwaltung und die Provinzregierung den Schutzpatron dieser Versammlung von Moslems nicht vor den Kopf stoßen wollten – der Schutzpatron war der libysche Staatschef Moammar Al Kathafi. Daß die Erlaubnis schließlich doch gegeben wurde, in der Mezquita islamische Gebete sprechen zu dürfen, überraschte die Moslems, doch sie hatten auf jeden Fall den riesigen Gebetsteppich bereit, der den Steinboden zwischen dem Säulenwald bedecken sollte. Abdul Hamid Saih, ein islamischer Geistlicher, der in der jordanischen Hauptstadt Amman lebt, überwand als erster den Schock der Freude: Er veranlaßte, daß die Gläubigen ihre Schuhe auszogen und sich in gerader Linie mit dem Gesicht in Richtung Mekka aufstellten.

Abdul Hamid Saih verbarg sein Glücksgefühl in diesen Minuten nicht, wie seine Predigt zeigt: »Dank an Allah, der die Welt geschaffen hat. Dank an Allah, den Allbarmherzigen, der den Menschen bevorzugt hat. Durch seine Gnade stehen wir hier in der Moschee von Cordoba. Wir rufen hier auf, die ganze Menschheit möge den Glauben an den einen Gott annehmen. Auf eine glanzvolle Zeit blicken wir zurück. In Cordoba, in Granada und in Sevilla standen die wichtigsten Moscheen und die schönsten Minarette der Welt. Hierher kamen die Lernbegierigen aus ganz Europa. Nach dieser Glanzzeit kamen Jahrhunderte, in denen wir hinter anderen Völkern zurückblieben. Heute schauen wir wieder mit Hoffnung auf die Zukunft. Die Erneuerung unserer Kultur wird jedoch nur gelingen, wenn wir uns an das Fundament der damaligen Kultur halten – an den Koran.«

Die Gläubigen beugen sich, führen die rituellen Handbewegungen aus, sprechen die Gebetstexte. Ihren Rücken strecken sie der katholischen Kathedrale zu, die im Verlauf der christlichen Eroberung mit brutaler Anmaßung in das von Säulen gestützte Gewölbe eingeschnitten wurde. Die katholischen Geistlichen lassen sich nirgends sehen. Für sie ist die Stunde des islamischen Gottesdienstes eine bittere Zeit.

Abdul Hamid Saih, der Moslemgeistliche, spricht arabisch. So verstehen die wenigen christlichen Besucher nicht, daß der Mann im weiten Gewand und im rot-weißen Turban die Stunde herbeizuflehen versucht, in der dem Islam die Herzen aller Menschen gehören: »An diesem großen Tag, den uns Allah geschenkt hat, an einem Platz, der dem Islam heilig ist, bitten wir darum, daß der Islam von den Menschen als Weg begriffen wird, der sie von ihrem schweren Irrtum befreit, dem sie derzeit verfallen sind.«

Durch die Gewölbe hallten die Worte, die Protest und Anklage bedeuteten, die auslöschen wollten, was vor Jahrhunderten geschehen ist. Kaum glaubhaft erschien die Situation: Die Moslems, einst aus Andalusien vertrieben, hatten, wenn auch nur für eine Stunde, zurückkehren können in diesen Bau, der Zentralmoschee einer Stadt mit der Einwohnerzahl von einer Million gewesen war. Als die Gläubigen die Mezquita verließen, da sprachen viele die Überzeugung aus, daß ihr Glaube damit wieder Fuß gefaßt habe in diesem Gebäude.

Die Moslems waren Teilnehmer an einem Kongreß, der sich Ende März 1980 um das Thema des Einflusses der arabisch-islamischen Kultur auf Europa, auf die westliche Welt bemühte. Der libysche Präsident Moammar Al Kathafi hatte das Geld dazu gegeben, aus seinen Behörden stammten die islamischen Organisatoren. Auf spanischer Seite aber war die Sozialistische Partei Andalusiens der Träger des Kongresses. Die Sozialistische Partei befürwortet die Öffnung der Kultur Andalusiens in Richtung Islam und Nordafrika. Dank der starken Position der Sozialisten konnte der islamische Kongreß in Sevilla organisiert werden.

Im Konferenzraum des modernen Hotels Los Lebreros am Rand des Stadtkerns von Sevilla hingen die grünen Fahnen des Islam, zierten Plakate, die stilisierte Halbmonde darstellten, die Wände. Redner traten nacheinander an ein Pult; sie sprachen arabisch, und sie begannen ihre Rede mit der Formel: »Im Namen Allahs des Allbarmherzigen.« Keiner setzte sich kritisch mit dem Islam auseinander. Die Redner lobten die Größe der Vergangenheit, priesen die islamischen Bemühungen der Gegenwart und blickten dann in eine glorreiche Zukunft. Ein Beispiel: »Der Islam hat damals den Menschen die Freiheit gebracht. Dadurch war es möglich geworden, daß vielen Menschen Wissen zugänglich gemacht wurde. Heute, da die Welt sich in Krämpfen windet, sich nicht mehr zurechtfindet in den Spannungsfeldern unterschiedlicher Anschauungen, ist der Islam wieder gefordert, den Menschen Respekt vor moralischen Werten und vor menschlichen Idealen beizubringen.« Wissenschaftler aus westlichen Ländern, jeweils eingeladen von den diplomatischen Vertretern Libyens in ihren Hauptstädten, finden wenig

Hörenswertes in den Reden ihrer arabischen Kollegen. Fundierte Informationen über neue Erkenntnisse zum Thema Islam werden ihnen nicht vermittelt. Das war auch nicht die Absicht der Veranstalter. Sie wollten zeigen, daß der Islam bereit ist, wieder Verantwortung in Andalusien zu übernehmen.

Der führende Kopf unter den Forschern aus christlichen Ländern ist Pedro Martinez Montávez, der Rektor der Universidad Autonoma von Madrid – ein Kenner der islamischen Kultur und des islamischen Denkens. Er ist überzeugt, daß der Glaube des Propheten Mohammed in den nächsten Jahren an Bedeutung für die übrige Welt gewinnen wird: »Diejenigen täuschen sich, die glauben, der Islam habe niemals universale Werte hervorgebracht, und die überzeugt sind, er enthalte keine Botschaft, die für alle Menschen gelte. Wer so redet, der versteht nichts von dieser Religion. Ihre Wiederbelebung ist kein Phänomen unserer Jahre. Sie hat schon vor hundert Jahren begonnen. Sie brennt uns jetzt in der Aktualität nur stärker auf der Haut. Wir wissen, daß sie katastrophale Folgen für uns haben kann. Das Spanische kann dem Westen, den Industrienationen behilflich sein. Wir haben mit den Moslems jahrhundertelang gelebt; wir verstehen sie; wir können vermitteln.«

In seiner Rede zur Eröffnung des Kongresses sprach Pedro Martinez Montávez von der »Wiederbegegnung« zwischen den beiden Kulturen: »Sie treffen sich heute als Gleichberechtigte. Vergangen ist die Zeit der verlogenen Auseinandersetzungen zwischen Islam und Christentum.« Begraben sein soll der Streit, der in langen Jahren Hunderttausende von Opfern gefordert hat. Gewinner in der neuen Entwicklung ist der Islam. Die Moslems werden von den Christen in Andalusien nicht mehr als »Ungläubige«, als »Teufel«, bezeichnet.

Der Alcalde von Sevilla, der Bürgermeister, hatte seine islamischen Gäste zu einem abendlichen Empfang in den Alcazar, in den einstigen Regierungspalast von Sevilla, eingeladen. Die Quadersteine im Mauerwerk des Vorgartens waren so angestrahlt, daß die Lichtbalken aufstiegen aus Büschen und Baumgruppen. Der Mond stand als Sichel neben der Giralda, dem einstigen Minarett der Moschee von Sevilla; von den Moslems wurde das Halbmondsymbol schon bald nach dem Eintritt durch das Löwentor mit Freude bemerkt.

Ein Vertreter des Alcalden von Sevilla begrüßte die Männer, die nun wie Pilger wirkten, die an die Urquelle ihrer Religion zurückgekehrt waren. Die Wurzel des Islam war zwar vom Propheten Mohammed in Mekka gelegt worden – hier aber war ein lebendiges Zeugnis vorhanden, daß die islamische Kultur in ihrer Geschichte die Kraft besaß, kulturelle Blüten zu treiben.

Der Vertreter des Alcalden sprach vom Glanz des Islam, der heute noch über Sevilla und über ganz Andalusien strahle. Die Moslems, das war ihnen deutlich anzumerken, konnten nicht genug Worte hören, die ihre jahrhundertelange Präsenz in Südspanien beschworen. Der Mann aus Sevilla sagte: »Wir haben von Ihrem geistigen Potential profitiert. Sie haben uns Ihre Kultur gebracht.« Und er sprach die Wahrheit: »Wir in Südspanien wären wenig ohne Ihre lange Anwesenheit in unserem Land.«

Für die Zuhörer klang die Beschwörung der Vergangenheit so, als ob von der Zukunft gesprochen werde. In ihren Antworten klangen ihre Gefühle von der Überlegenheit des Islam an. Fast war die Frage zu erwarten, ob die Andalusier nicht bereit wären – wie vor Jahrhunderten –, den Islam zu akzeptieren. Immerhin wurde das Schicksal des gemeinsamen Wegs beschworen, der vor den Moslems in Nordafrika und vor den Menschen in Andalusien liege. Kein Wort von Europa, vom christlichen Abendland. An diesem Abend, in den Räumen und Höfen des Alcazar war vom Geist, der die Einigung Europas bewirken soll, wenig zu spüren.

Der Geistliche Abdul Hamid Saih – er war der einzige, der sich durch seine Kleidung als religiöser Mann auswies – ging in andächtigem Schritt durch die Halle des Salón de Ambajadores. Er betrachtete die Verzierungen an den Wänden, wunderte sich auch wohl, daß Tauben, Pfauen und Adler abgebildet waren, obgleich doch der Prophet die bildliche Darstellung der lebenden Wesen untersagt hatte. Mit seinen Händen berührte der Geistliche die kunstvoll in Stein gekratzten Ornamente, ganz vorsichtig fühlte er den Konturen nach, als ob er durch die Berührung einen besonders intensiven Kontakt mit der Vergangenheit bekommen könnte. Niemand sagte allerdings dem geistlichen Mann, daß diese Räume erst ausgestaltet worden sind, als die Moslems schon nicht mehr die Herren von Sevilla waren, als in der Stadt nur noch christliche Gottesdienste abgehalten wurden. Den katholischen Königen aus Kastilien hatte der Baustil der »Mauren« zunächst so sehr gefallen, daß sie Gebäude weiterhin im Geist der vertriebenen Moslems errichten und sie mit »Arabesken« ausschmücken ließen. Da schlichen sich dann die Elemente ein, die fehl am Platze waren – die Tauben, Pfauen und Adler.

Mit einem Gang durch die Gärten schloß der nächtliche Besuch im Alcazar von Sevilla. Die Palmen, auch sie durch Lichtbündel angestrahlt, bewegten sich im Wind. Die Außenwelt, der auch zur Nachtzeit lautstarke Verkehr von Sevilla, war hier nicht mehr spürbar. Hohe Mauern schirmten ein Paradies ab, in dem – wie von Mohammed einst für das wahre Paradies vorausgesagt – viele Brunnen plätscherten.

Wenige Tage nur nach dem Abschluß des Islamkongresses von Sevilla wollten die Bürger von Valencia am Ende des jährlichen Frühlingsumzugs wie üblich die auf den Festwagen gezeigten Figuren politischer

Persönlichkeiten zum Spaß des Publikums verbrennen. Carter, Breschnjew, Frau Thatcher und Ayatollah Khomeini sollten in den Flammen aufgehen. Alle wurden verbrannt, nur der Ayatollah nicht – die Behörden von Valencia wollten den Ärger des mächtigen geistlichen Herrschers von Iran nicht auf sich ziehen.

## »Die Welt braucht das Wort des Propheten.« Al Kathafi sieht im Islam das universelle Heilmittel

»Wir Moslems sollten unter uns keine Propaganda machen für den Islam. Doch wir empfehlen den anderen Völkern sehr, sich um den Islam zu kümmern. Sie benötigen diese Religion dringend, um sich von allem seelischen Elend zu befreien, unter dem sie leiden.« Der Mann, der diesen Rat gibt, ist im Jahr 1942 geboren worden: Moammar Al Kathafi. Vom Vater waren die Namen sorgfältig ausgesucht worden. Aus dem Jungen sollte ein ganz besonderer Mann werden. Moammar heißt »der Erbauer«; Al Kathafi läßt sich mit »Botschafter aus der Wüste« übersetzen.

Auf das exakte Geburtsdatum des Kindes kann sich in der Familie niemand mehr besinnen. Moammar Al Kathafi ist der Sohn eines Beduinenstammes. Es gehört nicht zu den Gebräuchen der Beduinen, sich Geburtsdaten zu merken. Ereignisse jedoch, die prägen sich für lange Zeit ein. Die Alten in der Familie des Moammar Al Kathafi wissen, daß damals, in den Monaten um die Geburt, deutsche Panzer durch die Wüste nach Osten gefahren seien. Schon einmal, einige Monate zuvor, waren die Panzer zu sehen gewesen; ihre Fahrtrichtung sei dabei aber entgegengesetzt gewesen – nach Westen waren sie gefahren. Im Januar 1942 war Rommels Panzerarmee auf der Flucht vor den Truppen des britischen Generals Auchinlek. Der Brite hatte die Deutschen und die Italiener aus ihren Stellungen bei Marsa Matruh geworfen. Von den Beduinen waren diese Panzerbewegungen beobachtet worden. Sie zogen mit ihren Herden durch die Landstriche in der Wüstenregion, auf deren Boden Pflanzen wuchsen, die die Tiere einigermaßen ernährten. Mit dem mörderischen Krieg, den die Europäer, die Christen, gegeneinander führten, hatten sie gar nichts zu schaffen. Sie wurden auch nicht belästigt von den Panzerfahrern, die wohl wußten, daß bei den Nomaden nichts für sie zu holen war. Manches Mal profitierten die Beduinen von den Kämpfern: Da blieben Fahrzeuge beschädigt im Sand liegen, die ausgeplündert werden konnten; da waren Tote zu finden, die Uhren oder Schmuck bei sich trugen.

Lange hielten sich die Panzer selten auf den Weideflächen auf, denn der Kommandeur der Deutschen gab sich Mühe, einen Bewegungskrieg zu führen. Mit dieser Taktik konnte er aus der Flucht auch wieder einen Vormarsch entwickeln. Als die Nachschubwege der Briten, überlang ausgedehnt, von Cairo bis in die Gegend der libyschen Stadt Tripoli reichten, da fuhr Rommel einfach nicht länger zurück, sondern wieder nach Osten. Dieser zweite Vormarsch fand im Juni 1942 statt – in diese Zeit gehört also das Geburtsdatum des Moammar Al Kathafi.

In einer weiten Ebene wuchs der Junge auf. Keine Dünen und keine Hügel begrenzen hier den Blick; Buschwerk, nieder gewachsen und stachlig-trocken, überzieht den Boden. Der Vater, Mohammed Abdel Salam ben Hamed ben Mohammed, besaß Herden und Zelte, in denen die Frauen, die Kinder und zahlreiche Verwandte lebten. Moammar war der einzige Sohn, der Stolz des schon etwa fünfzigjährigen Vaters. Aus dem Fezzan, einer Gegend, in der die Beduinen Tiere verkauften, brachte er einen Mann mit, der den Koran auswendig konnte; auch Moammar Al Kathafi merkte sich die Sätze der Koransuren. Der Vater erinnert sich später: »Moammar begriff sehr schnell, und er war darauf bedacht, die Gebote des Propheten zu erfüllen. Die Gebetszeiten hielt er genau ein.«

Der Junge mit dem hellen Kopf wurde in die nächste Stadt zur Schule geschickt. Die Stadt war eine Ansammlung von niederen Häusern, aus Lehmziegeln gebaut, mit unbefestigten, staubigen Straßen. Dreißig Kilometer entfernt vom Gebiet, wo die väterliche Herde damals weidete, war der Schulort. Der Junge mußte dort leben. Doch der Vater konnte ihm kein Geld für die Miete auch nur eines einfachen Zimmers geben; so schlief Moammar eben im Vorraum der Moschee.

Die Lehrer, die Moammar Al Kathafi im Verlauf der nächsten Jahre unterrichteten, sprechen alle von der ganz außergewöhnlich überragenden Intelligenz des Jungen. Die hohe Achtung, die sie nachträglich empfinden, hat sicher auch damit zu tun, daß Moammar zur Zeit der Befragung Präsident ihres Landes ist. Sie schildern ihn als Einzelgänger – und da stimmt ihre Erinnerung sicher. Eng befreundet war Moammar während der Schulzeit nur mit Jallud, der später der zweitwichtigste Mann im libyschen Staat wurde.

Ein Schuldirektor erzählt, Moammar Al Kathafi habe frühzeitig begonnen, politisch zu denken und auch Protest gegen das Regime des Königs Idris al Senussi zu formulieren. Moammar muß schon als Fünfzehnjähriger Bücher besessen haben, deren arabisch-nationalistischer Inhalt im Königreich Libyen verpönt war; aus Ägypten, aus dem Staat des Gamal Abdel Nasser, müssen diese Bücher heimlich über die Grenzen geschmuggelt worden sein. Bezeugt ist auch, daß Moammar und Jallud jede Gelegenheit benützten, um das Transistorradio des Schuldirektors auf die Frequenz der Radiostation Cairo einzustellen. Die Reden des Gamal Abdel Nasser versäumten die beiden nie. Aktenkundig ist geworden, daß Moammar den Behörden durch die Verteilung von billigen Reproduktionen schlechter Nasserfotografien auffiel. Sie ordneten die Entfernung des Moammar Al Kathafi von der Schule an; die Familie mußte sogar mit den Herden von jener Gegend wegziehen.

Moammar brachte schließlich auf der höheren Schule von Masrata die nötigen Zeugnisse zusammen, um sich für die Aufnahme in der libyschen Offiziersschule bewerben zu dürfen. Er hatte begriffen, daß es für einen jungen Mann aus den Beduinenstämmen nur über die Armee möglich ist, eine Karriere zu machen, die in eine Stellung führt, von der aus Veränderungen im Land bewirkt werden können. Allein als Offizier war er einflußreich genug, um eine Revolution zu organisieren. Der korrupte König konnte nur durch Waffengewalt aus seinem Palast verjagt werden; der Dienst in der Armee gab dem Revolutionär Verfügung über Waffen.

Gamal Abdel Nasser war das Vorbild: Er hatte im Sommer 1952 durch einen Putsch bestimmter wichtiger Einheiten der ägyptischen Armee die Macht an sich gerissen. Das Ziel seiner Revolution war »die Befreiung des Volkes aus imperialistischen Fesseln« gewesen – der Einfluß des ausländischen Kapitals sollte gebrochen, die fremden Militärbasen sollten aufgelöst werden. Moammar Al Kathafi wollte diesem Vorbild folgen – deshalb wurde er Offizier, und deshalb überredete er auch seine Schulfreunde, dieselbe Laufbahn zu wählen.

Im Jahr 1963 trat Moammar Al Kathafi in die Militärakademie ein und begann sofort, gegen das Regime des Königs zu agitieren. Seine Aktivität fiel den Vorgesetzten zwar auf, doch da sie selbst Sympathie für Gamal Abdel Nassers Ansichten empfanden, ließen sie seinen Nachahmer in Ruhe; daß er seine Idee eines Tages in die Tat umsetzen könnte, das glaubten sie nicht.

Moammar Al Kathafi sagt selbst über diese Zeit: »Das Zentralkomitee unserer Vereinigung junger Offiziere wurde 1964 gebildet. Unsere erste Versammlung hielten wir am Strand ab. Bald wurden diese Treffen häufiger. Wir sprachen während der Ferien und zu späten Stunden miteinander. Wir mußten Orte außerhalb der Stadt suchen. Wir legten Hunderte von Kilometern zurück. Es ist uns passiert, daß wir unter freiem Himmel im Schutz eines Baumes oder eines Felsens schlafen mußten. Alle Komiteemitglieder kauften sich Privatautos, um sie in den Dienst der Revolution zu stellen. Das Komitee hat seinen Mitgliedern bestimmte Lebensregeln aufgezwungen; dazu gehört jede Enthaltung vom Alkohol, vom Spiel, von anderen Vergnügungen. Vorgeschrieben war die Einhaltung der Gebetszeiten. Jeder sollte sich weiterbilden.«

Nach ägyptischem Vorbild war der »Bund freier Offiziere« gegründet worden. Doch im Unterschied zu Nassers Offiziersbund legten die Männer um Moammar Al Kathafi sehr starken Wert auf religiöse Ausrichtung. Nassers Nationalismus hatte wenig Beziehung zum Islam. Moammar Al Kathafi aber sah im Islam die ideologische Grundlage seiner politischen Ansichten. Einer der Offiziere erinnert sich, daß Al Kathafi schon in der Frühphase der Revolutionsvorbereitung Worte gesprochen habe, die von der islamischen Orientierung seines Programms zeugen: »Denken Sie an die Größe unserer Vergangenheit, an die Größe unserer islamischen Kultur, die uns einst bis nach China und nach Frankreich führte. Der Glaube an Allah und an die Gerechtigkeit war damals unser einziges Motiv. Wir haben alles verloren, weil sich unsere Führer von der Wahrheit des Islam entfernt haben. Das ist die Ursache unseres Unglücks. Wir verloren jede Bindung an religiöse Werte, und wir ließen es zu, daß uns fremde Völker im Namen einer Religion beherrschten, die ihnen zur Verschleierung ihrer kolonialistischen Absichten diente.«

Moammar Al Kathafi hatte eine Sparte in der Armee gewählt, die für die Zwecke der Konspiration besonders geeignet war: Er wurde Fernmeldeoffizier. So hatte er die Möglichkeit, über die Kommunikationstechnik der Armee mit jedem einzelnen Glied seines revolutionären Netzes in Verbindung zu treten. Er konnte sogar dafür sorgen, daß seine Mitteilungen verschlüsselt wurden und somit geheim blieben.

Anstoß für eine Beschleunigung der Vorbereitungen zur Revolution gab die Niederlage der Araber im Junikrieg von 1967. Die israelischen Verbände hatten eindeutig gesiegt. Die Araber waren gedemütigt und tief in ihrer Ehre getroffen. Sie hatten nicht nur gegen das israelische Volk verloren, sondern vor allem gegen die jüdische Religion, mit der die Moslems seit Anbeginn ihrer eigenen Religion im Zwist liegen. Die Niederlage gehörte zu einer Kette von Demütigungen: Al Kathafi präzisierte in den Kriegstagen, daß die Araber seit dem Tod von Saladdin bis heute nur von Männern geführt worden seien, die dem Glauben wenig Bedeutung beigemessen hatten; da sie nicht glaubten, konnten sie auch nicht siegen. Seine Konsequenz war: Die Rückkehr zum Glauben mußte den Sieg ermöglichen.

In der Nacht zum 1. September 1969 übernahmen überall in den Garnisonen die Mitglieder des »Bundes freier Offiziere« das Kommando. Da die libysche Armee nur aus sechstausend Mann bestand, genügte ein Dutzend energischer Männer, um die wichtigen Positionen auszufüllen. Die Armeeführung, die König Idris treu ergeben war, hätte den Putsch nahezu verhindert, denn sie hatte angeordnet, daß ein großer Teil der Offiziere um Moammar Al Kathafi zu einem militärischen Fortbildungskurs nach England fliegen sollte. Da sie in der Nacht der Revolution nicht fehlen durften, zog Al Kathafi den Termin zum Losschlagen vor.

Das Losungswort der Putschisten hieß »Jerusalem«. Diese Stadt ist den Moslems heilig, weil sie überzeugt sind, der Prophet Mohammed sei von der Steinplatte aus, die unter der Kuppel des Felsendoms in Jerusalem liegt, in den Himmel aufgestiegen, um dort die Inspiration zum Koran zu empfangen. Daß diese heilige Stadt in der Hand der Israeli ist, kann von den Moslems nicht hingenommen werden. Deshalb hat Moammar Al Kathafi die Parole »Jerusalem« gewählt.

In jener Nacht der Revolution stoßen die jungen Offiziere kaum auf Widerstand. Der König ist zur Kur außer Landes; der Kronprinz ist ein mutloser Mann. Das Herrschaftssystem der Monarchie zerfällt wie ein morsches Gebäude. Die Mehrzahl der Libyer ist froh, daß die Feudalzeit für sie zu Ende ist.

Den religiösen Charakter der Revolution betont das Communiqué Nr. 1, das der Kommandorat der Revolution am 1. September 1969 erläßt. Al Kathafi ruft auf zum »Kampf gegen den Feind des Islam, der die Heiligtümer der Moslems verbannt und die Ehre der Moslems geschändet hat.«

Eine »Kulturrevolution« will Moammar Ali Kathafi auslösen. Zerbrochen werden sollen die alten Strukturen, die verbrauchten Ordnungen, die Denkprinzipien, die sich nicht bewährt haben. Dem Islam gibt er die Ehre, das Prinzip der Kulturrevolution erfunden zu haben: »Die Kulturrevolution ist keineswegs aus China gekommen. Der Islam hat sie seit Jahrhunderten schon gepredigt. Wir müssen uns auf den Ausbruch einer geistigen und kulturellen Revolution einstellen, einer Revolution, die sich im Innern von uns selbst abspielt, so daß jeder unter uns den richtigen Weg einschlagen kann. Damit ist der Koranvers erfüllt, der heißt: Allah ändert die Lage eines Volkes erst, wenn es selbst versucht, seine Lage zu ändern.«

Zwischen dem Volk und der Regierung soll es keine Barriere geben, das ist das Grundprinzip dieser Kulturrevolution. Al Kathafi greift damit zurück auf die Ordnungsstrukturen, die der Prophet Mohammed zur Lenkung seines Staates geschaffen hat. So wie Mohammed einst keine Bürokratie gebraucht hat, um Ordnung zu halten im islamischen Reich, so will auch der Führer der libyschen Revolution auf die in der modernen Welt bisher üblichen Staatsapparate verzichten. Volkskomitees sollen die Bürokratie ersetzen. Sie treffen Entscheidungen und führen sie selbst aus. Gefahr der Willkür, so meint Moammar Al Kathafi, bestehe dabei nicht: »Die Mitglieder der Volkskomitees sind Moslems. Sie halten sich an das islamische Gesetz. Unter der Führung Allahs können wir niemand, wer es auch immer sei, einen Schaden zufügen.«

Die Beachtung der Gesetze Allahs schreibt Al Kathafi allen vor, die für den Menschen arbeiten, die Regierungsfunktionen haben. Werden Sinn und Inhalt des Koran befolgt, so kann die Regierung keine Fehler machen. Die Regierung ist allerdings nicht der einzelne, sondern »die Masse«. Al Kathafi sagt: »Die Massen halten die Ministerien, die Ämter besetzt. Sie ernennen überall Volkskomitees, die den Auftrag haben, Richtlinien zu geben für die im Ministerium Tätigen. Jeder ist dem anderen gleichgestellt. Es gibt keinen Unterschied zwischen dem Direktor und dem Arbeiter.«

Die Lehrer und die Studenten der Schulen und Universitäten sind ebenfalls angewiesen, die Lehren des Propheten zu beachten. Ausgelöscht im Denken sollen alle Lehren werden, die den Menschen ablenken könnten vom Weg, den Allah und der Prophet gewiesen haben. Al Kathafi sagt: »Wir weigern uns, unter den Einfluß irgendeiner Propaganda zu geraten, die unserem Glauben und unseren Grundsätzen widerspricht. Wir wollen kein Gebiet sein, in das jede Art von politischer, ideologischer und religiöser Propaganda ungehindert einfließen kann. Sogar der Islam wird häufig mißverstanden, weil viele Moslems ihr Wissen aus Büchern nehmen, die von Orientalisten des Westens herausgegeben wurden. Sie enthalten Übersetzungen, die eingeschobene oder gefälschte Textstellen aufweisen. Diese Bücher haben nur den einen Effekt: Sie zerstören unsere nationale Einheit. Wir haben beschlossen, den Bestand an Büchern durchzusehen. Unsere Absicht ist, die heranwachsende Generation davor zu schützen, irregeleitet zu werden. Die Verfremdung des Geistes ist ein fürchterliches Verbrechen. Hier liegt eine Gefahr für den Menschen. Die Verdrehung seines Inneren ist weit schlimmer als das, was ihm äußerlich zustoßen könnte.«

Der Islam ist die Basis, auf die Moammar Al Kathafi den libyschen Staat stellt – und er soll wiederum zum Vorbild für die übrigen Staaten der islamischen Welt werden. Ein Beispiel soll zeigen, wie Al Kathafi sich die Erfüllung der modernen Welt durch die Tradition des Islam vorstellt: Libyen besaß bis zur Revolution von 1969 keine Sozialversicherung. Al Kathafi führte sie ein, jedoch nicht nach dem Vorbild ähnlicher Einrichtungen in den westlichen Industriestaaten, sondern aus dem Geist des Koran heraus: Mohammed hatte im Auftrag Allahs den Moslems vorgeschrieben, an die staatlichen Organe Almosen abzuführen, die dann an Bedürftige verteilt wurden. Dieses Almosengeben wurde durch Gesetze in Libyen wieder eingeführt. Al Kathafi sagt: »Der Koran gibt dem Staat das Recht, Geld zu nehmen, um es den Armen zu geben. Im Koran steht der Satz: Ein Teil der Güter kommt dem Bettler und dem Bedürftigen zu.«

Die arabische Welt, so meint Moammar Al Kathafi, ist auf dem Weg, ihr Leben durch die Religion ausfüllen zu lassen. Auch die übrige Welt müsse auf diesen Weg gebracht werden. Der Islam werde eines Tages auch für Menschen, die bisher auf andere Religionen gehört haben, ein Quell der Wahrheit werden. Die geistige Erneuerung der menschlichen Zivilisation, davon geht dieser islamische Revolutionär aus, werde ihre Wurzel im Islam haben: »Es ist die Pflicht der arabischen Nation, die religiöse Botschaft, die sie selbst empfangen hat, an alle Teile der Welt weiterzugeben.« Diesen Auftrag hat Moammar Al Kathafi im Dezember 1972 beim ersten Kongreß für die Verbreitung des Islam verkündet.

Die universelle Gültigkeit des Islam definiert Al Kathafi so: »Der Islam besitzt besondere Eigenschaften, die selbst von den Moslems nicht genügend beachtet werden. Diese Besonderheit besteht darin, daß der Islam das Wesen der Religion an sich darstellt, daß er die einzige Quelle der Religion überhaupt ist. Seit den allerersten Offenbarungen der Menschheitsgeschichte sind die Menschen dazu aufgerufen, sich zum Islam zu bekennen. Alle Propheten wiederholten diesen Ruf. Der Prophet Mohammed ist der letzte in einer langen Reihe von Propheten. Nach ihm wird es keinen anderen Propheten mehr geben. Daraus ist die Schlußfolgerung zu ziehen, daß Mohammeds Lehre von Allah allumfassend gestaltet worden ist. Im Islam sollten alle bisherigen religiösen Lehren eingeschlossen sein. Der Islam sollte auch alle bisherigen Lehren und Offenbarungen ersetzen. Wer an den Propheten Mohammed glaubt, der glaubt auch an die bisherigen Propheten, auch an Jesus Christus. Auch diejenigen, die an Jesus Christus glauben, sind Moslems, wenn sie den einen und einzigen allmächtigen Gott anbeten. Das ist das einzig gültige Kriterium für den Glauben, ob jemand an diesen einen Gott glaubt. Ist jemand dazu bereit, dann gilt er als Moslem. Von allen Menschen wird dieser Glaube verlangt, denn im Koran stehen die Worte: ›Oh Menschen, ich bin zu euch allen geschickt worden.‹«

Bei oberflächlicher Lektüre dieser Worte könnte der Eindruck entstehen, Moammar Al Kathafi sei der Advokat der einfachen religiösen Gleichmacherei, der Verwischung von Unterschieden zwischen Islam und Christentum. Doch eine genauere Analyse des Textes zeigt, daß er eine harte islamische Haltung vertritt. Er spricht von Jesus Christus als einem Propheten. Den Glaubensgrundsatz, Jesus Christus sei Sohn Gottes, nennt er nicht, weil er für ihn eine abstruse Verirrung des menschlichen Denkens bedeutet. Unvorstellbar ist ihm – wie wohl jedem Nichtchristen –, der eine einzige und allmächtige Gott könne einen Sohn besitzen. Derjenige ist zwar Moslem zu nennen, der an den einen Gott glaubt; er kann jedoch kein Moslem sein, wenn er dem einen Gott einen zweiten, in der Gestalt des Gottessohnes an die Seite stellt.

Moammar Al Kathafi folgt darin der Meinung des Propheten Mohammed, der die Christen respektierte, weil sie die Vorstellung angenommen haben, Gott sei der Herr der Welt; aber Mohammed verachtete sie zugleich, »weil sie Gott einen Sohn andichten«. Mohammeds Empörung über diese »Vermenschlichung« des allmächtigen Gottes prägt auch die Gedanken von Moammar Al Kathafi: Mit dem Glaubensgrundsatz, Jesus sei Gottes Sohn, setzt er sich erst gar nicht auseinander – er existiert nicht für ihn.

»Wer auch immer sich im Irrtum befindet, der muß wieder auf den richtigen Weg zurückgeführt werden.« In Cairo sprach Moammar Al Kathafi diesen Satz aus im Jahre 1972, als in Ägypten noch darüber diskutiert wurde, ob es klug sei, mit Libyen einen Staatenbund einzugehen, ob vielleicht sogar der völlige Zusammenschluß von Ägypten und Libyen möglich sei. Der zitierte Satz löste unter den koptischen, also christlichen Bewohnern Ägyptens große Unruhe aus. Nach ihren eigenen Angaben zählen sie acht Millionen Menschen. Sie waren in der Vergangenheit häufig Verfolgungen ausgesetzt. Interne Schwierigkeiten in Ägypten hatten meist auf ungeklärte Weise Brände in den koptischen Kirchen zur Folge. Erst seit dem Amtsantritt des Präsidenten Anwar As Sadat, der sich gut mit dem geistlichen Oberhaupt der Kopten verstand, konnten sich die Kopten in den Städten und Dörfern am Nil sicherer fühlen. Sadat wußte, was diese Menschengruppe für die Wirtschaftskraft seines Landes bedeutet: Die Kopten sind exzellente Geschäftsleute, Handwerker, Verwaltungsspezialisten. Schaden, der ihnen zugefügt wird, bedeutet Schwächung der Volkswirtschaft – abgesehen davon, daß er für religiösen Fanatismus nichts übrighatte. Von dieser Erkenntnis ließ sich der ägyptische Präsident bis zuletzt leiten.

Die Äußerung des Moammar Al Kathafi störte den Frieden, denn er war ja, seit von Union gesprochen wurde mit Libyen, nicht ein Staatsmann aus einem fremden Land; er war ein Politiker, der im geplanten Unionsstaat Macht und Einfluß besitzen würde. Dieser Mann hatte den Satz gesagt: »Wer auch immer sich im Irrtum befindet, der muß wieder auf den richtigen Weg zurückgeführt werden.« Die Kopten in Ägypten sahen in diesem Satz eine Drohung, die sich auf ihre religiöse Eigenständigkeit bezog. Da für sie der Prophet Mohammed nicht zu den Verkündern des wahren Glaubens zählt, konnten sie nicht damit rechnen, das Verständnis des entschlossenen Moslem aus Libyen zu finden. Ganz offensichtlich sah Al Kathafi in ihnen Irrende, deren Glaubensrichtung korrigiert werden mußte. Als die Unionspläne dann scheiterten, fühlten sich die Kopten vom Druck der Gefahr befreit. Sie blieben – zumindest bis zu den Unruhen vom Sommer 1981 – verschont vor den Bekehrungsabsichten des Libyers.

Allah ist der Gott des ganzen Universums. Mohammed sagt dazu: »Wenn die anderen glauben, wie ihr glaubt, dann sind sie auf dem richtigen Weg. Wenn sie sich aber abwenden vor eurem Glauben, dann sind sie es, die im Schisma leben.« Deutlicher kann der Anspruch auf die universelle Gültigkeit des Islam nicht erhoben werden. Markierungen für Echtheit und Wahrheitsgehalt des Glaubens aller Menschen werden vom Koran abgesteckt. Abweichungen sind als Ketzerei zu betrachten.

Diese Ketzerei, so sagte Moammar Al Kathafi im Februar 1973 vor ägyptischem Publikum, wird von Allah bestraft: »Nur wenn Christen und Juden glauben, daß Mohammed der letzte der von Allah gesandten Propheten war, werden Christen und Juden gerettet und können mit dem ewigen Leben im Jenseits rechnen. Deshalb ist es unsere Pflicht, Christen wie Juden aufzuklären. Sie müssen den Koranvers begreifen:

›Wenn sie glauben, wie ihr glaubt, sind sie auf dem richtigen Weg. Wenn sie sich aber abwenden vom richtigen Glauben, dann sind sie es, die im Schisma leben.‹ Wenn ein Christ die Gültigkeit dieser Koranworte bestreitet, so befindet er sich im Widerspruch zum Kern seines eigenen Glaubens. Er glaubt das Falsche. Er wird sich ändern müssen. Nur wenn er umdenkt, kann er ein wahrer Gläubiger werden. Glaubt er weiterhin an das Falsche, wird er am Tag der Auferstehung gerichtet werden. Allah wird Rechenschaft fordern. Er wird sein Urteil sprechen.«

Abraham, der Begründer der Lehre von einem einzigen und allmächtigen Gott, habe seinen Söhnen nicht Weisung gegeben, sie sollten Christen oder Juden werden, sagt Moammar Al Kathafi, er habe ihnen befohlen, Moslems zu sein. »Jesus hatte diesen Gedanken begriffen, auch er war also Moslem. Alle Propheten waren Moslems. Die Verirrungen und Verfälschungen ihrer Offenbarungen sind nicht auf diese Propheten zurückzuführen. Schuld daran sind falsche Interpretationen, falsche Auslegungen.«

Diese Verirrungen und Verfälschungen, so sagt Moammar Al Kathafi, hatten Folgen. Sie führten, so meint er, das menschliche Denken in die Irre. Sie seien Ursache von Gewalt, Verbrechen, Unmoral und Gottlosigkeit in der Welt. Aus der christlichen Welt hätten diese Übel übergegriffen auf die islamischen Völker. Erst durch die Stärkung des Glaubens in der Gegenwart sei ein Mittel gefunden worden, um die weitere Ansteckung zu verhindern, um die Krankheit auszumerzen. Sich selbst schreibt Al Kathafi einen wichtigen Teil des Erfolgs zu: »Ich habe das Banner des Islam erhoben.«

Den Gesundungsprozeß der arabischen Welt hält der libysche Staatschef für fortgeschritten. Die Zeit sei gekommen, auch die übrige Welt zu überzeugen, daß der Islam heilende Kraft besitzt: »Der Islam krönt alle menschlichen Bemühungen um soziale Gerechtigkeit. Der Koran enthält weit mehr Lehren zur Erringung der Gerechtigkeit als das Kapital von Marx. Diese Lehren hat Allah allen Menschen zugedacht. Es muß ein Ende sein mit dem Irrtum, der Islam sei die Religion der Araber. Generation um Generation hat diesen Irrtum geglaubt. Mohammed ist nicht der Prophet der Araber. Mohammed war der Prophet der ganzen Menschheit. Der Islam ist geschaffen für die Meisterung der Probleme von Gegenwart und Zukunft. Es ist die eine Region, die nicht bestimmte Rassen diskriminiert, die nicht unterscheidet zwischen Schwarz und Weiß. Allen Menschen gemeinsam gehört der Islam, damit sie Kraft daraus ziehen für das Leben in dieser Welt, damit sie ihren Seelenfrieden finden. Niemand braucht zu warten, daß Allah weitere Erkenntnisse auf die Erde sendet. Der Prophet war der letzte Verkünder der Wahrheit. Der Islam ist ein gemeinsamer Faktor für alle Menschen. Wir müssen ihn richtig anwenden.«

Jallud, der engste Freund und Mitarbeiter des libyschen Revolutionsführers, präzisiert mit einfachen Worten, was Al Kathafi will: »Bruder Moammar meint, daß die Menschen den Islam annehmen müssen, dann werden sie Lösungen finden für ihre politischen, sozialen und ökonomischen Probleme.«

# Die »Dritte Theorie« – Ersatz für Kommunismus und Kapitalismus
## Al Kathafi erkennt im Islam die Grundlage für die einzig wirksame Weltordnung

Kommunismus und Kapitalismus haben der Welt kein Glück gebracht – das ist die Meinung des Führers der libyschen Revolution. Eine »Dritte Theorie«, die den Vorschriften des Islam folgt, werde leisten können, was Kommunismus und Kapitalismus nicht vollbracht haben. Al Kathafi sagt selbst: »Wir stehen einem kommunistischen und einem kapitalistischen System gegenüber. Wir müssen ein eigenes System finden, das sich von beiden unterscheidet. Beide haben grundlegende Fehler. Der Kapitalismus legt der Einzelpersönlichkeit keinerlei Fessel an; die Konsequenz ist, daß sich die menschliche Gesellschaft in ein Affentheater verwandelt hat. Der Kommunismus unterdrückt Privateigentum und leider auch Privatinitiative – so versucht er die Wirtschaftsprobleme zu lösen. In Wahrheit aber macht er mit dieser Methode die Menschen zu Schafen. In beiden Systemen halten wenige die Macht und den Reichtum in Händen: Bei den Kommunisten ist es die Partei; in der kapitalistischen Gesellschaft ist es die kapitalistische Klasse.«

Moammar Al Kathafi gesteht beiden Systemen zu, daß sie auf prinzipiellen menschlichen Charaktereigenschaften aufbauen. Der Mensch habe, so lautet seine Ansicht, sowohl individualistische als auch kollektivistische Neigungen und Eigenschaften. Diese Dualität müsse berücksichtigt werden in einem System, das der Gesellschaft Gleichgewicht und den Menschen persönliches Glück geben wolle.

Den Weg habe der Prophet Mohammed gewiesen. Moammar Al Kathafi hält die Gesellschaftsordnung, die Mohammed in Medina und in Mekka eingeführt und durchgesetzt hat, für ein Muster an gerechter Regelung. Der Prophet habe durch die von Allah erlassenen Gesetze den Verhaltensrahmen für die Einzelpersönlichkeit abgesteckt, doch innerhalb dieses Rahmens habe er dem Willen des Volkes gehorcht. Parteien zum Aufspüren und Definieren der Volksmeinung seien nicht nötig gewesen: der Prophet habe einen direkten Kontakt zum Volk besessen. Jeder Einzelpersönlichkeit sei es möglich gewesen, mit Mohammed, dem Propheten und Staatschef, zu reden, ihn mit ihren Problemen zu befassen. Genauso habe auch Mohammed die Chance gehabt, von sich aus Fühler auszustrecken, Informationen einzuholen über den seelischen Zustand der Menschen, über die politische Situation des Staates. Durch die enge Verbindung zwischen Staatschef und Volk seien glückliche Entscheidungen zustande gekommen.

Die Demokratie der Europäer und der Nordamerikaner hält Al Kathafi nicht für eine Institution, die Gerechtigkeit und damit menschliches Glück begünstigt. Mit der »Mehrheitsdemokratie« rechnet Al Kathafi so ab: »Ein politischer Kampf, dessen Ergebnis der Sieg eines Kandidaten mit 51 Prozent Stimmenanteil ist, führt zu einer als Demokratie bemäntelten Regierungsform, die jedoch nichts anderes ist als pure Diktatur. 49 Prozent der Wählerschaft sind nicht repräsentiert durch den Kandidaten, der gewonnen hat. Ihnen wird eine Herrschaft auferlegt, für die sie nicht gestimmt haben. Das ist Diktatur. Überdies kann dieser politische Konflikt einen Regierungsapparat hervorbringen, der nur eine Minderheit repräsentiert. Die Stimmen verteilen sich ja auf mehrere Kandidaten. Gewählt wird derjenige, der mehr Stimmen erhält als jeder andere. Wenn man aber die Stimmen derer zusammenrechnet, die weniger erhielten, so können sie eine überwältigende Mehrheit bilden. Solche Fälle gibt es, sie sind nicht nur in der Theorie existent. Der Kandidat mit weniger Stimmen gewinnt. Er übt eine Diktatur über die anderen aus.« Moammar Al Kathafi meint, ein solches System der politischen Willensbildung könne wohl unter keinen Umständen demokratisch genannt werden.

Al Kathafi erkennt die Legitimation der in der demokratischen Ordnung gewählten Volksvertreter nicht an; in logischer Konsequenz dieser Ablehnung hält er auch nichts von den Parlamenten, in denen die Volksvertreter wirken: »Parlamente sind Mißrepräsentationen des Volkes. Ursprünglich wurden Parlamente eingesetzt, damit sie das Volk repräsentieren. Dieses Vorhaben ist in sich selbst undemokratisch, da Demokratie direkte Macht des Volkes bedeutet und nicht die Macht derer, die glauben, an Stelle des Volkes handeln zu können. Die bloße Existenz eines Parlaments bedeutet, daß das Volk nichts zu sagen hat. Die wahre Demokratie aber ist nur möglich, wenn das Volk seinen Willen zum Ausdruck bringen kann. Parlamente schließen die Massen von der Macht aus und regieren durch den eigenen Anspruch auf Machtvollkommenheit. Den Völkern bleibt die falsche äußere Erscheinung von Demokratie. Um den Menschen den Argwohn vor dieser Art von Gesellschaftsordnung gründlich auszutreiben, werden sie häufig zu den Wahlurnen geschickt.«

In seiner Abrechnung mit dem repräsentativen demokratischen System vergißt Moammar Al Kathafi auch die Parteien nicht: »Die Partei ist das moderne diktatorische Regierungsinstrument. Die Partei bedeutet Herrschaft eines Teils über das Ganze. Eine Gruppe von Menschen bildet eine Partei und versucht, ihre Ansicht, ihre politische Überzeugung der ganzen Gesellschaft aufzuzwingen. Das Ziel einer Partei ist die Machtergreifung unter dem Vorwand, Programme ausführen zu wollen. Das Resultat ist die Herrschaft der Parteimitglieder über die Einzelmitglieder eines Volkes – die meist die Mehrheit ausmachen.«

Al Kathafi sieht in der Existenz mehrerer Parteien keine Konstellation, die eine Kontrolle der Regierenden ermöglicht: »Die Existenz mehrerer Parteien steigert den Kampf um die Macht. Das Ergebnis ist, daß die Energien eines Volkes verschleudert werden. Nützliche soziale Pläne werden im Machtkampf schon ganz früh, im Stadium der Diskussion, ausgelöscht. Die Oppositionsparteien zerstören ein vielleicht gutgemeintes Programm der Regierung. Opposition und Regierung beschimpfen sich gegenseitig, machen sich verächtlich. Der Kampf wird auf Kosten der höheren und lebenswichtigen Interessen eines Volkes geführt.«

»Die Macht des Volkes ist unteilbar« – die Worte umreißen den Grundsatz, den Moammar Al Kathafi zur Maxime einer gerechten Gesellschaftsordnung erheben will. Die Systeme, die in Ost und West praktiziert werden, hält er für reif, verworfen und abgeschafft zu werden.

In der Religion sieht Al Kathafi die Grundlage der gesunden und gerechten Ordnung: »Das Volk, als Träger der Macht, muß vom religiösen Geist durchdrungen sein. Abnormal ist der Zustand, wenn das Volk nicht religiös denkt. Eine solche Abnormalität schafft eine ungesunde Stimmung im Volk selbst und ist die Ursache für Streit. Sind die sozialen Bestrebungen, die Suche nach Reformen, in Übereinstimmung mit den Vorschriften der Religion, dann ist Harmonie in einer Gesellschaft erreicht, dann kann sie sich stabil und stark entwickeln.«

»Die religiös orientierte Ordnung besitzt als Fundament die Familie und den übergeordneten Familienvorstand, den Stamm insgesamt. Die Menschen im Westen«, so sagt Moammar Al Kathafi, »haben die Gesetze Gottes vergessen. Sie lösen ihre Familien auf; den Begriff der Großfamilie, des Stammes haben sie schon seit Generationen völlig vergessen. Ohne Wurzeln leben sie, so unnatürlich wie künstliche Pflanzen.«

Den Begriff »Stamm« definiert Al Kathafi so: »Der Stamm besteht aus einer Familie, die sich durch Fruchtbarkeit vermehrt hat. Daraus resultiert, daß der Stamm eine Einheit bildet. Die Nation, die völkische Gemeinschaft, ist dem Stamm gleichzusetzen. Stamm oder Nation sind Schutzorganisationen für den einzelnen. Sie haben für seine soziale Sicherheit zu sorgen. Ihnen gehört vor allen Dingen das Land, das die Lebensbasis der Menschen bildet.«

Al Kathafi legt Wert darauf, daß die Zuweisung des Landbesitzes an den Stamm und an das Volk einer Nation nicht mit Kommunismus gleichzusetzen sei, da im System des Kommunismus der Staatsapparat Besitzer des Bodens sei; das Land gehöre damit, genau wie im Feudalismus, den wenigen, die den Staatsapparat in der Hand haben. In seiner Vision von der gerechten Ordnung kann nur die Gesamtheit des Volkes über den Boden verfügen.

›Das Grüne Buch‹, das Moammar Al Kathafi als Leitfaden für den Aufbau der islamisch-sozialen Gesellschaft verfaßt hat, gibt im ersten Kapitel Auskunft, wie der Wille des Volkes zur Wirkung kommen soll: »Volkskongresse sind das einzige Mittel, um wahre Demokratie zu erreichen. Jedes andere Regierungssystem führt zu Ungerechtigkeit. Volkskongresse bilden den Abschluß der Entwicklung zur Demokratie. Volkskongresse und Volkskomitees sind die Grundlage der direkten Demokratie. Sie bilden sich in jedem Bereich: in Stadtvierteln, in Dörfern, in Behörden. Die Macht des Volkes hat nur ein Gesicht, und diese Macht kann nur durch eine Methode ausgeübt werden, durch den direkten Ausdruck des Volkswillens.« Al Kathafi gibt die Parole aus: »Keine Demokratie ohne Volkskongresse!« In Libyen, so sagt er, funktioniert die Machtausübung durch das Volk.

Da er die »Dritte Theorie« für realisierbar hält, will er sie den Völkern der armen Hälfte der Welt als Ideologie empfehlen: »Mit der Dritten Theorie wird ein Volk fortschrittlicher sein, als wenn es sich dem Kommunismus zuwendet. Der Kommunismus ist ein reaktionäres System. Die Bücher von Marx, Lenin und Engels haben keinen Sinn mehr für unsere Zeit. Sie sind das Machwerk von Menschen. Der Koran, die Basis unserer sozialen Ordnung, ist ein Heiliges Buch. Der Prophet ist der geistige Führer aller Menschen, die sozial denken.«

Daß Mohammed intensiv an die Position des Arbeiters gedacht habe, darauf weist Al Kathafi hin. Eines der außerhalb des Korans überlieferten Worte des Propheten heißt: »Gebt dem Arbeiter, was ihm zukommt, noch ehe sein Schweiß trocken geworden ist.« Mohammed habe uneigennützig an die anderen gedacht. Sein Geist, dieses Fazit zieht Moammar Al Kathafi, ist in unserer Welt und in unserer Zeit für alle Menschen die Hoffnung auf eine bessere Zukunft. »Der Islam, wie ihn Mohammed gelehrt hat, steht auf der Seite der Mehrheit der Menschen, auf der Seite der arbeitenden Klasse. Die Menschen überall auf der Welt müssen dies erfahren und werden dies begreifen. Vor allen Dingen die Menschen in der kapitalistischen Gesellschaft. Sie leben in einer Ordnung, die dem Prinzip folgt, daß der Tüchtigste überlebt. Das Resultat ist zu sehen: Familien brechen auseinander, das Laster blüht, Kriminalität dominiert, alle Werte verkommen. Der Grundsatz heißt in der kapitalistischen Ordnung: Der Zweck heiligt die Mittel. Dieser Grundsatz ist unmoralisch. Die Menschheit wartete bisher auf eine Theorie, die in der Lage ist, dem einzelnen wieder seine Würde zu geben und den Massen zu ihrem Recht zu verhelfen. Die Wurzel dieser Theorie liegt im Islam. Er wird durch die ›Dritte Theorie‹ der Welt Glück und Seelenfrieden bringen. Die ›Dritte Theorie‹ ist ein Produkt des Kampfes der Menschheit. Sie weist dem Menschen den Weg in die Zukunft. Sie ist die Lehre des neuen Zeitalters, des Zeitalters der Massen.«

## Das Paradies soll der Mensch erst im Jenseits finden
## Der Islam bietet ein Wirtschaftsprogramm an

Vom Propheten Mohammed ist die Feststellung überliefert: »Die Kaufleute sind Allahs Boten in dieser Welt. Ihnen vertraut er mehr als anderen. Sie sind seine Treuhänder.« Mohammed selbst war Kaufmann gewesen; er erwartete von jedem Händler, der in Gebiete zog, die noch nicht dem Islam gewonnen waren, daß er als überzeugter Moslem auftrat und für seinen Glauben warb.

Mohammed fühlte sich auch als Chef des islamischen Staates mit den Händlern als den wirtschaftlich tätigsten Kräften verbunden. Er wußte, wie sehr das Wohl des Staates vom Umschlag der Waren auf dem Markt abhing. Den Händlern war die Aufgabe übertragen, die Bevölkerung mit Waren aller Art zu versorgen, wobei sie als freie Herren des Marktes auftreten konnten, die allein durch die Qualität ihrer Güter überzeugen mußten.

Mohammed, der gelernte Kaufmann, vertraute zwar seinem Stand, und doch gab er ihm für die Berufsausübung Regeln, die der kaufmännischen Tätigkeit Grenzen ziehen. Als oberster Grundsatz dieser Regeln gilt, daß Allah der eigentliche und wirkliche Besitzer des Reichtums ist. Dem Menschen ist ein Teil dieses Reichtums für eine gewisse Zeit anvertraut.

Dieser Grundsatz schließt Konsequenzen in sich: Der Boden, die Bodenschätze, die Früchte des Bodens – sie gehören Allah und dürfen deshalb nicht verschwendet werden. Der Mensch muß so handeln, daß er zu jeder Stunde Rechenschaft darüber abgeben kann, was er mit dem ihm anvertrauten Gut gemacht hat. Selbst wenn Rohstoffe im Überfluß vorhanden zu sein scheinen, darf die Fülle nicht zur Vergeudung führen, da der Mensch nicht wissen kann, welche Absichten Allah mit einem bestimmten Rohstoff in späterer Zeit verfolgen wird – vielleicht wird sein wahrer Verwendungszweck erst kommenden Generationen offenbar. Die Ausbeutung darf nur in Maßen erfolgen.

»Die Hand, die sich müht, brennt nie in der Hölle« – auch dieser Satz soll von Mohammed stammen. Die Moslems lesen daraus ab, daß der Prophet den Gläubigen das Wohlgefallen Allahs verkünden wollte über jeden, der sich nicht vor mühsamer Arbeit drückt, der als Werktätiger seinen Unterhalt verdient. Arbeit gibt dem Menschen Sicherheit vor der ewigen Strafe im Höllenfeuer.

Da der Prophet selbst wohlhabend war, ist nicht zu erwarten, daß er in seinen Offenbarungen das Eigentum verurteilt. Im Gegenteil: Mohammed will das Recht des einzelnen auf Eigentum garantiert wissen.

Gewisse Beschränkungen sind allerdings vorgesehen – der Besitz von Eigentum darf nicht dazu führen, daß andere Menschen ausgebeutet werden, ausgenützt durch denjenigen, der Kapital und Produktionsmitttel besitzt. Die Anhäufung von Geld und Gütern wird als verwerflich angesehen, da sie einen Eingriff bedeutet in die gerechte Ordnung, die Allah in dieser Welt beachtet wissen will. Anhäufung von Gütern ist in dieser Sicht gleichzusetzen der Verschwendung: Ein einzelner rafft Eigentum, das er gar nicht mehr sinnvoll einsetzen und gebrauchen kann, das anderen, nutzungswilligen Menschen entzogen ist.

In diesem Zusammenhang muß auch das absolute Verbot der Zinsforderung betrachtet werden. Sich Zinsen bezahlen zu lassen, gehört zu den schweren Sünden, die einen Moslem dem ewigen Höllenfeuer ausliefern. Wer Zinsen nimmt, der erwirbt Eigentum, ohne sich selbst dafür Mühe gegeben zu haben. Andere dagegen haben schwer gearbeitet, um die Zinsforderung erfüllen zu können. Grundsätzlich wird dafür im islamischen Recht der Begriff »Wucher« verwandt; Wucher aber wird als Ausbeutung betrachtet.

Der Prophet Mohammed hatte in der Gier einen üblen Feind der Menschheit gesehen, eingesetzt vom Teufel, um die menschliche Gesellschaft zu zerstören. Allah fordert, daß diese Gier gezügelt werde. Das Wirtschaftsprogramm des Islam ist darauf ausgerichtet, dem Individuum die Sucht nach immer mehr Eigentum auszutreiben. Da Reichtümer häufig aus Angst vor Armut angesammelt werden, muß dem Einzelmenschen die Angst vor der Zukunft genommen werden. Dies wird möglich durch Einordnung in die Großfamilie, in das Volk. Der eine trage Verantwortung für den anderen mit, das war die Wunschvorstellung des Propheten, darin sah er ein System der sozialen Sicherung.

Viele der Moslems von heute empfinden, daß diese Gier weniger bei ihnen als in den Herzen der Menschen im Westen wuchere. Dort sei das Denken an permanenten Fortschritt und an immerwährendes Wachstum zur Ersatzreligion erhoben worden. In den Vereinigten Staaten und in Europa, so sagt Ayatollah Khomeini, sind die Menschen besessen vom Gedanken, sie könnten ein immer höheres Maß an Wohlstand erreichen. Khomeini sieht darin den Versuch, das Paradies schon auf dieser Erde einzurichten, das aber – so meint er – ist nicht der Wille Allahs. In diesem Leben habe der Mensch bescheiden zu leben, denn in diesem Leben erfülle sich nicht der Sinn der menschlichen Existenz. Die Erde ist der Platz, an dem wir uns vorbereiten für den Aufenthalt im Paradies – diese Lehre schärft Khomeini den Gläubigen besonders intensiv ein. Unsere Seele wird dort im Paradies wohnen; sie zieht dort ein, nachdem sie den irdischen Leib abgestreift hat. Ein Körper, der sich an die Bequemlichkeit der Welt gewöhnt habe, so lehren Khomeini und alle islamischen Geistlichen, vernachlässige seine Seele; sie habe dann nicht mehr die Kraft, mit aller Hingabe Allah zu dienen, sie verkümmere in der Vernachlässigung der religiösen Pflicht.

Bescheidenheit der Lebensführung, vorsichtige Nutzung des Bodens und der Bodenschätze, Dankbarkeit für das, was Allah dem Menschen gegeben hat – diese obersten Grundsätze legt der Islam für eine Wirtschaftsordnung fest. Sie werden als »hudud Allah« bezeichnet, als Allahs »äußerste Grenzen«. Werden sie überschritten, beginnt für die menschliche Gesellschaft das Verderben. Wenn die Menschen vergessen, daß das Paradies erst im kommenden Leben auf sie wartet, verfault ihre Seele – sagt Ayatollah Khomeini. Eine Wirtschaftsordnung aber könne nicht das Ziel haben, die Fäulnis der menschlichen Seele zu begünstigen. Für die Gesellschaft der menschlichen Individuen gebe es nur eine Frage, von deren Antwort die Beziehung zu Gott abhänge: »Wo suchen die Menschen das Paradies?«

Ist das Leben auf dieser Welt erst von Bescheidenheit geprägt, dann lösen sich viele Probleme von selbst – dieses Fazit ziehen islamische Denker. Die Schwierigkeiten der Rohstoffbeschaffung werden geringer, da der Bedarf an Rohstoffen absinkt; damit könne Allahs Gebot der vorsichtigen Nutzung der Bodenschätze erfüllt werden. Wenn die Industrienationen damit aufhören, den Reichtum der Welt in ihre Fänge zu ziehen, dann bleibe für die anderen, für die bisher Armen, mehr übrig; damit sei Allahs Gebot zu erfüllen, die Menschen sollten auch in der Eigentumsfrage gerecht denken.

Die Grundlage des würdigen menschlichen Lebens ist die Arbeit – auf diesem Gedanken beruht das Wirtschaftsprogramm, das der Islam anzubieten hat. »Gesegnet ist die Nahrung, die man sich selbst erarbeitet hat.« Dieser Satz, den Mohammed geprägt hat, soll dem Arbeiter das Gefühl geben, Allah blicke besonders wohlgefällig auf ihn. Eine islamisch orientierte Wirtschaftsordnung darf daher den Arbeiter nicht in abhängiger Funktion belassen. Moammar Al Kathafi stellt in seinem ›Grünen Buch‹, das die Basis der »Dritten Theorie« bildet, die Frage: »Wie kann das Glück in deine Seele einziehen, wenn du erkennen mußt, daß die Arbeiter noch immer im wahren Sinne des Wortes Tagelöhner sind? Der Lohnempfänger befindet sich in der Position eines Sklaven, und dabei ist es ganz gleichgültig, wie hoch sein Lohn ist.«

»Bruder Arbeiter« – diese Bezeichnung verwendet der Führer der libyschen Revolution, wenn er von den Werktätigen spricht. Er entwickelt die radikalste Vision von einer sozialen Ordnung, die auf den Gerechtigkeitsprinzipien des Islam fußt. Seine Revolution will allen, die tätig sind, ein höheres Maß an Würde geben. Moammar Al Kathafi erklärt die bisherige und die von ihm anvisierte künftige Situation des Arbeitnehmers – wenn auch die Parolen stark nach Marxismus klingen, so sind sie doch allein auf den Islam zurückzuführen. Für den islamischen Zuhörer sind Parallelen zu Worten des Propheten offenkundig: »Bruder Arbeiter, du bist überall in der Industriewelt von Gnadenerweisen abhängig gewesen, wenn versucht worden ist, deine Lebensbedingungen zu verbessern. Da gibt es in Europa das Konzept der Mitbestimmung, der Beteiligung am Gewinn, der sozialen Absicherung. All das sind Gnadenerweise. Ein freier Mensch wird sich niemals damit abfinden lassen, denn noch immer gilt: Wer dir eine Gnade erweist, der will Kontrolle über dich ausüben. Wer dir etwas gibt, der kann dir auch immer wieder etwas nehmen. Du bildest dir etwas ein, Bruder Arbeiter, wenn du glaubst, dein Arbeitgeber gewähre dir auch nur die Hälfte des Rechts, das dir eigentlich zusteht. Wenn du rebellierst gegen die Ungerechtigkeit, der du unterworfen bist, dann erhältst du einen Teil deiner Rechte. Der aber, der dich kontrolliert, der wird weiterhin ein Luxusleben führen auf deine Kosten. Bruder Arbeiter, überall in der Welt, du produzierst für den unproduktiven Ausbeuter. Er sammelt Reichtum an, ohne daß er sich Mühe zu geben braucht. Was ihr produziert habt unter Schweiß in langen Arbeitsstunden, das wird euch von anderen weggenommen. Euch bleibt ein Mindestlohn, die Brotkrumen, die euch der Arbeitgeber hinterläßt. Ich aber betrachte euch nicht mehr als Arbeiter sondern als Produzierende, denn ihr produziert Güter. Auch den Begriff ›Lohn‹ werden wir abschaffen, ebenso die Begriffe ›Angestellter‹ und ›Gewerkschaften‹. Wir schaffen die Partnerschaft von Produzierenden, die sich selbst das Einkommen zumessen. Die Parole der Zukunft soll heißen ›Partner und nicht Lohnempfänger‹. Jeder der ›Produzierenden‹ verfügt über ein garantiertes Einkommen; dessen Höhe bestimmt die Gesamtheit der Angehörigen eines bestimmten Betriebes, einer bestimmten Behörde. Damit ist das Einkommen kein Lohn mehr, sondern der gerechte Ausgleich für das, was ein einzelner selbst erarbeitet, selbst produziert hat.«

In dieser Ordnung will Moammar Al Kathafi auch die Wohnungsfrage so geklärt wissen, daß jeder, der in einer Wohnung lebt, auch als ihr Eigentümer anzusehen ist. Es soll niemand erlaubt sein, Häuser zu bauen, damit sie vermietet werden können. Al Kathafi sagt: »Vermietet jemand ein Haus oder eine Wohnung an einen anderen, so übt der Vermieter damit Kontrolle über den Mieter aus. Eine derartige Kontrolle kann jedoch in unserer sozialen Ordnung nicht geduldet werden, Wohnungen und Häuser werden denen zur Verfügung gestellt, die sie benötigen. Der Mensch lebt nicht in Freiheit, der im Haus eines anderen lebt, ob er nun dafür Miete bezahlt oder nicht.«

Daß eine Wohnung dann den Besitzer wechselt, wenn sich der Wohnungsbedarf der Familie ändert, wird als selbstverständlich angenommen. Für den landwirtschaftlich nutzbaren Boden soll dasselbe Prinzip gelten. Moammar Al Kathafi sagt: »Das Land ist immer da. Es gehört allein Allah. Im Laufe der Zeit wechseln diejenigen, die Nutzen daraus ziehen, die es bebauen. Jeder hat das Recht, Land zu bebauen, aber niemand hat das Recht, Land an andere zu verpachten.«

Die Worte »Verstaatlichung« oder »Staatsbesitz« kommen in der Wirtschaftsordnung, die Moammar Al Kathafi propagiert, nicht vor. Er will nicht, daß der Staat Besitzer ist, denn er hat diesen allmächtigen Staat, der Besitzer von Land und Produktionsmitteln sein könnte, aufgelöst und durch die Gemeinschaft der Menschen ersetzt, die ihrem Willen durch die Volkskongresse Ausdruck gibt.

Al Kathafi glaubt, diese Ordnung entspreche dem Willen Allahs und sei der Ordnung nachgeprägt, die Mohammed einst für seinen Staat geschaffen habe. Möglich werde diese Ordnung durch das Vertrauen in die Fähigkeiten der Menschen, in die Fähigkeiten der »Produzierenden«. Al Kathafi sagt: »Wer zweifelt, daß die Produzierenden Verantwortung übernehmen können, der ist ein Feind der arbeitenden Menschen. So argumentieren die Ausbeuter, die in Sorge sind um ihre Macht, durch die sie Millionen von Menschen für sich arbeiten lassen können.«

Al Kathafi fordert, daß die »Produzierenden« in aller Welt den 1. September zu ihrem Demonstrationstag erheben. Der 1. September ist der Tag, an dem Moammar Al Kathafi im Jahre 1969 die Revolution in Libyen ausgelöst hat. Zum Weltfeiertag will er den 1. September erklären. Die Arbeiter, so glaubt er, werden ihn verstehen. »Sie werden den 1. Mai, den Tag der Arbeit, abschaffen, nachdem sie begriffen haben, daß er der Tag der Lohnempfänger ist.« Die Ordnung, die aus der »Dritten Theorie« entspringt, soll keineswegs auf arabische oder islamische Gebiete beschränkt sein, sie soll überall gelten. Al Kathafi glaubt, die »Produzierenden« überall in der Welt werden letztlich begreifen, daß Gerechtigkeit für sie allein durch sein Programm zu erringen sei. Keinen Zweifel gibt es für ihn an der Funktionsfähigkeit seiner Wirtschaftsordnung. Wird der Führer der libyschen Revolution darauf angesprochen, daß er wohl an Wunder glaube, so antwortet er: »Wer nicht an Wunder glaubt, der ist kein Realist.« Auch für Mohammed habe es nie Zweifel geben können, daß er auf dem richtigen Wege sei.

# »Allah hat uns das Öl mit gutem Grund geschenkt.« Die OPEC als islamische Organisation

Sheikh Zaid Bin Sultan Al Nahayyan, der Staatschef der Vereinigten Arabischen Emirate, spricht offen aus, was viele Politiker der islamischen Ölstaaten denken: »Wir waren während langer Jahrhunderte arm. In dieser Zeit wurden wir von Allah auf die Probe gestellt. Es sieht so aus, als ob wir uns als Moslems bewährt hätten. Allah hat uns das Öl geschenkt und damit die Zeit der Armut bei uns beendet. Doch ganz sicher erwartet er von uns, daß wir weiterhin gute Moslems bleiben. Das kann nur bedeuten, daß wir mit diesem Öl Ziele verfolgen, die in seinem Sinne sind.«

Ungern spricht der Monarch an der Spitze der kombinierten fünf Emirate Abu Dhabi, Dubai, Sharja, Fujaira und Ras al Khaimah vom »Öl als Waffe«. Auf die insistierende Frage, ob seine Bemerkung vom »Geschenk aus gutem Grund« so gemeint sei, antwortet der Emir bedächtig: »Waffe – das Wort klingt so, als ob wir jemandem schaden wollten. Gerade das ist überhaupt nicht unsere Absicht. Doch wir sind Moslems und müssen an unseren Auftrag denken, die islamische Religion denen nahezubringen, die ihr bisher noch fernstehen.«

»Counter-penetration« heißt die Politik, die der Emir befürwortet, für die er seine beachtlichen Geldreserven einsetzen will. Der Begriff läßt sich etwas schwerfällig mit »Gegendurchdringung« übersetzen – gemeint ist die Bildung von Brückenköpfen wirtschaftlicher und kultureller Art in Europa und in den USA. Sheikh Zaid Bin Sultan Al Nahayyan gibt persönlich ein Beispiel, wie »counter-penetration« praktiziert werden soll: Er hat im Zentrum von London Grundstücke gekauft, die ausgesprochenen Prestigewert besitzen. Haben sich früher europäische und amerikanische Unternehmen und dem Staat gehörende Organisationen in der islamischen Welt eingenistet, um sie zu »durchdringen«, so sollte jetzt die Reaktion wirksam werden – die »Gegendurchdringung«.

Möglich wird diese Politik durch die Einnahmen, die das Kartell der Organisation ölexportierender Länder jedem Mitglied ermöglicht. Die Moslems betrachten die OPEC als islamische Organisation, denn schließlich beherrschen die Moslemstaaten zu zwei Dritteln alle OPEC-Gremien. Saudi Arabien, Iran und Indonesien, drei wichtige islamische Ölländer, geben die Richtung an in den Gremienkonferenzen, wobei sie häufig von radikal-islamischen Kleinstaaten beeinflußt werden; der Vertreter des libyschen Volkes macht die Ratsmitglieder manchmal darauf aufmerksam, wie die Interessen der Moslems und des Islam als

Glaubensgemeinschaft mit universellem Anspruch in der Ölpolitik gewahrt werden können. Zur islamischen Richtung der OPEC zählen auch die afrikanischen Mitglieder: Der ölproduzierende Staat Gabun wird von einem Politiker geführt, der zum Islam übergetreten ist; Nigeria, das andere afrikanische OPEC-Mitglied, ist stark unter den Einfluß des Islam geraten.

Von Anfang an bildeten die Moslemstaaten die Mehrheit in der OPEC. Fünf Staaten hatten im Jahr 1960 eine Organisation gegründet, die gemeinsame Interessen wahrnehmen sollte: Die Ölminister von Iran, Irak, Saudi Arabien, Kuwait und Venezuela wollten nicht mehr allein und jeder für sich den in Verhandlungen einig auftretenden Ölkonzernen gegenüberstehen.

Die OPEC verfolgte zunächst rein defensive Ziele: Sie war vor allem zur Abwehr des Preisdiktats der internationalen Gesellschaften gegründet worden. Die ölproduzierenden Staaten hatten es sich in den Jahren zuvor gefallen lassen müssen, daß ihnen beachtliche Preisreduktionen vorgeschrieben wurden. In jenen Jahren drückte ein Überangebot auf den Markt. Die arabischen Ölgebiete lieferten große Mengen dieses Energieträgers; der Absatz aber stieg nicht an im Verhältnis zur Steigerung des Angebots. Für die Konzerne bot sich die Möglichkeit, die Chefs der Ölstaaten zu erpressen. Waren die Könige, Emire und Präsidenten nicht mit einer Verminderung des Preises einverstanden, so wurde ihnen gedroht, daß die Förderung in ihrem Land eingestellt werde, da man bei derzeitiger Marktlage dieses Öl gar nicht benötige. Da jeder Staatschef seinem Volk versprochen hatte, er führe es aus der Armut heraus in die Zukunft des Wohlstands, brachte ihn die Unterbrechung der Förderarbeit auf den Ölfeldern in Schwierigkeiten. Da das Geld aus dem Ölgeschäft meist die einzige bedeutende Einnahme des Staates war, hätte der Ausfall der Zahlungen aus den Kassen der Ölgesellschaften den Staatsbankrott mit sich gebracht. So gaben die Könige, Emire und Präsidenten der Erpressung nach. Die Schuld an der Situation wurde immer den »ausbeuterischen Methoden« der Ölgesellschaften zugeschoben. Der Zorn darüber löste Gedanken aus, wie dem Diktat der Konzerne begegnet werden könnte. Sich zusammenzuschließen zu einem Block solidarischer Ölproduzenten erschien mit Recht als kluger Ausweg aus dem Dilemma.

Die großen Ölgesellschaften sahen mit Hochmut auf die OPEC herab; sie konnten nicht glauben, daß sie angreifbar in ihrer starken Position wären. Die OPEC-Resolution, in der die Forderung auf Zurücknahme der allgemeinen Preiskürzungen vom August 1960 gestellt wurde, nahmen die internationalen Ölkonzerne erst gar nicht zur Kenntnis. Das zunächst nur als Improvisation existierende Sekretariat der OPEC erhielt auf seine drängenden Proteste die Antwort, die Gesellschaften würden mit den Ölproduzenten ausschließlich auf individueller Basis verhandeln. Die OPEC sei kein Gesprächspartner für sie. In Schreiben an jedes der OPEC-Mitglieder ließen die Konzerne wissen, die Preisgestaltung hänge nicht von ihnen ab, sondern von der Marktentwicklung; Eingriffe in die Eigengesetzlichkeit des Marktes seien gefährlich und mit den Prinzipien der freien Wirtschaft nicht zu vereinbaren.

Ein Lieferstreik der Ölproduzenten war ausgeschlossen. Sie konnten aus mancherlei Gründen die Konzerne nicht durch extrem harte Maßnahmen herausfordern. Ein Grund war, daß sie Geld benötigten; in der Hoffnung auf steigende Ölpreise hatte jeder der arabischen Ölstaaten ehrgeizige Entwicklungsprogramme begonnen, die finanziert werden mußten. Auf große Summen zu verzichten, war keinem Monarchen und keinem Präsidenten möglich. Der zweite wichtige Grund für die Zurückhaltung aber war die vollständige Abhängigkeit in der Ölproduktion von der Technologie auf den Ölfeldern, in den Pumpstationen der Pipelines und der Verladehäfen. Wieviel Öl jeweils gefördert werden sollte, wurde in den Büros der Konzerne bestimmt. Die Könige, Emire und Präsidenten hatten darauf keinen Einfluß.

Die in den OPEC-Gremien tagenden Ölminister erkannten die Ursache der Abhängigkeit von den internationalen Gesellschaften: Es waren doch die Konzerne, die festlegten, wieviel Öl im einzelnen und insgesamt gefördert wurde. Wenn der Markt derart mit Öl überschwemmt war, daß Preiseinbrüche nicht mehr verhindert werden konnten, dann mußte die Schuld an diesem Zustand doch den Konzernen zufallen, die wohl mit Absicht die Ölflut erzeugten. Die Ölminister beschlossen mit Zustimmung ihrer Staatschefs, den Gesellschaften künftig ein Förderlimit vorzuschreiben.

Die Hoffnung war gering, daß es ihnen gelingen werde, das Ziel zu erreichen. Die Ölminister bekamen ihr Scheitern auch bald zu spüren – sie waren einer falschen Einschätzung der wirtschaftlichen Entwicklung in der Welt zum Opfer gefallen. Die Experten hatten vorausgesagt, die Mitte der sechziger Jahre sei durch eine expansive Phase im Zyklus des wirtschaftlichen Fortschritts gekennzeichnet. Genau das Gegenteil ist schließlich eingetreten: Die Wirtschaft in Europa und in den Vereinigten Staaten stagnierte; der Ölverbrauch stieg nicht an. Die Konsequenz war, daß die Fördermengen ausreichten, die innerhalb der von den Ölministern festgesetzten Quotenmarken lagen. Die Knappheit, die durch Einhaltung dieser Quoten erzeugt werden sollte, trat nicht ein. Die Chefs der Ölförderländer empfanden sich als von den Industrienationen gefoppt.

Die nachträgliche Überprüfung der Fördermenge, die in jedem der OPEC-Staaten gepumpt worden war, ergab allerdings, daß drei der Länder, die eigentlich die gemeinsam beschlossenen Maßnahmen hätten einhalten sollen, die Ölkonzerne überhaupt nicht zur Einhaltung der Quoten gedrängt hatten. Diese Länder waren Iran, Saudi Arabien – und

Libyen, das damals noch von König Idris al Senussi und noch nicht von Moammar Al Kathafi regiert wurde.

Nach der libyschen Revolution des Jahres 1969 änderte sich das Verhältnis zwischen Ölproduzenten und Ölgesellschaften. Hatte zuvor allein die sozialistische Regierung von Irak die Parole verkündet, das Öl Arabiens gehöre den Arabern und nicht den Konzernen, die als Agenten des Imperialismus anzusehen seien, so übernahm jetzt das neue libysche Regime die Führung der nationalorientierten Kräfte in den Ölstaaten. War bisher in der noch recht zahm gebliebenen Auseinandersetzung zwischen Ölbesitzern und Ölabnehmern die religiöse Komponente völlig unwichtig gewesen, so sorgte Moammar Al Kathafi für eine außerordentlich starke und nachhaltige Betonung der Religion. Die interne libysche Propaganda verwendete schon im Jahre 1970 das Argument, das Öl gehöre den Gläubigen und dürfe nicht länger den Ungläubigen zur profitreichen Ausbeutung überlassen bleiben. Zum erstenmal wurde öffentlich ausgesprochen, daß die Moslems im Öl ein Geschenk Allahs zu sehen hätten, das auch Verpflichtungen mit sich bringe. Mit dieser propagandistischen Munition begann Moammar Al Kathafi seinen Kampf gegen die internationalen Konzerne.

Ein ausgesprochener Glücksfall erleichterte ihm diesen Kampf. Die Ratgeber des libyschen Königs hatten die Klugheit besessen, die Lizenzen zur Ausbeutung des Ölreichtums nicht an einen Konzern zu vergeben, sondern an mehrere Gruppen. Diese Firmengruppen konnten durch geschickte Verhandlungsführung gegeneinander ausgespielt werden. Zur Solidarität konnten sie sich nie durchringen. Jede Gruppe wollte sich auch für die Zukunft Anteile am hochwertigen Öl Libyens sichern. Aus Angst, in der Konkurrenz der Verlierer zu sein, machten sie Zugeständnisse während der durchweg individuell geführten Verhandlungen. Am Schluß waren sie alle die Verlierer – sie gaben Moammar Al Kathafi Gelegenheit, den Wahlspruch der Sultane von Granada zu zitieren: »Allein Allah ist der Gewinner!« Der libysche Präsident erzwang sich die Gewalt der Preisfestlegung; nicht länger sollte der Ölpreis von den Konzernen festgelegt werden. Wenn schon dieses Öl ein Geschenk Allahs war, so durfte die Festsetzung des Wertes dieses Geschenks nicht länger von den Ungläubigen aus den Vereinigten Staaten abhängen.

Der Preiskampf begann mit der Empörung aller arabischen Ölproduzenten über die Abwertung des Dollars im Februar 1973. Die Könige, Emire, Präsidenten und Ölminister waren betroffen von dem Gedanken, die Teufel aus den USA hätten sie wieder einmal mit gemeinen Tricks hintergangen. Sie waren überzeugt, die Abwertung habe nur den einen Zweck, die Ausgaben der Industrienationen für den Öleinkauf im Wert zu reduzieren, um damit auch den Ölproduzenten den gerechten Geldwert vorzuenthalten. Der Dollar war um 10 Prozent abgewertet worden; als Ausgleich wollten die Ölgesellschaften aber nur 5,8 Prozent bezahlen. Die Konzerne mußten allerdings bald vor der festen Haltung der arabischen Ölminister kapitulieren.

Eine wichtige wirtschaftliche Veränderung in der Welt gab den Verhandlungsführern der Ölstaaten einen beachtlichen Vorteil in die Hand: Seit 1970 fiel die Förderleistung auf den Ölfeldern der Vereinigten Staaten gewaltig ab; der größte Ölverbraucher überhaupt trat damit als wichtigster Käufer auf dem Ölmarkt auf. Im Jahr 1973 benötigten Industrie und Haushalte in den Vereinigten Staaten täglich 1,7 Millionen Barrel Öl zusätzlich zur eigenen Erzeugung. Damit war im Ölgeschäft die Zeit des Überangebots endgültig vorüber, und damit auch die Zeit, in der die Konzerne die Gesetze des Geschäfts bestimmen konnten.

Bis zum Sommer 1973 sind die Preise in gemeinsamen Konferenzen zwischen OPEC-Vertretern und Beauftragten der Ölgesellschaften ausgehandelt worden – längst hatten die Konzerne die OPEC als Partner im Geschäft akzeptieren müssen, und trotzdem waren die Ölminister noch immer vom Gefühl befangen, sie seien die Bittenden und damit abhängig von den multinationalen Gesellschaften in den USA und in Europa. Um dieses Gefühl loszuwerden, beschlossen die arabischen Ölminister zu Beginn des Herbstes 1973, den Preis für ihre Ware künftig zu diktieren. Der algerische Präsident Boumedienne begründete diesen Entschluß so: »Wenn wir einen Traktor in den Industrienationen kaufen wollen, dann wird uns gesagt, was er kostet. An Verhandlungen über den Preis ist dabei nicht zu denken. Warum soll da ein Unterschied sein, wenn es sich um die Ware Öl handelt?«

Die internationalen Gesellschaften hatten bis zu diesem Zeitpunkt mit allem Bedacht den Standpunkt aufrechtzuerhalten versucht, das Ölgeschäft mit der arabischen, islamischen Welt sei völlig zu trennen von der Politik und von religiösen Faktoren – sie bemühten sich, so zu handeln und so zu reden, als ob der Ölkauf im Nahen Osten nach den Grundregeln normaler Geschäftsbeziehungen unter vertrauensvoll gesinnten Partnern ablaufe. Sie wurden im Frühsommer des Jahres 1973 ganz energisch über den wahren Sachverhalt informiert. Hatten die amerikanischen Außenminister bis zu diesem Zeitpunkt bei Nahostreisen die Mitnahme eines Ölspezialisten vermieden, weil auch sie die Trennung von Politik und Geschäft demonstrieren wollten, so änderten sie jetzt ihre Haltung.

König Faisal öffnete den Ölmanagern und den Politikern die Augen. Er wies einfach darauf hin, daß die Ölkonzerne, die zumeist in der Hand des amerikanischen Kapitals sind, über das Öl des Nahen Ostens verhältnismäßig billig, vor allem aber nahezu unbehindert verfügen könnten, daß sie durch dieses Öl Profit machen. Der König sagte ganz deutlich, nicht der Profit störe ihn, sondern die Verwendung eines beachtlichen Teils dieses Geldes zugunsten der Israelis: »Die Vereinigten Staaten schmieren damit die Kriegsmaschine des Staates Israel.« Er stellte die Frage, wie lange wohl von den Arabern, den Moslems, noch erwartet werde, daß sie einen derart unwürdigen Zustand hinnehmen können. Damit war die enge Verknüpfung von Ölgeschäft und Politik bloßgelegt.

Die Politiker der USA hatten bis dahin in der Hoffnung gelebt, die riesigen finanziellen Zuwendungen, die für Israel jedes Jahr bereitgestellt wurden, seien ebenfalls losgelöst vom Ölgeschäft mit dem Nahen Osten zu sehen. Sie hatten es sich angewöhnt zu glauben, die Monarchen und Präsidenten der arabischen Staaten müßten eigentlich glücklich darüber sein, daß sie für die schwarze Brühe, die ihnen abgekauft wurde, handfestes, gutes Geld erhielten. Aus den Veränderungen hatten sie nichts gelernt. Ein Araber, der eigentlich ihr Freund war, mußte sie ziemlich schroff darauf hinweisen. Von König Faisal erfuhren sie, die arabischen Öllieferungen für die Vereinigten Staaten, für den Westen insgesamt, seien für die Zukunft nur dann als gesichert zu betrachten, wenn die westlichen Industrienationen ihre Haltung der einseitigen Unterstützung Israels aufgeben. Mit dieser Feststellung war die »Waffe Öl« zum erstenmal eingesetzt worden.

Von König Faisal wurden die amerikanischen Politiker auch über die Bedeutung der Religion für die Stabilität des Ölgeschäfts aufgeklärt. Der Monarch ließ keinen Zweifel daran, daß er sich auch als religiöser Führer sah, daß er als Herrscher aller Gläubigen gelten wollte – schließlich unterstanden ihm die beiden heiligen Städte Mekka und Medina, die das Zentrum der islamischen Welt darstellen.

Seine Verantwortung begrenzte er jedoch nicht auf diese beiden Plätze; er leitete aus der Zuständigkeit für Mekka und Medina die Befugnis ab, auch für die Belange der islamischen Heiligtümer in Jerusalem sprechen zu können. Diese Stadt nennen die Moslems »Al Kuds«, die Heilige. In ihren Augen ist sie von Allah vor über dreizehnhundert Jahren besonders gesegnet und vor anderen ausgezeichnet worden. Der Koran weist auf dieses Ereignis hin: In der 17. Sure wird, wenn auch nur in Andeutungen, geschildert, wie der Prophet zur Nachtzeit, nach einer Reise durch die Luft, von Medina aus Jerusalem besucht habe. Dort habe Mohammed alle Propheten getroffen, die vor ihm schon die Wahrheit verkündet hatten – auch Jesus befand sich unter ihnen. Allein Mohammed aber durfte in den Himmel aufsteigen, um dort die Inspiration für die Wahrheiten des Koran zu empfangen. Er sah dort, so wird berichtet, daß Allah ein Buch besitze, das Auskunft gebe über Vergangenheit, Gegenwart und Zukunft der Welt und der einzelnen Menschen. Nachdem Mohammed diese Herrlichkeit erblickt habe, sei er wieder nach Jerusalem zurückgekehrt, um die nächtliche Heimreise, wieder durch die Luft, anzutreten. Fest ist im Glauben der Moslems verankert, daß Mohammed von der mächtigen Felsplatte aufgestiegen sei, die unter der Kuppel der Omarmoschee in Jerusalem – sie wird korrekter als Felsendom bezeichnet – zu sehen ist. Auf diese Felsenplatte sei Mohammend auch wieder zurückgekehrt, reich an Wissen über den Willen Allahs.

Dieser Platz, den der Fuß des Propheten im Zusammenhang mit einem derart wichtigen Ereignis in der Geschichte des Islam betreten hat, ist den Moslems besonders heilig. Von manchen wird Al Kuds mehr verehrt als die Ka'aba in Mekka. Die Gläubigen sagen, die Ka'aba sei schon in vorislamischer Zeit ein Heiligtum gewesen, das Mohammed eben in seine religiösen Vorstellungen einbezogen habe. Die Felsplatte in Jerusalem aber sei durch die Nachtreise des Propheten im wörtlichen Sinn zum Fundament des Glaubens geworden.

König Faisal litt seit dem Junikrieg von 1967 darunter, daß der Felsendom zum israelisch besetzten Gebiet gehört, daß der Dom und das Stadtviertel ringsum vom Staat Israel de facto annektiert worden sind. Die israelische Regierung betrachtete Jerusalem seit der Eroberung des arabischen Teils als »wiedervereinigte Stadt«, in eindeutigen Erklärungen hatte sie versichert, keinen Häuserblock mehr zu räumen, der zum Stadtgebiet von Jerusalem gehört. Das hartnäckige Festhalten am Boden gerade dieser Stadt liegt darin begründet, daß er die Stadt Davids, die Hauptstadt des Königreichs der Juden, getragen hat. Zeugnis von dieser Hauptstadt legt die Klagemauer ab, die als Stützmauer des prächtigen Herodestempels gelten kann, der vor rund zweitausend Jahren noch einmal den Anspruch der Juden auf dieses Gebiet dokumentierte. Die Klagemauer ist das größte Heiligtum der jüdischen Gläubigen – ein Verzicht darauf ist undenkbar. Die Komplikation wird durch die Tatsache vollendet, daß Klagemauer und Felsendom einen zusammenhängenden, einheitlichen Komplex bilden: Eine Auftrennung, die den Juden die Klagemauer und den Moslems den Felsendom gibt, ist nur bei einem Maximum an gutem Willen zu erreichen – Anzeichen dafür sind nicht vorhanden.

König Faisal, der Herrscher über Mekka und Medina, wollte sich mit aller Kraft bemühen, die heiligen Stätten von Al Kuds dem Islam wieder zurückzugeben. Da keine Aussicht auf einen militärischen Erfolg bestand, glaubte er die Ölwaffe einsetzen zu müssen. Er machte die amerikanischen Ölmanager und die Politiker auf die Anfälligkeit der Industrienationen aufmerksam: Wenn er den Befehl zur Einstellung der Ölförderung im Gebiet seines Königreichs geben würde, dann müßten Industrien und Haushalte überall im Westen und in Japan in unvorstellbare Schwierigkeiten geraten. Die Auslösung des Befehls zur Drosselung oder gar zur Einstellung der Ölförderung sei nur dann zu vermeiden, wenn die westliche Welt – gemeint waren vor allem die USA – durch angemessenen Druck auf Israel die Räumung des arabischen Teils von Jerusalem bewirke.

Vor allem Henry Kissinger, dem amerikanischen Außenminister, war es zu verdanken, daß der Befehl zum Einsatz der Ölwaffe 1973 nicht ausgelöst wurde. Der König beugte sich dem Argument, daß die Unterbrechung der Ölversorgung die Industrienationen des Westens sicher entscheidend schwächen, aber auch die konservativ feudalen Regime der ölproduzierenden Staaten Arabiens in den Abgrund reißen müsse, ist doch ihre Existenzgrundlage auf der Wirtschaft der westlichen, kapitalistisch geordneten Welt gegründet. Von einem Zusammenbruch dieser wirtschaftlichen Potenz mußten sie tödlich getroffen werden.

Faisal nahm davon Abstand, sich durch Einsatz der Ölwaffe selbst zu schaden; er begnügte sich in seinen Maßnahmen mit einem demonstrativen Bluff: Er ließ Förderdrosselung verkünden, die dann nie wirksam wurde; er gab eine Unterbrechung der Lieferung für die USA bekannt, obgleich er wußte, daß er diesen unklugen Schritt nie anordnen würde. Die Wirtschaft der Industrienationen hatte im Herbst 1973, als der »Ölkrieg« stattfand, unter keinerlei Beschränkungen zu leiden, und trotzdem markiert dieser Herbst einen wichtigen Einschnitt in der Geschichte der Industrienationen, der arabischen Staaten – und der gesamten islamischen Welt. Die reichsten Staaten, die es jemals in der Geschichte der Menschheit gegeben hat, ließen Anzeichen von Panik erkennen, weil bisher weitgehend vernachlässigte Kleinvölker ihnen einen Rohstoff vorzuenthalten drohten, den sie dringend benötigten.

Die Araber, die Moslems aber begriffen, wie wichtig, wie geachtet sie plötzlich waren. Kaum jemand wagte es noch, sie als »Kameltreiber« zu bezeichnen. Um ihr Ansehen in der Welt zu mehren, hatte ihnen Allah gerade zu diesem Zeitpunkt das Öl gegeben – und sie hatten gelernt, mit welcher Angst diese bisher so überlegen wirkenden Christen auf die Ölwaffe starrten.

Der historische Einschnitt des Herbstes 1973 wurde noch deutlicher durch kriegerische Ereignisse am Suezkanal. Zum erstenmal fand ein Nahostkrieg statt, der die Araber, die Moslems, am Ende nicht als Verlierer sah. Es gelang den Ägyptern mit der Überquerung des Suezkanals ein spektakulärer Erfolg, der die Schande der arabischen Niederlagen auslöschte. Präsident Sadat, der glänzende Propagandist, nannte die Niederlage der Israelis bei der Verteidigung des Kanalostufers zwischen Port Said und Suez den größten Erfolg der Moslems seit den islamischen Siegen über die Kreuzritter im 12. Jahrhundert.

Nicht hoch genug zu veranschlagen als Faktor in der Entwicklung des Selbstbewußtseins der Moslems ist dieser militärische Erfolg am Suezkanal. Die Vertreibung der Israelis vom Suezkanal ist in der psychologischen Auswirkung der Einnahme der Kreuzritterhauptstadt Jerusalem im Jahre 1187 zu vergleichen. Damals galt nicht nur Saladdin als der Sieger, sondern die gesamte islamische Welt – genauso wird heute nicht nur Anwar As Sadat als Sieger angesehen, sondern der Islam insgesamt.

Die Konsequenz der Ereignisse ist im Vergleich der Situation in den Gremien der Vereinten Nationen am Ende der vierziger Jahre und heute zu erkennen. Damals konnten die UN die Gründung Israels beschließen gegen den Willen der islamischen Welt, deren Meinung überhaupt nicht gefragt war. Heute wäre ein solcher Beschluß unmöglich. Niemand würde es wagen, durch eine derart gegen die Interessen des Islam gerichtete Maßnahme den Zorn aller Moslemstaaten, vor allem aber den Zorn der weitgehend islamischen Organisation Erdöl exportierender Länder auf sich zu ziehen. Niemand wird bezweifeln, daß der Erfolg der Palästinensischen Befreiungsorganisation PLO im Bereich der diplomatischen Anerkennung am Anfang der achtziger Jahre auf die Angst vor der Ölwaffe zurückzuführen ist. Die Furcht vor den Folgen der weiteren Verweigerung des Selbstbestimmungsrechts für die Palästinenser treibt die europäischen und die amerikanischen Politiker zur stufenweisen Anerkennung palästinensischer Ansprüche. Die Verantwortlichen in Israel haben Grund zur Klage, die Industrienationen würden die Freundschaft zu Israel für Öl verkaufen.

Die »islamische Herausforderung« muß zur Kenntnis genommen werden, weil die »Waffe Öl« den Moslems zur Verfügung steht. Gleichgültig, ob man darin eine Fügung Allahs sieht oder nicht, die Wirkungskraft der Waffe läßt sich nicht leugnen. Sie ist spürbar, selbst wenn mit dieser Waffe nur gedroht wird. Sie brachte sogar den aufrechten Baptisten Jimmy Carter dazu, sich als »Freund des Islam« zu präsentieren.

Die »islamische Herausforderung« trifft jede Familie, jeden einzelnen in den Staaten der westlichen Industriewelt. Die Ölpreispolitik ist ein wesentlicher Teil dieser Herausforderung. Innerhalb der Gremien der Organisation Erdöl exportierender Länder ist der Vertreter des Königreichs Saudi Arabien, der im Auftrag seines Königs für Rücksicht in der Preisgestaltung auf die Zahlungsfähigkeit der Industrienationen gefordert hatte, mehr und mehr überstimmt worden; der saudiarabische Ölminister Sheikh Jamani war angewiesen, in den OPEC-Gremien gegen alle Bestrebungen zu kämpfen, aus dem Ölpreis einen politischen Preis zu machen, dessen Gestaltung nichts mehr mit den Gegebenheiten des Marktes gemeinsam hat. Sheikh Jamani sprach davon, daß die Vernunft noch einen Platz haben müsse in den Beziehungen zwischen Ölproduzenten und Ölverbrauchern. Sein wichtigster Kontrahent war der irakische Vizepräsident Saddam Hussein – er ist seit 1979 erster Mann in Irak, der die herrschende Familie von Saudi Arabien wegen ihrer Ablehnung der Preiserhöhung als »reaktionäre Clique« beschimpfte, die ja für ihre Abhängigkeit von den imperialistischen Amerikanern bekannt sei. Saddam Hussain sagte schon 1977: »Der Ölpreis ist unsere eigentliche Waffe« – doch als kluger Politiker erkannte er die Gefahr: »Da es nur einen Ölpreis geben kann, der für alle gelten muß, sind von allen Erhöhungen die armen Staaten der Dritten Welt schlimm betroffen.« Saddam Hussein wollte vermeiden, daß der OPEC vorgeworfen wird, sie denke nicht an die armen Staaten. Irak wollte Rücksicht auf die Armen nehmen – Saudi Arabien wies auf die Verflechtung der Wirtschaft des Nahen Ostens mit der ökonomischen Situation in Europa und in den Vereinigten Staaten hin. Der Vorwurf des irakischen Ölministers lautete dann auch: »Der Vertreter des Königreichs denkt nur an die Wohlfahrt des Westens und sorgt ganz besonders für die Amerikaner. Wir aber, die Regierung von Irak, verwenden die Macht, die wir durch das Öl in Händen haben, ausschließlich zugunsten der arabischen Sache. Wir haben kein Geld auf amerikanischen Banken, uns interessiert das Wohlergehen der USA nicht.«

Nicht mehr länger sollten die »Kräfte des Markts«, auf die der Westen sich immer berief, wirksam sein – diese Forderung erhob die OPEC-Delegation von Irak zu ihrem Verhandlungsprogramm. Diese »Kräfte des Markts« wurden als Begriff westlicher Wirtschaftstheorien diskriminiert, die nur den Zweck hatten, die islamischen Ölproduzenten ans Gängelband zu bekommen. Der irakische Vertreter begann einer Reform des Weltwirtschaftssystems das Wort zu reden, und er fand dabei von Mal zu Mal mehr Zuhörer. Hatte sein Staatschef in den Jahren davor bei Preiserhöhungen für Rohöl gezögert, weil er nicht die ärmsten Staaten der Welt schädigen wollte, so sah er jetzt – ganz im Gegenteil – durch die Preiserhöhung wachsende Chancen für die Verbesserung der Lage der Armen: »Deutlich zu spüren ist, daß das Interesse der Verbraucherländer am Dialog zwischen Nord und Süd, zwischen Reich und Arm ansteigt, wenn die Ölpreise hochschnellen. Schwindet der Preisdruck, dann denken die Reichen nicht mehr an die Armen. Es ist Aufgabe der Moslems, den Armen zu helfen. Wenn wir die Industrienationen unter Druck setzen, werden sie an Gerechtigkeit gegenüber der armen Welt denken. Die Position der Regierung von Saudi Arabien verhindert eine Politik, die mehr Gerechtigkeit in die menschliche Gesellschaft bringen will. Die Absicht von Saudi Arabien ist es, die arabische Ölwaffe zu neutralisieren und die OPEC bei ihren Bemühungen, auch den Preis als Waffe gegen die allmächtigen Reichen, gegen die ewigen Imperialisten, einzusetzen.«

Auch der saudiarabische Ölminister schwenkt schließlich im Herbst 1979 und im Frühjahr 1980 auf die Linie der harten Preispolitiker in der OPEC ein. Da die Situation im eigenen Land kritisch geworden ist, da die herrschende Familie sich in ihrem Machtanspruch bedroht fühlt, will und kann sie es sich nicht leisten, durch eine weiche Haltung gegenüber dem Westen die Feindschaft der Republiken gegen ihre Monarchie wachsen zu lassen.

Sheikh Zaid Bin Sultan Al Nahayyan betrachtet von seinem Emirat am Persisch-Arabischen Golf aus den Streit der Größeren in der OPEC mit Gelassenheit. Da die Auseinandersetzung zu immer höheren Preisen geführt hat, kann der Sheikh eigentlich zufrieden sein, denn er, als Ölproduzent, profitiert von den Preisschüben. Doch auch ihm ist, wie vielen Moslems in hoher Position, der Wahlspruch des letzten islamischen Herrschers von Granada geläufig: »Allah allein ist der Sieger.« In Allahs Ruhm sieht er auch den eigentlichen Sinn der Preiserhöhungen: »Sie bringen uns ja keinen Reichtum, sondern nur viel Geld ins Land. Reichtum ist allein in der Seele zu erreichen, und dazu benötigen wir Allah.« Das Öl, so meint Sheikh Zaid Bin Sultan Al Nahayyan, hat die Leute im Westen gelehrt, den Namen Allah auszusprechen, sie haben sich an diesen Namen gewöhnt. Der Prophet hat einst die Völker vor die Alternative gestellt, entweder den Islam anzunehmen oder Tribut zu bezahlen – der Ölpreis, den die Industrienationen zu entrichten haben, ist ein solcher Tribut.

## »Wer den Islam aufgibt, der macht sich dem Tier gleich.« Radikale Beispiele für geistige Herausforderung

»Die Übel des Atheismus und des Materialismus sind Tag und Nacht darauf aus, uns zu zerstören. Alle Kräfte der modernen Technologie helfen ihnen dabei. Sie zerstören uns geistig, kulturell und politisch. Wir aber lassen uns zerstören, weil wir uns einfangen lassen von Parolen, die uns ein angenehmes Leben versprechen. Wir vergessen, daß unser Aufenthalt auf dieser Erde nur vorübergehend ist, und richten uns ein, als ob wir für ewig hier bleiben könnten. Das ewige Leben aber verlieren wir aus den Augen. Unsere Pflicht gegenüber Allah vernachlässigen wir. Doch darin kann der ›Fortschritt‹ nicht bestehen. Die Jagd nach diesem ›Fortschritt‹ scheitert und führt uns ins Verhängnis. Als Einzelwesen und als Gesamtheit der menschlichen Gesellschaft gehen wir dem Verderben entgegen. Den Irrtum unseres Lebens können wir nur korrigieren, wenn wir uns vom Koran auf den richtigen Weg bringen lassen. Seine Vorschriften sollten wieder unser Leben bestimmen. Nicht länger dürfen wir unser Leben mit sinnlosem Bemühen um Fortschritt aufbrauchen. Die Zeit ist zu wertvoll dafür.«

Dieser flammende Aufruf zur Besinnung ist von einer Amerikanerin niedergeschrieben, die aus einer Familie deutsch-jüdischen Ursprungs abstammt. Sie ist in New York geboren worden, im Jahre 1934. Ihr Elternhaus war konservativ-jüdisch orientiert; ganz selbstverständlich war, daß auch die Tochter in diesem Glauben aufwuchs. Zu Beginn eines Studiums an der New Yorker Universität wurde sie krank und mußte die Ausbildung unterbrechen. Während der Zeit ihrer Krankheit beschäftigte sie sich, zuerst aus Neugierde, mit dem Islam und mit dem Koran. Nach Unterweisung in der Islamischen Mission von Brooklyn, New York, legte sie dort vor Sheikh Daud Ahmad Faisal das Bekenntnis zum Islam ab. Sie hieß fortan nicht mehr Margaret Marcus, sondern Maryam Jamilah. Im Frühjahr 1962 erhielt sie eine Einladung in die islamischen Zentren Pakistans. Sie folgte dieser Einladung und heiratete bald darauf einen Pakistani, der sich für die weltweite Verbreitung des islamischen Glaubens einsetzte. Bereit, alle Konsequenzen des islamischen Glaubens auf sich zu nehmen, hat sie akzeptiert, daß eine zweite Frau in ihre Familie aufgenommen wird. In Maryam Jamilah hat der Islam eine wortstarke Anwältin gefunden. Sie kennt Christentum, Judentum und Islam. Nach ihrer Meinung sind die zwei erstgenannten Religionen schuld an den Krankheiten der Gesellschaft. Mit Vehemenz richtet sie den Westen – und versucht doch zugleich die Menschen des

Westens aufzurütteln. Ihre Schriften sind ganz eindeutig an ihre ehemaligen Landsleute, an die Amerikaner, adressiert.

Die Zukunftsaussichten der islamischen Renaissance, des Wiederaufflammens islamischer Gläubigkeit, analysiert Maryam Jamilah so: »Die Menschen im Westen, in den Industrienationen, reden mit großer Arroganz davon, daß die islamische Zivilisation ausgelöscht sei, daß der Islam nicht mehr von kreativen Kräften bewegt werde, daß er der Welt nichts mehr zu geben habe. Mit besonderem Vergnügen reden sie darüber, daß ein islamisches Land nach dem anderen der westlichen Zivilisation zugefallen sei. Sie sind der Meinung, der vollständige Sieg des Westens sei abzusehen, da die moderne Zivilisation als Lebensform und als Denkstruktur alles andere überwinde. Mit solchen Leitsätzen hat der Westen bei der islamischen Jugend Erfolg gehabt. Aber der Westen soll uns nicht weismachen wollen, er werde fertig mit den Problemen. Er wird geschüttelt vom Haß der Weißen und der Schwarzen gegeneinander, von Klassenkampf, von der sich ausbreitenden Seuche der Gesetzlosigkeit, von der Perversion der Wissenschaft, die sich für zerstörerische Zwecke mißbrauchen läßt. Die innere Auflösung der moralischen Substanz des Westens ist gekennzeichnet durch Schwächung des Familiengedankens, durch Abhängigkeit von Alkohol und Drogen, durch sexuelle Freizügigkeit, durch die Verschwendung der Güter dieser Erde. Diese Symptome gab es früher schon, als andere Kulturen zugrunde gegangen sind. Die Welt der Moslems ist von all dem nicht angesteckt. Wir haben den Vorteil, daß unsere Lehre alle Bereiche des Lebens umfaßt, uns Richtschnur sein kann für jeden Gedanken und für jede Tätigkeit. Der Islam sagt uns nicht nur, was wir zu tun haben, sondern wie wir es tun müssen. Der Erfolg des Islam besteht darin, daß er eine schlichte Doktrin bietet. Da tauchen nicht so irrationale Dogmen auf wie die Dreieinigkeit, die Menschwerdung Gottes, die Erbsünde. Unsere Religion spricht den Menschen von heute mit einfachen Gedanken an. Doch uns fehlt ein Mann, der den Gläubigen vorausgeht, einer, der sich ›Mahdi‹ nennen darf, der Geleitete. Von ihm muß verlangt werden, daß er tiefe Einsicht besitzt in die wichtigen Probleme des Lebens. Er soll ein Staatsmann sein, soll politische Weisheit besitzen. Er wird sich in den Wissenschaften auskennen. Ein solcher Mann zeigt dann der Welt, wie fortschrittlich der Islam ist, wie wenig er mit Beharren auf dem Alten zu tun hat. Unter einem solchen Mann werden wir siegen.«

Maryam Jamilah gibt sich selbst Halt im Glauben an den Siegeszug des Islam in der ganzen Welt durch die Worte des islamischen Denkers Mahmud Brelvi, der in Karachi lehrt. Mahmud Brelvi sagt: »Denn die Gottesfürchtigen, die Moslems, können nicht neben den Gottlosen leben. Die Gottesfürchtigen werden deshalb ein gottesfürchtiges Regime für die ganze Welt einrichten. Nicht aus selbstsüchtigen Gründen verlangen wir die Herrschaft über die Welt. Es geht nicht einfach darum, den materialistisch orientierten Gesellschaftsformen die Macht abzunehmen, weil wir in einen Wettbewerb treten wollen. Die Moslems handeln aus grundsätzlichen Motiven. Die Materialisten müssen deshalb um Macht und Einfluß gebracht werden, weil sie die Welt in die Gottlosigkeit führen, weil sie gegen ihren Schöpfer rebellieren. Solange die Gottlosen mächtig sind und die Zivilisation beherrschen, ist es schwer für die Gottesfürchtigen, die Gehirne und Herzen der Menschen anzusprechen. Der Trend des modernen Lebens ist gegen die Gottesfürchtigen gerichtet. Die Moslems sind allein als gesellschaftliche Gruppe entschlossen, ihre Existenz bewußt in die Hand Allahs zu legen. Sie halten sich fern von den Verlockungen des materialistischen Westens. Ihre Pflicht, der Welt den Weg der Gottesfurcht zu weisen, können die Moslems erst erfüllen, wenn sie den Materialisten die Führung der Welt abgenommen haben.«

Maryam Jamilah wirft den Materialisten vor, die permanente Veränderung der Welt betreiben zu wollen, um die Menschen zu beschäftigen, um ihre Phantasie einzufangen, um den Gedanken an Allah nicht aufkommen zu lassen. Sie warnt vor der Vielfalt der Gewänder, in denen die Materialisten auftreten: »Sie nennen sich Kommunisten, Sozialisten, Positivisten, Faschisten, Zionisten, Nationalisten.« Der Koran, so meint Maryam Jamilah, habe den Materialismus durch diese Worte für immer verurteilt: »Einige sagen, es gibt nichts als dieses Leben in der Welt. Sie meinen, daß wir leben und sterben, weil die Zeit uns zerstört. Sie meinen, daß wir nicht wiederauferstehen. Doch ihre Meinung ist falsch.«

Durch radikale Schnitte ins Fleisch der menschlichen Gesellschaft müsse das »bösartige Krebsgeschwür« des Materialismus getilgt werden, dann sei der Auftrag Allahs an die Menschen von heute erfüllt. Nur durch solche radikalen Schnitte könne die Menschheit vor dem Zorn Allahs und damit vor dem Untergang gerettet werden.

Viele der kompromißlosen islamischen Denker der Gegenwart leben in den einstigen Ostprovinzen des Moslemreiches, in persischen und pakistanischen Gebieten. Manche fühlen in sich den Auftrag, die Institution und die Rechtsnormen der modernen Welt mit islamischem Geist zu erfüllen. Zu ihnen gehört Sultanhussein Tabandeh, ein Schiit, der im Jahre 1915 in Gundbad geboren worden ist. Er ist islamischer Rechtsgelehrter und hat 1968 den Standpunkt einiger Moslemstaaten auf der Internationalen Konferenz für Menschenrechtsfragen in Teheran vertreten. Sultanhussein Tabandeh hat geprüft, ob die Deklaration der Menschenrechte, die von den Vereinigten Nationen als verbindlich für alle Völker erachtet wird, auch von Moslems akzeptiert werden kann. Überraschend für unser Denken ist seine Interpretation des Artikels 1 dieser Deklaration, der davon spricht, daß alle Menschen frei geboren und mit gleichen Rechten ausgestattet seien. Tabandeh bestätigt zunächst, daß es keine Schranken und keine Unterschiede zwischen den Rassen und Klassen der menschlichen Gesellschaft gebe, doch dann konstatiert er einen gewaltigen, unüberwindlichen Unterschied: »Die Menschheit besteht aus Menschen, die glauben, und aus Menschen, die nicht glauben. Solche, die ihren Schöpfer vergessen und sich nur auf ihren Verstand und auf das Werk ihrer Hände verlassen, setzen sich auf die Entwicklungsstufe von Tieren; sie beschmutzen die Menschheit. Die Ungläubigen haben sich selbst ausgeschlossen aus der Menschheit. Sie dürfen allerdings nur in Kriegen getötet werden. Außerhalb der Kriege haben sich die Gläubigen darum zu bemühen, die Gottlosen vom rechten Glauben zu überzeugen. Menschen, die nicht an den einen, einzigen und unsichtbaren Gott glauben, sind als Ausgestoßene zu betrachten. Sie gehören nicht in den Kreis der Menschheit. Ihre Existenz ist als schädlich für die Menschen zu erkennen. In Übereinstimmung mit diesem Standpunkt sind alle diejenigen, die vom wahren Glauben wenigstens in Ansätzen überzeugt sind – dazu gehören Juden und Nazarener (Christen) –, als etwas erhaben über die Gottlosen anzusehen. Ihr Glaube hat jedoch nicht den hohen Grad des Islam erreicht. Sie befolgen andere Gesetze als die Vorschriften des Koran – sie sind auf einer niederen Stufe stehengeblieben; sie können daher nicht gleichberechtigt neben die Moslems gestellt werden.«

Der islamische Denker Sultanhussein Tabandeh fordert praktische Konsequenzen aus seiner Lehre: »Der Islam weist Nichtmoslems eine tiefere Stufe der Existenz zu. Tötet nun ein Moslem einen solchen Nichtmoslem, dann darf er selbst nicht zur Todesstrafe verurteilt werden, denn seine Entwicklungsstufe ist höher als diejenige des Getöteten.«

In Zeiten militärischer Auseinandersetzung zwischen Moslems und Christen soll jede Rücksichtnahme auf die Würde des Gegners ausgelöscht sein: »Wenn ein Mann gefangen wird, der nicht dem Islam angehört, so soll er getötet werden. Vor diesem Schicksal kann ihn nur die Annahme des Islam bewahren.«

Wenig bleibt übrig vom Geist der Deklaration der Menschenrechte. In diesem radikalen Beispiel islamischen Denkens wird der Grundsatz von der gleichen Würde und den gleichen Rechten der Menschen aufgehoben. Für Sultanhussein Tabandeh sind Christen und Juden Menschen zweiter Klasse und untertan den überlegenen Moslems.

Keinerlei Chancen der Anerkennung gibt es in diesem Denksystem für den Artikel 17 der Deklaration der Menschenrechte, der die freie Religionsausübung garantieren soll. Da die Moslems in der Religionsausübung nie eine Privatsache sehen können, die dem Einzelmenschen überlassen bleibt, gibt es für sie keine Möglichkeit der freien Entscheidung und der Religionswahl: Allah hat den Islam zur Religion der Menschen bestimmt und keine andere. Wer vom Islam zum Christentum überwechselt, so sagt Sultanhussein Tabandeh, der macht sich dem Tier gleich, der hat sein Leben verwirkt. »Wechsel der Religion ist nur möglich von der tieferen zur höheren Stufe, vom Christentum zum Islam.«

Dieser harte Standpunkt ist nicht der individuelle Standpunkt eines radikalen islamischen Denkers. Dieser Standpunkt hat Eingang gefunden in den Gesetzeskodex des ägyptischen Staates. Präsident Anwar As Sadat sah sich auf Drängen der islamischen Geistlichkeit der in religiösen Fragen bestimmenden Al-Ashar-Moschee von Cairo gezwungen, das Missionierungsverbot für alle Nichtmoslems zu erlassen. Gelingt es einem Christen, einen Moslem zum Religionswechsel zu überreden, so hat er nach ägyptischem Recht sein Leben verwirkt.

Es ist allerdings kein Fall der Anwendung dieses Gesetzes bekannt geworden. Zwei Gründe kommen dafür in Frage: Entweder wurde das Gesetz nicht weiter beachtet – oder es hat niemand in Ägypten mit Erfolg einen Moslem zum Christentum bekehrt. Dieser zweite Grund ist wahrscheinlicher.

## »Der Islam ist bereit, Europa vor dem Untergang zu retten.« Die »islamische Herausforderung« steckt noch in den Anfängen

Inflation, Streik, eine Welle von Verbrechen – das waren die Themen, die Londons Bevölkerung im Sommer 1975 interessierten. Daß im Kensington Palace Hotel ein Treffen von islamischen Gläubigen stattfand, nahm niemand zur Kenntnis, gab es doch ständig Konferenzen, die religiöse Thematik behandelten. So blieben auch die Reden unbeachtet, die bei dieser Fünften Jahreskonferenz der Union of Muslim Organizations of United Kingdom and Eire gehalten wurden.

Der wichtigste Redner war Dr. Safakhulusi – Jahrgang 1917. In Baghdad geboren, erfolgreicher Absolvent der University of London; Philosophieprofessor in Baghdad, Princeton, Yale, Chicago und Oxford. Er sagte in seinem Grundreferat: »Der Islam hat Europa im Mittelalter durch die geistigen Anstöße, die er gab, vor dem Rückfall ins Heidentum bewahrt. Der Islam bot damals ein leuchtendes Vorbild. Auch heute ist der Islam bereit, das zusammenbrechende Europa vor dem Untergang zu retten. Europa ist durch Allah, den Allmächtigen, mit großem materiellem Reichtum gesegnet worden. Mit diesem Reichtum sind wir bereit, den Europäern zu helfen. Daß wir Hilfe leisten können, ist eines der größten Wunder. Zu einem Zeitpunkt, als die ganze Menschheit dachte, der Islam sei ein toter Glaube, der in Zukunft nicht mehr als wichtige Kraft beachtet werden müsse, da erwachte der Islam zur früheren Stärke. Vierzehn Jahrhunderte, nachdem zum erstenmal der Ruf ›Allahu akhbar‹, Allah ist über allem, zu hören war, geschah dieses Wunder. So ist der Islam wieder auf dem Weg, um der Menschheit zu helfen. Der Islam wird ein wichtiger Faktor in der Gestaltung der Zukunft sein, so wie er ein wichtiger Faktor in der Vergangenheit war. Ohne den Islam hätte es keine europäische Zivilisation gegeben, keine geistige Entwicklung. Wir haben den Reichtum der griechischen Kultur bewahrt und vor der Vergessenheit gerettet. Am Anfang des Weges in die Zukunft haben wir uns die Frage zu stellen, was die attraktiven Seiten des Islam sind. Da ist vor allem seine Einfachheit zu nennen. Man muß kein Philosoph sein und braucht nichts von Metaphysik zu verstehen, wenn man die Glaubensgrundsätze des Islam begreifen will. Die Denkwelt des Islam öffnet sich Menschen mit einfachem und mit kompliziertem Denkvermögen. Der Islam umfaßt alle guten und faszinierenden Elemente, die den großen Religionen eigen waren. So ist er zugleich Religion, sozial-ordnende Gestaltungskraft und politische Ideologie. Der Islam wird die Grundlage sein für eine neue Zivilisation, in der die Menschheit frei ist von Terror, Hunger, Inflation. Für diese Zivilisation müssen wir die Fackel halten in Europa. Sie soll das Licht spenden, das die Menschen zusammenführt. Wir müssen die Menschen auf diesen Glauben aufmerksam machen, ehe es zu spät ist, ehe Europa in die Hände von Extremisten fällt.«

»Die Leute in Europa wissen überhaupt nichts vom Islam« – das ist die Meinung von Salam Azzam, dem Generalsekretär des Islamic Council of Europe. Diese Organisation ist von den islamischen Gemeinden Europas gegründet worden, um für ein besseres Verständnis gegenüber Islam und Moslems zu werben. »Die Europäer sehen uns als Bedrohung an, als Feind. Sie wissen, daß wir in der Vergangenheit als Feind gekommen sind. Sie übertragen dieses Wissen auf die Gegenwart.« Salam Azzam gibt wohl zu, daß der Islam eine Herausforderung für die Europäer sein könnte, jedoch auf geistigem Gebiet. Diese Herausforderung schließe den Abbau bestehender Vorurteile der Menschen in Europa gegenüber dem Islam ein. Prinz Mohammed Ibn Faisal von Saudi Arabien empfahl den Europäern in einer Rede, die er in London aus Anlaß eines islamischen Kongresses hielt, dringend, »den Islam, die Religion, der über achthundert Millionen menschlicher Wesen angehören, ohne Vorurteil zu studieren, sich mit ihr intensiv abzugeben«.

Die Kette der Irrtümer, Fehlinterpretationen und Verdrehungen ist lang, von der die Einstellung der Christen zum Islam beeinflußt ist. Die Polemik begann mit den Schriften des Johannes Damaszenus, dessen Leben rund fünfzig Jahre nach dem Tode des Propheten begonnen hatte. Er, der in Damaskus und Jerusalem lebte, also mitten im islamischen Staat, ließ sich durch die Lektüre des Koran nicht überzeugen; auch der Blick auf die Praxis der islamischen Religionsausübung gab ihm keine Sympathien für diese Religion ein. Er hielt den Islam für einen heidnischen Glauben und gab diese Überzeugung in seinen Schriften wieder. Ihn kopierten alle christlichen Autoren. Sie nannten Mohammed den schlimmsten aller Gotteslästerer; sie warfen ihm vor, er habe aus den Büchern der Christen abgeschrieben und sei von keinerlei göttlicher Inspiration geleitet gewesen. Die christlichen Kritiker bemerkten, Mohammed habe nicht die Kraft besessen, Wunder zu vollbringen; daraus sei zu schließen daß er von Gott nicht als Prophet ausgezeichnet worden sei.

Das, was die Theologen an Fakten und Argumenten beigebracht hatten, fand im Jahr 1628 – also zur Zeit der latenten Türkengefahr in Mitteleuropa – volkstümlichen Ausdruck in der Weltbeschreibung des Sebastian Münster, der im siebten Buch ›Von den Ländern Asiens‹ auch das Leben Mohammeds schildert, wobei sich Verdrehung mit Wahrheit,

Unverständnis mit Bewunderung mischt. »Mahomet ist ein geborener Arabier. Andere sagen, er sei ein Perser. Sein Vater war edel aber abgöttisch. Seine Mutter, eine Ismailitin, stammte aus dem hebräischen Volk. Er ist geboren in dem Jahr Christi 571 und gestorben in dem Jahr 632. Ist fürwahr ein wunderlich Ding, daß von einem solchen schlechten Anfang eine derart große Veränderung in der ganzen Welt ausgegangen ist. Zuerst hat er sich ein reiches und einflußreiches Weib genommen und ist Kaufmann geworden. Danach hat er vor dem Volk so getan, als sei er ein von Gott gesandter Prophet. Und als Mahomet, der Schalk, an den hinfallenden Siechtagen [an der Epilepsie] litt, da ließ er das Volk glauben, der Erzengel Gabriel rede mit ihm, von dessen Glanz sei er erschüttert und niedergeworfen. Ein Mönch mit Namen Sergius hat ihm geholfen, den Al Koran als Gesetz zu verfassen. Darin ist viel narrichtes Zeug enthalten. Mahomet hat angeordnet, daß man oft und viel soll niederknien. Man soll am Mittag beten. Man soll einen Gott anbeten, und nicht die Dreieinigkeit. Auch sagte Mahomet, er sei nicht Gott, sondern als Prophet von Gott gesandt. Man möge alles Fleisch essen, außer Schweinefleisch. Auch Blut dürfe man nicht essen. Dazu hat er erlaubt, daß jeder Mann vier Hausfrauen nehmen möge. Er hat auch dem Volk verkündet, daß es ein Paradies geben würde, darin man leiblich Speise und Trank genießen werde, auch Wollüste mit Weibern gebe es dort. Er hat verboten, den Wein zu trinken. Mit diesen und anderen Torheiten zog er an sich das gemein tolle Volk und brachte es fertig, daß er zuletzt oberster Kriegshauptmann war.«

Hundert Jahre später verfaßte Henri Comte de Boulainvilliers eine Beschreibung des Lebens Mohammeds; sie erschien gedruckt in London. De Boulainvilliers sah in der islamischen Religion eine Sammlung der wesentlichsten Elemente des Christentums. Göttliche Inspiration sprach auch er Mohammed ab: »Mohammed hat sich den Islam als Gesetzeswerk zusammengeschrieben, um die Menschen der arabischen Halbinsel beherrschen zu können.«

Voltaire ließ sich von diesem Buch beeinflussen, als er in Schauspielform Episoden aus dem Leben des Propheten darstellte. Ein hartes Urteil entstand am Ende der Beschäftigung Voltaires mit Mohammed und dem Islam: »Als Kamelhändler hat er eine Revolte angezettelt. Er hat den Menschen weisgemacht, er könne sich mit dem Engel Gabriel unterhalten. Er hat sie angelogen mit der Behauptung, im Himmel Teile seines völlig unlesbaren Buches empfangen zu haben, eines Buches, das den Menschenverstand auf jeder Seite beleidigt. Mit Feuer und Schwert zwang er die Menschen dazu, dieses Buch zu respektieren. Er hat die Kehlen der eigenen Verwandten durchgeschnitten. Die Tochter hat er vergewaltigt. Daß er nur die Wahl ließ zwischen Religion und Tod, das kann unter keinen Umständen entschuldigt werden.«

Goethes Standpunkt, der dem Islam Toleranz zuschrieb, hob sich ab aus der Flut der Verleumdungen, der bösartigen Angriffe, die von keinerlei Kenntnis des attackierten Objekts geleitet waren.

Die Kritiker des Islam konnten sich eingebettet fühlen in die Grundstimmung fast aller Menschen des Abendlandes, die jene seltsame Religion der Araber entweder gar nicht zur Kenntnis nahmen oder mit Entschiedenheit ablehnten.

Daß sich die christliche Geistlichkeit in dieser Polemik besonders auszeichnete, braucht ihr sicher nicht verübelt zu werden. Sie konnte sich, besonders während der Kolonialzeit, nicht mit der Existenz der islamischen Religion abfinden. Wie der Islam heute, so erhoben die christlichen Kirchen damals den Anspruch auf universelle Gültigkeit. Noch in der ersten Hälfte dieses Jahrhunderts war es möglich, daß der amerikanische Reverend Dr. Glover in seinem Buch ›Progress of worldwide missions‹ über Koran, Islam und Mohammed derart urteilte: »Der Koran ist eine seltsame und sinnlose Anhäufung von Fabeln und Fakten, Märchen und Legenden. Er ist voll historischer Irrtümer und Äußerungen des Aberglaubens. Zwar beruht die islamische Lehre auf dem Glauben an den einen Gott, doch diese Gottheit des Islam ist ein gefühlloser Despot, der unendlich weit entfernt ist von seinen Geschöpfen. Der Prophet des Islam war ein Orientale und sogar ein orientalischer Potentat. Als solcher glaubte er auch das Recht zu besitzen auf schrankenlose Befreiung seines Geschlechtslebens.«

In Europa galt der belgische Jesuitenpater Henry Lammens von 1910 an bis fast in die Gegenwart für die katholische Kirche als Autorität in Fragen des Islam, dem nahezu blind vertraut wurde. Henry Lammens charakterisierte den Propheten so: »Er war ein stadtbekannter Faulpelz und wagte zu behaupten, daß er oft einen großen Teil der Nacht im Gebet verbringe. Mohammed war verwöhnt. Bequemlichkeit ging ihm über alles. Er war feige und gewalttätig. Ein Kaufmann, der zu Lug und Trug bereit war, der Meuchelmorde organisierte.«

In jenen Jahren wurde den gläubigen Christen in London dieses Gebet empfohlen: »Oh Herr, dem das Zepter der Welt gehört, wende Dich in Deiner Stärke den mohammedanischen Ländern zu. Zerstöre im Namen Deines Sohnes Jesus Christus das Schwert des Islam und zerbrich das Joch des falschen Propheten Mohammed in Ägypten, Arabien, in der Türkei, in Persien und in allen anderen moslemischen Ländern. Öffne diese Länder für das wahre Evangelium des echten Propheten Jesus, daß es allein dort Gültigkeit habe. Ziehe den Schleier des finsteren Aberglaubens von den Herzen der Menschen in jenen Ländern durch Christus unsren Herrn. Amen.«

In den wenigen Jahrzehnten, die verflossen sind, seit dieser Gebetstext wirklich in englischen Kirchen gesprochen wurde, mußten sich die Kirchenorganisatoren damit abfinden, daß der Islam zu einer Herausforderung für sie geworden ist. In England bekennen sich mehr als eine

Million Menschen dazu. In Frankreich wurde der Islam nach der katholischen Kirche zur zweitstärksten Religionsgemeinschaft; zwei Millionen fühlen sich ihr zugehörig. In Europa insgesamt leben fünf Millionen Moslems – neben den christlichen Kirchen bilden sie einen beachtenswerten Block der islamischen Glaubensgemeinschaften.

Moscheen waren in Europa bisher selten. Schwetzingen, die badische Stadt bei Mannheim, bildete eine Ausnahme. Dort war die Moschee im Jahre 1780 nach einer Laune des Kurfürsten Karl Theodor erbaut worden. Sie ist jetzt von der islamischen Gemeinde des Raums um Mannheim in ein wirkliches Gebetshaus verwandelt worden. In den siebziger Jahren dieses Jahrhunderts aber sind islamische Gottesdienstzentren in London, München, Hamburg, Manchester, Kopenhagen, Paris, Coventry und Wien entstanden. Pläne wurden ausgearbeitet für großangelegte Moscheen in Amsterdam und Rom.

Möglich war diese Entwicklung geworden durch Änderungen im Standpunkt der christlichen Kirchen. Das Zweite Vatikanische Konzil hatte in seinen Dokumenten über die ›Beziehungen der Kirche zu nichtchristlichen Religionen‹ festgestellt: »Auf die Moslems blickt die Kirche mit hoher Achtung. Sie beten einen Gott an, den Schöpfer des Himmels und der Erde. Sie schätzen ein Leben nach moralischen Maßstäben. Sie verehren Gott durch Almosen und durch Fasten.«

Kirchenführer in England – Reverend Jack Andrews von der United Reformed Church gehört dazu – sind der Meinung, daß der Zustrom von Moslems in den Bereich des europäischen Christentums durchaus positive Folgen haben könne: »Christen werden durch diese Herausforderung aufgerüttelt, aus ihrer Lethargie gestoßen und zu intensiverem Nachdenken über den eigenen Glauben veranlaßt.« Reverend Jack Andrews meint: »Der Jesus des Koran ist immerhin der zweitwichtigste Prophet des Islam – er kann gut bestehen neben dem Jesus des Evangeliums.«

# Fremde unter uns
## Moslems in Europa, in der Bundesrepublik Deutschland

Politiker und Theologen der islamischen Welt haben für ihre zahlreichen Konferenzen das Thema »Diaspora« entdeckt. Keine Tagung, kein Kongreß, der sich nicht mit dem Tagesordnungspunkt »Islamische Minderheiten in Europa« befaßt. Beide, Politiker und Theologen, wollen sich um die verstreut lebenden Glaubensbrüder bemühen, wollen ihnen zeigen, daß sie nicht vergessen und abgeschrieben sind. Die Prüfung der Ergebnisse von Kongressen und Tagungen zeigt jedoch, daß sie wenig beitragen zur Bewältigung der Diasporaprobleme, mit denen die Moslems in Europa konfrontiert sind. Aufforderungen zur Wachsamkeit gegenüber offen oder heimlich wirkenden Missionaren, gegenüber der Versuchung durch die westliche Lebensart sind wenig hilfreich, weil sie Ängste schüren. Hinweise auf die ehrenvolle Aufgabe, den Vorposten des Islam in der christlichen Welt zu bilden, können von Männern und Frauen nicht aufgenommen werden, die täglich zu spüren bekommen, daß ihre Religion von der Umwelt als fremdes Element empfunden wird. Sie verlangen Antwort auf die Frage, ob sie die Gebetszeiten dem Arbeitsrhythmus der Fabrik anpassen dürfen, ob sie die Fastenvorschriften für den Monat Ramadan unbedingt einhalten müssen, ob sie am Fließband in der heißen Fabrikhalle während der Fastenzeit nicht wenigstens hin und wieder einen Schluck Wasser zu sich nehmen dürfen.

Für diese Fragen gibt es konkrete Anlässe: Die Unfallquoten der Betriebe, die Moslems beschäftigen, steigen während des Monats Ramadan an. Die Betriebsärzte melden in diesen Wochen Erschöpfungskrankheiten mit Folgeerscheinungen. Umfragen haben ergeben, daß Moslems deshalb ganz auf die Einhaltung der religiösen Vorschriften verzichten, weil sie an ihrem Arbeitsplatz die Fastenregeln nicht einhalten können, weil ihnen keine Zeit bleibt für die vorgeschriebenen Gebete. Die Betreffenden haben dann das Gefühl, sich im Zustand des »Unglaubens« zu befinden; sie sind der Meinung, gar nicht mehr das Recht zu haben, die übrigen Rituale zu erfüllen.

Im Sommer 1977 sah sich ein Lehrer in England veranlaßt, vor Gericht für sein Recht zu streiten, als Moslem am Freitag, dem islamischen Wochenfeiertag, in die Moschee zu gehen – dafür verlangte er eine Sonderfreizeit von fünfundvierzig Minuten. Das Gericht lehnte die Klage ab mit der Begründung: »Der islamischen Gemeinde würden wir keinen Gefallen tun, wenn wir ihr eine Vorzugsbehandlung zuteil werden ließen. Wenn wir ihr im Namen der Religionsfreiheit Privilegien geben würden, dann könnten Unruhe und Antipathie entstehen unter denen, die mit den Moslems zusammenarbeiten müssen und die entsprechenden Vorrechte nicht besitzen.« Der islamische Lehrer einer englischen Schule hatte in seiner Klage damit argumentiert, seine Arbeitszeit zwinge ihn, seinem Glauben untreu zu werden.

Zur Untreue gegenüber seinem Glauben, darüber klagt die Union of Muslim Organizations of United Kingdom and Eire, werde der Gläubige auch gezwungen, wenn er kein Fleisch erwerben könne, das von Tieren stamme, die nach islamischen Regeln geschlachtet worden sind, wenn seine Töchter gezwungen sind, in Turnkleidung oder Badeanzügen am Sportunterricht der Schule teilzunehmen, wenn die Töchter in gemischten Klassen unterrichtet werden, wenn der Gläubige zusammen mit Christen auf dem Friedhof beerdigt werde. Beeinträchtigt werde die Glaubensäußerung schon dadurch, daß der Gläubige in improvisierten Bethäusern seinem Gott dienen müsse; diese Bethäuser seien nicht auf Mekka zu, auf die heilige Ka'aba, ausgerichtet. Anerkennung als staatlich geschützte Feiertage für die Moslems wird gefordert für das Fest Eid al-Fitr am Ende des Fastenmonats und für Eid al-Adha, das Opferfest.

Über diese brennenden Probleme wird auf den islamischen Kongressen in Islamabad, Mekka und Tripolis nicht gesprochen. Da werden einheitliche Richtlinien für die Verkündung ausgearbeitet und islamische Erziehungsprogramme für junge Moslems in Europa. Viel stärker als die Sorge um das Wohlergehen der Glaubensbrüder beschäftigt die Konferenzteilnehmer die Angst, der Glaube werde den ohnehin gefährdeten islamischen Emigranten in Europa in verfälschter Form, vielleicht aus christlichem Blickwinkel, dargeboten.

Weit wirklichkeitsnäher sind die Diskussionen, die auf den Islamkongressen in Europa selbst stattfinden. Da wird deutlich gesagt, daß Streit, Argwohn, Eifersucht und Mißgunst unter rivalisierenden Gruppen den Zusammenhang der Moslems verhindern, daß der Grundsatz »alle Moslems sind Brüder« in der Fremde meist vergessen werde. Mohammed S. Abdallah, ein Moslem, der in der Bundesrepublik Deutschland lebt und als bester Kenner der Situation der Moslems unter uns gilt, stellt fest: »Das Dilemma der Moslems und ihrer Gemeinschaften in der Bundesrepublik ist ihre Zersplitterung und Uneinigkeit.«

Die Erkenntnis, daß die Probleme der Heimatländer und innerislamischer Streit in die Gastländer getragen werden und dort das Verhalten der Moslems untereinander beeinflussen, wird auf den europäischen Kongressen nicht vertuscht. Besonders intensiv wurden in der Mitte der siebziger Jahre die Attacken aus Algerien und Tunesien gegen den führenden Kopf des islamischen Zentrums von Paris besprochen; ihm ist vorgeworfen worden, er sei ein politischer Gegner der

Regime in den nordafrikanischen Staaten. Derartiger Streit verhinderte lange Jahre, daß der Islam in Europa als kulturelle und politische Realität empfunden wurde.

Im Einzelfall gab es imponierende Beispiele der Solidarität. Schon 1967 hatten die türkischen Arbeitnehmer der Eisengießerei Fritz Winter im hessischen Kreis Marburg darüber abgestimmt, ob sie sich selbst eine Moschee bauen sollten – 95 Prozent der elfhundert Moslems stimmten für den Bau. Zwei Jahre lang verzichteten sie auf Betriebsausflüge und sparten dadurch den Betrag von 54000 DM. Der Betriebsleitung imponierte diese Geschlossenheit; sie zahlte in den Baufonds 70000 DM ein und stellte das Grundstück zur Verfügung. Im Oktober 1970 konnte die Einweihung der Moschee stattfinden. Sie erhielt den Namen »Eroberer-Moschee«. Um keine Mißverständnisse wegen dieses Namens entstehen zu lassen, erklärte ein Sprecher der Moslems: »Mit diesem Namen wollen wir nicht ausdrücken, daß wir als Eroberer nach hier gekommen sind. Wir wollten nur das Herz unseres Arbeitgebers gewinnen. Weil uns das gelungen war, gaben wir der Moschee diesen Namen.«

Die sechzehntausend Einwohner, die im Bereich der Eisengießerei wohnten, empfanden den Ruf des Muezzin zunächst als störend, doch die Werksleitung fand das richtige Argument: Durch Rundschreiben ließ sie den Bewohnern im Umkreis der Moschee zu bedenken geben, daß schließlich auch die Fabriksirenen als störend empfunden werden müßten: Die Christen gewöhnten sich bald an den zunächst fremdartigen Ruf »Allahu akhbar« – Allah steht über allem.

In München-Freimann werden die Moslems diskret zum Gebet gerufen. Der Ruf des Muezzin ist nur unter der Kuppel der Moschee und in den Räumen des islamischen Zentrums zu hören. Auf der Straße, direkt vor dem Gebäudekomplex, wird kein Laut des »Allahu akhbar« vernommen. Abgeschirmt und geborgen unter dem gewölbten Dach finden hier die Koranlesungen, die Predigten in Arabisch, Türkisch und Deutsch und die Gebete statt. Der Imam, der Vorbeter der Moschee, in München schätzt die Zahl der Moslems in der bayerischen Hauptstadt auf 30000 und in ganz Bayern auf 70000. Um diesen Gläubigen eine geistige Heimat zu geben, hat Moammar Al Kathafi großzügige Spendenbeträge überwiesen. Insgesamt hat sich der libysche Präsident mit 1,6 Millionen DM an den Baukosten beteiligt. Weitere Stifter waren Saudi Arabien, Jordanien, Kuwait und Marokko. Den wesentlichen Anstoß zum Bau gab die 6. Islamkonferenz, die im Dezember 1970 in Tripolis getagt hatte.

Der Bau ist nicht protzig geraten. Er darf als Muster dafür gelten, daß die Ausführung islamischer Sakralbauten mit modernen Bauelementen zu schönen Ergebnissen führen kann. Mehr als hundert Männer finden sich allerdings selten ein zum großen Gottesdienst am Freitag um die

Mittagszeit – die Moslems sind in die Bundesrepublik gekommen, um zu arbeiten; sie sind um diese Zeit in ihren Betrieben.

Die »Oberste Türkische Behörde für Geistliche Angelegenheiten« – sie ist ein Regierungsorgan – hat für die Männer und die Familien, die zur Arbeitssuche in das christliche Europa reisen, den Rat bereit: »Paßt euch dem deutschen Arbeitsrhythmus an. Gebete, die unter Arbeitszwang ausfallen mußten, können nachgeholt werden.« Doch rechtgläubige Moslems sind voll Skepsis gegen den Rat einer türkischen Regierungsbehörde, da die Regierung in Istanbul seit dem Ende des Ersten Weltkriegs die Bedeutung der Religion für den Einzelmenschen und für den Staat zu schmälern versucht hatte. Der Vorbeter der Münchner Moschee läßt auch keinen Zweifel daran, daß den Anweisungen des Propheten Mohammed eigentlich unbedingt gehorcht werden müsse und daß die Stunde des Freitagsgebetes besonders geheiligt sei; deshalb sei der Ersatz immer eine Lösung, die eigentlich vom Gläubigen nicht aktzeptiert werden könne.

Sah während der sechziger und siebziger Jahr der Protest gegen die Zwänge der christlich orientierten Industriegesellschaft zunächst wie ein Aufbäumen vor der Phase der Anpassung aus, so wird am Beginn des achten Jahrzehnts deutlich, daß die islamischen Gemeinschaften sich enger abkapseln, um den Gedanken der Säkularisierung, der Anpassung an die Gegebenheiten, von sich fernzuhalten. Die Konfrontation mit der weltlich ausgerichteten Gesellschaft wird nicht vermieden – im Gegenteil, die Konfrontation wird gebucht. So spiegelt sich in der Bundesrepublik wider, was in der Türkei von heute harte Realität ist: Dort führen die Spannungen zwischen weltlich und religiös Orientierten zu bewaffneten Auseinandersetzungen.

Die eindeutig religiöse Ausrichtung wird von der Süleymancilar-Bewegung propagiert. Sie agitiert und kämpft so kompromißlos gegen den Geist der Säkularisierung, der Liberalisierung, der Öffnung privater und staatlicher Ordnung für moderne Gedanken, daß sie in der Türkei selbst verboten ist. Sie wird dort verboten bleiben, solange die Staatsauffassung des Kemal Atatürk noch Bedeutung besitzt. Wer in der Türkei dadurch auffällt, daß er Gedanken ausspricht, die denen der Süleymanicilar-Bewegung gleichen, der wird aus dem Staatsdienst entlassen.

Die Süleymancilar-Bewegung fordert die totale Unterwerfung des Menschen unter das Gesetz des Koran und läßt keine andere Autorät gelten als Allah und den Propheten Mohammed. Gründer der Bewegung war Süleyman Hilmi Tunahan, der von 1888 bis 1959 gelebt hat. Wie eng er sich an der islamischen Religion orientierte, ist an der extrem strengen Vorschrift abzulesen, daß den Frauen überhaupt kein anderes Buch zu Gesicht kommen dürfe als der Koran. Die »Süleymanli« setzen in den Wohngebieten der Türken in der Bundesrepublik strenge Beachtung der traditionellen Lebensregeln durch. Die Frauen haben ihr Haar zu bedecken; von den Eltern wird verlangt, daß sie Söhne und Töchter in die Koranschulen schicken, daß die gemischten Klassen der öffentlichen deutschen Schulen von den Mädchen gemieden werden. Die Imame der »Süleymanli« weisen mit Härte darauf hin, daß die Lebensart der Deutschen kein Vorbild für den aufrechten Moslem sein kann. Ihre Kritik: Deutschland zerfällt, weil die Familie zerfällt. Mann, Frau und Kinder führen ihr Eigenleben. Verbrechen, Drogensucht, Alkoholismus sind die Folgen. Den Imamen gelingt es häufig, die Gesellschaft der Bundesrepublik als krank und todgeweiht zu schildern. Schuld am Niedergang trage die Nachlässigkeit im religiösen Bereich. Die Imane wollen sich Mühe geben, daß die türkischen Moslems in der Bundesrepublik von dieser Krankheit nicht angesteckt werden, daß sie bewahrt bleiben vor den »Sümpfen der Unmoral«. Häufig genug werden gerade die deutschen Behörden und Wohlfahrtsinstitute, die sich besonders um die Türken bemühen, als islamfeindlich attackiert.

1,1 Millionen Türken leben in der Bundesrepublik. Bei einer Gesamtzahl von 1,4 Millionen Moslems in der Bundesrepublik stellen sie die beachtliche Mehrheit dar. Von den islamischen Gemeindezentren, die diese Türken bilden, werden 60 Prozent von der Süleymancilar-Bewegung betreut. Unter ihrer Obhut stehen 160 Gebetshäuser – worunter man sich nicht durchweg Moscheen, sondern meist ganz einfache Provisorien in Wohnungen und einstigen Läden vorstellen darf. Allein in Berlin sind achtzehn, zum Teil recht geräumige Gebetsmöglichkeiten zu finden.

Die alliierten Bomber scheinen es im Zweiten Weltkrieg verschont zu haben, das Arbeiterviertel in Berlin-Kreuzberg, zwischen Landwehrkanal und Mauer. In Reihen eng aufeinandergebaut sind die Mietskasernen, meist fünf bis sechs Stockwerke hoch. Enge, lichtlose Hinterhöfe trennen die Häuserreihen voneinander ab. Die Wohnungen besitzen kein eigenes Bad und nur selten eine eigene Toilette. Die deutschen Arbeiter, für die die Häuser einst gebaut worden sind, haben die Gegend bei der U-Bahn-Station »Schlesisches Tor« längst verlassen – die Türken sind dort eingezogen. Dreißigtausend Türken leben allein im Bezirk Kreuzberg. Die gesamte türkische Bevölkerungsgruppe in Berlin umfaßt einhunderttausend Menschen. Berlin ist damit zur viertgrößten Türkenstadt überhaupt geworden, nur überflügelt von Istanbul, Ankara und Izmir.

Die positive Seite: Im engen Zusammenleben können sich die Türken ein Stück Heimat bewahren, mit ihren eigenen Sitten, eigenen religiösen Ritualen, eigenen Vergnügungen, eigenen Türkenmärkten. Die Kreuzberger Kneipen, noch immer auf einfache Bedürfnisse zugeschnitten, waren leicht in Wirtschaften zu verwandeln, die Hammelfleisch und türkische Pizza anbieten. Die negative Seite: Im Stadtviertel der abbruchreifen Häuser entstand ein Ghetto, bewohnt von Menschen, die keinen Kontakt suchen zu den Bürgern der sie umgebenden Stadt, die sich isolieren, die sogar empfänglich sind für Haßparolen gegen die Art der Zivilisation, in der sie leben müssen. Die äußerste politische Rechte macht sich bemerkbar in diesem Ghetto. Die »Grauen Wölfe« polemisieren gegen Sozialismus, gegen liberale Ordnung und häufig auch gegen die Regierungen der Türkei und der Bundesrepublik, die eine solche liberale Ordnung zulassen. Wer sich in der türkischen Gemeinde gegen die »Grauen Wölfe« stellt, der gerät in Gefahr für Leib und Leben.

Einzelne Stimmen aus dem DGB-Bundesvorstand warnen schon vor dem »islamischen Staat im Staate« und befürchten, daß die gemäßigten Türken in Zukunft dem offenen religiösen Terror ausgesetzt sein werden. Die Erkenntnisse über derartige Vorgänge erschweren einen Entwicklungsprozeß, der eigentlich als vernünftig betrachtet werden müßte: die Einstufung der islamischen Gemeinde in die Reihe der anerkannten »Amtskirchen«. Nach Katholiken und Protestanten würden die Moslems in dieser Reihe den dritten Platz einnehmen.

Das Islamische Kulturzentrum Köln hat den Antrag auf Anerkennung als öffentlich-rechtliche Körperschaft im Land Nordrhein-Westfalen gestellt. Wird der Antrag des Kulturzentrums ernst genommen, dann muß der Landtag in Düsseldorf einen entsprechenden Gesetzentwurf behandeln. Dem Vorbild Nordrhein-Westfalens würden wahrscheinlich auch die anderen Bundesländer folgen. Als anerkannte Religionsgemeinschaft könnte die Süleymancilar-Bewegung von ihren Glaubensgenossen »Islamsteuern« erheben, die von den staatlichen Finanzbehörden eingetrieben werden müßten. Ob die Moslems in der Bundesrepublik mit einer solchen Steuereinziehung einverstanden sind, bleibt vorerst unklar.

Für die Süleymancilar-Bewegung würde die Anerkennung bedeuten, daß Millionenbeträge auf ihre Konten fließen. Solange sie im Verdacht steht, mit rechtsradikalen Gruppen zusammenzuarbeiten, wird der Landtag von Nordrhein-Westfalen freilich mit Unbehagen darangehen, über das Problem nachzudenken – auch wenn die offiziellen katholischen »Ökumenischen Kontaktstellen für Nichtchristen« dafür eintreten.

Am Ende dieses Kapitels stellt sich die Frage, ob die islamische Herausforderung mitten unter uns hineingetragen wird, ins Zentrum Europas, oder auf seine Ränder beschränkt bleibt. Wer die Herausforderung im Zentrum lokalisiert, läuft Gefahr, als Unruhestifter zwischen Gastarbeitergemeinden und den Bewohnern des Gastlandes verkannt zu werden. Dennoch muß zur Kenntnis genommen werden, daß die Moslems, die in Europa leben, auf der Hut sind vor Anpassung. Sie sehen in ihrer

Religion den überlegenen Glauben, der seine Kraft wiedergewonnen hat. Daß die Bewohner der Gastländer sich an diesem Moralstandard orientieren müssen, wenn sie ihre moralischen und sozialen Probleme überwinden wollen, ist fester Bestandteil des islamischen Glaubensgutes. Ihre geistlichen Führer sind überzeugt, daß damit ein Eindringen islamischer Denkvorstellungen in die geistige Welt des Westens gewährleistet ist und daß der totale Anspruch ihrer Religion siegreich bleiben wird.

In welcher Form wird die abendländische Kultur diese Herausforderung annehmen?

## »Nieder mit den Teufeln der Familie Al Saud! Nieder mit dem Teufel Amerika!« Die islamische Herausforderung im Jahr 1987

Die islamische Herausforderung bekommen die Vereinigten Staaten von Amerika zu spüren. Der Ayatollah Rafsanjani höhnt: »In den Persischen Golf hinein kommen die Amerikaner leicht – wieder aus dem Persischen Golf hinauszukommen, das wird ihnen nur schwer gelingen!«

Amerikanische Kriegsschiffe patrouillieren auf dem Gewässer zwischen dem Ausfluß des Schatt al Arab und der Straße von Hormuz. Sie befinden sich im Krieg mit Iran. Ihre Aufgabe, so sagt Präsident Ronald Reagan, sei der Schutz des internationalen Schiffsverkehrs im Persischen Golf. In Wahrheit sind die Fregatten und Lenkwaffenkreuzer in das flache Meer eingefahren, um den Kämpfern des Ayatollah Ruholla Khomeini den Sieg zu erschweren. Khomeini hat dem Krieg das Ziel gegeben, die Familie Al Saud, die das Ölkönigreich Saudi Arabien regiert, zu vernichten. Der Ayatollah hat verkündet: »Könige darf es im Islam nicht geben! Allah will nicht, daß Könige regieren.« Den Prinzen der Familie Al Saud wirft der iranische Revolutionsführer vor, in ihren Palästen in Medina und Riad ein Leben zu führen, das die Gesetze Allahs mißachte. Alkoholismus und Korruption sei das Übel der königlichen Familie.

Die Familie Al Saud, die seit den 20er Jahren weite Teile der Arabischen Halbinsel als ihr Eigentum betrachtet, ist der engste Verbündete der Vereinigten Staaten in der Region des Persischen Golfs. Reagans Vorgänger, Präsident Carter, hatte die Doktrin aufgestellt, Saudi Arabien sei für die USA so wichtig wie Texas. Gemeint ist mit dem Begriff Saudi Arabien nicht allein der ölhaltige Boden der Arabischen Halbinsel. Gemeint ist mit dem Begriff die Einheit von Boden und königlicher Familie.

Der engste Verbündete der Vereinigten Staaten ist durch die Islamische Revolution des Ayatollah Khomeini an zwei Fronten bedroht. Die Stoßrichtung der iranischen Offensiven in der Region Basra des Schatt al Arab zeigt an, daß die geistliche und die militärische Führung in Teheran den Marsch durch die Wüste in Richtung Mekka vorbereitet. Beabsichtigt ist aber auch die Zerstörung der Autorität der königlichen Familie durch Unruhen im Landesinnern: Am 31. Juli 1987 – dieser Tag war ein Freitag im Monat der Pilgerfahrt – demonstrierten Zehntausende von Iranern, die nach Mekka gereist waren, um ihre religiöse Pflicht zu erfüllen, bei der Großen Moschee für das Recht der Gläubigen, bei der Ka'aba auch politische Reden halten zu dürfen. Die Politik aber war von der königlichen Familie aus dem Bereich der Ka'aba verbannt worden, denn der König und die Prinzen fürchteten zu recht, von den Gläubigen werde die Gelegenheit benützt, Kritik an ihnen, den Herrschenden, zu üben. Kritik aber konnte von ihnen nicht geduldet werden, wenn sie Unruhen im Lande vermeiden wollten.

So gingen an jenem Freitag dem König treu ergebene Sicherheitskräfte gegen die Demonstranten vor. In der Panik, die durch Schüsse der Polizisten ausgelöst wurde, verloren 402 Menschen ihr Leben. Die wenigsten starben durch die Waffen der Polizisten. Die Mehrzahl der Opfer war im Gedränge durch flüchtende Pilger, durch Landsleute also, umgeworfen und zertrampelt worden. Laut war aus Teheran der Racheschrei zu hören: »Nieder mit den Teufeln der Familie Al Saud! Nieder mit dem Teufel Amerika!« Wieder wurde den Regierenden in den Vereinigten Staaten die Schuld an einem blutigen Ereignis zugeschoben. Die Familie Al Saud, so verkündeten die mächtigen Geistlichen in Teheran, erlaube es sich nur deshalb so brutal zu handeln, weil die Vereinigten Staaten bedingungslos hinter allen Aktionen der im Königreich Herrschenden stünden.

Das harte Eingreifen der Sicherheitskräfte hat Unruhen in Saudi Arabien verhindert. Nach Khomeinis Kalkulation hätten die Unruhen zu Aufständen führen sollen, denen das Ziel gegeben war, die Königsfamilie Al Saud zu stürzen. Damit hätte Khomeinis Idee Wirklichkeit werden können, den Persischen Golf in ein persisches Binnengewässer zu verwandeln. Dieser Plan ist nicht von einem realitätsfernen Phantasten erdacht – er ist realisierbar, denn die östlichen Küstenzonen Saudi Arabiens sind von Schiiten bewohnt, die starke verwandtschaftliche Beziehungen über das Wasser hinüber zu Schiitenfamilien in Iran haben.

So wird das zweite Ziel des Krieges deutlich, der im Herbst 1980 am Schatt al Arab begonnen hatte: Nicht nur sollte die Familie Al Saud aus ihrer Machtposition vertrieben werden, es ist auch daran gedacht, saudiarabisches Gebiet dem Iran anzugliedern.

Wer den Krieg begonnen hat, ist strittig. Auch das Wort des Bundesaußenministers Genscher, Irak sei der Angreifer gewesen, schafft keine Klarheit. Die iranische Führung sagt, der irakische Präsident habe seinen Truppen den Angriffsbefehl zur Invasion Irans gegeben. Saddam Hussein, der Staatschef in Baghdad läßt wissen, Irak habe nur gehandelt, um iranischen Provokateuren das Handwerk zu legen. Den Befehl zur Überquerung des Schatt al Arab gegeben zu haben, hat Saddam Hussein längst bereut. Mehrfach hat er Waffenstillstand angeboten, doch Khomeinis Antwort war kurz: »Mit Teufeln dürfen wir keinen Waffenstillstand schließen!«

Zu den Teufeln zählt für den Ayatollah neben der königlichen Familie Al Saud auch der Präsident von Irak. Dieser regiert zwar ein schiitisches

Land, gehört selbst jedoch der sunnitischen Ausprägung des Islam an. Nach schiitischer Überzeugung gehören die Sunniten einer religiösen Gruppe an, die im Unglauben lebt. Ihre Anhänger sind zu den Teufeln zu rechnen. Nach der Überzeugung der schiitischen Geistlichkeit in Teheran darf in Baghdad nur ein Präsident herrschen, der von den schiitischen Glaubensgrundsätzen überzeugt ist. Im Kern des schiitischen Glaubens steht die Erkenntnis, erleuchtete Männer, Imame, seien dazu berufen, die Gläubigen zu führen. Zu diesen Imamen zählt Khomeini.

Der Sturz des Präsidenten Saddam Hussein in Baghdad würde dazu führen, daß ein Mann die Regierung im Irak übernimmt, der von der Führungsrolle der Geistlichen schiitischen Glaubens überzeugt ist. Baghdad würde von Teheran abhängig werden. Die Umrisse eines schiitischen Staates zeichnen sich ab, der ein gewaltiges politisches Gewicht besitzen würde. Schon heute gilt in manchen Bereichen Arabiens ein Wort aus Teheran als Befehl. Mehr als eine Million Schiiten im Libanon sehen in Khomeini ihren politischen Führer. Eingedenk des Grundsatzes, der in der islamischen Welt gilt, daß Politik und Religion eine unauftrennbare Einheit bilden, sehen sie im Geistlichen Khomeini den Mann, der ihnen auch die politische Richtung weisen darf.

Mit dem Tode des greisen Ayatollah ist zu rechnen. Verändern wird dieses Ereignis nur wenig. Ein anderer Geistlicher wird sich finden, der das Volk der Schiiten führt, nach denselben Grundsätzen, die Khomeini geleitet haben. Zu ihnen gehört der Glaube, die schiitische Prägung des Islam sei die einzig wahre und werde von Allah gewollt. So geschieht es, daß sich die islamische Herausforderung auch gegen Moslems richtet – gegen die sunnitischen Regierenden in Baghdad, Amman und Cairo, denen das Recht abgesprochen wird, über Gläubige zu herrschen. Präsident Saddam Hussein, König Hussein von Jordanien und der ägyptische Staatschef Husni Mubarak haben, nach schiitischer Überzeugung ihre Macht an Männer abzutreten, die von Imamen geleitet werden.

Unruhe ist in Ägypten spürbar. Das Beispiel der Machtübernahme durch die Geistlichkeit in Teheran – und mehr noch die Tatsache, daß sie die Macht behalten konnte – hat auch die Geistlichkeit am Nil angestachelt. Sie stellt Forderungen an die Gesellschaft, die das Leben der Menschen Ägyptens verändern. Die jungen Frauen und Männer passen sich in ihrer Kleidung, in ihrer Haartracht iranischen Vorbildern an. Sie beugen sich bereits der strengsten Form islamischer Herausforderung, die in Teheran formuliert wurde.

# Register